SAS 기초통계분석

오종철 · 이영섭 공저

SAS for Introductory Statistical Analysis

자유아카데미

머리말

요즘 미디어 등 다양한 매체로부터 빅데이터라는 말을 접하고 있을 것입니다. 빅데이터 시대에 살고 있는 요즘, 모든 분야에서 고객의 정보와 이에 따른 데이터가 넘쳐 나고 있지만, 사실 빅데이터는 이전부터 존재했던 데이터로 컴퓨터의 급격한 성능 발달에 힘입어 서서히 그 모습이 드러나고 있다고 봐야 될 것입니다. 이러한 시대적 상황에서 빅데이터의 분석을 정확히 성공적으로 이끌어 낼 수 있는 통계 패키지가 있다면 빅데이터로부터 가치 있는 정보를 도출하여 기업 등에서 빅데이터를 통한 수익창출을 위한 더 빠르고 나은 의사결정을 할 수 있을 것입니다.

SAS, SPSS, R, MINITAB 등 다양한 통계분석용 프로그램이 현재 출시되어 있지만, 그중에서 강력한 통계분석 도구로서의 역할을 충실히 하고 있는 SAS는 각 분야의 의사결정에 필요한 기초통계분석부터 요인분석, 신뢰도분석의 고급분석, 데이터마이닝 분석 그리고 모의실험을 통한 예측분석과 고객분석을 활용한 마케팅 효과분석 등을 수행할 수 있습니다. 더욱이 SAS는 빅데이터 시대에서 다양한 채널에 걸친 복잡한 고객 관계를 관리하고 고객과 기업의 상호작용에 대응할 수 있는 전략적 의사결정에 활용할 수 있습니다.

이와 같은 통계분석용 프로그램으로서의 SAS는 통계를 전공으로 하는 모든 이에게 데이터 분석의 묘미를 주는 강력한 통계 패키지이지만, 반면에 너무 광범위한 SAS의 능력 때문에 이를 배우고자 하는 학생들에게 어려움의 대상이 되고 있다는 것도 주지의 사실입니다. 본 저자는 먼저 기초통계분석을 위한 SAS의 프로그래밍을 가르치는 것이 첫걸음이라고 판단하였으며, 지난 몇 년간 가르쳤던 내용을 기초로 하여 통계분석이 필요한 학생들이 반드시 짚고 넘어가야 될 내용 위주로 이 책을 구성하였습니다. 총 2부로 나누어진 이 책의 구성을 간략히 설명하면 다음과 같습니다.

먼저 1부에서는 SAS 통계 패키지의 간단한 개요와 SAS 프로그래밍의 방법 등을 1장과 2장에 걸쳐 소개하였으며, 3장과 4장에서는 SAS 데이터셋의 생성과 결합, SAS 문장의 제어문에 대하여 설명하였습니다. 마지막으로 5장에서는 SAS 수식의 기술 방법과 여러 가지 SAS 함수에 대하여 비교적 자세히 언급하였습니다.

2부에서는 통계분석을 실제로 수행하는 여러 PROC 절차에 대하여 설명하였습니다. 6장에서 PRINT 절차 등 데이터의 출력, 정렬, 순위, 저장을 시행하는 여러 절차를 소개하였으며, 7장에서는 기술통계의 한 축인 그래프의 구현방법에 대한 여러 절차를 설명하였습니다. 8장부터는 기술통계량의 계산과 평균에 대한 추정 및 가설검정에 대한 논의를 하였고, 9장에서 범주형 자료의 분석 방법에 대하여 자세히 설명하였습니다. 마지막으로 10장과 11장에서 분산분석법과 회귀분석법의 기초적인 개념과 그 분석 방법을 SAS 프로그래밍을 통하여 수행하도록 기술하였습니다.

이 책이 SAS를 배우고 이를 통하여 통계분석을 수행하고자 하는 모든 이들에게 도움이 되길 바라며, 이 책의 예제에 포함된 자료를 SAS로 수행할 수 있도록 각종 편의를 제공해 주신 한국쌔스소프트웨어(유)의 조성식 대표이사님 이하 모든 직원 분들께 감사의 말씀을 전합니다. 또한 이 책을 출판하는 데 아낌없는 후원을 해 주신 자유아카데미 주정희 대표님과 편집부 이하 직원 여러분께 감사의 말씀을 표합니다.

2013년 11월

오종철·이영섭

차 례

제1부 SAS의 시작과 DATA 단계

1장 SAS 통계 패키지 2

1.1 SAS 통계 패키지 ··· 2

1.2 SAS 통계 패키지의 운용 ··· 5

2장 SAS 프로그래밍 17

2.1 SAS 프로그램의 구조 ··· 17

2.2 SAS 문장의 규칙 ··· 18

2.3 SAS 변수 ··· 19

2.4 SAS 데이터셋 ··· 21

2.5 주석문 ··· 22

2.6 OPTION 문 ··· 22

2.7 TITLE 문 ··· 28

2.8 FOOTNOTE 문 ··· 29

2.9 LABEL 문 ··· 31

2.10 RUN 문 ··· 32

3장 SAS 데이터셋 생성하기 34

3.1 자료의 입력 ··· 34

3.2 SAS 프로그램에서 데이터셋의 생성 ··· 35

3.3 외부 파일로부터 데이터셋의 생성 ··· 48

3.4 SET 문을 이용한 데이터셋의 생성 ··· 51

3.5 관측값의 선별과 삭제 ··· 56

3.6 OUTPUT 문 ··· 58

3.7 메뉴를 이용한 외부파일 다루기 ··· 62

4장 SAS 데이터셋의 결합과 제어문 73
4.1 데이터셋의 연결 ··· 73
4.2 데이터셋의 통합 ··· 79
4.3 제어문 ··· 85
4.4 합산 문장과 자동변수 ··· 94

5장 SAS 수식과 함수 100
5.1 SAS 수식 ··· 100
5.2 SAS 연산자 ··· 101
5.3 SAS 함수 ··· 105

제2부 PROC 절차를 통한 통계분석

6장 기본 PROC 절차 134
6.1 PROC PRINT ··· 134
6.2 PROC FORMAT ··· 139
6.3 PROC SORT ··· 142
6.4 PROC RANK ··· 146
6.5 데이터셋의 영구적인 저장 ··· 149

7장 그래프 그리기 159
7.1 PROC GCHART ··· 159
7.2 PROC GPLOT ··· 169
7.3 SAS/INSIGHT ··· 181

8장 기술통계량과 평균 비교 189
8.1 PROC MEANS ··· 189
8.2 PROC SUMMARY ··· 202
8.3 PROC UNIVARIATE ··· 203
8.4 일표본 T검정 ··· 213
8.5 독립표본 T검정 ··· 220
8.6 대응표본 T검정 ··· 225
8.7 통계표 작성 ··· 231

9장 범주형 자료분석 243

9.1 분할표와 카이제곱통계량 ······ 243
9.2 PROC FREQ ······ 244
9.3 카이제곱검정 ······ 253

10장 분산분석 269

10.1 일원배치법 ······ 269
10.2 이원배치법 ······ 292
10.3 반복이 있는 이원배치법 ······ 298
10.4 분산분석의 응용 ······ 308

11장 회귀분석 325

11.1 회귀분석과 상관분석 ······ 325
11.2 단순선형회귀분석 ······ 326
11.3 최소제곱추정법에 의한 모수추정 ······ 329
11.4 단순선형회귀모형의 추론 ······ 334
11.5 PROC REG ······ 340
11.6 상관계수와 결정계수 ······ 347
11.7 중회귀모형 ······ 352

- **참고문헌** / 369
- **찾아보기** / 370

제 1 부

SAS의 시작과 DATA 단계

1장 SAS 통계 패키지
2장 SAS 프로그래밍
3장 SAS 데이터셋 생성하기
4장 SAS 데이터셋의 결합과 제어문
5장 SAS 수식과 함수

1장 SAS 통계 패키지

1.1 SAS 통계 패키지

통계 실험이나 설문조사 등에서 얻어진 많은 양의 자료로부터 의미 있는 통계분석을 이끌어내기 위해서는 정확하고 빠른 계산 처리가 필요하다. 이를 위해서 컴퓨터 하드웨어의 발달과 더불어 여러 종류의 통계 패키지 프로그램이 개발되어 왔다. 통계분석용 패키지 프로그램으로 SAS, SPSS, BMDP, MINITAB, R 등이 있으며, 모두 통계분석에 있어서 진일보한 결실을 맺고 있다.

SAS는 Statistical Analysis System의 약어로서 1966년 미국 North Carolina 주립대학에서 J. H. Goodnight 등에 의해 개발된 통계분석용 패키지(package)이다. 2019년 현재 SAS 9.4 버전이 사용되고 있으나 본 저서는 SAS 9.3 버전을 이용하여 설명할 것이다.

SAS는 개발 초기에 데이터 분석을 위한 간단한 목적으로 개발되었지만 반세기가 지난 지금 SAS 시스템을 이용하면 단순한 통계분석의 차원을 넘어서 데이터 관리, 데이터 액세스 등 빅데이터(Big Data)의 정보를 전방위로 전달할 수 있는 시스템을 구축할 수 있다. SAS 시스템의 특징을 간략히 언급하면 다음과 같다.

- 프로그램의 작성이 쉽고, 사용이 용이하다.
- 파일관리와 자료처리가 효율적이다.
- 통계 이론의 적용이 간편하다.
- 통계자료처리 결과의 보고서 작성이 용이하다.
- 자료의 변환이 자유롭고, 따라서 다양한 형태의 자료분석이 가능하다.

SAS/BASE 제품을 위주로 SAS 시스템을 간단히 소개하면 먼저 Base SAS는

SAS가 제공하는 다양한 데이터 관리 및 분석 소프트웨어 컴포넌트를 위한 코어 파운데이션이다. 즉, SAS 프로그래밍 언어, 내장된 프로시저, 창 형태의 인터페이스를 사용하여 다음 작업을 수행할 수 있다.

- 데이터 액세스
- 로컬 컴퓨터의 파일, 또는 원격 서버나 다른 데이터베이스 시스템 등 데이터가 저장된 모든 위치의 데이터 액세스
- 데이터, SAS 데이터셋, 타사의 소프트웨어로 만들어진 파일 등을 포함한 모든 형식[데이터베이스 및 ERP(전사적 자원 관리) 시스템]의 데이터 액세스

- 데이터 관리
- 데이터 형식 지정
- 변수(칼럼) 생성
- 연산자를 사용한 데이터값 계산
- 함수를 사용한 데이터값 생성 및 변경
- 데이터 서브셋하기
- 조건부 처리 수행
- 광범위한 데이터 소스 병합
- 데이터베이스 정보 생성, 검색, 업데이트

- 데이터를 분석하여 의미 있는 정보로 가공
- 테이블, 빈도수, 교차 테이블 생성
- 다양한 차트와 도표 작성
- 평균, 합, 분산, 표준편차 등을 포함한 다양한 기술통계량 계산
- 다원 교차표 및 추론통계량을 포함한 기타 연관성 측도와 상관 계산

- HTML 리포트나 프레젠테이션 만들기
- HTML4 및 XML을 포함한 마크업 언어 배열
- PostScript, PDF, PCL 파일 등 고해상도 프린터용으로 설정된 출력
- ActiveX 컨트롤이나 Java 애플릿을 사용한 대화식 컬러 그래프

SAS 시스템은 다양한 기능을 제공하는 여러 제품이 서로 유기적인 관련을 갖고 하나의 시스템을 구성하는 통합 소프트웨어이다. SAS 시스템을 구성하는 각 제품들을 간단히 소개하면 다음과 같다.

- SAS/BASE (SAS 시스템의 가장 기본적인 소프트웨어)
  데이터 입력 및 저장 관리, 통계표 등 각종 보고서 작성 기능, 기술통계량 계산, 파일 편집 관리 지원

- SAS/STAT (통계분석용 소프트웨어)
  t-검정, χ^2-검정 등 통계분석법, 회귀분석, 분산분석, 주성분분석, 요인분석, 판별분석, 집락분석, 로짓/프로빗모형의 다변량분석 등 통계학 전 분야의 통계분석 지원

- SAS/ETS (계량경제모형 및 시계열분석용 소프트웨어)
  계량경제모형(Econometrics) 및 시계열(Time series)분석 지원

- SAS/QC (통계적 품질관리분석용 소프트웨어)
  품질관리(Quality Control) 분야의 자료분석 지원

- SAS/OR (OR 분석용 소프트웨어)
  수리계획(LP), QP, NLP 등의 OR(Operation Research) 분야의 계량기법을 이용한 경영관리 및 기획관리 지원

- SAS/IML (대화형 행렬지원용 소프트웨어)
  대화형 행렬(Interactive Matrix) 연산 지원, 단순한 행렬 계산을 넘어 다양하고 강력한 행렬의 수학적 연산 가능, 이를 통하여 회귀분석, 로짓모형, 선형모형분석 등에 적용 가능

- SAS/INSIGHT (메뉴방식을 통한 통계분석용 소프트웨어)
  메뉴형식의 탐색적 데이터분석을 하며 통계분석의 결과를 그래프로 지원

- SAS/CALC (스프레드시트 기능의 소프트웨어)
  3차원 스프레드시트, 스프레드시트 연계, 통합 대화형 그래픽 기능 지원

- SAS/LAB (실험실 분석용 소프트웨어)

- SAS/GRAPH (각종 그래프 표현을 위한 소프트웨어)
  다양한 그래픽을 작성, 복수 그래픽의 합성 등 편집기능을 지원

- SAS/FSP (Full Screen Product, 대화형 데이터 관리 소프트웨어)
  Business 모델 작성 및 Planning에 강력한 기능을 발휘하며 스프레드시트형

응용프로그램 개발을 가능하도록 지원

- SAS/ASSIST (메뉴 형식의 사용자 인터페이스 소프트웨어)
  SAS 언어를 따로 프로그램하지 않아도 메뉴의 선택만으로 자료에 접근하여 관리, 분석, 보고서 작성, 그래픽 등의 기능 지원

- SAS/CPE (Computer Performance Evaluation, 컴퓨터 수행평가 소프트웨어)

- SAS/AF (Application Facility, 응용프로그램 구축용 소프트웨어)
  메뉴형식의 대화용 응용프로그램 개발을 지원

- SAS/EIS (Enterprise Information System, 정보 시스템 개발용 소프트웨어)
  메뉴형식의 전사적 정보 시스템(EIS) 개발을 지원

- SAS/CONNECT (분산 처리용 소프트웨어)
  클라이언트/서버 환경에서 분산 처리 지원 등과 같은 네트워크 지원

- SAS/ACCESS (데이터 액세스 기능을 위한 소프트웨어)
  각종 데이터베이스 관리 시스템으로의 접근 기능 지원

- SAS Enterprise Miner
  Link Analysis Node, Tree Node 등 데이터마이닝 기법을 지원

- SAS Enterprise Guide
  사용자 편의에 중점을 둔 독립된 패키지로서 통계분석과 보고서 작성에 필요한 작업을 쉽게 수행할 수 있도록 SAS의 여러 기능을 시각적으로 실행할 수 있으며, SAS 명령어 코딩 편집도 가능하도록 지원

1.2 SAS 통계 패키지의 운용

1.2.1 통계분석을 위한 자료 준비

다음은 어느 도시에 근무하는 교사들에 대하여 교사직무능력을 연구하기 위한 설문조사를 통해 얻은 자료이다. 설문조사는 이 도시의 네 지역(A, B, C, D 지역)의 교사 130명을 대상으로 실시하였으며, [표.1-2-1]의 자료는 'A 지역'에 거주하

는 40명의 교사에 대한 설문조사 자료이다. 응답자인 각 교사에 대한 기본적인 사회변인 요인[일련번호(id), 성별(gender), 거주지(residence), 나이(age)]과 학습지도능력(q11~q14), 학급경영능력(q21~q24), 업무수행능력(q31~q34)의 교사직무능력을 측정하였다. 교사의 직무수행능력 측정도구는 3개의 하위영역별로 각 4개

|표.1-2-1| 교사직무능력 자료

id	gender	residence	age	q11	q12	q13	q14	q21	q22	q23	q24	q31	q32	q33	q34
1	1	1	3	5	4	4	4	5	5	3	4	3	4	1	4
2	2	1	3	5	4	4	3	4	4	3	5	4	4	2	4
3	1	1	2	4	4	2	2	4	5	4	4	4	4	1	4
4	2	1	3	5	3	3	3	5	4	2	3	2	2	2	4
5	1	1	3	5	3	3	3	3	4	2	3	2	2	1	4
6	2	1	3	5	3	3	3	4	3	2	3	2	2	2	4
7	1	1	2	4	2	2	3	3	5	2	2	2	3	1	4
8	2	1	2	4	5	2	1	1	3	4	4	3	2	1	4
9	1	1	3	5	3	4	4	3	2	1	2	1	2	2	4
10	2	1	2	4	5	3	2	2	5	2	2	2	5	1	3
11	1	1	3	5	3	3	2	3	4	4	5	3	3	1	3
12	2	1	3	5	4	4	4	4	5	3	4	3	3	1	3
13	1	1	3	5	4	4	3	5	5	3	4	3	4	1	3
14	2	1	2	4	4	3	2	3	5	4	5	2	5	2	3
15	1	1	2	4	3	2	4	2	4	3	3	3	4	1	3
16	2	1	3	5	3	2	3	2	4	3	3	2	2	2	3
17	1	1	2	4	3	4	3	3	3	4	3	4	3	1	3
18	2	1	3	5	3	3	4	4	5	2	4	2	3	2	3
19	1	1	1	3	4	2	4	3	4	1	3	3	3	2	3
20	2	1	2	4	3	2	3	2	3	2	2	2	2	2	3
21	1	1	3	5	3	4	4	5	5	3	3	3	3	1	3
22	2	1	2	4	4	4	3	3	5	3	5	2	3	2	3
23	1	1	2	4	3	4	4	5	5	2	5	2	2	2	3
24	2	1	2	4	5	2	1	1	3	4	3	4	2	1	3
25	1	1	3	5	4	2	4	4	5	2	3	2	2	2	3
26	2	1	3	5	4	2	1	2	3	4	3	4	2	2	3
27	1	1	2	4	4	4	3	4	4	4	3	3	2	1	3
28	2	1	3	5	2	4	4	3	4	2	3	2	3	2	3
29	1	1	3	5	3	3	2	4	4	2	3	2	2	1	3
30	2	1	3	5	3	4	4	4	4	4	4	2	3	2	3
31	1	1	3	5	3	2	3	5	5	2	4	2	2	2	3
32	2	1	3	5	1	1	5	1	1	1	5	1	1	2	3
33	1	1	2	4	4	4	3	3	4	3	2	3	3	2	3
34	2	1	2	4	3	4	5	5	3	3	4	2	2	2	3
35	1	1	3	5	4	4	4	2	4	3	3	4	4	2	3
36	2	1	1	1	2	3	3	5	5	3	3	3	1	1	3
37	1	1	3	5	3	3	3	3	4	5	4	2	3	1	4
38	2	1	2	4	5	2	1	1	3	4	3	4	2	1	3
39	1	1	2	4	5	2	1	1	3	4	3	4	2	1	3
40	2	1	1	3	3	3	4	3	4	3	3	3	1	1	3

의 문항으로 구성되어 있다. 교사직무능력 측정에 대한 설문지 응답은 Likert 5점 평정척도로 시행하였으며, 점수가 높을수록 교사의 직무수행능력이 높다. 교사의 3가지 직무수행능력(학습지도, 학급경영, 업무수행 능력)에 대한 척도는 각 하위 4개의 문항 점수의 합으로 측정한다.

1.2.2 SAS 시스템의 실행

다음 [그림.1-2-1]은 SAS 프로그램을 작성하기 위하여 컴퓨터의 시작 프로그램의 목록 중에서 SAS 9.3을 선택한 모습을 표시한 것이다.

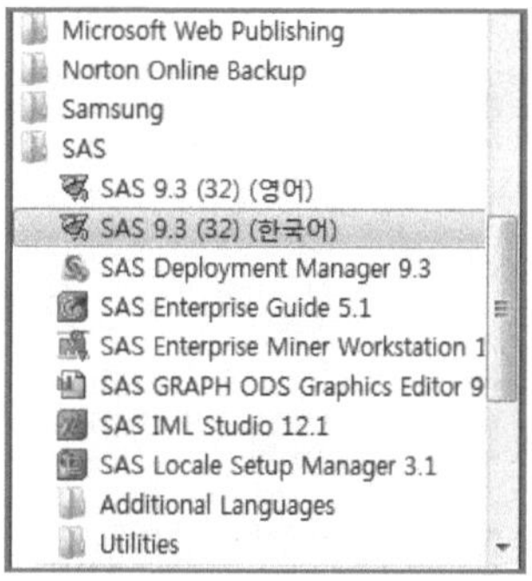

|그림.1-2-1| SAS 9.3 실행

[그림.1-2-1]에 표시된 [SAS 9.3 (32) (한국어)]를 마우스로 클릭하여 실행하면 [그림.1-2-2]와 같이 SAS 시스템의 초기 화면이 표시된다. SAS 9.3부터는 SAS 출력이 기본적으로 HTML 대상 파일 형식으로 보내져서 인터넷 브라우저로 볼 수 있다는 안내 고지문이 [SAS 입문 가이드] 버튼과 함께 [그림.1-2-3]과 같이 표시된다.

[그림.1-2-2]의 초기 화면에 있는 [확장 편집기] 창에 SAS 프로그램을 입력하고 편집한 후 이를 실행하면 입력된 자료에 대한 통계분석 결과를 얻을 수 있다. [확장 편집기] 창에서는 다음과 같은 여러 가지 유용한 편집 기능이 제공된다.

- SAS 언어에 대한 구문 검사와 색 구분 코딩
- 섹션 펼치기와 접기
- 기록할 수 있는 매크로
- Alt 또는 Shift와 다른 키를 조합한 키보드 단축키 지원
- 여러 단계에 걸친 실행 취소 및 재실행

참고로 SAS 시스템을 실행하면 [확장 편집기] 창 이외에 [로그] 창, 그리고 [출력] 창이 겹쳐 나타난다. [로그] 창에는 SAS 세션 및 실행하는 SAS 프로그램에 대

한 메시지가 표시되며, [출력] 창에는 실행한 SAS 프로그램의 처리 결과가 표시된다. 모든 SAS 프로그램이 출력 창에 출력을 나타내는 것은 아니다. 일부 프로그램에서는 대화식 창이 열리고 어떤 프로그램은 [로그] 창에만 메시지가 표시되며, HTML 출력은 SAS용 내부 브라우저인 [Results Viewer, 결과 표시기] 창에 나타난다.

또한 데이터 파일들을 관리할 수 있는 [탐색기] 창과 실행한 SAS 프로그램의 출력을 탐색하고 관리할 수 있는 [결과] 창이 기본적으로 열린다. 특히 [탐색기] 창에서는 SAS 파일을 보거나 관리하며, 새로운 SAS 라이브러리 및 SAS 파일을 만들고, 파일 이동, 복사, 삭제 등 대부분의 파일 관리 작업을 할 수 있다.

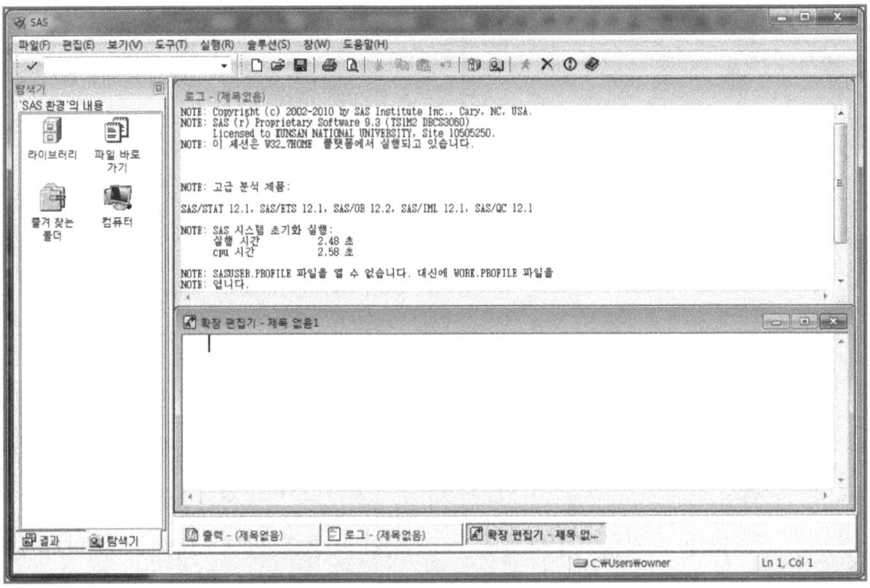

|그림.1-2-2| SAS 시스템의 초기 화면

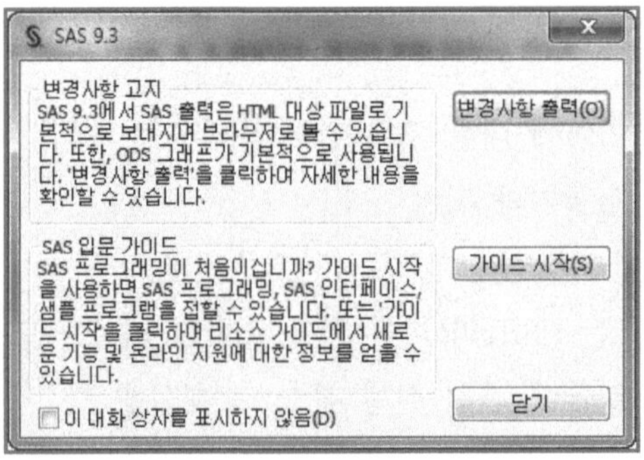

|그림.1-2-3| SAS 9.3 변경사항 고지 안내문

1.2.3 자료의 입력과 SAS 시스템

교사의 직무수행능력에 대한 설문조사 자료를 SAS를 이용하여 입력하고 이를 출력하는 간단한 SAS 프로그램을 작성하면 [예.1-2-1.sas]와 같다. SAS 프로그램은 [메모장] 등의 텍스트 편집기를 이용하여 작성할 수 있으며, 다만 작성된 SAS 프로그램 파일은 '.sas'의 확장자를 이용하여 저장하여야 한다. SAS 프로그램이 저장된 확장자가 '.sas'인 파일은 [그림.1-2-2]의 SAS 시스템에서 [불러오기]를 통해 바로 실행할 수 있다.

SAS 프로그램은 SAS 시스템의 [확장 편집기] 창에서 직접 편집할 수 있다. 예를 들어 [예.1-2-1.sas]에 표시되어 있는 SAS 문장들을 [확장 편집기] 창에 차례로 입력하고, 입력이 끝나면 SAS 시스템 [파일] 메뉴의 [저장(Ctrl+S)]을 선택하여 저장한다. 이때 저장되는 파일의 확장자로 SAS 파일을 나타내는 '.sas'가 자동으로 지정된다.

예 1-2-1.sas

```
* 교사의 직무수행능력 설문조사 자료;

OPTION LINESIZE = 72;
TITLE '교사의 직무수행능력';

DATA survey;
   INPUT id gender residence age q11-q14 q21-q24 q31-q34;
   LABEL gender='성별';  /* 남(1),여(2)' */
   LABEL residence='거주지';  /* A지역(1),B지역(2),C지역(3),D지역(4) */
   LABEL age='나이';   /* 20대(1),30대(2),40대(3) */
CARDS;
   1  1  1  3  5  4  4  4  5  5  3  4  3  4  1  4
   2  2  1  3  5  4  4  3  4  4  3  5  4  4  2  4
   3  1  1  2  4  4  2  2  4  5  4  4  4  4  1  4
   4  2  1  3  5  3  3  3  5  4  2  3  2  2  2  4
   5  1  1  3  5  3  3  3  3  4  2  3  2  2  1  4
   6  2  1  3  5  3  3  3  4  3  2  3  2  2  2  4
   7  1  1  2  4  2  2  3  3  5  2  2  2  3  1  4
   8  2  1  2  4  5  2  1  1  3  4  4  3  2  1  4
   9  1  1  3  5  3  4  4  3  2  1  2  1  2  2  4
  10  2  1  2  4  5  3  2  2  5  2  2  2  5  1  3
  11  1  1  3  5  3  3  2  3  4  4  5  3  3  1  3
  12  2  1  3  5  4  4  4  4  5  3  4  3  3  1  3
  13  1  1  3  5  4  4  3  5  5  3  4  3  4  1  3
  14  2  1  2  4  4  3  2  3  5  4  5  2  5  2  3
  15  1  1  2  4  3  2  4  2  4  3  3  3  4  1  3
  16  2  1  3  5  3  2  3  2  4  3  3  2  2  2  3
  17  1  1  2  4  3  4  3  3  3  4  3  4  3  1  3
  18  2  1  3  5  3  3  4  4  5  2  4  2  3  2  3
  19  1  1  1  3  4  2  4  3  4  1  3  3  3  2  3
  20  2  1  2  4  3  2  3  2  3  2  2  2  2  2  3
```

```
  21  1  1  3  5  3  4  4  5  5  3  3  3  3  1  3
  22  2  1  2  4  4  4  3  3  5  3  5  2  3  2  3
  23  1  1  2  4  3  4  4  5  5  2  5  2  2  2  3
  24  2  1  2  4  5  2  1  1  3  4  3  4  2  1  3
  25  1  1  3  5  4  2  4  4  5  2  3  2  2  2  3
  26  2  1  3  5  4  2  1  2  3  4  3  4  2  2  3
  27  1  1  2  4  4  4  3  4  4  4  3  3  2  1  3
  28  2  1  1  5  2  4  4  3  4  2  3  2  3  2  3
  29  1  1  3  5  3  3  2  4  4  2  3  2  2  1  3
  30  2  1  1  5  3  4  4  4  4  4  4  2  3  2  3
  31  1  1  1  5  3  2  3  5  5  2  4  2  2  2  3
  32  2  1  3  5  1  1  5  1  1  1  5  1  1  2  3
  33  1  1  2  4  4  4  3  3  4  3  2  3  3  2  3
  34  2  1  2  4  3  4  5  5  3  3  4  2  2  2  3
  35  1  1  3  5  4  4  4  2  4  3  3  4  4  2  3
  36  2  1  1  1  2  3  3  5  5  3  3  3  1  1  3
  37  1  1  3  5  3  3  3  3  4  5  4  2  3  1  4
  38  2  1  2  4  5  2  1  1  3  4  3  4  2  1  3
  39  1  1  2  4  5  2  1  1  3  4  3  4  2  1  3
  40  2  1  1  3  3  3  4  3  4  3  3  3  1  1  3
;
PROC PRINT;
RUN;
```

[그림.1-2-4]는 SAS 시스템을 실행시킨 후, [확장 편집기] 창을 최대화하여 SAS 파일 [1-2-1.sas]를 편집하고 이를 저장하여 얻어진 SAS 시스템 화면을 표시한 것이다.

SAS 시스템의 주 메뉴인 [도구]에서 [옵션]-[확장 편집기]를 선택하고, 이 중에서 [표시] 탭을 선택하면 [확장 편집기] 창에서 표시되는 문자들의 글자 모양과 크기, 그리고 글자 색 등을 지정할 수 있다. [그림.1-2-5]는 [확장 편집기] 창에 표시되는 글자의 글꼴을 '굴림체'로, 글자의 크기를 12로 설정한 화면이다.

SAS 프로그램을 작성한 후 이를 저장하면 [그림.1-2-6]과 같이 SAS 시스템에서 기본적으로 설정되어 있는 폴더에 저장된다. 그러나 [그림.1-2-7]과 같이 주 메뉴인 [도구]에서 [옵션]-[폴더 변경]을 선택하고 새로운 폴더를 지정하면 이 폴더에 SAS 프로그램을 저장할 수 있으며, 나중에 자동적으로 이 폴더에서 SAS 프로그램을 [불러오기] 할 수 있다.

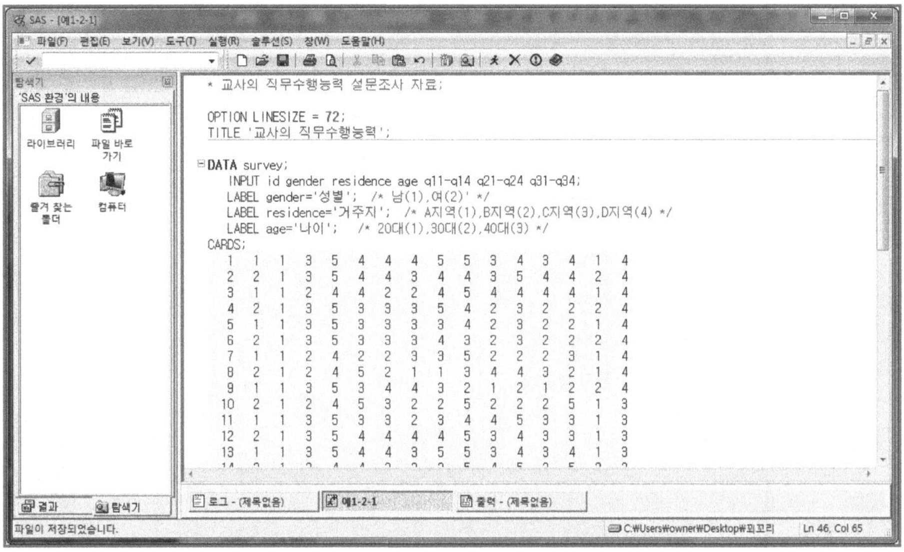

|그림.1-2-4| SAS 프로그램의 작성과 저장

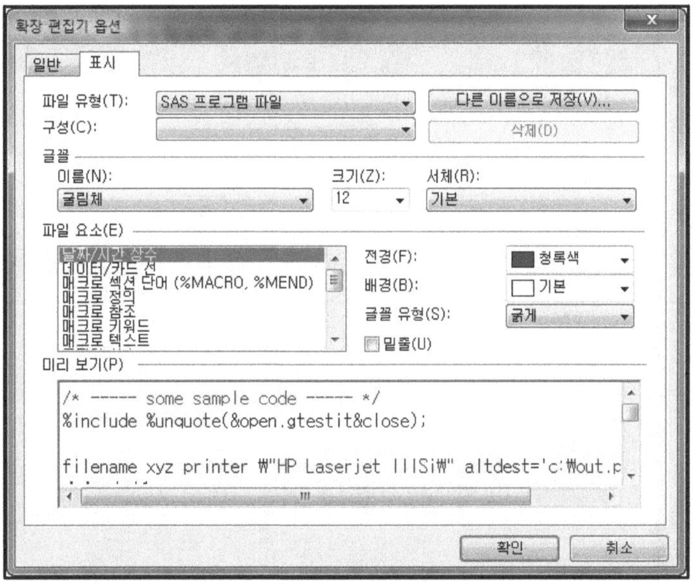

|그림.1-2-5| SAS 시스템의 [도구]-[옵션]-[확장 편집기]

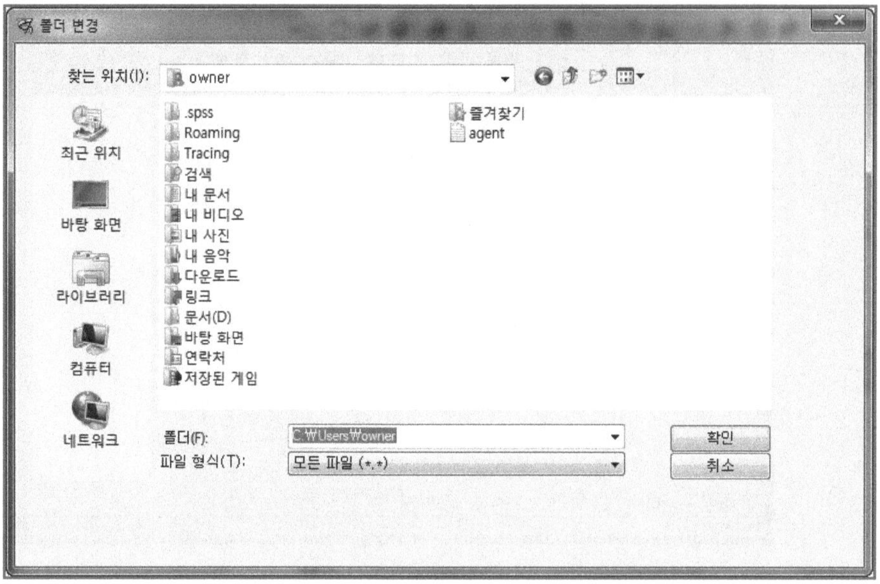

|그림.1-2-6| 기본적으로 설정되어 있는 폴더

|그림.1-2-7| 사용자가 지정한 폴더로 변경

[옵션]의 여러 시스템 설정 사항들을 변경하면 SAS 시스템이 실행되는 동안에는 새롭게 설정된 옵션들이 적용되지만 SAS 시스템을 종료하면 새롭게 설정된 옵션들이 원상태로 되돌아간다. 계속 옵션의 설정을 유지하기 위해서는 지금 설정된 옵션들의 내용을 [그림.1-2-8]과 같이 주 메뉴인 [도구]에서 [옵션]-[우선 설정]의 [일반] 탭에서 [끝낼 때 설정 내용 저장]을 체크함으로써 옵션 설정 내용을 저장해 주어야 한다.

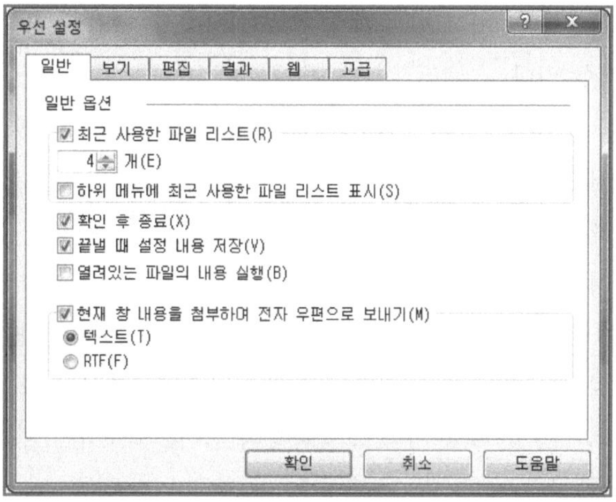

|그림.1-2-8| 옵션 설정 내용 저장

1.2.4 통계분석을 위한 SAS 프로그램의 실행

직접 SAS 프로그램의 입력이 끝나거나 또는 텍스트 편집기 툴을 이용하여 작성된 SAS 파일을 [불러오기]한 후, [그림.1-2-9]에서 표시되어 있는 것처럼 SAS 시스템의 [실행] 메뉴에서 [실행(S)]를 선택하여 SAS 프로그램을 실행한다.

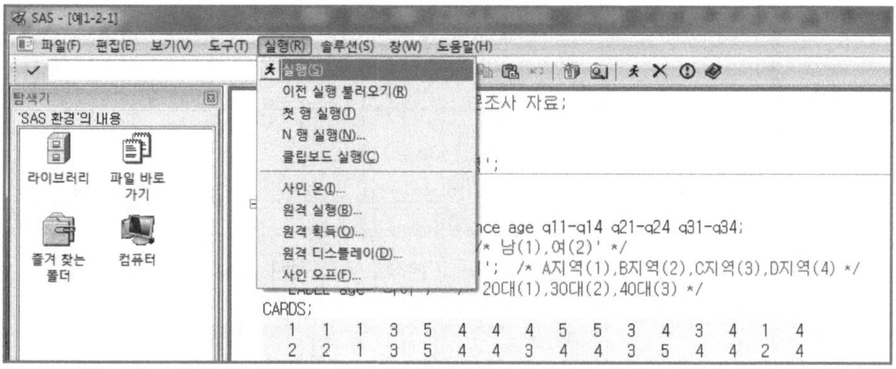

|그림.1-2-9| SAS 프로그램의 실행

실행 시 오류가 발생하지 않으면 SAS 프로그램의 실행 결과들이 출력된다. SAS 9.3 버전에서는 기본적으로 통계 결과가 [그림.1-2-10]과 같이 [Results Viewer] 창에 HTML 대상 파일 형식으로 표시된다.

이 출력 방식의 편집이 까다롭게 느껴지는 이전의 SAS 버전에 익숙한 사용자는 [그림.1-2-11]과 같이 옵션의 설정을 바꿔줌으로써 [그림.1-2-12]와 같이 과거의 출력 형태를 얻을 수 있다. SAS 프로그램의 실행 결과가 [출력] 창에 표시되면 [출력] 창에 표시되는 모든 결과들을 SAS 시스템 내에서 편집하거나 수정할 수 없다.

그러나 [출력] 창에 표시되는 결과의 글자 모양과 크기 등을 [도구] 메뉴로부터 변경할 수 있다.

[출력] 창에 표시된 출력 결과는 하드디스크 등 보조기억장치에 저장할 수 있으며, '메모장' 소프트웨어와 같은 편집기 툴을 이용하여 저장된 출력 결과들을 보기 편하게 편집할 수 있다. [출력] 창의 내용은 확장자가 '.lst'의 이름으로 SAS 시스템에서 지정한 디폴트 폴더 또는 사용자가 지정한 폴더에 저장된다.

여러 가지 이유로 오류가 발생하면 [출력] 창에 결과가 보이지 않을 것이다. 이 경우 프로그램의 오류 메시지가 [로그] 창에 표시되므로 [로그] 창을 통하여 프로그램의 잘못된 부분을 찾고, [확장 편집기] 창에서 다시 SAS 프로그램을 재편집한 후 실행한다.

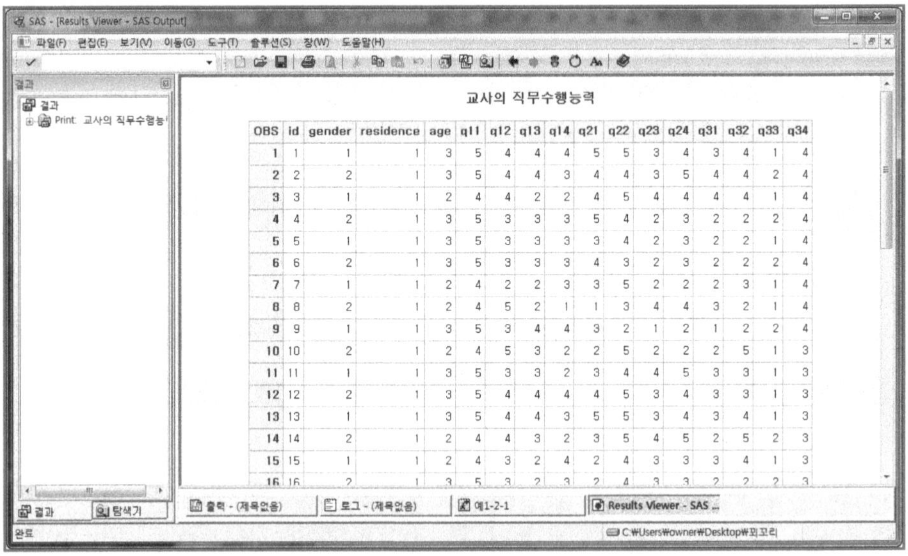
교사의 직무수행능력

OBS	id	gender	residence	age	q11	q12	q13	q14	q21	q22	q23	q24	q31	q32	q33	q34
1	1	1	1	3	5	4	4	4	5	5	3	4	3	4	1	4
2	2	2	1	3	5	4	4	3	4	4	3	5	4	4	2	4
3	3	1	1	2	4	4	2	2	4	5	4	4	4	4	1	4
4	4	2	1	3	5	3	3	3	5	4	2	3	2	2	2	4
5	5	1	1	3	5	3	3	3	3	4	2	3	2	2	1	4
6	6	2	1	3	5	3	3	3	4	3	2	3	2	2	2	4
7	7	1	1	2	4	2	2	3	3	5	2	2	2	3	1	4
8	8	2	1	2	4	5	2	1	1	3	4	4	3	2	1	4
9	9	1	1	3	5	3	4	4	3	2	1	2	1	2	2	4
10	10	2	1	2	4	5	3	2	2	5	2	2	2	5	1	3
11	11	1	1	3	5	3	3	2	3	4	4	5	3	3	1	3
12	12	2	1	3	5	4	4	4	4	5	3	4	3	3	1	3
13	13	1	1	3	5	4	4	3	5	5	3	4	3	4	1	3
14	14	2	1	2	4	4	3	2	3	5	4	5	2	5	2	3
15	15	1	1	2	4	3	2	4	2	4	3	3	3	4	1	3
16	16	2	1	3	5	3	2	3	2	4	3	3	2	2	2	3

ㅣ그림.1-2-10ㅣ 기본적으로 설정된 [Results Viewer] 창

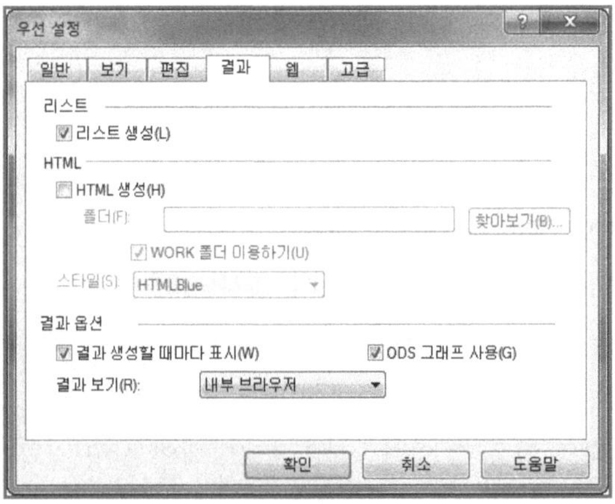

ㅣ그림.1-2-11ㅣ 도구 메뉴의 [옵션]-[우선 설정]

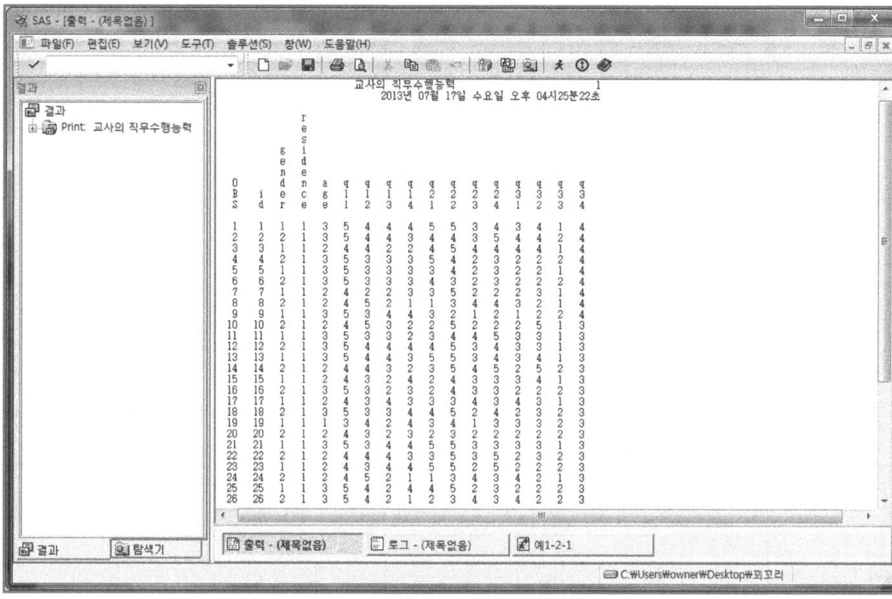

|그림.1-2-12| 출력의 표시 형태를 [리스트 생성]으로 변경한 이후 [출력] 창

[로그] 창에는 프로그램을 실행시키는 과정에서 발생하는 여러 정보들이 표시된다. 예를 들어, 각 절차를 실행하는 데 걸리는 시간이나 오류가 발생할 경우 나타나는 각종 메시지 또는 현재 실행되는 SAS DataSet의 이름 등의 정보가 [로그] 창에 표시될 것이다. 따라서 [출력] 창에 아무런 실행 결과가 표시되지 않으면 먼저 [로그] 창에 표시된 여러 메시지들을 살펴보는 것이 SAS 프로그램을 작성하는 데 많은 도움이 된다.

[로그] 창

```
NOTE: Copyright (c) 2002-2010 by SAS Institute Inc., Cary, NC, USA.
NOTE: SAS (r) Proprietary Software 9.3 (TS1M2 DBCS3060)
      Licensed to KUNSAN NATIONAL UNIVERSITY, Site 10505250.
NOTE: 이 세션은 W32_7HOME  플랫폼에서 실행되고 있습니다.

NOTE: 고급 분석 제품:

SAS/STAT 12.1, SAS/ETS 12.1, SAS/OR 12.2, SAS/IML 12.1, SAS/QC 12.1

NOTE: SAS 시스템 초기화 실행:
      실행 시간           1.65 초
      cpu 시간            1.43 초

NOTE: SASUSER.PROFILE 파일을 열 수 없습니다. 대신에 WORK.PROFILE 파일을
NOTE: 엽니다.
NOTE: 세션을 종료할 때, 프로파일의 모든 변경 사항은 저장되지 않습니다.
NOTE: SASUSER.PROFILE 파일을 열 수 없습니다. 대신에 WORK.PROFILE 파일을 엽니다.
NOTE: 세션을 종료할 때, 프로파일의 모든 변경 사항은 저장되지 않습니다.
```

```
1    * 교사의 직무수행능력 설문조사 자료;
2
3    OPTION LINESIZE = 72;
4    TITLE '교사의 직무수행능력';
5
6    DATA survey;
7       INPUT id gender residence age q11-q14 q21-q24 q31-q34;
8       LABEL gender='성별';  /* 남(1),여(2)' */
9       LABEL residence='거주지';  /*
9  ! A지역(1),B지역(2),C지역(3),D지역(4) */
10      LABEL age='나이';   /* 20대(1),30대(2),40대(3) */
11   CARDS;

NOTE: 데이터셋 WORK.SURVEY은(는) 40개의 관측치와 16개의 변수를 가지고
      있습니다.
NOTE: DATA 문장 실행(총 프로세스 시간):
      실행 시간            0.03 초
      cpu 시간             0.03 초
```

2장 SAS 프로그래밍

2.1 SAS 프로그램의 구조

SAS 프로그램은 SAS 데이터셋(DataSet)을 만들어가는 DATA 단계와 DATA 단계에서 생성된 SAS 데이터셋 자료로부터 통계분석 등을 실행하기 위한 PROC 절차의 단독 또는 반복적인 결합으로 이루어져 있다.

DATA 단계는 일반적으로 SAS 데이터셋을 만들거나 수정하기 위한 과정으로 다음 작업 등을 수행할 수 있다.

- SAS 데이터셋에 데이터 입력하기
- 새로운 변수값 계산
- 데이터의 오류 확인 및 수정
- 기존 데이터셋의 서브셋, 병합, 업데이트 등으로 새로운 SAS 데이터셋 만들기

PROC 절차는 SAS 데이터셋의 데이터를 분석하고 처리하며 때로는 프로시저의 결과를 포함하는 SAS 데이터셋을 만드는 과정으로 다음 작업 등을 수행할 수 있다.

- 리포트 출력
- 기술 통계 생성
- 테이블 리포트 작성
- 도표 및 차트 생성

1.2절의 [예.1-2-1.sas] 프로그램을 다시 살펴보면 이 SAS 프로그램의 주 골격은 survey로 명명된 데이터셋을 만들어 가는 DATA 단계와 이 자료들의 내용을 단순히 출력하는 PROC 절차로 크게 구분할 수 있을 것이다. OPTIONS 문을 비롯하

여 2장에서 다루게 될 TITLE 문, 그리고 FOOTNOTE 문 등은 자료의 처리와 통계분석을 위한 SAS 프로그램의 실행에 영향을 주지 않는다. 즉 통계분석만을 위한 SAS 프로그램이라면 OPTION 문, TITLE 문, FOOTNOTE 문들은 생략해도 문제가 없다.

제 1부는 자료의 입력과 변환 처리를 위한 DATA 단계를 중심으로, 제 2부에서는 입력된 자료의 통계분석을 실행하는 PROC 절차의 각종 명령문에 대하여 중점적으로 설명할 것이다. 여기서 PROC이란 procedure(절차)의 축약어로서 자료의 처리를 수행하는 하나의 절차를 의미한다. [예.1-2-1.sas]에 표시된 PROC PRINT; 문장은 가장 최근에 만들어진 SAS 데이터셋인 survey의 자료를 단순히 출력하고자 하는 PROC 명령문이다.

```
* SAS 프로그램의 구조: DATA 다계와 PROC 절차의 적절한 결합으로 구성;
OPTIONS ...;
TITLE ...;
FOOTNOTE ...;

DATA ...;   /* DATA 단계 */
RUN;
PROC ...;   /* PROC 절차 */
RUN;

DATA ...;  /* DATA 단계 */
RUN;
PROC ...;  /* PROC 절차 */
RUN;
```

2.2 SAS 문장의 규칙

SAS는 사용자가 사용하기 쉽도록 만들어져 있는 통계 전용 패키지이다. 자료의 분석을 위한 SAS 프로그램을 작성하기 위해서는 다음과 같이 간단한 몇 가지 규칙을 따라야 한다.

- SAS 문장은 명령문(keyword)으로 시작되어 반드시 세미콜론(;)으로 끝난다. 그러나 자료의 입력 줄은 SAS 문장이 아니므로 세미콜론(;)을 붙이지 않는다.
- DATA 단계는 DATA 키워드로, PROC 절차는 PROC 키워드로 시작한다.
- DATA 단계와 PROC 절차는 RUN 문장으로 끝내도록 한다.
- 프로그램을 구성하는 영문자는 대·소문자를 구별하지 않는다.

- 여러 SAS 문장들이 한 줄에 표시될 수 있고, 한 SAS 문장이 여러 줄에 걸쳐 나타날 수 있다. 그러나 언제나 한 문장의 끝은 세미콜론(;)으로 표시한다.
- SAS 문장은 임의의 열에서 시작할 수 있다.
- SAS 문장을 구성하는 단어들은 공백 또는 특수문자(=, - 등)들에 의해서 구분된다.

2.3 SAS 변수

2.3.1 SAS 변수의 선언

SAS 변수(variable)란 같은 단위의 측도를 사용하여 측정함으로써 얻어진 여러 개체의 자룟값들의 집합을 일컫는다. 예를 들어, 1.2절에 표시된 각 관찰 대상자들의 남, 여의 성별을 의미하는 gender, 연령을 나타내는 age, 거주지를 표시한 residence 등이 SAS 변수이다. SAS 변수의 정의에 포함된 자룟값(data value)이란 SAS 데이터셋의 기본 단위로서 SAS 변수의 각 측정값 개개인을 일컫는 용어이다.

SAS 변수를 선언할 때 SAS 변수 이름을 정하는 규칙은 다음과 같다.

- SAS 변수 이름은 최대 32자까지의 문자들로 구성된다.
- SAS 변수 이름에 가능한 문자들은 영문자(A - Z), 숫자(0 - 9), 밑줄(_)이다.
- 영문자는 대문자와 소문자를 구분하지 않는다.
- 숫자는 변수 이름의 첫 글자로 사용할 수 없다.
- SAS가 이미 지정한 SAS 예약어(key word)는 SAS 변수 이름으로 사용될 수 없다.
- 밑줄(_)은 두 단어를 연결한 듯한 변수 이름을 가능하게 해준다.
- SAS 시스템이 이미 사용하는 변수 이름은 밑줄(_)을 붙인 것이 많기 때문에 첫 문자에 밑줄이 들어가지 않도록 SAS 변수 이름을 정하는 것이 좋다.

SAS 예약어란 SAS 시스템에서 이미 사용하고 있는 단어들을 의미한다. 예를 들어 DATA, PROC, TITLE 등의 단어들은 그 나름의 의미를 갖고 SAS에서 사용하고 있는 예약어이다.

다음은 SAS 변수 이름으로 적합한 예와 그렇지 못한 예를 비교한 표이다.

SAS 변수 이름으로 적합	SAS 변수 이름으로 부적합 (이유)
Age	INPUT (SAS 예약어)
GENDER	_N_ (SAS 시스템 변수)
_2013	REP NO (빈칸은 사용 불가능한 문자)
REP_NO	ID#10 (# 문자는 사용 불가)
inc2013	2013inc (숫자로 시작)

2.3.2 숫자형 변수와 문자형 변수

SAS 변수는 이 변수가 취하는 자룟값(data value)의 종류에 따라서 숫자형 변수(numeric variable)와 문자형 변수(character variable)로 구분된다. 하지만 두 종류의 변수는 자료를 입력하는 과정에서 서로 변환될 수 있다. 예를 들어 관찰 대상자들의 성별 변수의 이름을 gender로 정하고, 남성의 자룟값을 'M', 여성의 자룟값을 'F'로 입력하였다면 gender 변수는 문자형 변수가 된다. 여기서 문자형 자료의 입력 시 문자만 입력하고 문자를 둘러싸고 있는 홑따옴표('')는 입력하지 않는다. 그러나 성별 변수 gender의 자룟값을 1(남) 또는 2(여)의 숫자로 입력하였다면 gender 변수는 숫자형 변수이다. 물론 자룟값들을 모두 입력한 이후 적절한 SAS의 변환 명령문을 통하여 문자형 변수를 숫자형 변수로, 또는 그 반대의 경우로 변환시킬 수 있다.

문자형 변수에 입력되는 자룟값은 세미콜론(;) 문자를 제외한 대부분의 문자를 200자까지 사용할 수 있다(세미콜론 문자는 모든 SAS 문장의 끝을 표시한다). SAS 시스템으로 하여금 문자형 변수와 숫자형 변수를 구별하도록 하기 위하여 DATA 문장의 INPUT 문에 문자형 변수를 지정할 때, 문자형 변수 이름 뒤에 달러($) 표시를 붙인다. 다음은 CARDS 문에 나타날 수 있는 문자형 변수의 자룟값의 예이다.

```
HONG GIL DONG
KIM
2013
Super+Market
kim
```

주의할 점은 2013이 포함된 문자형 변수가 다른 숫자형 변수와 더불어 산술 계산식에 사용된다면 문자형 자료 2013은 자동적으로 숫자형 자료 2013으로 변환되어 계산된다. 그러나 나머지 문자형 자료의 경우에 숫자형 자료와의 산술 연산이 불가능하므로 그 결과는 결측값으로 처리된다.

SAS 변수 이름을 정할 때에는 영문 대·소문자의 구별이 필요치 않았지만, 문자형 자료의 경우에는 영문 대소문자를 다르게 구분한다. 즉, 앞에 표시한 예에서 두 문자형 자룟값 'KIM'과 'kim'은 서로 다른 문자형 자료의 값으로 처리한다.

다음은 숫자형 자료들의 예를 보인 것이다. FORTRAN의 경우와 마찬가지로 실수의 지수형, 배정도형 형식으로 자룟값들의 표현이 가능하다. 예를 들어 SAS 프로그램의 DATA 문장에 표시된 0.32E-05는 실수 0.32×10^{-5}을 나타낸 것이다.

```
2013
.0032
-131.
0.32E-05
8.3232D10
```

2.4 SAS 데이터셋

SAS는 결측된 자룟값을 마침표(.)로 출력한다. 마찬가지로 자룟값을 입력할 때 결측 자료의 경우 결측된 자룟값으로 마침표(.)를 입력한다. 그러나 문자형 자료들이 관련된 논리식을 수행할 경우에는 특별히 따로 지정하지 않는 한 문자형 자료의 결측을 빈칸(blank, " ")으로 취급한다.

관측값(observation)이란 각 케이스(case, 개체)에 대한 자룟값들의 집합을 의미한다. 예를 들어, 1.2절의 [표.1-2-1]에서 한 행으로 표시된 각 응답자들의 조사 결과의 자료는 하나의 관측값(observation)을 구성한다. 그러나 하나의 관측값이라도 SAS 프로그램의 DATA 단계에서 적절한 조정을 거쳐 여러 줄에 입력되기도 한다. 하나의 관측값에는 여러 개의 변수가 포함되지만, 각 변수에 대응되는 자룟값은 당연히 하나의 값만 할당된다.

SAS 데이터셋(DataSet)이란 관측값과 변수들로 구성되어 있으며 SAS 시스템에서 저장된 자룟값들의 집합을 의미한다. 예를 들어 1.2절의 설문조사 자료로부터 생성되는 SAS 데이터셋 survey는 40개의 관측값과 id, gender를 포함한 16개의 변수로 구성되어 있다.

2.5 주석문

1.2절의 SAS 프로그램 [예.1-2-1.sas]를 살펴보면 첫 문장이 문자 *(asterisk)로 시작함을 알 수 있다. 문자 *(asterisk)으로 시작하는 문장이 주석문(Comment)으로서 SAS 프로그램의 내용을 설명하는 경우에 주로 사용된다. SAS 시스템은 문자 *부터 문장의 끝을 표시하는 ;(semicolon)이 나타날 때까지의 모든 문자들을 주석문으로 인식하여 실행하지 않는다. 마찬가지로 여러 줄의 문장도 *와 ; 사이에 표시되면 이들 모두 주석문으로 인식되어 SAS 프로그램의 실행에 영향을 주지 않는다.

문장의 일부를 주석으로 처리하고자 할 경우에는 /*와 */를 주석의 시작과 끝에 표시하면 된다. [예.1-2-1.sas]에 표시된 LABEL 문장 뒤에 표시된 /*와 */ 사이의 문자열은 모두 주석으로 처리된다.

```
* 이 문장은 주석문으로서 SAS 프로그램의 실행에
  영향을 주지 않는다. ;

/* 이 사이에 있는 문자열도 주석문이다. */
```

2.6 OPTION 문

```
OPTIONS 선택사항 ;
```

OPTION 문은 SAS 처리기에 의해 처리되는 시스템 선택사항들을 SAS 프로그램 내부에서 새로이 지정하는 문장이다. 시스템 선택사항이란 SAS 시스템을 통한 자료의 입력과 출력의 양식 등을 미리 설정해 놓은 것이다. 이들은 OPTION 문을 이용하여 SAS 프로그램 내부에서 변경할 수 있다.

OPTION 문에 선택사항을 한 번 지정하면 OPTION 문이 지정된 이후의 자료 입출력 관련 SAS 문장의 결과에 영향을 준다. 중간에 옵션 사항을 변경하거나 중단하고 싶으면 새로이 OPTION 문을 작성해준다. 이 절에서는 자주 사용되는 중요한 선택사항 몇 가지를 알아보자.

2.6.1 NODATE

DATE 옵션은 SAS 프로그램 실행 후 표시되는 출력 페이지의 상단마다 이 프로그램이 실행된 날짜를 인쇄하라는 것으로 DATE 옵션이 기본으로 설정되어 있다. 반면에 NODATE 옵션으로 지정되면 이 프로그램이 실행된 날짜가 따로 출력되지 않는다.

2.6.2 NOCENTER

SAS 프로그램의 실행 결과를 정 가운데의 정렬 기준으로 출력할지, 왼쪽 정렬을 기준(NOCENTER)으로 출력할지를 지정하는 옵션으로 기본은 CENTER이다.

2.6.3 MISSING=문자

결측값으로 처리된 숫자 변수값을 어떤 문자로 출력할 것인지를 지정하는 옵션이다. 기본으로 지정된 문자는 마침표(.)이다. 결측값에 대한 출력 표시를 문자 '*'으로 나타내고 싶다면 옵션으로 MISSING='*'을 지정하면 된다.

[예.2-6-1.sas]는 NODATE, NOCENTER 그리고 MISSING='*' 옵션들을 지정하여 작성된 SAS 프로그램이며, 이어서 그 실행 결과를 표시하였다.

예 2-6-1.sas

```
OPTION NODATE NOCENTER MISSING='*';
TITLE '교사의 직무수행능력- NODATE, NOCENTER, MISSING 옵션';

DATA ds2_1;
INPUT id gender residence age q11-q14 q21-q24 q31-q34;
CARDS;
  1  1  1  .  5  4  4  4  5  5  3  4  3  4  1  4
  2  2  1  3  .  4  4  3  4  4  3  5  4  4  2  4
  3  1  1  2  .  4  2  2  4  5  4  4  4  4  1  4
  4  2  1  3  5  3  3  3  5  4  2  3  2  2  2  4
  5  1  1  3  5  3  3  3  3  4  2  3  2  2  1  4
  6  2  1  3  5  3  3  3  4  3  2  3  2  2  2  4
  7  1  1  2  4  2  2  3  3  5  2  2  2  3  1  4
  8  2  1  2  4  5  2  1  1  3  4  4  3  2  1  4
  9  1  1  3  5  3  4  4  3  2  1  2  1  2  2  4
 10  2  1  2  4  5  3  2  2  5  2  2  2  5  1  3
;
PROC PRINT;
RUN;
```

[2-6-1.lst]

```
                        교사의 직무수행능력- NODATE, NOCENTER, MISSING 옵션                 1

OBS  id  gender residence  age  q11  q12  q13  q14  q21  q22  q23  q24  q31  q32  q33  q34
  1   1    1        1       *    5    4    4    4    5    5    3    4    3    4    1    4
  2   2    2        1       3    *    4    4    3    4    4    3    5    4    4    2    4
  3   3    1        1       2    *    4    2    2    4    5    4    4    4    4    1    4
  4   4    2        1       3    5    3    3    3    5    4    2    3    2    2    2    4
  5   5    1        1       3    5    3    3    3    3    4    2    3    2    2    1    4
  6   6    2        1       3    5    3    3    3    4    3    2    3    2    2    2    4
  7   7    1        1       2    4    2    2    3    3    5    2    2    2    3    1    4
  8   8    2        1       2    4    5    2    1    1    3    4    4    3    2    1    4
  9   9    1        1       3    5    3    4    4    3    2    1    2    1    2    2    4
 10  10    2        1       2    4    5    3    2    2    5    2    2    2    5    1    3
```

[2-6-1.lst] 데이터셋 ds2_1은 데이터셋 survey의 일부분만을 입력한 데이터셋으로서 결측값을 입력하는 방법을 표시하기 위하여 id가 1인 관측값의 age 변수와 id가 2, 3인 관측값의 q11 변수의 값을 결측으로 처리하였다. 이와 같이 데이터셋을 생성하는 DATA 단계에서 자료의 결측은 문자 '.'으로 표시하고, 결측된 자료의 출력은 MISSING 옵션이 있을 경우 이 옵션에서 설정된 문자를 출력한다. MISSING 옵션이 지정되지 않으면 문자 '.'으로 출력된다.

2.6.4 LINESIZE=n 또는 LS=n

LINESIZE 또는 간단히 LS 옵션은 SAS 프로그램의 실행 결과를 [출력] 창에 출력할 때 한 줄에 포함할 수 있는 출력 문자들의 최대 개수를 지정한다. 사용자가 지정 가능한 n의 범위는 64~256이며 기본값은 93이다. n의 범위를 벗어난 값을 LS의 값으로 지정하면 오류가 발생하지만, 출력의 길이는 기본값으로 자동 설정되어 출력된다.

2.6.5 PAGESIZE=n 또는 PS=n

SAS 결과를 출력할 때 한 페이지에 포함될 수 있는 최대 줄의 수를 지정하는 옵션이다. 기본값은 21이며 프린터 출력의 경우 65 정도로 지정하는 편이 좋다. 사용자가 지정 가능한 n의 범위는 15 ~ 32767이다. 이 범위를 벗어난 값을 지정하면 오류가 발생하지만, 이전에 설정했던 값의 크기로 출력된다.

다음 [예.2-6-2.sas]는 옵션으로 LINESIZE=115와 PAGESIZE=30을 설정한 예를 보인 것이다.

예 2-6-2.sas

```
OPTION NODATE CENTER LS=115 PS=30;
TITLE '교사의 직무수행능력- LS, PS 옵션';

DATA ds2_2;
INPUT id gender residence age $ q11-q14 q21-q24 q31-q34;
CARDS;
  1  1  1  3  5  4  4  4  5  5  3  4  3  4  1  4
  2  2  1  3  5  4  4  3  4  4  3  5  4  4  2  4
  3  1  1  2  4  4  2  2  4  5  4  4  4  4  1  4
  4  2  1  3  5  3  3  3  5  4  2  3  2  2  2  4
  5  1  1  3  5  3  3  3  3  4  2  3  2  2  1  4
  6  2  1  3  5  3  3  3  4  3  2  3  2  2  2  4
<중간 데이터 생략>
 37  1  1  3  5  3  3  3  3  4  5  4  2  3  1  4
 38  2  1  2  4  5  2  1  1  3  4  3  4  2  1  3
 39  1  1  2  4  5  2  1  1  3  4  3  4  2  1  3
 40  2  1  1  3  3  3  4  3  4  3  3  3  1  1  3
;
PROC PRINT;
RUN;
```

[2-6-2.lst]

교사의 직무수행능력- LS, PS 옵션 2

OBS	id	gender	residence	age	q11	q12	q13	q14	q21	q22	q23	q24	q31	q32	q33	q34
1	1	1	1	3	5	4	4	4	5	5	3	4	3	4	1	4
2	2	2	1	3	5	4	4	3	4	4	3	5	4	4	2	4
3	3	1	1	2	4	4	2	2	4	5	4	4	4	4	1	4
4	4	2	1	3	5	3	3	3	5	4	2	3	2	2	2	4
5	5	1	1	3	5	3	3	3	3	4	2	3	2	2	1	4
6	6	2	1	3	5	3	3	3	4	3	2	3	2	2	2	4
7	7	1	1	2	4	2	2	3	3	5	2	2	2	3	1	4
8	8	2	1	2	4	5	2	1	1	3	4	4	3	2	1	4
9	9	1	1	3	5	3	4	4	3	2	1	2	1	2	2	4
10	10	2	1	2	4	5	3	2	2	5	2	2	2	5	1	3
11	11	1	1	3	5	3	3	2	3	4	4	5	3	3	1	3
12	12	2	1	3	5	4	4	4	4	5	3	4	3	3	1	3
13	13	1	1	3	5	4	4	3	5	5	3	4	3	4	1	3
14	14	2	1	2	4	4	3	2	3	5	4	5	2	5	2	3
15	15	1	1	2	4	3	2	4	2	4	3	3	3	4	1	3
16	16	2	1	3	5	3	2	3	2	4	3	3	2	2	2	3
17	17	1	1	2	4	3	4	3	3	3	4	3	4	3	1	3
18	18	2	1	3	5	3	3	4	4	5	2	4	2	3	2	3
19	19	1	1	1	3	4	2	4	3	4	1	3	3	3	2	3
20	20	2	1	2	4	3	2	3	2	3	2	2	2	2	2	3
21	21	1	1	3	5	3	4	4	5	5	3	3	3	3	1	3
22	22	2	1	2	4	4	4	3	3	5	3	5	2	3	2	3
23	23	1	1	2	4	3	4	4	5	5	2	5	2	2	2	3
24	24	2	1	2	4	5	2	1	1	3	4	3	4	2	1	3
25	25	1	1	3	5	4	2	4	4	5	2	3	2	2	2	3
26	26	2	1	3	5	4	2	1	2	3	4	3	4	2	2	3

교사의 직무수행능력- LS, PS 옵션 3

OBS	id	gender	residence	age	q11	q12	q13	q14	q21	q22	q23	q24	q31	q32	q33	q34
27	27	1	1	2	4	4	4	3	4	4	4	3	3	2	1	3
28	28	2	1	1	5	2	4	4	3	4	2	3	2	3	2	3
29	29	1	1	3	5	3	3	2	4	4	2	3	2	2	1	3
30	30	2	1	1	5	3	4	4	4	4	4	4	2	3	2	3
31	31	1	1	1	5	3	2	3	5	5	2	4	2	2	2	3
32	32	2	1	3	5	1	1	5	1	1	1	5	1	1	2	3
33	33	1	1	2	4	4	4	3	3	4	3	2	3	3	2	3
34	34	2	1	2	4	3	4	5	5	3	3	4	2	2	2	3
35	35	1	1	3	5	4	4	4	2	4	3	3	4	4	2	3
36	36	2	1	1	1	2	3	3	5	5	3	3	3	1	1	3
37	37	1	1	3	5	3	3	3	3	4	5	4	2	3	1	4
38	38	2	1	2	4	5	2	1	1	3	4	3	4	2	1	3
39	39	1	1	2	4	5	2	1	1	3	4	3	4	2	1	3
40	40	2	1	1	3	3	3	4	3	4	3	3	3	1	1	3

[2-6-2.lst] PAGESIZE의 값을 30으로 설정했기 때문에 2쪽의 결과를 보면, 한 페이지에 30줄만 출력되고 나머지 결과는 다음 페이지(3쪽)로 넘겨 출력되었다. 한 페이지에 표시되는 30줄에는 TITLE 문에 의하여 표시되는 표제와 변수 이름이 표시된 줄, 그리고 실제 자료 사이에 띄어진 빈 줄도 포함되고 있음을 알 수 있다.

2.6.6 FIRSTOBS

FIRSTOBS 옵션은 SAS 데이터셋을 만들 때 SAS 시스템이 처리하는 최초의 관측 번호를 지정하는 옵션으로, 기본적으로 최초의 관측 번호는 1이다. 주의할 점은 새로운 SAS 데이터셋을 생성하거나, 기존의 SAS 데이터셋의 자료들을 출력할 경우 항상 이전에 지정했던 FIRSTOBS 옵션의 영향을 받는다. 따라서 이전의 FIRSTOBS 옵션의 영향을 해제하기 위해서는 [예.2-6-3.sas]의 경우와 같이 두 번째 PROC PRINT 문에 앞서서 FIRSTOBS 옵션의 값을 변경해주어야 한다.

[예.2-6-3.sas]의 DATA 단계에서 데이터셋 ds2_3이 생성될 때, CARDS 문 다음에 위치하고 있는 입력 자료의 첫 줄이 변수의 이름으로 구성되어 있기 때문에 실제 자료는 두 번째 줄부터 입력되어 있다. 따라서 OPTION 문을 이용하여 FIRSTOBS 옵션의 값을 2로 지정하여야 정확하게 자료를 읽어들일 수 있다.

예 2-6-3.sas

```
OPTION FIRSTOBS=2 LS=115;
TITLE '교사의 직무수행능력- FIRSTOBS 옵션';
```

```
DATA ds2_3;
INPUT id gender residence age q11-q14 q21-q24 q31-q34;
CARDS;
   id gender residence age q11-q14 q21-q24 q31-q34
   1  1  1  3  5  4  4  4  5  5  3  4  3  4  1  4
   2  2  1  3  5  4  4  3  4  4  3  5  4  4  2  4
   3  1  1  2  4  4  2  2  4  5  4  4  4  4  1  4
   4  2  1  3  5  3  3  3  5  4  2  3  2  2  2  4
   5  1  1  3  5  3  3  3  3  4  2  3  2  2  1  4
   6  2  1  3  5  3  3  3  4  3  2  3  2  2  2  4
   7  1  1  2  4  2  2  3  3  5  2  2  2  3  1  4
   8  2  1  2  4  5  2  1  1  3  4  4  3  2  1  4
   9  1  1  3  5  3  4  4  3  2  1  2  1  2  2  4
  10  2  1  2  4  5  3  2  2  5  2  2  2  5  1  3
;
PROC PRINT;
RUN;

OPTION FIRSTOBS=1;  /* 초기값으로 재설정 */

PROC PRINT;
RUN;
```

[2-6-3.lst]

교사의 직무수행능력- FIRSTOBS 옵션 4

OBS	id	gender	residence	age	q11	q12	q13	q14	q21	q22	q23	q24	q31	q32	q33	q34
2	2	2	1	3	5	4	4	3	4	4	3	5	4	4	2	4
3	3	1	1	2	4	4	2	2	4	5	4	4	4	4	1	4
4	4	2	1	3	5	3	3	3	5	4	2	3	2	2	2	4
5	5	1	1	3	5	3	3	3	3	4	2	3	2	2	1	4
6	6	2	1	3	5	3	3	3	4	3	2	3	2	2	2	4
7	7	1	1	2	4	2	2	3	3	5	2	2	2	3	1	4
8	8	2	1	2	4	5	2	1	1	3	4	4	3	2	1	4
9	9	1	1	3	5	3	4	4	3	2	1	2	1	2	2	4
10	10	2	1	2	4	5	3	2	2	5	2	2	2	5	1	3

교사의 직무수행능력- FIRSTOBS 옵션 5

OBS	id	gender	residence	age	q11	q12	q13	q14	q21	q22	q23	q24	q31	q32	q33	q34
1	1	1	1	3	5	4	4	4	5	5	3	4	3	4	1	4
2	2	2	1	3	5	4	4	3	4	4	3	5	4	4	2	4
3	3	1	1	2	4	4	2	2	4	5	4	4	4	4	1	4
4	4	2	1	3	5	3	3	3	5	4	2	3	2	2	2	4
5	5	1	1	3	5	3	3	3	3	4	2	3	2	2	1	4
6	6	2	1	3	5	3	3	3	4	3	2	3	2	2	2	4
7	7	1	1	2	4	2	2	3	3	5	2	2	2	3	1	4
8	8	2	1	2	4	5	2	1	1	3	4	4	3	2	1	4
9	9	1	1	3	5	3	4	4	3	2	1	2	1	2	2	4
10	10	2	1	2	4	5	3	2	2	5	2	2	2	5	1	3

[2-6-3.lst] PROC PRINT 절차를 이용하여 데이터셋 ds2_3의 자료들을 출력할 경

우에도 FIRSTOBS 옵션의 영향을 받게 된다. 즉, FIRSTOBS 옵션의 영향으로 출력 결과 4쪽에 표시된 바와 같이 ds2_3 자료의 두 번째 관측값부터 출력이 이루어진다. 그러나 FIRSTOBS 옵션의 값을 1로 재설정한 이후 PROC PRINT 절차를 실행하면 5쪽의 출력 결과와 같이 ds2_3 데이터셋의 첫 번째 관측값부터 출력을 하고 있음을 알 수 있다.

2.6.7 OBS

OBS 옵션은 SAS 데이터셋(DataSet)을 생성할 때 입력되는 가장 마지막 관측 번호를 지정한다. 이 옵션의 기본값은 입력되는 자료의 가장 마지막 번호(MAX)이다. OBS 옵션을 변경한 이후 다시 기본값으로 지정하는 OPTIONS 문은 다음과 같다.

```
OPTIONS OBS=MAX;
```

OBS 옵션은 입력되는 자료의 양이 아주 많을 때 자료의 일부만으로 SAS 데이터셋을 임시로 만든 후, 우리가 작성한 SAS 프로그램의 프로그래밍 오류를 먼저 찾아보려는 목적으로 사용한다.

2.7 TITLE 문

TITLE 문은 SAS 프로그램의 실행 결과들을 출력할 때 만들어지는 모든 페이지마다 표제를 설정하는 문장이다. 각 페이지에는 최대 10줄까지 표제를 설정할 수 있다. 또한 각 표제의 길이는 최대 132개의 문자를 포함할 수 있다.

예를 들어 첫 번째 줄, 두 번째 줄 그리고 열 번째 줄에만 표제를 지정하려고 한다면 다음 세 문장을 SAS 프로그램에 삽입하면 된다.

```
TITLE '표제 1' ;  /* 첫 번째 줄의 제목 */
TITLE2 '표제 2' ;  /* 두 번째 줄의 제목 */
TITLE10 '표제 10' ;  /* 열 번째 줄의 제목, 세 번째 줄부터 아홉 번째 줄까지의 제목은 빈칸으
로 남는다. */
```

TITLE 문을 한번 설정하면 계속하여 모든 페이지의 제목으로 표시된다. 프로그램의 중간에 이를 해제할 필요가 있을 경우 문자열이 없는 TITLE 문이나 TITLEn

문을 사용하면 된다. 문자열이 없는 TITLEn 문을 사용하면 n줄 이후의 모든 표제가 해제된다.

2.8 FOOTNOTE 문

FOOTNOTE 문은 SAS 결과를 출력할 때 표시되는 모든 페이지의 제일 아래 부분에 각주를 다는 기능을 한다. 각주의 첫 줄을 표시하는 FOOTNOTE 문을 비롯하여 차례로 아래 줄을 표시하는 FOOTNOTEn 문이 사용되며, TITLE 문과 마찬가지로 최대 10줄까지 각 페이지에 각주를 달 수 있다. FOOTNOTE 문의 설정과 해제에 대한 쓰임새는 TITLE 문과 유사하다.

[예.2-8-1.sas]는 TITLE 문과 FOOTNOTE 문의 지정, 그리고 해제에 대한 예를 표시하고 있다.

예 2-8-1.sas

```
* 표제와 각주의 사용 예제;

OPTION LS=115 PS=40;

TITLE '교사의 직무수행능력- TITLE 문과 FOOTNOTE 문';
TITLE2 '표제 2';
TITLE10 '표제 10';

FOOTNOTE '각주 1';
FOOTNOTE2 '각주 2';
FOOTNOTE10 '각주 10';

DATA ds2_4;
INPUT id gender residence age q11-q14 q21-q24 q31-q34;
CARDS;
   1  1  1  3  5  4  4  4  5  5  3  4  3  4  1  4
   2  2  1  3  5  4  4  3  4  4  3  5  4  4  2  4
   3  1  1  2  4  4  2  2  4  5  4  4  4  4  1  4
   4  2  1  3  5  3  3  3  5  4  2  3  2  2  2  4
   5  1  1  3  5  3  3  3  3  4  2  3  2  2  1  4
   6  2  1  3  5  3  3  3  4  3  2  3  2  2  2  4
   7  1  1  2  4  2  2  3  3  5  2  2  2  3  1  4
   8  2  1  2  4  5  2  1  1  3  4  4  3  2  1  4
   9  1  1  3  5  3  4  4  3  2  1  2  1  2  2  4
  10  2  1  2  4  5  3  2  2  5  2  2  2  5  1  3
;
PROC PRINT;
RUN;
```

```
TITLE2;     /* 두 번째 줄 이하의 표제 해제 */
FOOTNOTE;  /* 첫 번째 줄 이하의 모든 각주 해제 */

PROC PRINT;
RUN;
```

[2-8-1.lst]

```
                         교사의 직무수행능력- TITLE 문과 FOOTNOTE 문                     6
                                              표제 2




                                              표제 10

OBS  id  gender residence  age  q11  q12  q13  q14  q21  q22  q23  q24  q31  q32  q33  q34
  1   1     1        1      3    5    4    4    4    5    5    3    4    3    4    1    4
  2   2     2        1      3    5    4    4    3    4    4    3    5    4    4    2    4
  3   3     1        1      2    4    4    2    2    4    5    4    4    4    4    1    4
  4   4     2        1      3    5    3    3    3    5    4    2    3    2    2    2    4
  5   5     1        1      3    5    3    3    3    3    4    2    3    2    2    1    4
  6   6     2        1      3    5    3    3    3    4    3    2    3    2    2    2    4
  7   7     1        1      2    4    2    2    3    3    5    2    2    2    3    1    4
  8   8     2        1      2    4    5    2    1    1    3    4    4    3    2    1    4
  9   9     1        1      3    5    3    4    4    3    2    1    2    1    2    2    4
 10  10     2        1      2    4    5    3    2    2    5    2    2    2    5    1    3

                                              각주 1
                                              각주 2



                                              각주 10
```

```
                         교사의 직무수행능력- TITLE 문과 FOOTNOTE 문                     7

OBS  id  gender residence  age  q11  q12  q13  q14  q21  q22  q23  q24  q31  q32  q33  q34
  1   1     1        1      3    5    4    4    4    5    5    3    4    3    4    1    4
  2   2     2        1      3    5    4    4    3    4    4    3    5    4    4    2    4
  3   3     1        1      2    4    4    2    2    4    5    4    4    4    4    1    4
  4   4     2        1      3    5    3    3    3    5    4    2    3    2    2    2    4
  5   5     1        1      3    5    3    3    3    3    4    2    3    2    2    1    4
  6   6     2        1      3    5    3    3    3    4    3    2    3    2    2    2    4
  7   7     1        1      2    4    2    2    3    3    5    2    2    2    3    1    4
  8   8     2        1      2    4    5    2    1    1    3    4    4    3    2    1    4
```

```
9   9   1      1   3   5   3   4   4   3   2   1   2   1   2   2   4
10  10  2      1   2   4   5   3   2   2   5   2   2   2   5   1   3
```

[2-8-1.lst] 결과의 6쪽을 보면 TITLE 문은 표제의 첫 번째 줄에 표시되고 있으며, TITLE2로 설정된 문자열은 표제 영역의 두 번째 줄에, TITLE10으로 설정된 문자열은 표제 영역의 열 번째 줄에 표시되고 있음을 알 수 있다. 또한 설정되지 않은 표제 영역의 세 번째 줄부터 아홉 번째 줄까지는 빈 공간으로 띄어져 있다. FOOTNOTE 문의 결과도 출력 화면의 아래에 표시되는 것만 다르지 TITLE 문과 비슷하게 출력된다. 또한 실행 결과의 7쪽을 통하여 TITLE2 문과 FOOTNOTE 문의 문자열을 설정하지 않으면 이후 출력 페이지의 두 번째 줄부터의 표제와 모든 각주의 내용이 해제됨을 알 수 있다.

2.9 LABEL 문

LABEL 문은 DATA 단계 또는 PROC 절차에서 사용될 수 있다. DATA 단계에서 사용되는 LABEL 문은 INPUT 문에 지정된 변수에 레이블을 설정하는 역할을 한다. 예를 들어 [예.1-2-1]의 DATA 단계에서 데이터셋 survey에 속한 변수들의 레이블을 LABEL 문을 이용하여 설정한다. 특정한 변수에 LABEL 문이 적용된 이후 PROC PRINT LABEL; 등의 문장을 실행하면 SAS 실행의 출력 화면에 지정된 변수의 레이블이 변수 이름 대신 출력된다. 변수 이름에 대한 레이블은 최대 40자까지의 문자열로 구성할 수 있다.

특정 변수에 레이블을 지정하는 LABEL 문의 사용 형식은 다음과 같다.

```
LABEL  변수 = '변수레이블' ;
```

PROC 절차에 표시되는 LABEL 문도 DATA 단계에 쓰이는 형식과 기능이 똑같다. [예.2-9-1.sas]는 PROC PRINT 절차를 통한 LABEL 문의 적용과 사용 형식을 표시한 예이다.

예 2-9-1.sas

```
OPTION LINESIZE = 115 PS=65  NODATE;
TITLE 'LABEL 문의 사용';

PROC PRINT DATA=survey LABEL;   /* LABEL 문에서 지정된 변수의 레이블 출력 */
RUN;

PROC PRINT DATA=survey LABEL;   /*  PROC 절차에서 LABEL 문의 사용  */
LABEL id='번호';
RUN;
```

[2-9-1.lst]

LABEL 문의 사용 8

OBS	id	성별	거주지	나이	q11	q12	q13	q14	q21	q22	q23	q24	q31	q32	q33	q34
1	1	1	1	3	5	4	4	4	5	5	3	4	3	4	1	4
2	2	2	1	3	5	4	4	3	4	4	3	5	4	4	2	4
3	3	1	1	2	4	4	2	2	4	5	4	4	4	4	1	4
4	4	2	1	3	5	3	3	3	5	4	2	3	2	2	2	4
5	5	1	1	3	5	3	3	3	3	4	2	3	2	2	1	4

<이하 데이터 생략>

LABEL 문의 사용 9

OBS	번호	성별	거주지	나이	q11	q12	q13	q14	q21	q22	q23	q24	q31	q32	q33	q34
1	1	1	1	3	5	4	4	4	5	5	3	4	3	4	1	4
2	2	2	1	3	5	4	4	3	4	4	3	5	4	4	2	4
3	3	1	1	2	4	4	2	2	4	5	4	4	4	4	1	4
4	4	2	1	3	5	3	3	3	5	4	2	3	2	2	2	4
5	5	1	1	3	5	3	3	3	3	4	2	3	2	2	1	4

<이하 데이터 생략>

[2-9-1.lst] 8쪽의 출력 창에 표시된 결과를 보면 survey 데이터셋의 LABEL 문에서 설정된 변수의 레이블이 변수 이름 대신 출력되었으며, 9쪽의 경우에는 PROC PRINT 문에서 설정된 LABEL 문에 의거하여 변수 id의 레이블이 출력되고 있음을 확인할 수 있다.

2.10 RUN 문

RUN 문은 SAS 데이터셋을 만드는 DATA 단계 또는 통계분석을 위한 PROC 절차의 실행을 명령하는 명령문이다. SAS 시스템은 언제나 DATA 단계 또는 PROC 절차와 같이 하나의 묶음을 단위로 하여 실행된다. 즉 다른 DATA 단계 또는 PROC 절차가 나타나면 이전의 묶음을 모두 입력했다는 것으로 인식하여 이전의 DATA 단계 또는 PROC 절차를 실행하는 것이다. 그러나 프로그램의 마지막에 표시되는 DATA 단계 또는 PROC 절차는 절대 실행될 수 없다. 왜냐하면 마지막에 표시되는 문장의 입력이 언제 끝나는지를 알 수 없기 때문이다.

RUN 문은 각 DATA 단계 또는 PROC 절차의 입력이 완료되었음을 SAS 시스템에 알리는 역할을 한다. 즉 프로그램의 마지막에 어떤 문장이 나타나든지 끝에 RUN 문을 추가하면 무사히 실행이 이루어진다.

다음 예와 같이 DATA 문장은 뒤에 PROC 문장이 있기 때문에 RUN 문이 없어도 실행이 되지만, PROC 문장은 PROC 절차의 끝을 SAS 시스템에 알리지 못하기 때문에 실행이 되지 않는다. 왜냐하면 PROC PRINT; 문장에도 PRINT 절차의 부명령어가 계속 이어서 입력될 수 있기 때문이다. 즉, SAS 시스템은 이 문장이 PRINT 절차의 끝인지 인지하지 못하기 때문에 PROC PRINT; 문장을 성공적으로 실행하기 위해서는 RUN; 문장이 이 문장 뒤에 필요하다.

```
DATA ds2_5;
   SET survey;
PROC PRINT;        /* 다음 줄에 RUN; 문장이 필요하다! */
```

이와 같이 RUN; 문장을 사용하지 않으면 분석 결과가 출력되지 않는 등의 사소한 실수를 일으킬 여지가 있기 때문에 DATA 단계 또는 PROC 절차를 입력한 이후 RUN 문을 반드시 실행하는 것이 좋다.

```
   RUN;
```

3장 SAS 데이터셋 생성하기

3.1 자료의 입력

SAS를 이용하여 통계분석을 하기 위해서는 분석 자료들을 미리 준비하여 입력하고, 이 자료의 분석을 위한 SAS 프로그램을 작성하여야 한다. 먼저 통계분석 자료를 입력하기 위해서는 [예.1-2-1.sas]에 표시된 바와 같이 DATA 문장을 필두로 몇 가지 부명령문이 필요하다. SAS 프로그램 내에서 자료를 직접 입력하는 방법으로 CARDS 문을 실행하는 경우와 미리 만들어진 외부 자료 파일을 읽어 들이는 경우 등 다양한 방법으로 통계분석 자료를 입력할 수 있다.

[예.1-2-1.sas]에서 제시된 바와 같이 CARDS 문을 사용하여 SAS 프로그램 내에서 자료를 직접 입력하는 방법은 분석 자료가 많지 않을 경우 주로 사용된다. 그러나 입력 자료가 많으면, 즉 관측값들의 개수가 많으면 SAS 프로그램 내에서 모든 자료를 직접 입력하여야 하므로 SAS 프로그램이 길어져서 비효율적이다. 이 경우에는 분석 자료를 따로 애스키 파일 등으로 편집하여 하드디스크 등의 보조기억장치에 미리 저장한 후, SAS 프로그램 내에서 외부 자료 파일(External Data File)을 읽어 들이는 방법이 프로그램을 간결하게 만들어준다. 외부 자료 파일은 메모장 등 일반 문서 편집기 소프트웨어를 사용하여 편집된 것이다. 외부 자료 파일을 읽어 오는 방법을 사용하기 위해서는 INFILE 문이 필요하다.

또한 SAS는 [파일]-[데이터 가져오기] 메뉴를 통하여 외부 파일에 저장된 자료를 쉽게 SAS 안으로 입력할 수 있는 방법도 제시하고 있다. 이 메뉴의 실행은 PROC IMPORT 문장을 통해 얻어지는 결과로서 누구나 쉽게 데이터 처리를 할 수 있도록 설계되어 있다. 이 메뉴를 통하여 SPSS 데이터 파일, 엑셀, dBase나 1-2-3 포멧의 데이터 파일들도 SAS에서 입력 처리가 가능하다.

이와 같이 입력된 통계분석 자료는 내부적으로 SAS 데이터셋(DataSet)으로 자료화되어 임시기억장치에 저장된다. SAS 데이터셋이란 SAS 시스템이 자체적으로 이해할 수 있는 방식으로 저장된 자료 집합체로서 SAS를 통해 입력된 자료의 모든 정보가 저장되어 있다.

SAS 프로그램을 이용하면 기존의 SAS 데이터셋으로부터 자료를 복사하거나 변환함으로써 새로운 SAS 데이터셋을 생성할 수 있다. 이 경우 SET 문과 자료의 입출력에 관한 몇 가지 명령문이 사용된다. 또한 SET 문과 MERGE 문을 사용하여 기존의 둘 이상의 데이터셋을 상하로 합치거나 좌우로 합치기를 하여 새로운 데이터셋을 생성할 수 있다.

3.2 SAS 프로그램에서 데이터셋의 생성

이 절에서는 SAS 프로그램 내에서 자료를 직접 입력하는 간단한 방법을 설명한다. 이 방법은 DATA 문으로 시작하는 DATA 단계를 구성해야 한다. 여기에는 INPUT 문과 CARDS 문이 반드시 필요하다.

3.2.1 DATA 문

DATA 문은 SAS 데이터셋(DataSet)을 생성하는 문장으로 일반적으로 SAS 프로그램에서 가장 먼저 나타난다. 예를 들어 [예.1-2-1.sas]에서 표시된 다음 DATA 문은 새로 만들어지는 SAS 데이터셋의 이름을 survey로 설정하는 것이다.

```
DATA survey ;
```

그러나 이렇게 만들어진 SAS 데이터셋 survey는 임시 메모리에 저장되기 때문에 SAS 시스템이 종료되면 survey란 이름으로 저장된 모든 자료가 소실된다. LIBNAME 명령문을 이용하면 LIBNAME 문에서 설정된 보조기억장치의 폴더에 SAS 데이터셋이 영구적으로 저장된다.

SAS는 내부적으로 SAS 데이터셋의 이름을 'WORK.SURVEY'와 같이 두 부분으로 조합하여 지정한다. [예.1-2-1.sas]를 실행한 이후 [로그] 창을 살펴보면 다음과 같이 자료가 저장된 데이터셋의 이름을 발견할 수 있을 것이다.

```
NOTE: 데이터셋 WORK.SURVEY은(는) 40개의 관측치와 16개의 변수를 가지고
      있습니다.
```

이 SAS 데이터셋의 이름에서 WORK는 SAS가 자동으로 정한 이름이며, 마침표 뒤에 붙은 이름은 8자 이내의 영문자와 숫자를 사용하여 사용자가 명명한 이름이다. SAS 데이터셋의 이름이 SAS 시스템 내부에서 'WORK'를 포함하여 사용되지만, SAS 프로그램에서는 사용자가 'WORK'를 표시하지 않는다. 사용자는 SAS 프로그램에서 SAS 데이터셋의 두 번째 부분에 해당하는 이름만 명명하고, 또한 통계처리를 위하여 이 데이터셋을 지정할 경우 두 번째 부분의 이름만 표시하면 된다.

SAS 데이터셋의 이름을 반드시 지정할 필요는 없지만, 통계분석을 위해 여러 개의 데이터셋을 구별할 필요가 있기 때문에 각 자료마다 적당한 이름을 붙여주는 것이 여러모로 도움이 된다.

3.2.2 INPUT 문

INPUT 문은 자료에 포함된 변수들의 이름을 명명하고, 이 변수들의 자룟값들을 어떻게 읽어야 하는지를 지정하는 명령문이다. INPUT 문에서 지정할 수 있는 자료 입력 방식은 다음과 같이 세 종류가 있으며, 이들의 혼용도 가능하다.

- 자유 입력 (free input 또는 list input)
- 열 지정 입력 (column input)
- 포맷 입력 (formatted input)

(1) 자유 입력 방식

[예.1-2-1.sas]에 표시된 INPUT 문은 가장 간단한 형식을 갖는 INPUT 문의 예이다. 이 문에 표시된 변수들의 값은 CARDS 문 다음에 표시되는 원시 자료들로부터 데이터를 읽어 들인다. 이 형식은 INPUT 문에 변수들의 이름만 지정하고, 각 변수들에 읽어 들일 원시 자료들을 한 칸 이상의 빈칸으로 분리하여 입력하기만 하면 된다. 단, 결측값이 생길 경우에는 이를 표시하기 위하여 마침표(.)를 대신 입력하여야 한다.

다음은 [예.1-2-1.sas]에 표시된 자유 입력 방식으로 입력된 INPUT 문의 예이다. 여기에 입력되는 변수들과 자료들은 일대일 대응관계이어야 함은 당연하다. 이 경우 입력되는 변수의 개수는 id, gender 등을 포함하여 16개이다.

```
INPUT id gender residence age q11-q14 q21-q24 q31-q34;
```

SAS 프로그램 작성법을 잘 모르면 위 INPUT 문으로 입력되는 변수의 개수가 7개로 잘못 이해할 수 있다. 변수 age 다음에 입력되는 변수가 q11-q14, q21-q24, q31-q34으로 표시되고 있는데 '-' 문자는 변수 이름을 정하는 문자에 포함되지 않기 때문에 실제로 q11-q14 등은 변수 이름으로 부적절하다. INPUT 문에서의 q11-q14의 의미는 4개의 변수 q11, q12, q13, q14를 축약하여 표시한 것이다. 마찬가지로 q21-q24는 q21, q22, q23, q24를 의미하며, q31-q34는 q31, q32, q33, q34를 간단히 표시한 것이다. 이렇게 SAS 변수 이름 뒤에 일련의 숫자를 포함시키고 싶을 경우 '-' 기호를 이용하여 축약하면 이 변수들을 한꺼번에 간단히 지정할 수 있다.

참고로 앞의 INPUT 문이 속한 DATA 단계가 수행되어 데이터셋이 저장된 이후, 다음과 같은 PROC 절차가 수행되면 age, q11, q12, q13, q14, q21 변수들의 값이 출력될 것이다. 여기서 사용된 기호 '--'는 INPUT 문에 지정된 변수들의 차례대로 처리함을 축약한 것이다.

```
PROC PRINT DATA=survey;
VAR age--q21;  /* 변수 age, q11, q12, q13, q14, q21의 순서를 축약함 */
```

(2) 문자형 자료의 입력

자유 입력 방식은 자료를 입력하는 방식이 단순하여 간편하지만, 문자형 자료를 읽어 들일 때 입력되는 문자형 자료의 앞 8문자만 입력이 된다는 제약이 있다. 이름, 주소 등의 문자형 자료들은 주로 8자 이상의 문자들로 이루어져 있을 것이다. 따라서 자유 입력 방식으로는 정확하게 이들을 입력하지 못한다. 예를 들어 [예.3-2-1.sas]에 생성되는 데이터셋 one에 name이란 변수 이름으로 설문 참여자의 이름을 입력하고자 한다. 이름이 두 단어로 되어 있지만 빈칸으로 입력하면 자유 입력 방식의 입력 방식에서는 서로 다른 변수의 자료로 인식되어 정확한 문자형 자료의 입력이 불가능할 것이다. 따라서 성과 이름을 '_' 기호로 연결하여 입력하였다.

예 3-2-1.sas

```
OPTION LINESIZE = 110 NODATE;
TITLE '문자형 자료의 입력';
```

```
DATA one;
INPUT name $ id gender $ age income;
CARDS;
HONG_KILDONG    1  M 34 17
LEE_DORYUNG    17  M 40 14
SUNG_WON       33  F 45 16
LEE_YOUNG      49  F 24 14
LEE_SUNSHIN    50  M 55 20
;
PROC PRINT;
RUN;
```

[3-2-1.lst]

```
                         문자형 자료의 입력                         1

           OBS     name       id   gender   age   income
            1    HONG_KIL      1     M       34     17
            2    LEE_DORY     17     M       40     14
            3    SUNG_WON     33     F       45     16
            4    LEE_YOUN     49     F       24     14
            5    LEE_SUNS     50     M       55     20
```

[3-2-1.lst] 실행 결과 1쪽의 name 변수에 실제 입력된 결과를 보면 앞의 8문자까지만 변수 name에 입력되어 있음을 알 수 있다. 이는 문자열 자료를 입력할 경우 자유 입력 방식이 문제가 있음을 보여주는 예이다.

[예.3-2-1.sas]의 INPUT 문에서 변수 name과 변수 gender 다음에 표시된 문자 $는 변수의 이름을 정하는 규칙에 $ 기호는 포함되지 않기 때문에 변수의 이름이 아니다. 여기에 표시된 $ 기호는 변수 name과 gender가 문자형 변수임을 SAS 시스템에게 알려주는 것이다. 역으로 말하면 변수 이름 뒤에 $ 기호가 붙지 않은 변수 id, age, income은 숫자형 변수임을 알 수 있다.

빈칸을 포함하여 8문자를 초과하는 문자들로 구성된 문자형 자료를 정확히 읽어들일 수 있는 방법은 INPUT 문을 열 지정 입력 방식으로 표시하는 것이다. 단, 모든 관측값에 포함되어 있는 원시 자료들을 일정한 열에 맞추어 입력하여야 한다.

(3) 열 지정 입력 방식

열 지정 입력 방식은 각 변수의 자료가 입력된 시작 열의 번호와 끝 열의 번호를 대쉬(dash, -) 기호의 양쪽에 명기하는 방식이다. 시작 열의 번호와 끝 열의 번호가 같으면(즉 한 칸만으로 자료의 입력이 가능하면) 대쉬 기호 없이 시작 열의 번호만 표기하면 된다.

자유 입력 방식으로 입력할 때 결측값의 경우에는 마침표(.)를 입력한다고 하였다. 반면에 자료의 입력을 열 지정 방식으로 지정하면 지정된 열의 내용을 무조건 읽어 들이기 때문에 해당 자료가 결측값이면 해당되는 열을 공간(blank)으로 비워 두면 된다.

[예.3-2-2.sas]는 8자를 초과하는 문자열을 정확히 입력할 수 있도록 INPUT 문을 열 지정 방식으로 수정한 프로그램이다. 열 지정 방식으로 입력할 경우 지정된 열 안의 모든 문자가 하나의 문자형 자룟값으로 입력되므로 빈칸도 문자형 자료로서 입력할 수 있다.

예 3-2-2.sas

```
OPTION LINESIZE = 110 NODATE;
TITLE '열 지정 입력 방식- 빈칸을 포함하여 8자를 초과하는 문자형 자료의 입력';

DATA two;
INPUT name $ 2-15 id 16-17 gender $ 20 age 22-23 income 25-26;
CARDS;
 HONG KILDONG    1  M 34 17
 LEE DORYUNG    17  M 40 14
 SUNG WON       33  F 45 16
 LEE YOUNG      49  F 24 14
 LEE SUNSHIN    50  M 55 20
;
PROC PRINT;
RUN;
```

[3-2-2.lst]

열 지정 입력 방식- 빈칸을 포함하여 8자를 초과하는 문자형 자료의 입력 2

OBS	name	id	gender	age	income
1	HONG KILDONG	1	M	34	17
2	LEE DORYUNG	17	M	40	14
3	SUNG WON	33	F	45	16
4	LEE YOUNG	49	F	24	14
5	LEE SUNSHIN	50	M	55	20

열 지정 입력 방식의 장점은 값과 값 사이를 빈칸으로 구분하지 않기 때문에 자료의 입력이 간편하다는 것이다. [예.3-2-2.sas]의 입력 자료들을 다음과 같이 입력하면 빈칸을 입력하지 않아도 된다. 그러나 자료의 길이가 동일하지 않을 경우 이에 대한 주의가 요구되며, 반드시 열을 맞추어 입력해야 한다. 지정된 열과 열 사이에는 어느 열부터 자료가 입력되든지 상관없다.

```
INPUT name $ 1-12 id 13-14 gender $ 15 age 16-17 income 18-19;
CARDS;
HONG KILDONG 1M3417
LEE DORYUNG 17M4014
SUNG WON    33F4516
LEE YOUNG   49F2414
LEE SUNSHIN 50M5520
;
```

(4) 포맷 입력 방식

포맷 입력 방식은 읽어 들일 열의 개수와 소수점 아래 자릿수를 지정하는 방식이다. 포맷 입력 방식으로 지정된 INPUT 문의 변수 뒤에 붙어 있는 실수에서 소수점 앞의 숫자는 이 변수가 읽어 들일 열의 개수를 의미한다. 반면에 소수점 뒤의 숫자는 읽어 들인 자료가 갖는 소수점 이하 자릿수를 뜻한다.

포맷 입력 방식으로 자료를 읽어 들일 경우 소수점 앞에 지정된 열의 개수만큼의 구간에 자료가 있으면 자료가 입력된 위치에 상관없이 입력된 값을 포맷에 따라 읽어 들인다. 또한 지정된 구간에 소숫점이 있는 숫자형 자료가 입력될 경우 포맷에서 지정된 소수점 아래 자릿수의 값은 무시된다.

다음 [예.3-2-3.sas]는 [예.3-2-2.sas]의 INPUT 문을 포맷 입력 방식으로 읽어 들이는 INPUT 문으로 수정한 것이다.

예 | 3-2-3.sas

```
OPTION LINESIZE = 110 NODATE;
TITLE '포맷 입력 방식';

DATA three;
INPUT name $ 15.0 id 2. gender $ 2. age 3. income 3. r 5.2;
CARDS;
 HONG KILDONG   1 M 34 17 111
 LEE DORYUNG   17 M 40 14  22
 SUNG WON      33 F 45 16  333
 LEE YOUNG     49 F 24 14 4.4
 LEE SUNSHIN   50 M 55 205555
;
PROC PRINT;
RUN;
```

[3-2-3.lst]

```
                              포맷 입력 방식                        3

      OBS   name          id   gender   age   income     r
       1    HONG KILDONG   1     M       34     17      1.11
       2    LEE DORYUNG   17     M       40     14      0.22
       3    SUNG WON      33     F       45     16      3.33
       4    LEE YOUNG     49     F       24     14      4.40
       5    LEE SUNSHIN   50     M       55     20     55.55
```

[3-2-3.lst] [예.3-2-3.sas]의 INPUT 문은 먼저 맨 앞의 15칸을 읽어 문자형 변수 name에 입력한다. 문자형 자료는 소수점이 없으므로 name $ 15.0과 같이 포맷 지정하면 된다. 여기서 '$' 기호는 변수 name이 문자형 변수임을 지정하는 것이다. 소수점 이하의 숫자가 없을 경우 15.0을 간단히 15.으로 표기한다. name의 자료를 읽은 이후 2개의 칸을 읽은 정수를 변수 id에, 다음 두 칸을 문자형 자료로 읽어서 변수 gender에 저장한다. 다음 3칸의 자료를 정수로 읽어 변수 age에, 그리고 이후 3칸의 자료에 해당하는 정수를 변수 income에 입력한다. 마지막으로 income을 읽은 이후 5칸에 포함된 자료를 소수점 이하 자릿수가 2인 실수형 자료로 변환하여 변수 r에 저장한다. 그러나 읽어 들이는 5칸의 구간에 입력된 자료에 이미 소숫점이 있으면 이를 우선으로 자료가 입력된다. 즉 [예. 3-2-3.sas]에 표시된 원시 자료들 중 4.4의 자료는 포맷 입력 방식의 소수점 이하 자릿수의 값에 상관없이 그대로 4.4가 해당 관측값으로 입력이 된다. 또한 변수 r에 입력되는 자료들이 지정된 구간에서 위치가 서로 다르지만 지정된 구간에 정확히 표시되어 있으면 자료의 입력에 오류가 발생하지 않는다.

(5) 자료 입력 방식의 혼용

INPUT 문의 자료 입력 방식은 고정된 형식이 아니다. 다시 말해 자유 입력 방식과 열 지정 입력 방식, 또는 포맷 입력 방식이 하나의 INPUT 문 안에 자유롭게 혼용될 수 있다는 것이다. 일례로 [예.3-2-2.sas]의 INPUT 문을 다음과 같이 혼용할 수 있다.

```
INPUT name $ 2-15 id 16-17 gender $ 20 age income;
```

그러나 위 INPUT 문이 정상적으로 실행되기 위해서는 2열에서 15열까지는 name의 자료가 16열에서 17열까지는 id의 자료가, 그리고 20열에는 gender의 자료가 반드시 입력되어야 한다. 그러나 age, income 변수의 자료들은 빈칸 등으로 서로 구분할 수 있도록 입력하면 된다.

(6) 여러 줄로 입력된 자료와 줄 포인터

DATA 단계에서 자료를 입력할 경우 기본적으로는 한 줄의 자료가 하나의 관측값으로 인식된다. 따라서 하나의 관측값에 해당하는 자료가 두 줄 이상 입력되어 있을 때 특별한 지정을 하여야 INPUT 문에 지정된 각 변수로 자료들이 정확히 입력된다. 두 줄 이상으로 구성된 관측값을 정상적으로 읽기 위하여 기호 '/' 또는 기호 '#'을 사용한다.

먼저 [예.3-2-4.sas]에 두 줄로 구성된 관측값을 기호 '/'를 이용하여 입력하는 예를 표시하였다. 혼용으로 지정된 INPUT 문의 변수 중에서 기호 '/' 이전에 표기된 name과 gender 변수는 첫 번째 줄에서 자료를 입력 받으며, id, age, income, r의 나머지 변수들은 두 번째 줄에서 자료를 읽고 있음을 알 수 있다. 특히 변수 r은 변수 income은 읽고 한 칸을 띈 이후 5개의 구간에 입력된 자료를 읽어 들인다.

예 3-2-4.sas

```
OPTION LINESIZE = 110 NODATE;
TITLE '하나의 관측값을 두 줄로 입력';

DATA four;
INPUT name $ 15. gender $ 2. / id  age  income  r 5.2;
CARDS;
 HONG KILDONG  M
  1 34 17 111
 LEE DORYUNG   M
 17 40 14  22
 SUNG WON      F
 33 45 16   333
 LEE YOUNG     F
 49 24 14 4.4
;
PROC PRINT;
RUN;
```

[3-2-4.lst]

```
                         하나의 관측값을 두 줄로 입력                              4

        OBS    name           gender    id    age    income      r
         1     HONG KILDONG     M        1     34      17       1.11
         2     LEE DORYUNG      M       17     40      14       0.22
         3     SUNG WON         F       33     45      16       3.33
         4     LEE YOUNG        F       49     24      14       4.40
```

하나의 관측값에 대응하는 자료가 여러 줄에 걸쳐 입력되어 있을 때는 줄 포인터(Line Pointer) '#n'을 사용한다. INPUT 문에 표시된 줄 포인터 '#n'은 읽어 들이고자 하는 자료의 입력 시점을 n번째 줄의 첫째 열로 이동시킨다. 여기서 n은 0보다 큰 정수이어야 한다.

예 3-2-5.sas

```
OPTION LINESIZE = 110 NODATE;
TITLE '하나의 관측값을 세 줄로 입력-줄 포인터 #의 사용';

DATA five;
INPUT name $ 15. gender $ 2. #2 id  age  income  #3 r 5.2;
CARDS;
 HONG KILDONG  M
  1 34 17
111
 LEE DORYUNG   M
 17 40 14  200
22
 SUNG WON      F
 33 45 16
333
 ;
PROC PRINT;
RUN;
```

[3-2-5.lst]

```
                하나의 관측값을 세 줄로 입력-줄 포인터 #의 사용                    5

      OBS    name          gender    id    age    income      r
       1     HONG KILDONG    M        1    34       17      1.11
       2     LEE DORYUNG     M       17    40       14      0.22
       3     SUNG WON        F       33    45       16      3.33
```

[3-2-5.lst] 실행 결과를 살펴보면 첫 번째 줄에서 변수 name과 gender를 읽고, 줄 포인터 '#2'에 의하여 두 번째 줄로 입력 시점이 이동되어 변수 id, age, income을 읽는다. 이후 줄 포인터 '#3'에 의하여 읽어 들이고 있던 두 번째 입력 줄의 나머지 자료를 건너 뛰어 세 번째 줄의 시작점으로 입력 시점을 옮긴다. 그리고 세 번째 입력 줄에서 변수 r를 읽어 들인다.

SAS 시스템은 한 줄에 입력된 관측값의 자료들을 읽고 나서 다음 관측값을 읽기 위하여 무조건 입력 포인터의 위치를 다음 줄의 첫째 열로 이동시킨다. 그리고

INPUT 문에 표시된 차례대로 각 변수들로 자료를 읽어 들인다.

[예.3-2-5.sas]의 두 번째 관측값을 만드는 경우와 같이 현재 읽고 있는 줄의 자료의 수가 변수의 수보다 많으면 읽다가 남는 자료 200은 그냥 폐기된다. 즉, INPUT 문에 표기된 변수의 개수보다 많은 자료는 더 이상 사용할 수 없는 것이다. 그러나 반대로 지금 읽고 있는 줄의 자료가 변수의 수보다 적으면 어떻게 될까? 이 경우에는 나머지 변수들의 관측값을 다음 줄의 첫 자료부터 읽어 채워 나간다. 물론 현재 입력되는 줄의 남은 자료는 폐기될 것이다. 또한 마지막 줄에 있는 자료가 변수의 수보다 적으면 마지막 자료는 생성되지 않을 것이다.

(7) 열 포인터

INPUT 문에 표기된 변수의 개수보다 많은 자료가 입력되어 있는 경우라도 줄 포인터를 자동적으로 다음 줄로 이동시키는 기능을 잠시 멈출 수 있다면 한 줄에 입력된 여러 개의 관측값들을 모두 활용할 수 있을 것이다.

SAS 시스템에는 '#n'으로 표시하는 줄 포인터와 더불어 '@n'으로 표시되는 열 포인터를 INPUT 문에 사용할 수 있다. 열 포인터 '@n'의 역할은 현재 읽고 있는 줄의 n번째 열로 자료의 입력 시점을 이동하는 것이다. 물론 여기서 지정하는 n은 0보다 큰 정수이어야 한다.

[예.3-2-6.sas]의 INPUT 문에 표시된 열 포인터를 사용하면 언제든지 변수의 값을 자유자재로 읽어 올 수 있다. 즉, 변수 r의 경우와 같이 열 포인터를 이용하면 앞뒤로 움직이면서 이미 읽었던 자료를 중복으로 다시 읽어올 수 있다.

예 3-2-6.sas

```
OPTION LINESIZE = 110 NODATE;
TITLE '열 포인터 @n의 사용';

DATA six;
INPUT name $ 2-15 id 16-17 gender $ 20 age 22-23 income 24-25  @23  r 3.2;
CARDS;
 HONG KILDONG   1  M 3417
 LEE DORYUNG   17  M 4014
 SUNG WON      33  F 4516
 LEE YOUNG     49  F 2414
 LEE SUNSHIN   50  M 5520
;
PROC PRINT;
RUN;
```

[3-2-6.lst]

```
                        열 포인터 @n의 사용                             6

         OBS    name          id    gender    age    income    r
          1     HONG KILDONG   1      M        34      17     4.17
          2     LEE DORYUNG   17      M        40      14     0.14
          3     SUNG WON      33      F        45      16     5.16
          4     LEE YOUNG     49      F        24      14     4.14
          5     LEE SUNSHIN   50      M        55      20     5.20
```

(8) @와 @@ 지정자

한 줄에 둘 이상의 관측값들이 존재할 때 @와 @@ 지정자를 사용하면 자동으로 줄 포인터를 다음 줄로 넘기는 기능을 제한할 수 있다. 주로 자유 입력 형식으로 지정된 INPUT 문의 경우 한 줄에 둘 이상의 관측값들을 입력했을 때 @@ 지정자를 INPUT의 끝에 표기하면 하나의 관측값을 다 읽은 후에도 줄 포인터가 다음 줄로 이동하지 않고 계속 다음 관측값들을 읽어 나간다.

예 3-2-7.sas

```
OPTION LINESIZE = 110 NODATE;
TITLE '@@ 지정자를 사용하지 않은 경우';

DATA seven_1;
INPUT name $ 13.0 id gender $ age income;
CARDS;
HONG KILDONG  1  M 34 17  LEE DORYUNG  17  M 40 14  SUNG WON     33  F 45 16
LEE YOUNG    49  F 24 14  LEE SUNSHIN  50  M 55 20
;

PROC PRINT;
RUN;


TITLE '@@ 지정자를 사용한 경우';

DATA seven_2;
INPUT name $ 13.0 id gender $ age income  @@;
CARDS;
HONG KILDONG  1  M 34 17  LEE DORYUNG  17  M 40 14  SUNG WON     33  F 45 16
LEE YOUNG    49  F 24 14  LEE SUNSHIN  50  M 55 20
;

PROC PRINT;
RUN;
```

[3-2-7.lst]

```
                         @@ 지정자를 사용하지 않은 경우                      7

          OBS       name        id    gender    age    income
           1    HONG KILDONG     1      M        34      17
           2    LEE YOUNG       49      F        24      14
```

```
                           @@ 지정자를 사용한 경우                           8

          OBS   name            id    gender    age    income
           1    HONG KILDONG     1      M        34      17
           2    LEE DORYUNG     17      M        40      14
           3    SUNG WON        33      F        45      16
           4    LEE YOUNG       49      F        24      14
           5    LEE SUNSHIN     50      M        55      20
```

[3-2-7.lst] 데이터셋 seven_1을 생성하는 INPUT 문의 끝에 @@ 지정자가 없기 때문에 한 줄에서 한 개의 관측값만을 읽어 들인다. 따라서 7쪽의 결과와 같이 총 2개의 관측값만 존재하는 데이터셋 seven_1이 생성되었다. 그러나 데이터셋 seven_2를 생성하는 INPUT 문의 끝에 @@ 지정자가 표시되었기 때문에 입력된 모든 자료가 읽어 들일 때까지 계속해서 자료를 읽어 들여 seven_2에 총 5개의 관측값이 생성된다.

@ 지정자는 서로 다른 부류의 관측값이 섞여 입력될 때 주로 사용한다. INPUT 문에 @ 지정자가 있으면 @ 이전에 지정된 변수들의 자료를 입력한 후 더 이상 자료를 읽지 않고 다음 명령문을 기다린다. [예.3-2-8.sas]는 INPUT 문에서 @ 지정자를 사용한 예를 표시한 것이다.

예 3-2-8.sas

```
OPTION LINESIZE = 110 NODATE;
TITLE '@ 지정자의 사용';

DATA eight;
INPUT name $ 2-15 id 16-17 gender $ 20 @;
IF gender='M' THEN INPUT  age 22-23 income 24-25;
ELSE INPUT   @23  r 3.2;
CARDS;
 HONG KILDONG    1  M 3417
 LEE DORYUNG    17  M 4014
 SUNG WON       33  F 4516
 LEE YOUNG      49  F 2414
 LEE SUNSHIN    50  M 5520
```

```
;
PROC PRINT;
RUN;
```

[3-2-8.lst]

```
                          @ 지정자의 사용                              9

        OBS    name            id    gender    age    income     r
         1     HONG KILDONG     1      M        34      17       .
         2     LEE DORYUNG     17      M        40      14       .
         3     SUNG WON        33      F         .       .      5.16
         4     LEE YOUNG       49      F         .       .      4.14
         5     LEE SUNSHIN     50      M        55      20       .
```

[3-2-8.lst] 결과를 살펴보면 먼저 변수 name과 변수 id, 그리고 변수 gender의 값을 읽은 후 @ 지정자에 의하여 잠시 자료의 입력을 멈춘다. 이후 다음 명령문인 IF 문의 조건식에 의하여 gender의 값이 'M'이면 변수 age와 income를 각각 22-23, 24-25열에서 읽어 들이고, gender의 값이 'M'이 아니면 즉, gender의 값이 'F'이면 23열부터 포맷 3.2의 방식으로 변수 r의 값을 읽어 들인다. 그러나 gender 변수가 'M'일 경우 변수 r의 값은 읽어 들이지 못했기 때문에 gender 변수가 'M'인 관측값의 경우 변수 r의 자료가 결측값으로 처리되고 있음을 알 수 있다. 반대로 gender 변수의 값이 'F'일 경우의 관측값에는 변수 age와 income이 결측값으로 처리된다.

3.2.3 CARDS 문

CARDS 문은 SAS 프로그램 내에 직접 자료를 입력시킬 때 사용되는 명령문으로 CARDS 문의 다음 줄부터 자료가 입력됨을 공지하는 것이다. CARDS 문의 다음에 입력되는 자료들 사이에 빈 줄이 없어야 하며 자료가 입력되는 각 줄의 끝에도 SAS 문장의 끝을 알리는 데 사용되는 세미콜론(;)이 있어서는 안 된다. 자료의 입력은 명령문이 아니기 때문이다. 만약 세미콜론(;)이 있으면 SAS는 자료 입력이 끝났음으로 인식하며 기호 ';'을 포함한 줄부터 자료분석을 위한 SAS 문장으로 해석한다. 따라서 자료가 입력된 줄의 끝에 기호 ';'이 있으면 그 줄을 SAS 문장으로 오해를 하기 때문에 오류가 발생한다. 그러나 모든 자료를 다 입력하고 난 이후 제일 마지막 줄에 세미콜론(;)만 입력되면 기호 ';'이 포함된 줄에 어떤 SAS 문이 존재하지 않으므로 실행 오류가 발생하지 않으면서 모든 자료의 입력을 완료했다는 뜻을 SAS 시스템에 알릴 수 있다. 대부분의 SAS 프로그램에서 자료 입력의 마지막 줄에 자료 없이 기호 ';' 표시를 하고 있다. 혹은 RUN 문을 이용하여 자료의 입력 종료를 알리기도 한다.

```
CARDS;   /* 자료 입력의 시작 */
  1 F  7  5
 17 M 40 14
 33 M 45  6
 49 M 24 14
 65 F  4  8
;;          /* 자료 입력의 종료 */
```

3.3 외부 파일로부터 데이터셋의 생성

INFILE 문을 이용하면 하드디스크 등 보조기억장치에 저장된 데이터 파일로부터 통계분석에 필요한 자료를 읽어 들일 수 있다. 이 경우에는 SAS 프로그램 내에 자료가 직접 입력되지 않으므로 3.2.3절에서 소개한 CARDS 문을 사용하지 않는다. 그러나 외부 데이터 파일에 저장된 자료에 대한 변수 이름이나 자료를 읽어 들이는 형식 등을 지정하는 INPUT 문은 반드시 필요하며, INPUT 문의 사용 방법은 3.2.2절에서 소개한 바와 같다. 단, 외부 데이터 파일은 텍스트 기반 편집기 소프트웨어 등으로 편집한 애스키(ASCII) 파일이어야 한다. 예를 들어 한글 편집용 소프트웨어인 혼글(.hwp) 등으로 편집한 파일은 INFILE 문으로 읽어 들일 수 없다.

3.3.1 INFILE 문

INFILE 문의 사용 형식은 다음과 같다.

```
INFILE '외부 데이터 파일 이름' options ;
```

여기서 읽어 들이고자 하는 외부 데이터 파일의 이름은 홑따옴표(') 사이에 놓여진다. 이 파일의 지정은 FILENAME 문을 이용하여 명시할 수도 있다. 이 절에서는 직접 보조기억장치인 하드디스크에 저장된 파일의 이름을 지정하도록 하자. 예를 들어 하드디스크 C:₩ 드라이브의 ₩TEMP₩SAS 폴더에 저장되어 있는 'import.txt' 파일을 읽어 들이고자 한다면 다음 문장과 같이 INFILE 문을 작성하면 된다.

```
INFILE 'C:\TEMP\SAS\import.txt' ;
```

SAS 시스템이 처음 실행되면 SAS 사용자가 기본적으로 사용하는 폴더가 SAS 시스템에 의해 지정된다. 따라서 SAS를 실행하면서 생기는 여러 파일들(예를 들어 SAS 프로그램, 출력 결과 등)을 저장하면 자동으로 이 기본 폴더에 저장된다. 따라서 SAS 시스템에 의해 지정된 폴더에 'survey.dat' 파일을 저장하고 INFILE 문으로 읽어 들일 경우에는 이 파일이 저장된 폴더의 주소를 자세하게 입력하지 않아도 된다. 즉 다음과 같이 간단하게 INFILE 문을 작성할 수 있다.

```
INFILE 'survey.dat';
```

SAS 시스템에서 디폴트로 지정된 사용자 전용 폴더의 이름을 모른다면 일단 [예.3-3-1.sas]와 같이 프로그램을 작성한 후 이를 실행해보자. 데이터 파일이 디폴트 폴더에 정확히 저장되지 않을 경우 [로그] 창에 다음과 같이 오류 메시지가 출력될 것이다. 이 오류 메시지에 표시된 폴더에 데이터 파일인 'survey2.txt'을 복사하고 나면 SAS 프로그램 [예.3-3-1.sas]가 정상적으로 작동할 것이다.

```
ERROR: 물리적 파일 'C:\Users\owner\survey2.txt'이(가) 존재하지 않습니다.
NOTE: 오류가 발생하여 SAS 시스템은 현재 스텝의 실행을 중지합니다.
```

이 사용자 전용 폴더를 [그림.1-2-7]에 표시한 바와 같이 다른 폴더로 바꿔줄 수 있다(도구-옵션-폴더 변경).

3.3.2 INFINE 문의 옵션

하드디스크 등에 저장된 외부 데이터 파일의 특성은 매우 다양하므로 읽어 들일 파일에 동일한 규칙을 적용할 수 없는 경우가 많다. 따라서 INFILE 문에 선택 사항인 option을 부가하여 이 외부 파일을 어떻게 읽어 들일지 지정할 수 있다.

INFILE 문의 선택 사항 중 가장 많이 쓰이는 것으로 다음 표에 설명한 바와 같이 FIRSTOBS, LINESIZE(간단히 LS), 그리고 OBS 등이 있다.

선택 사항	기 능
FIRSTOBS = n	외부 파일의 n번째 줄부터 자료를 읽어 들인다.
LS = n	한 줄에서 n번째 열까지만 자료로 간주하며 이후는 무시한다.
OBS = n	전체 자료 대신 시험용으로 n번째 줄까지만 읽어 들인다.

사용자가 기본으로 사용하는 폴더에 저장된 'survey2.txt' 파일이 다음과 같은 내용으로 편집되어 있다고 하자. 이 파일의 첫 번째 줄에는 변수의 이름이 적혀 있으며, 두 번째 줄에는 이 자료의 응답자에 대한 정보가 들어 있다. 실제 자료는 3번째부터 입력되어 있으므로 FIRSTOBS=3의 옵션을 이용하여야 한다. [예.3-3-1.sas]는 이 외부 파일을 읽어 들여 데이터셋을 생성하는 SAS 프로그램의 예를 표시한 것이다.

[survey2.txt]

```
id  gender  residence  age  q11-q14  q21-q24  q31-q34
*** 거주지가 B지역인 응답자
201 1 2 1 4 3 2 3 2 4 2 4 2 2 1 3
203 1 2 1 4 5 2 1 1 3 4 3 4 2 1 3
205 1 2 2 4 3 3 4 3 5 4 4 3 3 1 3
207 1 2 2 4 2 4 4 3 4 2 4 2 3 2 3
209 1 2 3 5 3 3 4 3 5 2 4 2 2 2 3
211 1 2 2 4 4 4 3 2 4 4 3 4 4 2 3
213 1 2 3 5 4 5 5 5 5 4 5 3 3 1 3
215 1 2 1 5 4 5 4 5 4 5 3 2 4 1 3
217 1 2 1 5 2 3 4 4 5 2 4 2 3 1 3
219 1 2 2 4 3 3 3 4 4 3 2 3 3 2 3
202 2 2 3 5 4 3 5 5 2 4 2 2 2 1 3
204 2 2 1 4 5 2 1 1 3 4 3 4 2 2 3
206 2 2 2 4 3 3 3 2 4 3 3 3 3 1 3
208 2 2 3 5 4 2 1 2 3 4 3 4 2 2 3
210 2 2 2 4 3 2 2 4 2 5 3 4 1 2 2
212 2 2 3 5 4 4 3 4 4 3 3 2 1 1 3
214 2 2 1 5 4 4 4 4 4 3 4 2 2 2 3
216 2 2 3 5 4 3 2 1 2 3 4 5 4 2 3
218 2 2 3 5 4 4 2 5 5 4 3 4 4 2 3
220 2 2 1 1 3 4 4 4 5 5 3 4 2 1 4
222 2 2 2 4 3 3 2 5 5 2 5 2 2 2 3
224 2 2 2 4 4 4 4 3 5 5 5 5 5 1 4
226 2 2 1 5 4 3 4 2 4 3 5 2 2 2 4
228 2 2 3 5 4 4 4 4 4 3 4 3 3 1 4
230 2 2 2 4 3 4 4 4 3 4 4 4 3 2 4
232 2 2 3 5 3 3 4 4 5 3 5 3 3 2 4
234 2 2 1 4 3 2 4 2 3 2 3 2 3 2 4
236 2 2 2 4 5 2 1 1 3 4 3 4 2 1 4
238 2 2 3 5 4 4 4 5 5 3 3 3 3 2 4
240 2 2 3 5 4 4 4 3 5 4 5 3 3 1 4
```

예 3-3-1.sas

```
OPTION LINESIZE = 110 NODATE;
TITLE '외부 파일로부터 자료의 입력';

DATA survey2;
INFILE 'survey2.txt' FIRSTOBS=3 ;
```

```
INPUT id gender residence age q11-q14 q21-q24 q31-q34;
RUN;

PROC PRINT DATA=survey2;
RUN;
```

[3-3-1.lst]

외부 파일로부터 자료의 입력 10

OBS	id	gender	residence	age	q11	q12	q13	q14	q21	q22	q23	q24	q31	q32	q33	q34
1	201	1	2	1	4	3	2	3	2	4	2	4	2	2	1	3
2	203	1	2	1	4	5	2	1	1	3	4	3	4	2	1	3
3	205	1	2	2	4	3	3	4	3	5	4	4	3	3	1	3
4	207	1	2	2	4	2	4	4	3	4	2	4	2	3	2	3
5	209	1	2	3	5	3	3	4	3	5	2	4	2	2	2	3
6	211	1	2	2	4	4	4	3	2	4	4	3	4	4	2	3
7	213	1	2	3	5	4	5	5	5	5	4	5	3	3	1	3
8	215	1	2	1	5	4	5	4	5	4	5	3	2	4	1	3
9	217	1	2	1	5	2	3	4	4	5	2	4	2	3	1	3
10	219	1	2	2	4	3	3	3	4	4	3	2	3	3	2	3

<이하 생략>

[예.3-3-1.sas]에서 INFILE 문에 표시된 option으로 FIRSTOBS를 지정하였다. FIRSTOBS=3 옵션은 외부 데이터 파일인 'survey2.txt'의 첫 줄과 두 번째 줄이 파일의 설명 부분이므로 실제 자료를 세 번째 라인부터 읽으라는 의미이다.

[예.3-3-1.sas]와 같이 INFILE 문을 이용하여 미리 편집된 외부 데이터 파일을 읽어 들이도록 프로그램을 작성하면 SAS 프로그램이 간결할 뿐만 아니라 통계 처리를 위한 명령문 작성에 집중할 수 있는 장점이 있다고 볼 수 있다.

3.4 SET 문을 이용한 데이터셋의 생성

DATA 문의 부명령문으로 SET 문을 이용하면 이미 생성된 SAS 데이터셋을 복사하거나 변수들을 변환하여 새로운 데이터셋을 생성할 수 있다. 이와 같이 SET 문은 이전의 DATA 단계에서 생성된 하나 이상의 SAS 데이터셋으로부터 새로운 데이터셋을 만들고자 할 때 사용한다. 이때 이전 데이터셋에 포함된 변수들의 변환이나 변수의 값을 이용한 선별적 추출 등이 가능하다. 자세한 변수 변환 방법들은 5장에서 다루어질 예정이므로 이 절에서는 새로운 데이터셋의 생성에 초점을 맞추려고 한다.

[예.3-4-1.sas]는 SET 문을 사용하여 데이터셋 survey1을 생성하는 간단한 예를 표시한 것이다. 새롭게 생성된 데이터셋 survey1의 자료들은 이전에 생성되었던 데이터셋 survey 자료를 완전히 동일하게 복사한 것이다.

예 3-4-1.sas

```
OPTION LINESIZE = 110 NODATE;

TITLE 'SET 문을 이용한 새로운 DataSet의 생성';

DATA survey1;    * 복사: 기존 데이터셋 survey와 똑같은 데이터셋 생성;
SET survey;
RUN;

PROC PRINT DATA=survey1 LABEL;
RUN;
```

[3-4-1.lst]

SET 문을 이용한 새로운 DataSet의 생성 11

OBS	id	성별	거주지	나이	q11	q12	q13	q14	q21	q22	q23	q24	q31	q32	q33	q34
1	1	1	1	3	5	4	4	4	5	5	3	4	3	4	1	4
2	2	2	1	3	5	4	4	3	4	4	3	5	4	4	2	4
3	3	1	1	2	4	4	2	2	4	5	4	4	4	4	1	4
4	4	2	1	3	5	3	3	3	5	4	2	3	2	2	2	4
5	5	1	1	3	5	3	3	3	3	4	2	3	2	2	1	4

<이하 생략>

3.4.1 DATA 문의 선택사항(KEEP, DROP)

DATA 문의 선택사항으로 KEEP과 DROP이 있다. 이는 다음 표와 같이 SET 문을 이용한 새로운 데이터셋을 생성할 때 변수의 선별적 추출에 주로 사용된다. 단, KEEP과 DROP은 서로 반대의 의미이므로 DATA 문에 동시에 사용하면 안 된다. 두 선택사항의 선택은 포함될 또는 제거될 변수의 수를 고려하여 선택하면 좋을 것이다.

DATA 문의 선택사항	기 능
KEEP = 변수(들)	DATA 문에서 지정한 데이터셋에 포함될 변수들
DROP = 변수(들)	DATA 문에서 지정한 데이터셋에서 제거할 변수들

[예.3-4-2.sas]는 DATA 문장에 SET 문을 사용하여 새로운 SAS 데이터셋

ds3_1과 ds3_2를 생성하는 예를 표시한 것이다.

예 3-4-2.sas

```
OPTION LINESIZE = 110 NODATE;
TITLE 'SET 문을 이용한 새로운 DataSet의 생성 - KEEP';

DATA ds3_1 (KEEP = id gender age);
SET survey;
PROC PRINT LABEL;
RUN;

TITLE 'SET 문을 이용한 새로운 DataSet의 생성 - DROP';

DATA ds3_2 (DROP = residence q11-q14 q21-q24 q31-q34);
SET survey;
PROC PRINT LABEL;
RUN;
```

[3-4-2.lst]

```
                SET 문을 이용한 새로운 DataSet의 생성 - KEEP                12

                          OBS    id    성별    나이
                            1     1      1      3
                            2     2      2      3
                            3     3      1      2
                            4     4      2      3
                            5     5      1      3

                                  <이하 생략>
```

```
                SET 문을 이용한 새로운 DataSet의 생성 - DROP                13

                          OBS    id    성별    나이
                            1     1      1      3
                            2     2      2      3
                            3     3      1      2
                            4     4      2      3
                            5     5      1      3

                                  <이하 생략>
```

[3-4-2.lst] 데이터셋 ds3_1은 DATA 문의 선택사항인 KEEP에 변수 id와 gender, age만을 선택하여 만들어진 SAS 데이터셋이다. 반면에 ds3_2는 survey의 변수 중에서 residence, q11–q14, q21–q24, q31–q34의 13개 변수들을 DATA 문의 DROP 선택사항에 지정함으로써 이 변수들을 제거된 상태로 생성된 SAS 데이터셋이다.

3.4.2 SET 문의 선택사항(KEEP, DROP)

DATA 문의 선택사항과 비슷한 방법으로 KEEP과 DROP 옵션을 SET 문의 선택사항으로 지정할 수 있다. [예.3-4-3.sas]에는 SET 문의 KEEP 옵션을 지정함으로서 3.4.1절에서 생성된 ds3_1과 똑같은 데이터셋 ds3_3을 얻을 수 있음을 표시하고 있다.

예 | 3-4-3.sas

```
DATA ds3_3;
SET survey (KEEP = id gender age) ;
PROC PRINT;
RUN;
```

3.4.3 KEEP 문과 DROP 문

DATA 문의 옵션으로 또는 SET 문의 옵션으로 KEEP과 DROP 옵션을 적절히 사용하면 기존의 데이터셋에 포함된 변수 중에서 새로운 데이터셋에 포함되거나 또는 삭제할 변수들을 지정할 수 있다. 이 옵션들의 기능을 DATA 문과 SET 문의 옵션으로서 아닌 독립적인 KEEP 문 또는 DROP 문을 이용하여 수행할 수 있다. 여기서 KEEP 문과 DROP 문은 DATA 문의 부명령문으로 작동된다.

DATA 문의 부명령문인 SET 문을 이용하여 기존의 데이터셋으로부터 새로운 데이터셋을 생성할 때 KEEP 문은 포함시키고자 하는 변수들을 지정하는 데 사용한다.

```
KEEP  <포함시키고자 하는 변수들 목록> ;
```

반대로 DROP 문에는 새롭게 생성되는 SAS 데이터셋에 포함시키고 싶지 않은 변수들을 지정한다. KEEP 문과 DROP 문을 동시에 표시하는 것은 의미가 없지만, 동시에 사용되면 KEEP 문만 유효하게 처리된다. 따라서 새로운 SAS 데이터셋에 포함시키고자 하는 변수의 개수에 따라 KEEP 문과 DROP 문 가운데 어느 하나를 적절히 사용하면 된다.

```
DROP  <포함시키고 싶지 않은 변수들 목록> ;
```

[예.3-4-4.sas]는 [예.1-2-1.sas]에서 생성된 데이터셋 survey으로부터 KEEP

문과 DROP 문을 각각 이용하여 새로운 SAS 데이터셋 ds3_4와 ds3_5을 생성하는 SAS 프로그램의 예이다. [예.3-4-4.sas]를 보면 KEEP 문과 DROP 문을 사용하여 새롭게 생성되는 SAS 데이터셋에 포함시키거나 또는 포함시키고 싶지 않은 변수들을 지정하는 것을 살펴볼 수 있다. 따라서 지정하는 변수의 개수가 가능한 적게 되도록 두 명령문을 적절히 사용하면 된다. 참고로 KEEP 문과 DROP 문에 의해 적절히 변수가 지정된 두 데이터셋 ds3_4와 ds3_5은 모두 같은 자료들을 포함하고 있다.

예 | 3-4-4.sas

```
OPTION LINESIZE = 110 NODATE;
TITLE 'KEEP 문을 이용한 변수의 선택';

DATA ds3_4;
SET survey;
KEEP  id gender age q11-q14;
PROC PRINT LABEL;
RUN;

TITLE 'DROP 문을 이용한 변수의 배제';

DATA ds3_5;
SET survey;
DROP  residence q21-q24 q31-q34;
PROC PRINT LABEL;
RUN;
```

[3-4-4.lst]

```
                KEEP 문을 이용한 변수의 선택                14

        OBS   id   성별   나이   q11   q12   q13   q14
          1    1     1      3     5     4     4     4
          2    2     2      3     5     4     4     3
          3    3     1      2     4     4     2     2
          4    4     2      3     5     3     3     3
          5    5     1      3     5     3     3     3

                        <이하 생략>

                DROP 문을 이용한 변수의 배제                15

        OBS   id   성별   나이   q11   q12   q13   q14
          1    1     1      3     5     4     4     4
          2    2     2      3     5     4     4     3
          3    3     1      2     4     4     2     2
          4    4     2      3     5     3     3     3
```

```
      5    5    1    3    5    3    3    3
                  <이하 생략>
```

3.5 관측값의 선별과 삭제

3.5.1 부분집합화 IF 문

다음과 같은 형식의 부분집합화 IF(Subsetting IF) 문은 새로운 SAS 데이터셋을 생성하는 DATA 단계에서 기존의 데이터셋 또는 현재 입력되는 관측값 중에서 (조건수식)이 참이 되는 관측값만 선별하여 데이터셋을 만든다. 참고로 SAS 데이터셋의 자료가 직사각형 형태로 표시된다고 할 때 세로의 자료는 하나의 변수를 의미하며, 가로의 자료는 하나의 케이스에 대한 관측값을 형성함은 주지의 사실이다.

```
IF (조건식) ;
```

다음 [예.3-5-1.sas]에 표시된 IF 문이 조건식 gender=2를 만족하는 관측값들로 구성된 데이터셋 ds3_6을 생성하는 부분집합화 IF 문이다. 데이터셋 ds3_6에 포함된 변수 gender의 값은 전부 2가 될 것이기 때문에 DROP 문을 이용하여 삭제하였다.

예 3-5-1.sas

```
OPTION LINESIZE = 110 NODATE;
TITLE '부분집합화 IF문';

DATA ds3_6;
SET survey;
IF gender = 2;    /* 남(1),여(2) */
DROP gender residence;

PROC PRINT;
RUN;
```

[3-5-1.lst]

부분집합화 IF문 16

OBS	id	age	q11	q12	q13	q14	q21	q22	q23	q24	q31	q32	q33	q34
1	2	3	5	4	4	3	4	4	3	5	4	4	2	4
2	4	3	5	3	3	3	5	4	2	3	2	2	2	4
3	6	3	5	3	3	3	4	3	2	3	2	2	2	4
4	8	2	4	5	2	1	1	3	4	4	3	2	1	4
5	10	2	4	5	3	2	2	5	2	2	2	5	1	3
6	12	3	5	4	4	4	4	5	3	4	3	3	1	3
7	14	2	4	4	3	2	3	5	4	5	2	5	2	3
8	16	3	5	3	2	3	2	4	3	3	2	2	2	3
9	18	3	5	3	3	4	4	5	2	4	2	3	2	3
10	20	2	4	3	2	3	2	3	2	2	2	2	2	3
11	22	2	4	4	4	3	3	5	3	5	2	3	2	3
12	24	2	4	5	2	1	1	3	4	3	4	2	1	3
13	26	3	5	4	2	1	2	3	4	3	4	2	2	3
14	28	1	5	2	4	4	3	4	2	3	2	3	2	3
15	30	1	5	3	4	4	4	4	4	4	2	3	2	3
16	32	3	5	1	1	5	1	1	1	5	1	1	2	3
17	34	2	4	3	4	5	5	3	3	4	2	2	2	3
18	36	1	1	2	3	3	5	5	3	3	3	1	1	3
19	38	2	4	5	2	1	1	3	4	3	4	2	1	3
20	40	1	3	3	3	4	3	4	3	3	3	1	1	3

3.5.2 DELETE 문

DROP 문은 기존의 데이터셋의 변수 중에서 DROP 문에 지정된 변수들을 삭제하여 새로운 데이터셋을 생성하였다. 반면에 DELETE 문은 기존의 데이터셋의 자료 중에서 특정한 조건을 만족하는 관측값들을 삭제하는 역할을 한다. 즉, DELETE 문은 부분집합화 IF 문의 반대 개념이다. 부분집합화 IF 문의 사용 방법과 다르게 DELETE 문은 IF-THEN 문의 형식을 이용하여 표현한다.

DELETE 문의 실행 결과가 부분집합화 IF 문의 실행 결과와 반대로 나타나기 때문에 SAS 프로그래밍에서는 DELETE 문 대신에 부분집합화 IF 문을 많이 사용한다. 따라서 DELETE 문을 사용하는 예는 매우 드물다고 볼 수 있다.

[예.3-5-2.sas]에 표시된 DELETE 문은 데이터셋 survey의 gender 변수의 값이 1인 케이스에 해당하는 관측값들을 제거한 새로운 데이터셋 ds3_7을 생성하고 있다. 따라서 [예.3-5-1.sas]의 실행으로 생성된 데이터셋 ds3_6과 데이터셋 ds3_7은 같은 자료임을 알 수 있다.

예 | 3-5-2.sas

```
OPTION LINESIZE = 110 NODATE;
TITLE 'DELETE 문을 이용한 데이터셋의 생성';

DATA ds3_7;
SET survey;
IF gender = 1 THEN DELETE;
DROP gender residence;

PROC PRINT;
RUN;
```

[3-5-2.lst]

DELETE 문을 이용한 데이터셋의 생성 17

OBS	id	age	q11	q12	q13	q14	q21	q22	q23	q24	q31	q32	q33	q34
1	2	3	5	4	4	3	4	4	3	5	4	4	2	4
2	4	3	5	3	3	3	5	4	2	3	2	2	2	4
3	6	3	5	3	3	3	4	3	2	3	2	2	2	4
4	8	2	4	5	2	1	1	3	4	4	3	2	1	4
5	10	2	4	5	3	2	2	5	2	2	2	5	1	3
6	12	3	5	4	4	4	4	5	3	4	3	3	1	3
7	14	2	4	4	3	2	3	5	4	5	2	5	2	3
8	16	3	5	3	2	3	2	4	3	3	2	2	2	3
9	18	3	5	3	3	4	4	5	2	4	2	3	2	3
10	20	2	4	3	2	3	2	3	2	2	2	2	2	3
11	22	2	4	4	4	3	3	5	3	5	2	3	2	3
12	24	2	4	5	2	1	1	3	4	3	4	2	1	3
13	26	3	5	4	2	1	2	3	4	3	4	2	2	3
14	28	1	5	2	4	4	3	4	2	3	2	3	2	3
15	30	1	5	3	4	4	4	4	4	4	2	3	2	3
16	32	3	5	1	1	5	1	1	1	5	1	1	2	3
17	34	2	4	3	4	5	5	3	3	4	2	2	2	3
18	36	1	1	2	3	3	5	5	3	3	3	1	1	3
19	38	2	4	5	2	1	1	3	4	3	4	2	1	3
20	40	1	3	3	3	4	3	4	3	3	3	1	1	3

3.6 OUTPUT 문

OUTPUT 문은 DATA 단계에서 OUTPUT 문이 나오기 직전까지 입력되거나 생성된 자료를 OUTPUT 문에서 지정한 SAS 데이터셋의 관측값으로 출력하는 기능을 한다. 데이터셋의 이름을 지정하지 않으면 OUTPUT 문이 속한 DATA 문에서 지정된 데이터셋으로 자료들을 출력한다.

데이터셋 survey를 생성하는 [예.1-2-1.sas]를 포함하여 지금까지 소개한 모든 SAS 프로그램에 표시된 DATA 문장에 OUTPUT 문이 없음을 알 수 있다. 그러나 모든 DATA 문장으로부터 데이터셋이 아무런 문제없이 만들어졌다. 왜냐하면 OUTPUT 문이 없는 DATA 문장에서는 CARDS 문 혹은 INFILE 문이 암묵적으로 OUTPUT 문을 대신하였기 때문이다.

그러나 DATA 단계에 OUTPUT 문이 나타나면 CARDS 문이 수행했던 암묵적인 OUTPUT 문의 기능이 상실된다. OUTPUT 문이 있으면 OUTPUT 문만이 관측값을 SAS 데이터셋으로 출력시키는 기능을 한다.

OUTPUT 문은 DATA 단계의 여러 곳에 나타날 수 있다. OUTPUT 문이 수행될 때마다 이제까지 계산된 자료(변수)들이 OUTPUT 문에서 지정된 SAS 데이터셋의 하나의 관측값으로 저장된다.

[예.3-6-1.sas]는 DATA 문장에 OUTPUT 문장이 두 번 표시된 예를 보인 것이다. 이 SAS 프로그램의 실행 결과인 [3-6-1.lst]를 살펴보면 OUTPUT 문이 실행될 때마다 직전까지 계산된 변수들의 값이 하나의 관측값으로 데이터셋 ds3_8에 새로 추가되고 있음을 알 수 있다.

예 3-6-1.sas

```
OPTION LINESIZE = 110 NODATE;
TITLE 'OUTPUT의 활용';

DATA ds3_8;
SET survey;
r = q11+q21; OUTPUT;
r = q31+q32+q33+q34; OUTPUT;
DROP residence q12-q14 q22-q24;

PROC PRINT;
RUN;
```

[3-6-1.lst]

```
                              OUTPUT의 활용                                18

     OBS   id   gender   age   q11   q21   q31   q32   q33   q34    r
      1     1     1       3     5     5     3     4     1     4    10
      2     1     1       3     5     5     3     4     1     4    12
      3     2     2       3     5     4     4     4     2     4     9
      4     2     2       3     5     4     4     4     2     4    14
      5     3     1       2     4     4     4     4     1     4     8
      6     3     1       2     4     4     4     4     1     4    13
      7     4     2       3     5     5     2     2     2     4    10
```

```
  8    4    2    3    5    5    2    2    2    4   10
  9    5    1    3    5    3    2    2    1    4    8
 10    5    1    3    5    3    2    2    1    4    9
 11    6    2    3    5    4    2    2    2    4    9
 12    6    2    3    5    4    2    2    2    4   10
 13    7    1    2    4    3    2    3    1    4    7
 14    7    1    2    4    3    2    3    1    4   10
 15    8    2    2    4    1    3    2    1    4    5
 16    8    2    2    4    1    3    2    1    4   10
 17    9    1    3    5    3    1    2    2    4    8
 18    9    1    3    5    3    1    2    2    4    9
 19   10    2    2    4    2    2    5    1    3    6
 20   10    2    2    4    2    2    5    1    3   11

                    <이하 생략>
```

[3-6-1.lst] 데이터셋 ds3_8을 생성하기 위한 DATA 단계에 표시된 OUTPUT 문의 기능을 살펴보면 먼저 SET 문의 기능에 따라 survey 데이터셋에서 한 줄의 관측값(id가 1인)을 읽어 들인다. r=q11+q21;의 명령문에 따라 새로운 변수 r을 생성하여 q11+q21의 값을 변수 r에 저장한다. 다음으로 OUTPUT 문이 실행되기 때문에 survey의 첫 번째 관측값 중에서 DROP 되지 않은 변수들과 지금 저장된 변수 r이 하나의 새로운 케이스를 이루어 ds3_8의 첫 번째 관측값으로 출력된다. 그러나 DATA 문장이 끝난 것이 아니므로 이후 표시된 DATA 단계의 부명령문들이 survey의 id가 1인 첫 번째 관측값을 이용하여 계속 실행된다. 즉, survey의 첫 번째 관측값으로부터 얻어진 q31+q32+q33+q34의 값이 다시 변수 r에 저장된 후, 다음에 표시된 OUTPUT 문의 기능에 따라 데이터셋 ds3_8에 두 번째 관측값이 출력된다. 결국 survey의 하나의 관측값이 새로운 ds3_8에는 2개의 관측값으로 각각 계산되어 출력하게 된다.

OUTPUT 문은 무엇보다도 입력된 기존의 SAS 데이터셋의 구조를 변환하여 우리가 분석하기 쉬운 형태로 바꾸어 주는 데 많이 사용된다. 예를 들어 [예.3-6-2.sas]에 표시된 바와 같이 기존의 SAS 데이터셋으로부터 하나의 관측값을 읽어 들인 후, 특정 조건에 따라 둘 이상의 SAS 데이터셋으로 분리하는 경우에 사용될 수 있다.

예 3-6-2.sas

```
OPTION LINESIZE = 110 NODATE;

DATA male female;
SET survey;
q1sum = q11+q12+q13+q14;
KEEP id age q11-q14 q1sum;
IF gender = 1 THEN OUTPUT male;
ELSE OUTPUT female;
RUN;

TITLE 'OUTPUT dataset: male';

PROC PRINT DATA = male;
RUN;

TITLE 'OUTPUT dataset: female';

PROC PRINT DATA = female;
RUN;
```

[3-6-2.lst]

```
                    OUTPUT dataset: male                          19

     OBS   id   age   q11   q12   q13   q14   q1sum
       1    1    3     5     4     4     4     17
       2    3    2     4     4     2     2     12
       3    5    3     5     3     3     3     14
       4    7    2     4     2     2     3     11
       5    9    3     5     3     4     4     16
       6   11    3     5     3     3     2     13
       7   13    3     5     4     4     3     16
       8   15    2     4     3     2     4     13
       9   17    2     4     3     4     3     14
      10   19    1     3     4     2     4     13
      11   21    3     5     3     4     4     16
      12   23    2     4     3     4     4     15
      13   25    3     5     4     2     4     15
      14   27    2     4     4     4     3     15
      15   29    3     5     3     3     2     13
      16   31    1     5     3     2     3     13
      17   33    2     4     4     4     3     15
      18   35    3     5     4     4     4     17
      19   37    3     5     3     3     3     14
      20   39    2     4     5     2     1     12

                    OUTPUT dataset: female                        20

     OBS   id   age   q11   q12   q13   q14   q1sum
       1    2    3     5     4     4     3     16
       2    4    3     5     3     3     3     14
```

3	6	3	5	3	3	3	14
4	8	2	4	5	2	1	12
5	10	2	4	5	3	2	14
6	12	3	5	4	4	4	17
7	14	2	4	4	3	2	13
8	16	3	5	3	2	3	13
9	18	3	5	3	3	4	15
10	20	2	4	3	2	3	12
11	22	2	4	4	4	3	15
12	24	2	4	5	2	1	12
13	26	3	5	4	2	1	12
14	28	1	5	2	4	4	15
15	30	1	5	3	4	4	16
16	32	3	5	1	1	5	12
17	34	2	4	3	4	5	16
18	36	1	1	2	3	3	9
19	38	2	4	5	2	1	12
20	40	1	3	3	3	4	13

3.7 메뉴를 이용한 외부파일 다루기

3.7.1 데이터 가져오기

INFILE 문을 이용하면 하드디스크에 텍스트로 저장된 데이터(ASCII) 파일을 읽어 들일 수 있다. 이 방법은 PROC IMPORT 절차를 실행하여 얻어지는 결과와 동일하며, 파일을 읽어 들이는 과정에서 이 방법에 대응하는 SAS 프로그램을 따로 저장할 수 있다. 그러나 하드디스크 등에 저장된 파일이 텍스트 파일이 아닌 엑셀 등 특정의 파일 형식일 경우 INFILE 문을 이용하여 데이터셋을 생성할 수 없다. 특정 형식으로 저장된 데이터 파일은 텍스트 형식으로 변환하여 저장한 후 INFILE 문을 사용하여야 한다. 그러나 SAS 시스템에서는 엑셀 등 특정 형식으로 저장된 파일을 〈Import 마법사〉 기능을 이용하여 쉽게 새로운 데이터셋으로 저장할 수 있다.

외부 파일 자료를 SAS 데이터셋으로 읽어 들일 수 있는 방법은 먼저 SAS 시스템의 [파일]-[데이터 가져오기] 메뉴를 선택하는 것이다. 이 메뉴를 선택하면 다음과 같이 〈Import 마법사〉 창이 구동된다.

이 절에서는 데이터 가져오기 마법사의 1단계에서 Standard data source 메뉴를 클릭하는 경우에 대해서만 데이터 가져오기 마법사의 실행 방법을 설명한다.

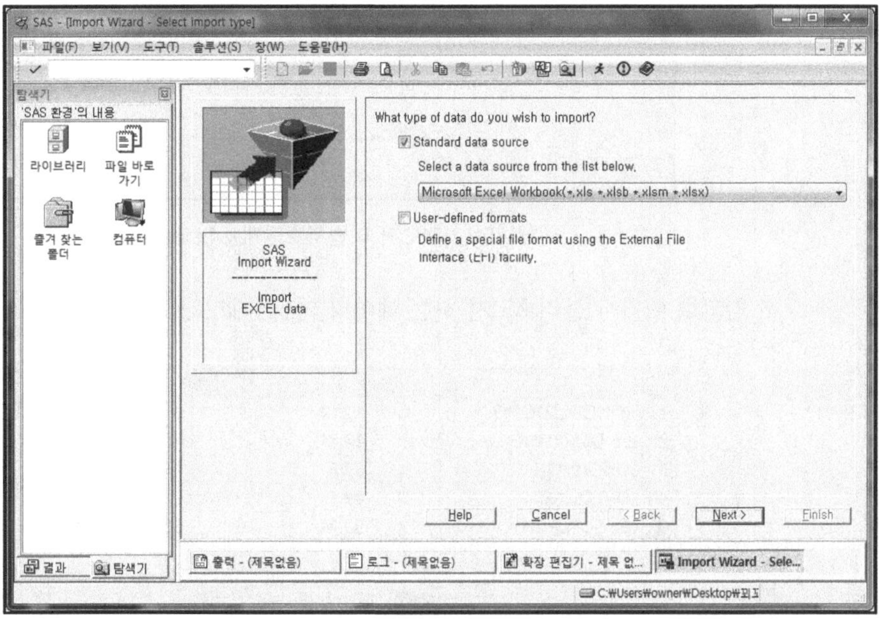

데이터 가져오기 마법사 1단계 : Select import type

데이터 가져오기 1단계에서 자료가 저장된 소스 파일을 선택하기 위하여 화살표(▼)를 선택하면 다음 그림과 같이 SAS 시스템으로 읽어 들일 수 있는 외부 파일의 형식이 나타난다. 외부에서 읽어 들일 파일이 엑셀 파일이라면 그림과 같이 선택된 형태에서 [Next] 버튼을 누른다.

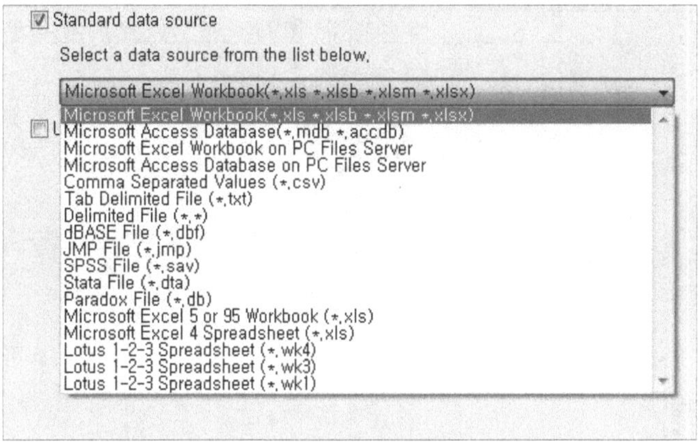

마법사 1단계 : 외부 파일의 형식 정하기

이때 나타나는 데이터 가져오기 2단계의 창에서 [Browse] 버튼을 누른 후, 불러올 파일을 지정한다.

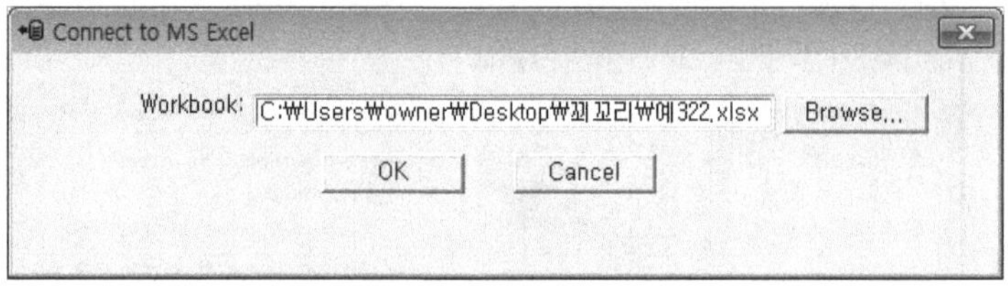

데이터 가져오기 마법사 2단계 : Select file

참고로 여기서 불러오고자 하는 데이터 파일 '예322.xlsx'의 내용은 다음과 같다.

	A	B	C	D	E	F
1	HONG KILDONG	1	M	34	17	
2	LEE DORYUNG	17	M	40	14	
3	SUNG WON	33	F	45	16	
4	LEE YOUNG	49	F	24	14	
5	LEE SUNSHIN	50	M	55	20	
6						

| 엑셀 파일 '예322.xlsx'

외부 파일의 선택이 종료되면 다음 그림과 같이 데이터 가져오기 3단계에서 읽어 들일 엑셀 파일의 Sheet 번호를 지정하고 [Options...] 버튼을 눌러 엑셀 파일의 여러 정보를 선택하거나 해제한다. 여기에서는 엑셀 파일의 첫 줄에 변수의 이름이 기록되어 있지 않으므로 이에 대한 정보를 체크 해제하였다.

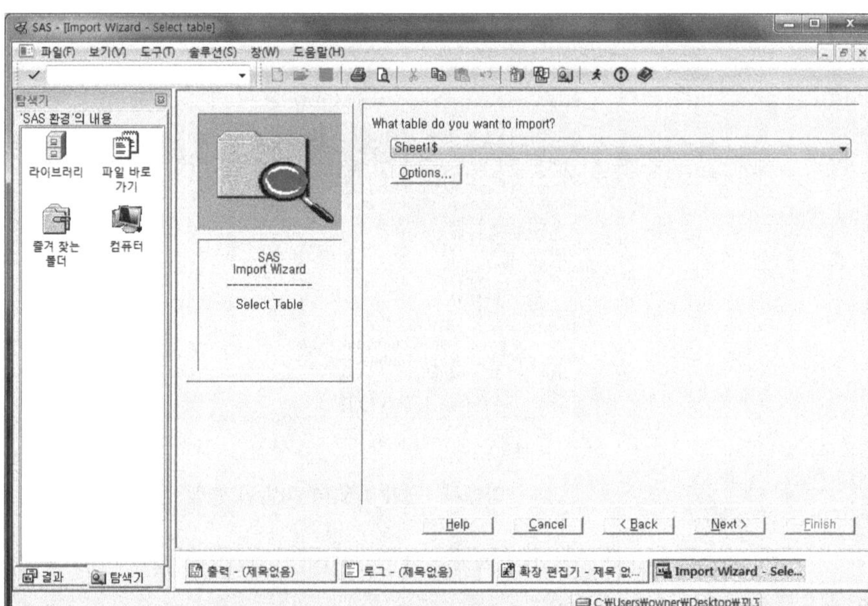

데이터 가져오기 마법사 3단계 : Select Table

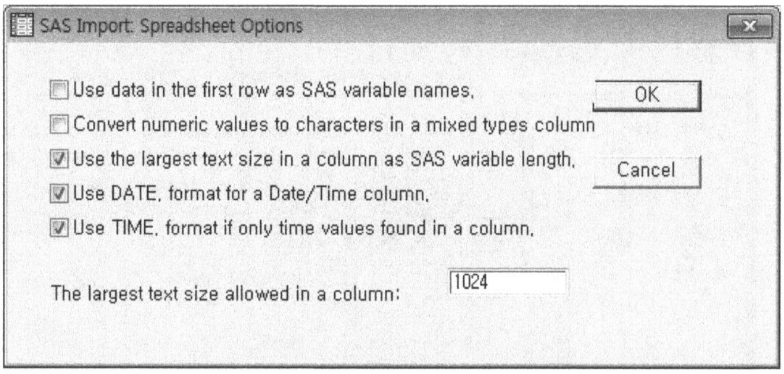

마법사 3단계 : Option 선택하기

다음 4단계에서는 외부 파일을 읽어 들인 이후 얻어지는 SAS 데이터셋의 이름을 결정한다. 이 단계의 예에서는 Library의 이름이 WORK(기본으로 설정)이고 대응되는 Member(데이터셋)의 이름을 two2로 지정하였다.

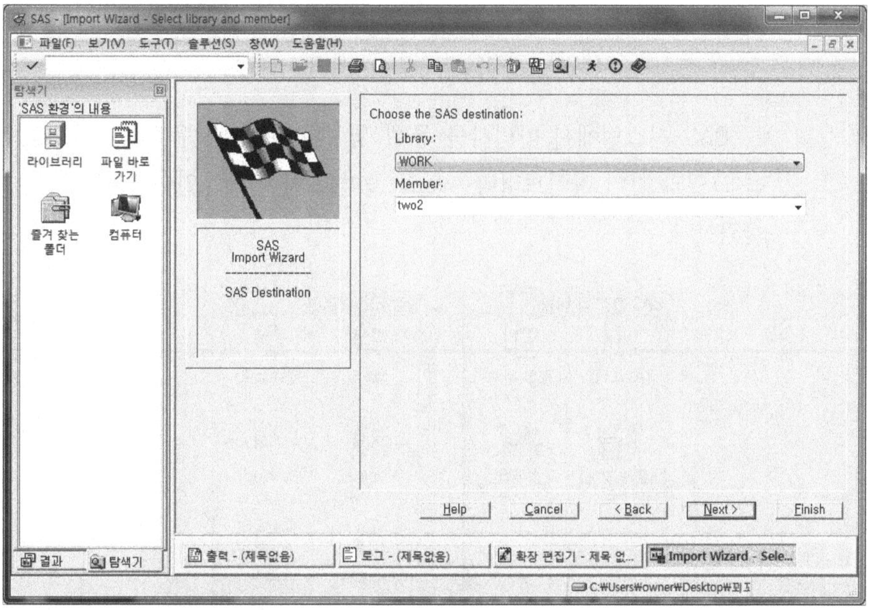

데이터 가져오기 마법사 4단계 : Select library and member

지금까지 작업한 마법사의 내용을 SAS 프로그램('import.sas')으로 저장하는 창을 마지막(5단계)으로 마법사의 작업이 종료되고 데이터셋 two2가 생성된다.

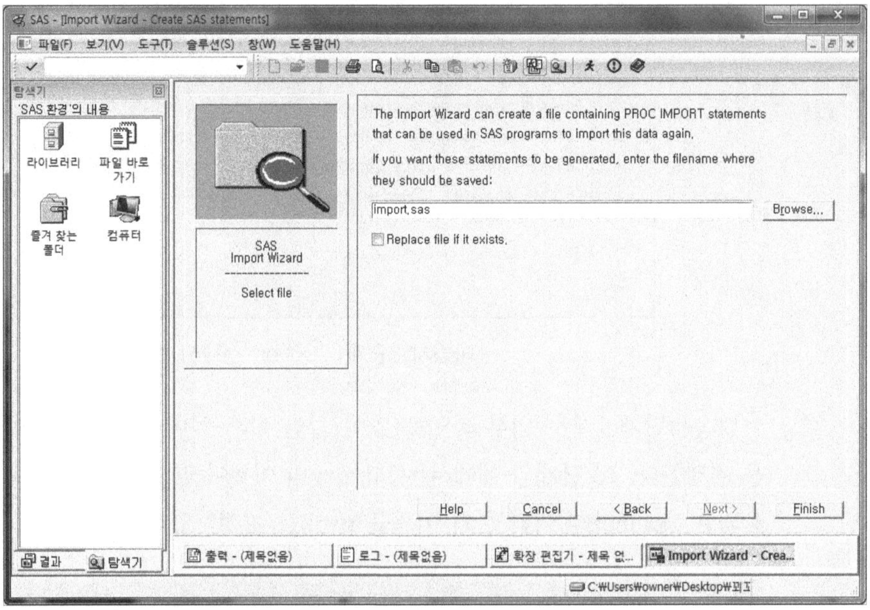

데이터 가져오기 마법사 5단계 : Create SAS Statements

SAS 시스템에서 마법사를 통해 생성된 데이터셋을 확인할 수 있는 방법은 다음 그림과 같이 라이브러리-Work 폴더를 차례대로 열어서 데이터셋 Two2를 더블 클릭한다.

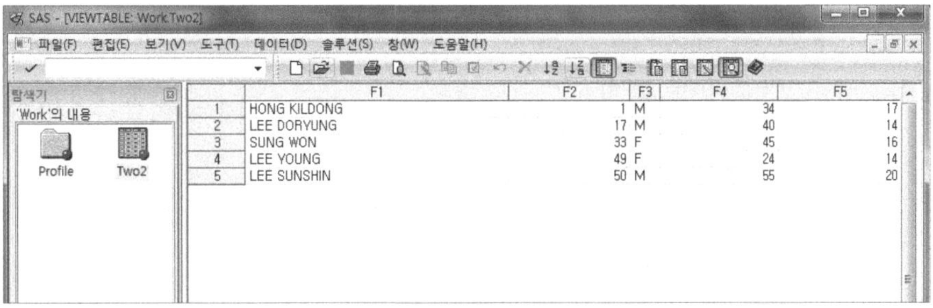

|그림.3-7-1| 마법사로 생성된 데이터셋 Two2 자료의 확인

다음 [예.3-7-1.sas]는 데이터 가져오기 마법사를 통해 얻어진 데이터셋 Two2의 자료를 확인하는 PRINT 절차의 예와 그 출력 결과를 표시한 것이다. 데이터 엑셀 파일의 첫 줄에 변수의 이름이 지정되어 있지 않았기 때문에 변수의 이름을 SAS 시스템에서 F1에서 F5까지 자동으로 지정하고 있음을 알 수 있다.

예 | 3-7-1.sas

```
OPTION LINESIZE = 110 NODATE;
TITLE '외부 데이터 가져오기 마법사를 이용한 데이터셋 생성';

PROC PRINT DATA = Two2;
RUN;
```

[3-7-1.lst]

```
                 외부 데이터 가져오기 마법사를 이용한 데이터셋 생성                2

          OBS    F1                 F2    F3    F4    F5
           1     HONG KILDONG        1    M     34    17
           2     LEE DORYUNG        17    M     40    14
           3     SUNG WON           33    F     45    16
           4     LEE YOUNG          49    F     24    14
           5     LEE SUNSHIN        50    M     55    20
```

마법사를 통해 저장된 외부 데이터 파일의 데이터셋은 이후 통계분석을 위하여 언제든지 사용될 수 있다. 그러나 SAS 시스템이 종료되면 임시 버퍼에 저장된 데이터셋이 삭제될 것이다. 이 데이터셋을 영구히 저장한 이후 이를 사용하는 방법이 있으며, 다음과 같이 마법사가 종료되는 시점에서 저장된 SAS 프로그램('import.sas')을 다시 열어서 실행하는 방법이 있다. 물론 마법사를 통하지 않고 SAS 프로그램 'import.sas'을 편집하여 다른 엑셀 파일도 읽어 들일 수 있다.

[import.sas]

```
PROC IMPORT OUT= WORK.two2
            DATAFILE= "C:\Users\owner\Desktop\꾀꼬리\예322.xlsx"
            DBMS=EXCEL REPLACE;
     RANGE="Sheet1$";
     GETNAMES=NO;
     MIXED=NO;
     SCANTEXT=YES;
     USEDATE=YES;
     SCANTIME=YES;
RUN;
```

3.7.2 데이터 내보내기

외부 파일을 가져오는 방법과 반대로 SAS 데이터셋의 자료를 외부 파일 형식으로 내보내기할 수 있다. 먼저 SAS 시스템의 [파일-데이터 내보내기] 메뉴를 실행하면 다음 그림과 같이 [Expert Wizard - Select library and member] 창이 나타난다. Member 상자에 데이터셋 Two2를 지정하고 [Next] 버튼을 누른다.

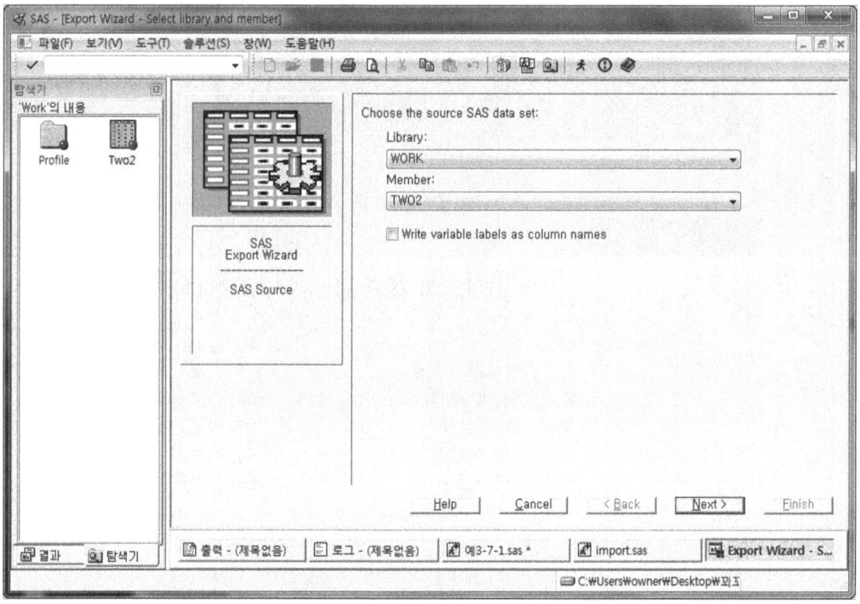

Expert Wizard : Select library and member

SAS 시스템에서 만들어진 데이터셋을 SPSS 데이터 파일로 저장하기 위하여 다음 [Expert Wizard - Select export type] 창에서 내보내기 하고자 하는 파일의 형식을 SPSS File (*.sav)으로 선택한다.

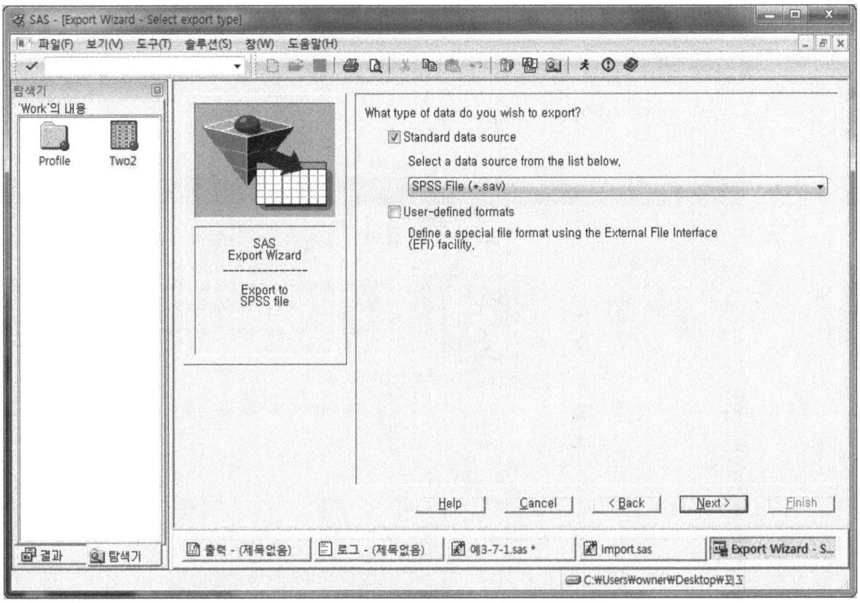

Expert Wizard : Select export type

[Next] 버튼을 누른 이후 나타나는 [Expert Wizard – Select file] 창의 "Where do you want to save the file" 란에 저장하고 싶은 폴더와 파일의 이름을 지정한다. 여기서는 "Two2.sav"로 지정하였다. 참고로 SPSS 시스템에서 생성된 데이터는 *.sav의 확장자로 저장된다.

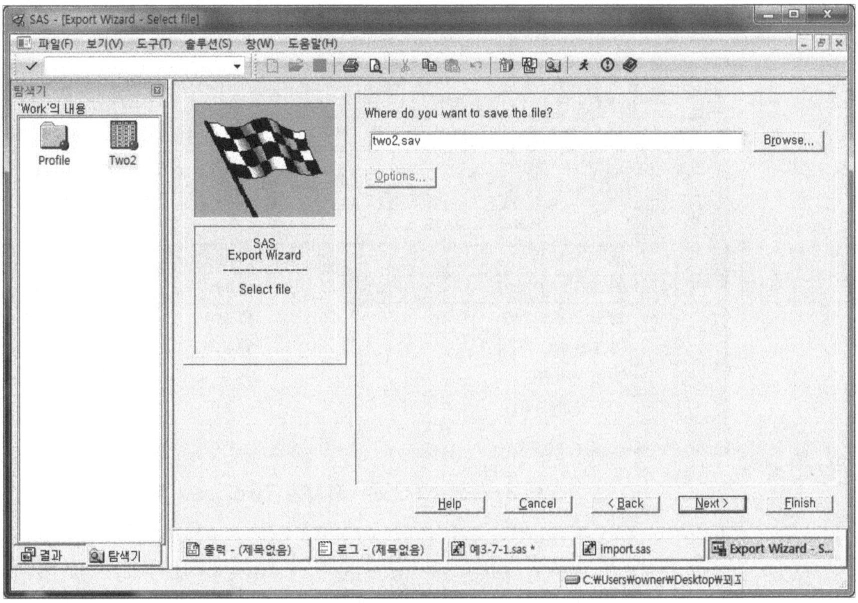

Expert Wizard : Select file

마지막으로 [데이터 내보내기] 마법사를 통해 작업한 내용을 SAS 프로그램으로 저장할 경우 저장될 파일의 이름(여기서는 'spss.sas')을 지정하고 [Finish] 버튼을 누르면 모든 작업이 종료된다.

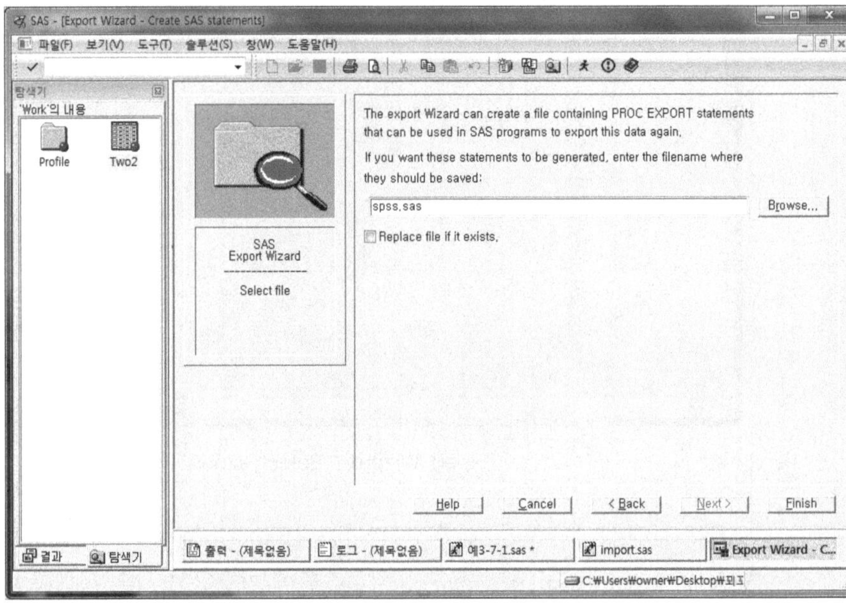

Expert Wizard : Create SAS Statements

다음 [그림.3-7-2]는 SAS 데이터셋을 SPSS 파일로 내보내기한 이후 SPSS 시스템으로 "Two2.sav"의 자료를 확인한 것이다.

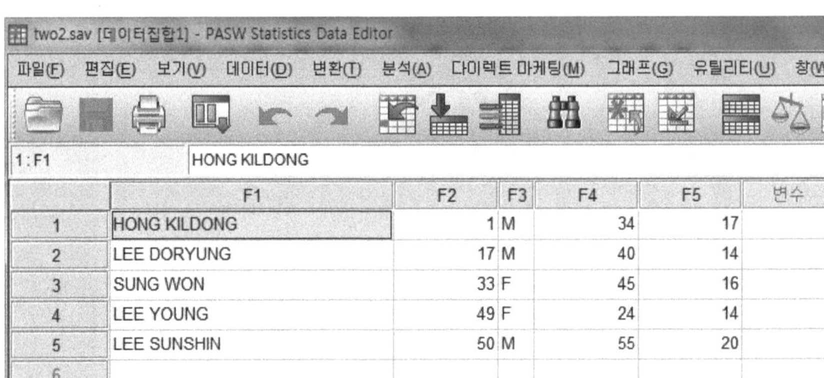

|그림.3-7-2| SPSS로 저장된 Two2.sav 자료의 확인

다음 SAS 프로그램 'spss.sas'는 [데이터 내보내기] 마법사를 통해 작업한 내용을 SAS 프로그램으로 저장한 것이다.

[spss.sas]

```
PROC EXPORT DATA= WORK.TWO2
            OUTFILE= "two2.sav"
            DBMS=SPSS REPLACE;
RUN;
```

연습문제

3.1 [표.1-2-1]의 자료가 다음과 같이 입력되었을 때 열 지정 입력 방식으로 INPUT 문을 작성하여 자료를 읽어 들이는 SAS 프로그램을 작성하여라.

```
 1113544455343414
 2213544344354424
13112442245444414
14213533354232224
25113533334232214
```

3.2 열 지정 방식으로 입력하는 INPUT 문을 이용하여 다음과 입력된 자료를 읽어 들이는 SAS 프로그램을 작성하여라. 단, 입력되는 변수의 이름은 name($), id(2칸), gender(1칸,$), age(2칸), income(2칸)의 순서대로 한다.

```
CARDS;
HONG KILDONG 1M3417
LEE DORYUNG 17M4014
SUNG WON    33F4516
LEE YOUNG   49F2414
LEE SUNSHIN 50M5520
;
```

3.3 자료 입력 방식을 혼용한 다음 INPUT 문을 이용하여 [예.3-2-2.sas]의 자료를 읽어 들이는 SAS 프로그램을 작성하여라.

```
INPUT name $ 2-15 id 16-17 gender $ 20 age income;
```

3.4 다음과 같이 엑셀로 저장되어 있는 자료 '연습3_4.xlsx'를 SAS 시스템의 [데이터 가져오기]를 수행하여 데이터셋 ex3_4으로 저장하여라.

	A	B	C	D	E	F	G	H	I
1	id	gender	residence	age	q11	q12	q13	q14	
2	201	1	2	1	4	3	2	3	
3	203	1	2	1	4	5	2	1	
4	205	1	2	2	4	3	3	4	
5	207	1	2	2	4	2	4	4	
6	209	1	2	3	5	3	3	4	
7	211	1	2	2	4	4	4	3	
8	213	1	2	3	5	4	5	5	
9	215	1	2	1	5	4	5	4	
10	217	1	2	1	5	2	3	4	
11	219	1	2	2	4	3	3	3	
12									

3.5 어떤 약품의 효과가 있는지를 확인하기 위하여 11마리의 쥐에게 실험을 하여 이 약품을 사용하기 전과 사용한 이후의 반응시간을 다음과 같이 조사하였다. SAS 시스템에 이 자료를 입력하는 SAS 프로그램을 작성하여라.

	1	2	3	4	5	6	7	8	9	10	11
사용 전	1.0	2.1	2.5	1.2	1.7	1.0	1.3	2.4	2.0	3.0	3.0
사용 후	1.4	2.5	2.6	0.8	1.4	1.1	1.5	2.2	2.4	2.0	3.1

3.6 다음은 신생아 40명(남아 20명, 여아 20명)의 혈당치를 조사한 자료이다. 이 자료를 SAS 시스템으로 입력하는 SAS 프로그램을 작성하여라.

남아	33	36	79	59	93	67	46	54	38	99
	46	105	47	65	67	43	45	108	53	68
여아	90	65	63	82	83	53	29	70	36	67
	63	78	56	39	78	81	71	62	50	97

3.7 다음은 서로 다른 3 지역에 사는 사람들을 대상으로 운동의 효과를 조사한 자료이다. 이 자료를 SAS 시스템으로 입력하는 SAS 프로그램을 작성하여라.

A지역	23	18	18	19	22	20	24	17	25	19
B지역	24	17	25	12	23	20	20	27	21	27
C지역	20	29	15	15	21	23	23	21	22	25

4장 SAS 데이터셋의 결합과 제어문

4.1 데이터셋의 연결

둘 이상의 SAS 데이터셋을 하나로 합쳐야 정상적으로 통계분석을 할 경우가 있다. 예를 들어 설문지를 통해 서로 다른 두 지역(각 지역당 1,000 가구)에서 각 세대를 대상으로 조사되었으며, 설문지는 30문항으로 구성되어 있다고 하자. 이렇게 조사된 자료를 두 사람이 분담하여 입력하기로 했을 때, 두 사람이 입력한 각각의 SAS 데이터셋을 하나로 합쳐야 전체적인 통계분석을 수행할 수 있을 것이다. 이 경우 SAS 프로그램에서 두 개의 데이터셋을 하나로 결합하는 방법은 자료를 입력하기 위하여 전체 자료를 두 부분으로 분리한 방식에 따라 달라진다. 만일 두 사람이 표집한 지역별로 1,000 가구씩 분리하여 자료를 입력한다면 각 데이터셋에는 똑같은 변수들이 들어 있을 것이므로 두 개의 데이터셋을 수직적으로 결합하면 된다. 그러나 한 사람은 2,000 가구의 처음 15문항의 자료를, 다른 사람은 이후 15문항의 자료를 입력한다면 두 개의 데이터셋은 서로 다른 변수들을 포함하고 있기 때문에 수평적으로 결합하여야 한다.

두 데이터셋을 수직적으로 결합하는 것을 '데이터셋의 연결(concatenation)'이라고 하고, 수평적으로 결합하는 것을 '데이터셋의 통합(merge)'이라고 부른다.

SET 문은 기존의 SAS 데이터셋으로부터 새로운 데이터셋을 생성할 때 사용된다. 이러한 SET 문은 동일한 변수들을 갖는 둘 이상의 데이터셋의 연결을 위하여 사용할 수도 있다. 예를 들어, 두 SAS 데이터셋 kunsan과 seoul을 연결하여 새로운 데이터셋 concate을 생성하는 SET 문의 형식은 다음과 같다.

```
DATA concate;
SET kunsan seoul;     /* 데이터셋의 연결(수직적 결합) */
RUN;
```

먼저 [예.4-1-1.sas]에 표시된 바와 같이 서로 다른 지역(예를 들어, 'kunsan'과 'seoul')에서 조사된 자료를 이용하여 생성된 데이터셋을 각각 kunsan과 seoul이라고 하자. 두 데이터셋에 포함된 변수들은 이 자료들이 얻어진 지역(city)을 비롯하여 모두 같다.

예 4-1-1.sas

```
OPTION LINESIZE = 110 NODATE;
TITLE '데이터셋의 연결(수직적 결합)';

DATA kunsan;
INPUT name $ 1-14 id gender $ age income city $;
CARDS;
HONG KILDONG    1  M 34 17 KUNSAN
LEE DORYUNG    17  M 40 14 KUNSAN
SUNG WON       33  F 45 16 KUNSAN
LEE YOUNG      49  F 24 14 KUNSAN
LEE SUNSHIN    50  M 55 20 KUNSAN
;

DATA seoul;
INPUT name $ 1-14 id gender $ age income  city $;
CARDS;
LIM GUKJUNG    51  M 44 27 SEOUL
SUNG CHUNHYANG 57  F 50 24 SEOUL
KIM MIN        63  M 55 36 SEOUL
PAK YOUNG      79  F 34 27 SEOUL
KIM YOOSHIN    80  M 35 29 SEOUL
;

DATA concate;
SET kunsan  seoul;   /* 데이터셋의 연결(수직적 결합) */
RUN;

PROC PRINT DATA=concate;
RUN;
```

[4-1-1.lst]

데이터셋의 연결(수직적 결합) 1

OBS	name	id	gender	age	income	city
1	HONG KILDONG	1	M	34	17	KUNSAN
2	LEE DORYUNG	17	M	40	14	KUNSAN

```
   3   SUNG WON          33   F    45   16   KUNSAN
   4   LEE YOUNG         49   F    24   14   KUNSAN
   5   LEE SUNSHIN       50   M    55   20   KUNSAN
   6   LIM GUKJUNG       51   M    44   27   SEOUL
   7   SUNG CHUNHYANG    57   F    50   24   SEOUL
   8   KIM MIN           63   M    55   36   SEOUL
   9   PAK YOUNG         79   F    34   27   SEOUL
  10   KIM YOOSHIN       80   M    35   29   SEOUL
```

[4-1-1.lst] [예.4-1-1.sas]의 실행 결과를 보면 먼저 kunsan 데이터셋의 자료가 데이터셋 concate의 앞 부분에 위치하며, 이어서 seoul 데이터셋의 자료가 위치하여 두 데이터가 수직적으로 결합하고 있다. 두 데이터셋에 포함된 변수가 모두 일치하므로 결측값이 존재하지 않지만, 예를 들어 x 변수가 kunsan 데이터셋에는 존재하고 seoul 데이터셋에 존재하지 않을 경우에는 concate 데이터셋에 x 변수의 일부(seoul에 해당)가 결측값으로 나타난다.

다음 [예.4-1-2]는 변수 x는 kunsan_x 데이터셋에, 변수 y는 seoul_y 데이터셋에만 각각 포함되어 있을 경우 두 데이터셋을 수직적으로 연결하는 SAS 프로그램이다. 당연히 각 데이터셋에 없는 자료는 데이터셋 연결 시 결측값으로 처리될 것이다.

예 4-1-2.sas

```
OPTION LINESIZE = 110 NODATE;
TITLE '데이터셋의 연결(수직적 결합)-변수가 다른 경우';

DATA kunsan_x;
INPUT name $ 1-14 id gender $ age income city $ x;
CARDS;
HONG KILDONG    1  M 34 17 KUNSAN  10
LEE DORYUNG    17  M 40 14 KUNSAN  20
SUNG WON       33  F 45 16 KUNSAN  30
;

DATA seoul_y;
INPUT name $ 1-14 id gender $ age income  city $ y;
CARDS;
LIM GUKJUNG    51  M 44 27 SEOUL  1
SUNG CHUNHYANG 57  F 50 24 SEOUL  3
KIM MIN        63  M 55 36 SEOUL  5
;

DATA concate_xy;
SET kunsan_x  seoul_y;  /* 변수가 모두 일치하지 않는 경우 */
```

```
RUN;

PROC PRINT DATA=concate_xy;
RUN;
```

[4-1-2.lst]

```
                    데이터셋의 연결(수직적 결합)-변수가 다른 경우                  2

 OBS   name            id   gender   age   income   city     x    y
   1   HONG KILDONG     1     M       34     17     KUNSAN   10   .
   2   LEE DORYUNG     17     M       40     14     KUNSAN   20   .
   3   SUNG WON        33     F       45     16     KUNSAN   30   .
   4   LIM GUKJUNG     51     M       44     27     SEOUL     .   1
   5   SUNG CHUNHYANG  57     F       50     24     SEOUL     .   3
   6   KIM MIN         63     M       55     36     SEOUL     .   5
```

데이터셋의 수직 연결을 하기 위하여 두 데이터셋을 하나의 SET 문에 표시하였다. 그러나 다음과 같이 두 개의 SET 문으로 나누어 표기하면 의도치 않은 결과를 얻게 된다.

```
/* 잘못된 데이터셋의 연결 */
  DATA concate_err ;
     SET kunsan ;
     SET seoul ;
```

하나의 DATA 문장에 두 개의 SET 문을 사용하면 처음 SET 문에 의해 저장된 자료들이 두 번째 SET 문에 의해 자동 대치된다. 예를 들어, 데이터셋 concate_err를 생성하는 과정에서 kunsan 자료가 먼저 새로운 데이터셋으로 저장된 이후 똑같은 이름의 변수들을 갖는 seoul 자료들이 다시 읽혀진다. 그리고 이전에 저장된 kunsan 자료들이 seoul 자료들로 전부 대치된다. 두 데이터셋의 자료의 개수가 똑같으므로 결론적으로 이 경우에 concate_err와 seoul은 같은 데이터셋이 된다. 다음 [예.4-1-3.sas]의 실행 결과를 참조하자.

예 4-1-3.sas

```
TITLE '데이터셋 연결(수직적 결합)의 오류';
DATA concate_err;   /* 잘못된 연결 */
SET kunsan;
SET seoul;
RUN;

PROC PRINT DATA=concate_err;
RUN;
```

[4-1-3.lst]

데이터셋 연결(수직적 결합)의 오류 3

OBS	name	id	gender	age	income	city
1	LIM GUKJUNG	51	M	44	27	SEOUL
2	SUNG CHUNHYANG	57	F	50	24	SEOUL
3	KIM MIN	63	M	55	36	SEOUL
4	PAK YOUNG	79	F	34	27	SEOUL
5	KIM YOOSHIN	80	M	35	29	SEOUL

두 데이터셋 kunsan_x와 seoul_y를 다음 [예.4-1-4.sas]와 같이 두 개의 SET 문으로 연결하면 kunsan_x 자료가 kunsan_y 자료로 대체될 때 같은 변수만 두 번째 SET 문의 영향을 받는다. 따라서 seoul_y 자료에 속하지 않는 kunsan_x의 변수에 대한 자룟값들은 그대로 새로운 데이터셋에 저장된다.

DATA 문장에 두 개의 SET 문을 사용하면 최종적으로 생성되는 데이터셋의 관측값의 개수는 두 데이터셋 중에서 관측값의 개수가 적은 쪽으로 적용된다. 하나의 DATA 문장에 두 개의 SET 문을 이용하여 관측값의 개수가 서로 다른 두 데이터셋을 연결하는 SAS 프로그램은 연습문제로 남긴다.

예 4-1-4.sas

```
TITLE '데이터셋 연결(수직적 결합)의 오류-변수가 다른 경우';
DATA concate_xy_err;
SET kunsan_x;
SET seoul_y;
RUN;

PROC PRINT DATA=concate_xy_err;
RUN;
```

[4-1-4.lst]

데이터셋의 연결(수직적 결합) 오류-변수가 다른 경우 4

OBS	name	id	gender	age	income	city	x	y
1	LIM GUKJUNG	51	M	44	27	SEOUL	10	1
2	SUNG CHUNHYANG	57	F	50	24	SEOUL	20	3
3	KIM MIN	63	M	55	36	SEOUL	30	5

두 데이터셋의 연결을 할 때 두 개의 SET 문을 사용하면 잘못된 데이터셋을 만들 수 있었다. 그러나 OUTPUT 문을 이용하면 두 데이터셋 kunsan과 seoul의 관측값들을 하나씩 교차시켜 새로운 데이터셋을 만들 수 있다. 그러나 이렇게 연결된

데이터셋도 연결하고자 하는 두 데이터셋 중에서 작은 관측값의 개수에 따라 생성된다.

다음 [예.4-1-5.sas]의 DATA 문장에 표시된 concate_output은 OUTPUT 문을 이용함으로써 생성된 것이다. 실행 결과를 보면 두 데이터셋의 자료들이 교차되어 출력되고 있음을 확인할 수 있다.

예 4-1-5.sas

```
TITLE '데이터셋 연결-OUTPUT 이용';
DATA concate_output;
SET kunsan; OUTPUT;
SET seoul; OUTPUT;
RUN;

PROC PRINT DATA=concate_output;
RUN;
```

[4-1-5.lst]

```
                    데이터셋의 연결 - OUTPUT 이용                        5

         OBS    name             id    gender    age    income    city
           1    HONG KILDONG      1      M        34      17      KUNSAN
           2    LIM GUKJUNG      51      M        44      27      SEOUL
           3    LEE DORYUNG      17      M        40      14      KUNSAN
           4    SUNG CHUNHYANG   57      F        50      24      SEOUL
           5    SUNG WON         33      F        45      16      KUNSAN
           6    KIM MIN          63      M        55      36      SEOUL
           7    LEE YOUNG        49      F        24      14      KUNSAN
           8    PAK YOUNG        79      F        34      27      SEOUL
           9    LEE SUNSHIN      50      M        55      20      KUNSAN
          10    KIM YOOSHIN      80      M        35      29      SEOUL
```

다음 [예.4-1-6.sas]은 [예.3-4-1.sas]에서 생성된 survey1과 [예.3-3-1.sas]에서 생성된 survey2인 두 데이터셋을 수직으로 연결하여 새로운 데이터셋 survey12를 생성하는 예를 표시한 것이다.

예 4-1-6.sas

```
OPTION LINESIZE = 110 NODATE;
TITLE '데이터셋의 연결 - survey12의 생성';

/* 예.1-2-1.sas  ==>  예.3-4-1.sas  ==>  survey1
   예.3-3-1.sas  ==>  survey2   */

DATA  survey12;
```

```
SET  survey1 survey2;
RUN;

PROC PRINT DATA=survey12 LABEL;
RUN;
```

[4-1-6.lst]

데이터셋의 연결 - survey12의 생성 6

OBS	id	성별	거주지	나이	q11	q12	q13	q14	q21	q22	q23	q24	q31	q32	q33	q34
1	1	1	1	3	5	4	4	4	5	5	3	4	3	4	1	4
2	2	2	1	3	5	4	4	3	4	4	3	5	4	4	2	4
3	3	1	1	2	4	4	2	2	4	5	4	4	4	4	1	4
4	4	2	1	3	5	3	3	3	5	4	2	3	2	2	2	4
5	5	1	1	3	5	3	3	3	3	4	2	3	2	2	1	4

<중간 자료 생략>

OBS	id	성별	거주지	나이	q11	q12	q13	q14	q21	q22	q23	q24	q31	q32	q33	q34
65	230	2	2	2	4	3	4	4	4	3	4	4	4	3	2	4
66	232	2	2	3	5	3	3	4	4	5	3	5	3	3	2	4
67	234	2	2	1	4	3	2	4	2	3	2	3	2	3	2	4
68	236	2	2	2	4	5	2	1	1	3	4	3	4	2	1	4
69	238	2	2	3	5	4	4	4	5	5	3	3	3	3	2	4
70	240	2	2	3	5	4	4	4	3	5	4	5	3	3	1	4

4.2 데이터셋의 통합

표집한 지역별로 1,000 가구씩 분리하여 두 사람이 자료를 각각 입력하였을 경우 얻어진 두 데이터셋은 하나의 SET 문을 이용하여 두 데이터셋을 수직으로 연결하면 된다. 이 방법은 변수의 이름은 동일하지만 따로 입력된 두 자료를 상하로 배치하여 하나로 합치는 방법이었다. 그러나 2,000 가구의 처음 15문항의 자료와 이후 15문항의 자료를 저장한 두 데이터셋은 수직적으로 결합할 수 없다.

이와 같이 둘 이상의 SAS 데이터셋을 관측값(케이스를 의미)끼리 통합하여 새로운 데이터셋을 만드는 방법은 MERGE 문을 이용한다. 데이터셋의 통합은 두 데이터셋의 관측값의 입력 순으로 단순하게 통합하는 일대일 통합과 BY 문을 사용하여 두 데이터셋의 공통 변수를 지정하는 짝짓기 통합이 있다.

4.2.1 일대일 통합

통합하고자 하는 두 데이터셋의 각 관측값끼리 수평적으로 두 데이터셋을 결합하는 방식이 MERGE 문을 이용한 일대일 통합이다. 일대일 통합을 하기 위해서는 두 데이터셋을 구성하는 개체의 입력 순서가 일치해야 한다. 서로 다른 개체의 자료를 하나의 관측값으로 통합하면 통계분석을 할 수 없기 때문이다.

먼저 두 데이터셋의 관측수가 동일하고, 서로 공통인 변수가 없다는 가정하에 일대일 통합을 해보자. 예를 들어, 두 SAS 데이터셋 page1과 page2을 차례대로 일대일 통합하여 새로운 데이터셋 merge1을 생성하는 MERGE 문의 형식은 다음과 같다.

```
DATA merge1;
MERGE page1 page2;  /* 데이터셋의 일대일 통합 */
RUN;
```

다음 [예.4-2-1.sas]에 표시된 바와 같이 merge1은 두 데이터셋 page1과 page2를 일대일 통합한 결과로 생성된 데이터셋이다. [예.4-2-1.sas]의 MERGE 문의 실행 결과를 보면 두 데이터셋 page1과 page2의 각 관측값들이 입력된 순서대로 수평적으로 잘 결합하고 있음을 알 수 있다. 즉, 두 데이터셋의 관측값의 순서대로 일대일 결합하고 있기 때문에 수평으로 결합하는 두 자료가 반드시 같은 개체의 자료이어야 한다.

예 | 4-2-1.sas

```
DATA page1;
INPUT name $ 1-14 id gender $ ;
CARDS;
HONG KILDONG    1  M
LEE DORYUNG    17  M
SUNG WON       33  F
LEE YOUNG      49  F
LEE SUNSHIN    50  M
LIM GUKJUNG    51  M
SUNG CHUNHYANG 57  F
;

DATA page2;
INPUT age income  city $ @@;
CARDS;
34 17 KUNSAN  40 14 KUNSAN  45 16 KUNSAN
24 14 KUNSAN  55 20 KUNSAN
44 27 SEOUL   50 24 SEOUL
;

OPTION LINESIZE = 110 NODATE;
TITLE '데이터셋의 일대일 통합';
```

```
DATA merge1;
MERGE page1 page2;   /* 데이터셋의 일대일 통합 */
RUN;

PROC PRINT DATA=merge1;
RUN;
```

[4-2-1.lst]

```
                    데이터셋의 일대일 통합                          7

OBS   name              id   gender   age   income   city
 1    HONG KILDONG       1     M       34     17     KUNSAN
 2    LEE DORYUNG       17     M       40     14     KUNSAN
 3    SUNG WON          33     F       45     16     KUNSAN
 4    LEE YOUNG         49     F       24     14     KUNSAN
 5    LEE SUNSHIN       50     M       55     20     KUNSAN
 6    LIM GUKJUNG       51     M       44     27     SEOUL
 7    SUNG CHUNHYANG    57     F       50     24     SEOUL
```

이제 두 데이터셋의 관측값의 개수가 서로 다를 경우 MERGE 문을 이용하여 두 데이터셋을 통합하여 보자. 먼저 각 관측값이 어느 데이터셋의 자료인지를 지정하기 위하여 다음과 같이 두 데이터셋 page3과 page4에 page 변수를 각각 새로 만들어 보자.

[예.4-2-2.sas]는 관측값의 개수가 서로 다른 두 데이터셋 page3, page4를 수평으로 일대일 통합하는 예를 보인 것이다.

예 4-2-2.sas

```
DATA page3;     /* 5개의 관측값 */
INPUT name $ 1-14 id gender $ page;
CARDS;
HONG KILDONG    1  M 1
LEE DORYUNG    17  M 1
SUNG WON       33  F 1
LEE YOUNG      49  F 1
LEE SUNSHIN    50  M 1
;

DATA page4;   /* 7개의 관측값 */
INPUT age income  city $ page;
CARDS;
34 17 KUNSAN 2
40 14 KUNSAN 2
45 16 KUNSAN 2
24 14 KUNSAN 2
55 20 KUNSAN 2
44 27 SEOUL  2
```

```
50 24 SEOUL  2
;

OPTION LINESIZE = 110 NODATE;
TITLE '데이터셋의 일대일 통합-관측값의 개수가 다를 경우';

DATA merge2;
MERGE page3 page4;
RUN;

PROC PRINT DATA=merge2;
RUN;
```

[4-2-2.lst]

```
                    데이터셋의 일대일 통합-관측값의 개수가 다를 경우                    8

        OBS   name           id    gender    page    age    income    city
         1    HONG KILDONG    1      M         2     34      17       KUNSAN
         2    LEE DORYUNG    17      M         2     40      14       KUNSAN
         3    SUNG WON       33      F         2     45      16       KUNSAN
         4    LEE YOUNG      49      F         2     24      14       KUNSAN
         5    LEE SUNSHIN    50      M         2     55      20       KUNSAN
         6                    .                2     44      27       SEOUL
         7                    .                2     50      24       SEOUL
```

[4-2-2.lst] 출력 결과로부터 관측값의 개수가 적은 데이터셋 page3에는 6번째와 7번째 관측값이 없기 때문에 새로운 데이터셋 merge2에 결측값(.)으로 표시되며, 두 데이터셋에 공통으로 포함된 변수 page의 관측 자료들은 MERGE 문에서 뒤에 지정된 데이터셋 page4의 관측 자료의 값으로 대체됨을 알 수 있다.

이제 [예.4-2-2.sas]의 MERGE 문에 표시된 두 데이터셋의 위치를 바꿔서 지정해보자. 다음 [예.4-2-3.sas]에 표시된 바와 같이 page4를 page3보다 먼저 지정하여 MERGE 문을 실행하면 [4-2-3.lst]를 얻을 수 있다.

예 4-2-3.sas

```
DATA merge3;
MERGE page4 page3;
RUN;

PROC PRINT DATA=merge3;
RUN;
```

[4-2-3.lst]

데이터셋의 일대일 통합-관측값의 개수가 다를 경우 9

OBS	age	income	city	page	name	id	gender
1	34	17	KUNSAN	1	HONG KILDONG	1	M
2	40	14	KUNSAN	1	LEE DORYUNG	17	M
3	45	16	KUNSAN	1	SUNG WON	33	F
4	24	14	KUNSAN	1	LEE YOUNG	49	F
5	55	20	KUNSAN	1	LEE SUNSHIN	50	M
6	44	27	SEOUL	2		.	
7	50	24	SEOUL	2		.	

4.2.2 짝짓기 통합

MERGE 문을 이용하여 데이터셋 page1과 page2를 통합하면 page1의 n번째 관측값에 page2의 n번째 관측값이 수평적으로 연결이 된다. 이 연결 방법의 기본 가정은 page1의 n번째 관측값과 page2의 n번째 관측값이 동일한 개체의 관측값이라는 것이다. 그러나 분리된 자료를 두 사람이 각자 입력할 때 조사된 샘플의 자료들을 똑같은 개체의 순서로 입력하기가 쉽지 않다.

두 데이터셋에 공통인 기준 변수(예를 들어 ID 등 일련번호를 의미하는 변수)를 설정하고, 이 기준 변수를 통하여 MERGE 문을 실행하여 두 데이터셋을 수평으로 통합하는 방법이 있다. 두 데이터셋에 공통으로 들어있는 기준 변수는 부명령문이 BY 문으로 지정한다. 그러나 반드시 주의할 점은 BY 문을 사용하여 MERGE 문을 실행하기 전에 PROC SORT 절차를 통하여 반드시 두 데이터셋을 기준 변수로 정렬하여야 한다.

예를 들어, 두 SAS 데이터셋 page5과 page6을 연결하여 새로운 데이터셋 merge4를 생성하는 MERGE 문의 형식은 다음과 같다.

```
DATA merge4;
SET page5  page6;  /* 데이터셋의 짝짓기 통합 */
BY  id;   /* 두 데이터셋의 기준 변수 */
RUN;
```

[예.4-2-4.sas]는 기준 변수를 이용한 두 데이터셋의 통합에 대한 예를 표시한 것이다. 먼저 기준 변수 id가 공통으로 들어있는 두 데이터셋 page5, page6를 생성해보자.

다음으로 [예.4-2-4.sas]에 표시한 바와 같이 짝짓기 통합을 하기 전에 기준 변수를 이용하여 두 데이터셋을 각각 크기순으로 정렬하여야 한다. 데이터셋의 정렬은 PROC SORT 절차를 이용한다. PROC SORT 절차를 선행하지 않으면 오류가 발생하여 기준 변수에 의한 짝짓기 통합이 이루어지지 않는다.

예 4-2-4.sas

```
DATA page5;
INPUT id  name $ 4-17 gender $;
CARDS;
 1 HONG KILDONG   M
33 SUNG WON       F
17 LEE DORYUNG    M
50 LEE SUNSHIN    M
49 LEE YOUNG      F
;

DATA page6;
INPUT id  age income  city $;
CARDS;
49 24 14 KUNSAN
17 40 14 KUNSAN
33 45 16 KUNSAN
65 44 27 SEOUL
61 38 24 SEOUL
50 55 20 KUNSAN
 1 34 17 KUNSAN
;

PROC SORT DATA=page5;
BY id;
RUN;

PROC SORT DATA=page6;
BY id;
RUN;

DATA merge4;
MERGE page5 page6;
BY id;
RUN;

PROC PRINT DATA=merge4;
RUN;
```

[4-2-4.lst]

데이터셋의 짝짓기 통합 10

OBS	id	name	gender	age	income	city
1	1	HONG KILDONG	M	34	17	KUNSAN
2	17	LEE DORYUNG	M	40	14	KUNSAN
3	**33**	**SUNG WON**	F	**45**	**16**	**KUNSAN**
4	49	LEE YOUNG	F	24	14	KUNSAN
5	50	LEE SUNSHIN	M	55	20	KUNSAN
6	61			38	24	SEOUL
7	65			44	27	SEOUL

다시 강조하지만 [예.4-2-4.sas]에 표시된 PROC SORT 문장은 BY 문을 동반한 MERGE 문을 위해 반드시 필요한 문장이다. MERGE 문이 BY 문과 같이 실행되어야 하므로 크기순으로 정렬을 하기 위한 PROC SORT 문장이 이전에 실행되지 않으면 [로그] 창에 오류 메시지가 나타난다.

4.3 제어문

DATA 단계에서 자료를 변환하기 위한 SAS 프로그램의 실행 순서를 선택적으로 제어하고자 하는 문장이 제어문이다. 여기서 선택적이란 예를 들어 특정한 조건식이 참인 경우에 지정된 문장을 수행하는 것을 말한다. SAS의 제어문으로 IF-THEN과 IF-THEN-ELSE 구조를 이용하여 실행의 흐름을 분기하는 조건부 실행문과 DO 문과 같은 반복문, 특정 수식이 참일 경우 반복을 계속 실행하는 DO WHILE 문 그리고 DO UNTIL 문 등이 있다.

4.3.1 IF-THEN 문

SAS의 조건부 실행문이란 IF-THEN 그리고 IF-THEN-ELSE의 구조를 이용하여 실행의 흐름을 분기하는 문장들을 말한다. 이들은 IF 다음에 뒤따르는 (조건수식)의 값에 따라 SAS 문장의 실행 흐름을 선택적으로 제어한다. 여기서 (조건수식)에는 다음 장에서 설명되는 비교 연산자와 논리 연산자가 주로 사용되어 표시되며, (조건수식)의 값은 참(1) 또는 거짓(0)으로 판명되어야 한다.

DATA 단계에서 다음과 같이 사용되는 IF-THEN 문은 (조건수식)이 참이면 THEN 이후의 〈SAS문장〉을 수행하고, (조건수식)이 거짓이면 IF-THEN 문을 종료한다. 즉, (조건수식)이 거짓이면 아무런 문장도 실행하지 않는다.

```
IF (조건수식) THEN SAS문장 ;
```

다음 [예.4-3-1.sas]는 DATA 단계에서 IF-THEN 문을 사용하여 연습문제 4.2에서 생성된 데이터셋 survey123의 자료로부터 새로운 변수를 생성하는 예를 보인 것이다.

예 4-3-1.sas

```
OPTION LINESIZE = 110 NODATE;
TITLE 'IF-THEN 조건 실행문';

DATA ds4_1;
SET survey123;
IF gender=1 THEN q1s=q11+q12+q13+q14;
RUN;

PROC PRINT DATA=ds4_1 LABEL;
RUN;
```

[4-3-1.lst]

IF-THEN 조건 실행문 11

OBS	id	성별	거주지	나이	q11	q12	q13	q14	q21	q22	q23	q24	q31	q32	q33	q34	q1s
1	1	1	1	3	5	4	4	4	5	5	3	4	3	4	1	4	17
2	2	2	1	3	5	4	4	3	4	4	3	5	4	4	2	4	.
3	3	1	1	2	4	4	2	2	4	5	4	4	4	4	1	4	12
4	4	2	1	3	5	3	3	3	5	4	2	3	2	2	2	4	.
5	5	1	1	3	5	3	3	3	3	4	2	3	2	2	1	4	14
6	6	2	1	3	5	3	3	3	4	3	2	3	2	2	2	4	.
7	7	1	1	2	4	2	2	3	3	5	2	2	2	3	1	4	11
8	8	2	1	2	4	5	2	1	1	3	4	4	3	2	1	4	.
9	9	1	1	3	5	3	4	4	3	2	1	2	1	2	2	4	16
10	10	2	1	2	4	5	3	2	2	5	2	2	2	5	1	3	.

<이하 자료 생략>

[4-3-1.lst] IF 다음의 (조건수식)에 표시된 gender=1에 의하여 survey123의 관측값 중에서 gender의 값이 1이면 THEN 다음에 표시된 q1s=q11+q12+q13+q14; 문이 수행되어 변수 q1s의 값이 계산된다. 그러나 gender의 값이 2인 관측값의 경우에는 q1s의 값이 계산되지 않고 결측값으로 표시되고 있음을 알 수 있다.

4.3.2 IF-THEN-ELSE 문

DATA 단계에서 다음과 같이 사용되는 IF-THEN-ELSE 문은 (조건수식)이 참이면 〈SAS문장1〉를 실행하고, (조건수식)이 거짓이면 〈SAS문장2〉를 실행한다.

```
IF (조건수식) THEN SAS문장1 ;
     SAS문장2 ;
```

[예.4-3-1.sas]에서 gender의 값이 1이 아닌 경우 아무런 문장도 수행하지 않았지만, [예.4-3-2.sas]와 같이 IF-THEN-ELSE 문을 이용하면 gender의 값이 1이 아닌 경우에 q1s=q11+q14; 문이 수행된다. 즉 gender의 값에 따라 서로 다른 형태의 수식이 계산되어 변수 q1s를 생성할 수 있다.

예 4-3-2.sas

```
OPTION LINESIZE = 110 NODATE;
TITLE 'IF-THEN-ELSE 조건 실행문';

DATA ds4_2;
SET survey123;
IF gender=1 THEN q1s=q11+q12+q13+q14;
ELSE q1s=q11+q14;
RUN;

PROC PRINT DATA=ds4_2 LABEL;
RUN;
```

[4-3-2.lst]

IF-THEN-ELSE 조건 실행문 13

OBS	id	성별	거주지	나이	q11	q12	q13	q14	q21	q22	q23	q24	q31	q32	q33	q34	q1s
1	1	1	1	3	5	4	4	4	5	5	3	4	3	4	1	4	17
2	2	2	1	3	5	4	4	3	4	4	3	5	4	4	2	4	8
3	3	1	1	2	4	4	2	2	4	5	4	4	4	4	1	4	12
4	4	2	1	3	5	3	3	3	5	4	2	3	2	2	2	4	8
5	5	1	1	3	5	3	3	3	3	4	2	3	2	2	1	4	14
6	6	2	1	3	5	3	3	3	4	3	2	3	2	2	2	4	8
7	7	1	1	2	4	2	2	3	3	5	2	2	2	3	1	4	11
8	8	2	1	2	4	5	2	1	1	3	4	4	3	2	1	4	5
9	9	1	1	3	5	3	4	4	3	2	1	2	1	2	2	4	16
10	10	2	1	2	4	5	3	2	2	5	2	2	2	5	1	3	6

<이하 자료 생략>

4.3.3 단순 DO 문

DATA 단계에서 사용되는 단순 DO 문은 DO 문과 END 문 사이에 놓여 있는 둘 이상의 SAS 명령문을 하나의 단위로 묶어 처리할 때 사용한다. 단순 DO 문에 대한 사용 형식은 다음과 같으며, 반드시 DO와 END가 하나의 쌍을 이루어야 한다.

```
DO;
  <SAS 문장들>
END;
```

단순 DO 문은 IF-THEN 문 또는 IF-THEN-ELSE 문에서 IF의 (조건수식)이 참 또는 거짓인 상황에서 둘 이상의 명령문을 동시에 수행해야 될 경우에 필요하다.

[예.4-3-3.sas]의 데이터셋 ds4_3를 만드는 DATA 문장에서 IF-THEN 문에 영향을 받는 SAS 명령문은 변수 q1s과 q2s를 생성하는 2개의 수식문이다. 만약 DO 문과 END 문으로 구성된 단순 DO 문이 생략되면 IF-THEN 문의 영향을 받는 것은 q1s를 생성하는 첫 번째 수식문이다. 즉 q2s 변수의 생성에 IF-THEN 문이 영향을 주지 않는다.

예 4-3-3.sas

```
OPTION LINESIZE = 110 NODATE;
TITLE 'IF-THEN 조건 실행문에 포함된 단순 DO 문';

DATA ds4_3;
SET survey123;
IF gender=1 THEN DO;
q1s=q11+q12+q13+q14;
q2s=q21+q22+q23+q24;
END;
DROP q31-q34;

PROC PRINT DATA=ds4_3 LABEL;
RUN;
```

[4-3-3.lst]

IF-THEN 조건 실행문에 포함된 단순 DO 문 15

OBS	id	성별	거주지	나이	q11	q12	q13	q14	q21	q22	q23	q24	q1s	q2s
1	1	1	1	3	5	4	4	4	5	5	3	4	17	17
2	2	2	1	3	5	4	4	3	4	4	3	5	.	.
3	3	1	1	2	4	4	2	2	4	5	4	4	12	17
4	4	2	1	3	5	3	3	3	5	4	2	3	.	.
5	5	1	1	3	5	3	3	3	3	4	2	3	14	12
6	6	2	1	3	5	3	3	3	4	3	2	3	.	.
7	7	1	1	2	4	2	2	3	3	5	2	2	11	12
8	8	2	1	2	4	5	2	1	1	3	4	4	.	.
9	9	1	1	3	5	3	4	4	3	2	1	2	16	8
10	10	2	1	2	4	5	3	2	2	5	2	2	.	.

<이하 자료 생략>

[4-3-3.lst] IF-THEN 문에 단순 DO 문을 사용하면 gender가 1인 경우에 두 변수 q1s과 q2s를 생성하고, gender가 1이 아닌 경우에는 두 변수 모두 결측값으로 처리된다.

4.3.4 반복 DO 문

다음과 같은 형식으로 DATA 단계에서 사용되는 반복 DO 문은 지표 변수의 값의 변화에 따라 DO 문과 END 문 사이의 문장들을 반복 실행한다. 여기서 TO 부분과 BY 부분은 생략할 수 있다. TO와 BY가 모두 생략되면 지표 변수의 값을 일일이 나열하여야 하며, BY만 생략되면 지표 변수가 1씩 증가한다.

```
DO  지표 변수 = 시작값  TO  끝값  BY  증가값 ;
      <SAS 문장들>
END;
```

다음은 TO와 BY가 생략된 반복 DO 문의 예를 표기한 것이다. 여기에 표시된 변수 x가 지표 변수이다. 데이터셋 do1을 생성하는 DATA 문장에서 부명령문 OUTPUT 문이 없으면 단 한 개의 관측값만 저장된다. 지표 변수의 값이 1부터 9까지 변하는 동안 DO 문과 END 문 사이의 문장들을 계속해서 반복 수행하며, 지표 변수의 값이 마지막으로 지정된 9가 되면 DO-END 문을 종료한다. 따라서 종료 시점의 지표 변수 x의 값 9와 x2의 값 81이 하나의 관측값을 형성하여 데이터셋 do1에 저장된다. 따라서 지표 변수의 변화에 따라 얻어진 관측값을 저장하고자 한다면 OUTPUT 문을 반드시 사용하여야 한다.

```
DATA do1;
DO   x =1, 3, 4, 7, 8, 9 ;
x2 = x*x;
OUTPUT;     /* 이 문장이 없으면 한 개의 관측값만 저장됨 */
END;
```

반복 DO 문의 형식에서 BY 이후를 생략하면 지표 변수의 값이 1씩 증가하며 DO-END 사이의 문장들이 반복 수행된다. 여기서 변수 x는 1에서 9까지 1씩 증가하며 변수 x2의 값을 계산하고, 두 변수 x와 x2의 값을 데이터셋 do2에 출력하는 작업을 반복 수행할 것이다.

```
DATA do2;
DO   x = 1 TO 9 ;  /* x의 값이 1부터 1씩 증가하며 9까지 반복 수행 */
x2 = x*x ;
OUTPUT;
END;
```

[예.4-3-4.sas]는 지표 변수 x가 1씩 증가하는 것이 아니라 사용자가 BY 이후

에 지정한 증가분만큼 증가하면서 반복 수행하는 반복 DO 문을 표시한 것이다. BY 다음에 숫자로 지정하는 지표 변수의 증가분은 정수뿐만이 아니라 소수점이 포함된 실수도 가능하다.

예 | 4-3-4.sas

```
TITLE '반복 DO 문';

DATA do3;
DO x=1 TO 15 BY 3;
x3 = x**3;
OUTPUT;
END;

PROC PRINT DATA=do3;
RUN;
```

[4-3-4.lst]

```
                              반복 DO 문                                  17

                         OBS     x      x3
                          1      1       1
                          2      4      64
                          3      7     343
                          4     10    1000
                          5     13    2197
```

4.3.5 중첩 DO 문

단순 DO 문이나 반복 DO 문 모두 그 자체 내에 또 다른 DO-END 문을 중첩할 수 있다. 단 DO와 END는 항상 짝을 이루어 같은 개수를 갖는다.

[예.4-3-5.sas]는 DO-END 문의 중첩을 이용하여 데이터셋 do4를 생성하는 예를 표시한 것이다. 데이터셋 do4의 자료를 출력한 것을 보면 x의 값이 먼저 지정되고, 이후 y의 값이 모두 변화할 때까지 중첩 DO-END 문을 수행하고 있음을 알 수 있다.

예 | 4-3-5.sas

```
OPTION LINESIZE = 110 NODATE;
TITLE '반복 DO 문의 중첩';

DATA do4;
DO x=3, 6, 9;
```

```
DO  y=2 TO 6 BY 2;
xy = x*y;
OUTPUT;
END;
END;

PROC PRINT DATA=do4;
RUN;
```

[4-3-5.lst]

```
                    반복 DO 문의 중첩                    18

                  OBS    x    y    xy
                   1     3    2     6
                   2     3    4    12
                   3     3    6    18
                   4     6    2    12
                   5     6    4    24
                   6     6    6    36
                   7     9    2    18
                   8     9    4    36
                   9     9    6    54
```

4.3.6 DO WHILE 문과 DO UNTIL 문

DO-END 문장에서 DO 문의 끝에 WHILE과 UNTIL을 표시하여 특별한 기능을 반복 수행할 수 있도록 할 수 있다. 이 절에서는 지표 변수가 없는 DO WHILE (조건식) 문과 DO UNTIL (조건식) 문에 대하여 간단히 설명한다.

먼저 다음과 같은 형식으로 사용되는 DO WHILE 문은 WHILE 다음에 설정한 (조건식)이 참인 경우에 한하여 DO-END 사이의 문장들이 반복 수행된다.

```
DO WHILE ( 조건식 ) ;
    <반복 수행 SAS 문장들>
END;
```

반면에 DO UNTIL 문은 (조건식)이 참이 될 때까지 DO-END 사이의 SAS 명령문들을 실행한다. 다시 말해 DO WHILE 문은 조건식이 거짓이 되는 순간 반복 수행을 중지하며, 반대로 DO UNTIL 문은 조건식이 참이 되면 반복 수행을 중지한다.

```
DO UNTIL ( 조건식 ) ;
    <반복 수행 SAS 문장들>
END;
```

[예.4-3-6.sas]는 DO WHILE 문의 예를 표시한 것이다. 초기값 1로 주어진 변수 x가 DO WHILE 문의 조건식에서 참이 될 때까지 DO 와 END 사이의 문장들을 반복 수행한다. [예.4-3-6.sas]의 반복 수행되는 문장 중에서 x+2;는 합산 문장이라고 하며, 다음 절에서 소개된다. 이 문장이 실행되면 변수 x의 값이 2 증가되는 결과를 얻을 수 있다.

예 4-3-6.sas

```
OPTION LINESIZE = 110 NODATE;
TITLE 'DO WHILE 문의 예제';

DATA do5;
x = 1;
DO WHILE (x <= 10);
x2 = x*x;
OUTPUT;
x + 2;    /* 합산문장: x = x + 2;와 같음 */
END;

PROC PRINT DATA=do5;
RUN;
```

[4-3-6.lst]

```
                                DO WHILE 문의 예제                              19

                                OBS    x    x2
                                  1    1     1
                                  2    3     9
                                  3    5    25
                                  4    7    49
                                  5    9    81
```

[예.4-3-6.sas]에 표시된 DO WHILE 문의 실행 결과와 똑같은 결과를 유도하는 DO UNTIL 문을 표시하면 다음 [예.4-3-7.sas]와 같다.

예 4-3-7.sas

```
OPTION LINESIZE = 110 NODATE;
TITLE 'DO UNTIL 문의 예제';

DATA do6;
x = 1;
DO UNTIL (x > 10);
x2 = x*x;
OUTPUT;
```

```
x + 2;   /* x = x + 2; 와 같은 문장 */
END;

PROC PRINT DATA=do6;
RUN;
```

4.3.7 ARRAY 문

대부분의 프로그래밍 언어에서 사용되는 배열(array)을 SAS 시스템에서도 비슷하게 정의하고 있다. 배열은 배열의 첨자를 이용하여 변수들의 계산을 쉽게 표현할 수 있다는 장점이 있다. SAS에서는 배열변수를 선언함과 동시에 배열의 각 요소들을 하나의 독립적인 다른 변수로 지정하고 있다.

다음은 SAS에서 정의하고 있는 ARRAY 문의 사용 형식이다. 여기에서 n은 하나의 배열로 묶여 정의될 변수들의 개수를 의미한다. 그러나 배열에 지정한 변수들의 개수를 세는 것이 번거로울 때에는 숫자 대신 문자 *(asterisk)를 표기하면 된다.

```
ARRAY  배열이름(n)  배열요소변수들;
```

[예.4-3-8.sas]는 두 개의 배열 a(), b()를 정의한 후, 다음 식을 만족하는 새로운 배열 c()를 생성하는 과정을 ARRAY 문을 통하여 보여 주고 있다.

```
    a(i)=b(i)이면  c(i) = 1
    a(i)≠b(i)이면  c(i) = 0
```

먼저 배열 a()는 survey123 데이터셋의 4개의 변수 q11-q14로 정의하고, 배열 b()는 survey123 데이터셋의 4개의 변수 q21-q24로 정의한다. 새로 생성되는 배열 c()의 요소 변수는 새로운 변수 c1-c4로 지정한다. 배열 c()가 변수 c1-c4로 지정되었기에 앞으로 모든 수식에 나타나는 변수 c1은 배열의 요소 c(1)과 같게 된다.

예 | 4-3-8.sas

```
OPTION LINESIZE = 110 NODATE;
TITLE 'ARRAY 문의 활용';

DATA ds4_4;
SET survey123;
ARRAY a(4) q11-q14;   /* 배열의 정의 */
ARRAY b(4) q21-q24;
ARRAY c(4) c1-c4;
```

```
total = 0;
DO i=1 TO 4;
c(i)=0;                /* 배열을 이용한 계산 */
IF a(i)=b(i) THEN c(i)=1;
total + c(i);
END;

PROC PRINT DATA=ds4_4 LABEL;
VAR q11-q14 q21-q24 c1-c4 total;
RUN;
```

[4-3-8.lst]

ARRAY 문의 활용 20

OBS	q11	q12	q13	q14	q21	q22	q23	q24	c1	c2	c3	c4	total
1	5	4	4	4	5	5	3	4	1	0	0	1	2
2	5	4	4	3	4	4	3	5	0	1	0	0	1
3	4	4	2	2	4	5	4	4	1	0	0	0	1
4	5	3	3	3	5	4	2	3	1	0	0	1	2
5	5	3	3	3	3	4	2	3	0	0	0	1	1
6	5	3	3	3	4	3	2	3	0	1	0	1	2
7	4	2	2	3	3	5	2	2	0	0	1	0	1
8	4	5	2	1	1	3	4	4	0	0	0	0	0
9	5	3	4	4	3	2	1	2	0	0	0	0	0
10	4	5	3	2	2	5	2	2	0	1	0	1	2

<이하 자료 생략>

4.4 합산 문장과 자동변수

4.4.1 합산 문장

[예.4-3-6]에서 수행되었던 x+2;의 합산 문장은 관측값을 읽는 각 순간의 변수 x에 2를 누적하는 결과를 얻었다. 다음과 같이 사용하는 합산 문장은 관측값을 읽는 각 순간마다 수식의 값을 계산하여 앞의 변수에 누적하는 기능을 한다. 이때 이전에 변수의 초기값이 설정되어 있지 않으면 변수의 값은 0으로 먼저 초기화된다.

```
변수 + 수식 ;
```

예를 들어 데이터셋 survey123의 자료에 입력되어 있는 여성(gender=2)들의 자료가 몇 개인지 알아보기 위하여 gender=2를 만족하는 관측값이 나타날 때마다 다음과 같이 count 변수를 1씩 더하자. 전체의 자료를 모두 읽을 때까지 이 과정을 반복하면 최종적으로 얻어지는 count의 값이 설문에 응답한 여성의 수가 된다.

```
IF gender = 2 THEN count + 1 ;
```

4.4.2 자동변수

자동변수는 _N_과 _ERROR_과 같이 SAS 시스템에서 특별히 사용하고 있는 변수를 말한다. SAS의 자동변수 _N_은 DATA 문장에서 자료를 읽어 들이는 번호를 의미하며, _ERROR_은 DATA 단계에서 발생하는 오류의 수준을 의미한다.

[예.4-3-9.sas]에서 관측값의 번호가 5인 경우에만 sum=q11+q21+q31;를 계산하기 위하여 다음과 같이 자동변수 _N_을 사용하였다.

```
IF _N_=5 THEN sum=q11+q21+q31 ;
```

이와 같이 자동변수 _N_은 SAS 시스템이 필요로 하여 만들어진 특수한 변수이지만, 우리가 SAS 프로그램 내에 적절히 사용할 수 있다. 이 자동변수 _N_의 값은 DATA 문장에서 자료를 읽을 때 그 순서를 지정한 값으로 한 번 지정된 관측값들의 자동변수 _N_의 값은 고정된다. 예를 들어 차후에 DELETE 문을 이용하여 하나의 관측값을 제거하더라도 처음 설정한 다른 관측값들의 자동변수 _N_의 값은 변하지 않는다.

자동변수 _N_은 DATA 문장에서만 유효하며 PROC 절차에서는 사용할 수 없다. 그러나 합산 문장 n+1;을 이용하여 관측 번호를 나타내는 새로운 변수 n을 만들고 PROC 문장에서 이 변수 n을 적절히 이용하면 된다.

예 4-3-9.sas

```
OPTION LINESIZE = 110 NODATE;
TITLE '합산 문장과 자동변수';

DATA ds4_5;
SET survey123;
IF gender=2 THEN count + 1;  /* 합산 문장 */
IF _N_=5 THEN sum=q11+q21+q31;   /* 자동변수 _N_ */
IF _N_ > 20 THEN DELETE;

PROC PRINT DATA=ds4_5;
RUN;
```

[4-3-9.lst]

```
                              합산 문장과 자동변수                              22

OBS  id  gender  residence  age  q11  q12  q13  q14  q21  q22  q23  q24  q31  q32  q33  q34  count  sum
  1   1     1        1       3    5    4    4    4    5    5    3    4    3    4    1    4     0     .
  2   2     2        1       3    5    4    4    3    4    4    3    5    4    4    2    4     1     .
  3   3     1        1       2    4    4    2    2    4    5    4    4    4    4    1    4     1     .
  4   4     2        1       3    5    3    3    3    5    4    2    3    2    2    2    4     2     .
  5   5     1        1       3    5    3    3    3    3    4    2    3    2    2    1    4     2    10
  6   6     2        1       3    5    3    3    3    4    3    2    3    2    2    2    4     3     .
  7   7     1        1       2    4    2    2    3    3    5    2    2    2    3    1    4     3     .
  8   8     2        1       2    4    5    2    1    1    3    4    4    3    2    1    4     4     .
  9   9     1        1       3    5    3    4    4    3    2    1    2    1    2    2    4     4     .
 10  10     2        1       2    4    5    3    2    2    5    2    2    2    5    1    3     5     .
 11  11     1        1       3    5    3    3    2    3    4    4    5    3    3    1    3     5     .
 12  12     2        1       3    5    4    4    4    4    5    3    4    3    3    1    3     6     .
 13  13     1        1       3    5    4    4    3    5    5    3    4    3    4    1    3     6     .
 14  14     2        1       2    4    4    3    2    3    5    4    5    2    5    2    3     7     .
 15  15     1        1       2    4    3    2    4    2    4    3    3    3    4    1    3     7     .
 16  16     2        1       3    5    3    2    3    2    4    3    3    2    2    2    3     8     .
 17  17     1        1       2    4    3    4    3    3    3    4    3    4    3    1    3     8     .
 18  18     2        1       3    5    3    3    4    4    5    2    4    2    3    2    3     9     .
 19  19     1        1       1    3    4    2    4    3    4    1    3    3    3    2    3     9     .
 20  20     2        1       2    4    3    2    3    2    3    2    2    2    2    2    3    10     .
```

연습문제

4.1 다음과 같이 텍스트 형태로 저장되어있는 외부 파일 "survey3.txt"을 INFILE 문을 이용하여 SAS 데이터셋 survey3으로 저장하는 SAS 프로그램을 작성하여라. 단, 변수의 이름과 대응되는 자료의 열 번호는 괄호와 같다.

```
id(1-3), gender(4), residence(5), age(6), q11(7), q12(8), q13(9), q14(10),
q21(11), q22(12), q23(13), q24(14), q31(15), q32(16), q33(17), q34(18)
```

〈survey3.txt〉

```
301133545334553412
303131345543343412
305132323553232312
307131322324243222
309132433434334322
311132443254234412
313132433353323412
315132444224432312
317131333445252222
```

```
3191335444553444 22
32113131111324131 2
323132422455121222
325133533444232222
327132435343333312
329133532235254412
302233534335451112
304231334424442412
306233534334233324
308231322324243212
310231332423333322
312233523433342212
314232455434433322
316233544525342212
318231323223232312
320233535445233312
322233533454443412
324232433434343422
326233533444232212
328232433545242212
330233532344232222
401143543325323423
403143513424333323
405142443325545413
407141333333333313
409141333333333313
411143544313333413
413142534224252123
415142532434222213
417143543213334313
419142432234432323
421143535555342212
423141123345222212
425143533255152222
427141533444352312
429142534555442112
431143523445152222
433143542525342222
435141334334343322
437141223444232222
439143541555252212
412242444444324313
414241534434322323
416243514413111123
418243544545455423
420242433232332413
422241333333333312
424242443255343312
426242452113434212
428241333333242212
430243523455242222
```

4.2 [예.4-1-6.sas]의 실행에서 생성된 데이터셋 survey12와 연습문제 4.1에서 생성된 데이터셋 survey3을 수직으로 연결하여 새로운 데이터셋 survey123를 생성하

는 SAS 프로그램을 작성하여라.

4.3 다음과 같이 관측값이 서로 다른 두 데이터셋 kunsan, seoul에 대하여 하나의 DATA 문장에 두 개의 SET 문을 사용하여 두 데이터셋을 연결하는 SAS 프로그램을 작성하여 그 결과를 분석하여라.

```
DATA kunsan;
INPUT name $ 1-14 id gender $ age income city $;
CARDS;
HONG KILDONG     1  M 34 17 KUNSAN
LEE DORYUNG     17  M 40 14 KUNSAN
;

DATA seoul;
INPUT name $ 1-14 id gender $ age income  city $;
CARDS;
LIM GUKJUNG     51  M 44 27 SEOUL
SUNG CHUNHYANG 57  F 50 24 SEOUL
KIM MIN         63  M 55 36 SEOUL
;
```

4.4 다음과 같이 관측값이 서로 다른 두 데이터셋 kunsan, seoul에 대하여 하나의 DATA 문장에 두 개의 SET 문을 사용하여 두 데이터셋을 연결하는 SAS 프로그램을 작성하여 그 결과를 분석하여라.

```
DATA kunsan;
INPUT name $ 1-14 id gender $ age income city $;
CARDS;
HONG KILDONG     1  M 34 17 KUNSAN
LEE DORYUNG     17  M 40 14 KUNSAN
SUNG WON        33  F 45 16 KUNSAN
;

DATA seoul;
INPUT name $ 1-14 id gender $ age income  city $;
CARDS;
LIM GUKJUNG     51  M 44 27 SEOUL
SUNG CHUNHYANG 57  F 50 24 SEOUL
;
```

4.5 다음은 기초통계학 과목을 수강한 학생 10명의 점수를 표로 나타난 것이다. 3개의 점수(중간, 기말, 레포트)를 합산하여 다음 조건에 따라 학점을 부여하는 SAS 프로그램을 작성하여라.

〈조건〉

점수의 합계: 190 이상이면 A 학점,
170 이상 190 미만이면 B 학점,
170 미만이면 C 학점

id	11	12	13	14	15	16	17	18	19	20
중간	35	65	71	56	75	49	60	80	75	90
기말	59	78	88	40	80	45	40	90	95	95
레포트	14	20	20	16	20	16	14	20	20	20

4.6 DO-END 문을 이용하여 다음 표의 id 변수를 지표 변수로 하여 두 변수 methodA와 methodB를 입력하는 SAS의 DATA 단계를 작성하여라.

id	1	2	3	4	5	6	7	8
methodA	3.8	3.4	3.2	4.0	3.8	4.1	2.9	5.0
methodB	3.9	3.9	4.3	3.7	4.5	4.9	4.3	5.1

5장 SAS 수식과 함수

5.1 SAS 수식

SAS의 DATA 단계에서 연산자를 사용하여 수식의 계산을 할 수 있다. 또한 다양한 목적을 수행하는 SAS 함수들을 연산시켜 새로운 변수를 만들 수 있다. SAS는 연산자와 함수를 이용하여 얻어진 값을 등호 연산자(=)를 통하여 새로운 변수의 값으로 저장한다.

변수들끼리의 연산 또는 변수와 상수의 연산, 그리고 다양한 함수를 실행하기 위하여 SAS 수식을 만들 수 있다. SAS 수식에 사용되는 기호는 수학적인 산술을 위한 산술 연산자(+, −, *, /, **)를 비롯한 많은 연산자들과 SAS 내장함수(SAS Function) 그리고 연산 순서를 바꿔주는 괄호 등이 있다. SAS 수식은 이러한 기호들과 변수 그리고 상수의 결합으로 이루어진다.

자료의 변환을 위한 SAS 수식은 DATA 문장에서만 사용 가능하며, CARDS 문이 있을 경우에는 INPUT 문과 CARDS 문 사이에 SAS 수식 명령문이 놓여 있어야 한다.

[예.5-2-1.sas]은 CARDS 문이 있는 DATA 문장에서 SAS 수식을 사용하여 새로운 변수를 생성하는 방법을 표시한 것이다. 새로운 변수 income10, avr1, avr2의 계산을 위한 SAS 수식 문장의 위치가 INPUT 문과 CARDS 문 사이에 놓여 있음을 기억하자.

기존 변수의 자룟값이 결측값(missing value)이면, 이에 대응하여 새롭게 계산되는 변수의 자룟값도 결측값으로 처리된다. 예를 들어, 변수 r1, r2의 값이 무응답으로 표시되어 결측값이 되면 이에 대응하는 avr1, avr2의 자료도 결측값으로 처리될 것이다. 숫자형 변수의 결측값은 마침표(.)로 표시되므로 새롭게 생성되는 변수의 값도 결측이 되어 기호 '.'으로 표시된다.

다음 예는 연습문제 4.2에서 생성된 survey123 데이터셋의 4개의 변수 q11-q14를 더하여 새로운 변수 q1s를 만들고자 작성된 SAS 수식이다. 이와 같이 SET 문을 이용하여 기존의 데이터셋을 이용할 경우에는 SAS 수식을 SET 문 이후에 바로 실행하면 된다.

```
DATA ds5_1;
SET survey123;
q1s = q11 + q12 + q13 + q14;
```

5.2 SAS 연산자

자료의 산술 계산, 식의 비교 및 논리식의 비교 등을 다루고자 할 때 사용되는 수학 기호를 SAS 연산자(operator)라고 한다. SAS 연산자로는 산술 연산자, 비교 연산자, 논리 연산자 그리고 기타 특수 연산자로 크게 구별된다.

5.2.1 산술 연산자

산술 연산자는 다음 표에 표시된 다섯 가지 연산자를 통칭한다. 이 연산자들의 실행되는 우선순위는 **이 가장 높으며, 우선순위가 같은 *와 / 연산자가 +와 - 연산자보다 우선순위가 높다. 우선순위가 높은 연산자가 우선순위가 낮은 연산자보다 먼저 연산되는 것은 당연하다.

산술 연산자	기 능
**	거듭제곱
*	곱하기
/	나누기
+	더하기
-	빼기

다음과 같이 변수 avr1를 생성하는 수식문의 결과를 보면 + 연산자가 / 연산자보다 먼저 표시되어 있지만, 실제 이들 연산자 수행 순서는 나중에 표시된 / 연산자가 + 연산자보다 먼저 연산이 이루어진다. 따라서 이 수식문을 이용하면 세 변수 r1, r2, r3의 평균값이 잘못 계산될 것이다. 예를 들어 r1, r2, r3의 값이 각각 1, 2, 3일 경우 세 변수의 평균은 2이지만 r1+r2+r3/3의 결과는 4가 된다.

```
avr1 = r1 + r2 + r3 / 3 ;
```

이러한 연산자들의 연산 순서를 바꿔주기 위해서는 다음 예와 같이 괄호를 사용하면 된다. 괄호를 사용하면 괄호 안의 수식을 괄호 밖의 다른 연산자보다 먼저 계산한다. 다음 예와 같이 괄호를 사용하면 세 변수 r1, r2, r3의 평균을 정확히 계산해 줄 것이다.

```
avr2 = (r1 + r2 + r3) / 3 ;
```

다음 [예.5-2-1.sas]은 CARDS 문이 있는 DATA 단계에서 SAS 수식을 사용하여 새로운 변수 income10, avr1, avr2를 생성하는 예를 표시한 것이다.

예 | 5-2-1.sas

```
OPTION LINESIZE = 110 NODATE;
TITLE 'SAS 수식을 이용한 변수 계산';

DATA eqn;
INPUT name $ 2-15 id  gender $  age  income  r1-r3;
income10 = income * 10;   /* SAS 수식 */
avr1 = r1+r2+r3/3;
avr2 = (r1+r2+r3)/3;
CARDS;
 HONG KILDONG   1  M 34 17 1 2 3
 LEE DORYUNG   17  M 40 14 . 4 3
 SUNG WON      33  F 45 16 2 . 2
 LEE YOUNG     49  F 24 14 2 4 1
 LEE SUNSHIN   50  M 55 20 3 4 2
;
PROC PRINT DATA=eqn;
RUN;
```

[5-2-1.lst]

SAS 수식을 이용한 변수 계산 1

OBS	name	id	gender	age	income	r1	r2	r3	income10	avr1	avr2
1	HONG KILDONG	1	M	34	17	1	2	3	170	4.00000	2.00000
2	LEE DORYUNG	17	M	40	14	.	4	3	140	.	.
3	SUNG WON	33	F	45	16	2	.	2	160	.	.
4	LEE YOUNG	49	F	24	14	2	4	1	140	6.33333	2.33333
5	LEE SUNSHIN	50	M	55	20	3	4	2	200	7.66667	3.00000

5.2.2 비교 연산자

비교 연산자의 연산은 그 결과가 참일 경우에는 이 연산의 값으로 1을, 거짓일 경우에는 연산의 값으로 0을 할당한다. 비교 연산자는 수학적인 기호를 사용하거나 이에 대응하는 영문자 축약어를 사용하여 표시한다.

다음 표는 비교 연산자에 속하는 연산자들과 그 기능을 표시한 것이다.

비교 연산자		기 능
기호	영문자 축약어	
=	EQ	같다
^=	NE	같지 않다
>	GT	크다
<	LT	작다
>=	GE	크거나 같다
<=	LE	작거나 같다
^>	NG	크지 않다
^<	NL	작지 않다
	IN	~에 속한다

다음 SAS 수식에서 변수 q11이 변수 q12보다 크면 비교 연산이 참이므로 변수 r에는 1이 저장되지만, 반대로 q11이 q12보다 작거나 같으면 변수 r에 0이 저장된다.

```
r = q11 > q12;
r = q11 GT q12;
```

비교 연산자 IN에 해당하는 연산자의 기호는 없으며 연산자 IN 다음에 괄호가 반드시 필요하다. IN 연산자의 왼쪽 피연산자가 오른쪽 괄호 속에 주어진 여러 개의 값들 중에서 어느 하나와 일치하면 이 IN 연산자의 진리값은 참(즉 1)이 된다. 예를 들어, 다음 식에서 변수 q11의 값이 3, 4, 5 중 어느 하나와 일치하면 참이 되어 변수 a에 1이 저장된다.

```
a = q11 IN (3, 4, 5) ;
```

5.2.3 논리 연산자

논리 연산자는 명제인 수식들로 구성된 피연산자들의 논리 연산을 수행한다. 논리 연산자도 비교 연산자와 마찬가지로 연산 결과가 참이면 1이 저장되고, 거짓이면 0이 저장된다.

논리곱 연산자(&)는 좌우의 피연산자가 모두 참(진리값이 1)일 경우에 연산의 값으로 1이 할당된다. 반면에 논리합 연산자(|)는 두 피연산자(명제 또는 수식)가 모두 거짓일 경우에만 0이 할당된다. 논리 부정 연산을 위한 ^ 연산자의 오른쪽 수식에는 반드시 괄호가 필요하다. 이 연산은 오른쪽 수식이 참이면 거짓(0)으로, 거짓이면 참(1)으로 진리값을 변환시킨다.

<table>
<tr><th colspan="2">논리 연산자</th><th rowspan="2">기 능</th></tr>
<tr><th>기호</th><th>영문자 축약어</th></tr>
<tr><td>&</td><td>AND</td><td>논리곱(두 피연산자가 모두 참이면 참, 그 외는 거짓)</td></tr>
<tr><td>|</td><td>OR</td><td>논리합(두 피연산자가 모두 거짓이면 거짓, 그 외는 참)</td></tr>
<tr><td>^</td><td>NOT</td><td>논리부정(피연산자가 참이면 거짓, 거짓이면 참)</td></tr>
</table>

다음 예는 앞서 예시됐던 IN 연산자를 OR 연산자로 대치하여 표시한 것이다.

```
a = q11 = 3 OR q11 = 4 OR q11 = 5;
```

5.2.4 기타 특수 연산자

기타 특수 연산자인 〉〈 연산자와 ◇ 연산자는 양쪽 피연산자 중에서 최솟값, 또는 최댓값을 각각 연산의 결과로 할당한다. OR 연산자(|)를 두 개 연달아 겹쳐 표기한 || 연산자는 양쪽 두 피연산자들이 문자형 자료일 경우에 두 문자열들을 서로 연결하여 하나의 새로운 문자형 자료를 생성해 준다.

<table>
<tr><th>특수 연산자</th><th>기 능</th></tr>
<tr><td>><</td><td>두 피연산자 중에서 최솟값</td></tr>
<tr><td><></td><td>두 피연산자 중에서 최댓값</td></tr>
<tr><td>||</td><td>문자 자료들의 연결</td></tr>
</table>

다음 [예.5-2-2.sas]는 지금까지 설명한 연산자들의 간단한 예를 표시한 것이다. 특히 절댓값 |q14-q13|을 계산하기 위하여 IF-THEN-ELSE 문의 조건식에 비교 연산자를 활용하고 있음을 알 수 있다.

예 5-2-2.sas

```
OPTION LINESIZE = 110 NODATE;
TITLE '연산자의 사용';
```

```
DATA ds5_1;
SET survey123;
IF _N_ > 10 THEN DELETE;
r = q11 > q12;            /* 비교 연산자 */
a = q11 IN (3, 4, 5);
b = q11 <> q12;           /* 특수 연산자 : 최댓값 */
c = q21 >< q22;           /* 특수 연산자 : 최솟값 */
IF q13 <= q14 THEN d = q14-q13;   /* 절댓값 계산 */
ELSE d = q13-q14;
DROP q31-q34;

PROC PRINT DATA=ds5_1;
RUN;
```

[5-2-2.lst]

연산자의 사용 2

OBS	id	gender	residence	age	q11	q12	q13	q14	q21	q22	q23	q24	r	a	b	c	d
1	1	1	1	3	5	4	4	4	5	5	3	4	1	1	5	5	0
2	2	2	1	3	5	4	4	3	4	4	3	5	1	1	5	4	1
3	3	1	1	2	4	4	2	2	4	5	4	4	0	1	4	4	0
4	4	2	1	3	5	3	3	3	5	4	2	3	1	1	5	4	0
5	5	1	1	3	5	3	3	3	3	4	2	3	1	1	5	3	0
6	6	2	1	3	5	3	3	3	4	3	2	3	1	1	5	3	0
7	7	1	1	2	4	2	2	3	3	5	2	2	1	1	4	3	1
8	8	2	1	2	4	5	2	1	1	3	4	4	0	1	5	1	1
9	9	1	1	3	5	3	4	4	3	2	1	2	1	1	5	2	0
10	10	2	1	2	4	5	3	2	2	5	2	2	0	1	5	2	1

5.3 SAS 함수

SAS 함수란 사용자들이 필요한 연산을 간편히 할 수 있도록 만들어 놓은 일종의 독립된 프로그램이다. 사용자는 SAS 시스템에서 제공하는 SAS 함수들의 정확한 형식과 기능을 숙지하고 있으면 DATA 단계에서 언제든지 SAS 함수를 쉽게 이용할 수 있다.

SAS 시스템에서 지원하는 SAS 함수는 기초적인 산술함수들을 비롯하여 약 300여 개가 준비되어 있다. 이 절에서는 통계분석을 위하여 가장 많이 쓰이는 함수들 몇 가지를 소개한다. 나머지 함수들의 쓰임새는 SAS에서 제공하는 도움말에서 보다 더 자세하게 정보를 얻을 수 있다.

다음은 SAS 함수를 사용하는 일반적인 형식을 표시한 것이다. FunctionName에 해당하는 준비된 SAS 함수의 종류와 수는 매우 다양하며, 각 함수마다 필요한 매개 인수(argument)의 개수와 형식도 다르다. 대부분의 SAS 함수의 실행이 끝나면 하나의 값을 반환하게 되는데 그 값을 새로운 변수에 저장해야 한다.

```
x = FunctionName (arg-1, arg-2, . . .) ;
```

예를 들어, 4개의 변수 q11-q14의 평균을 구하는 수식 문장을 다음과 같이 SAS 함수 MEAN()를 이용하여 표현할 수 있다. 함수 MEAN()의 인수의 개수는 고정된 것이 아니며, 사용자가 원하는 만큼 나열하면 나열된 인수들의 평균값을 계산하여 새로운 변수 avr에 저장한다.

```
avr3 = MEAN(q11, q12, q13, q14) ;
```

이 예와 같이 함수의 인수들이 일련번호를 갖는 변수 이름으로 지정되어 있다면, SAS 키워드 OF를 인수들 앞에 삽입하여 다음과 같이 함수를 적용할 수 있다. OF를 사용하지 않으면 q11과 q14의 뺄셈 연산이 먼저 수행되어 생각과 다른 결과를 얻을 수 있기 때문이다. 다음 수식에서 OF를 생략하여 실행해보면 그 차이를 알 수 있을 것이다.

```
avr4 = MEAN(OF q11-q14) ;  /* 반드시 OF를 사용해야 한다. */
avr5 = MEAN(q11-q14) ;    /* 먼저 q11-q14의 연산이 이루어짐 */
```

SAS의 산술함수 ABS()를 실행하고자 할 경우 이 함수의 기능과 반환되는 값 등에 대한 도움말을 얻고자 할 경우에는 [그림.5-3-1]과 같이 SAS 시스템의 주메뉴 [도움말]을 이용한다.

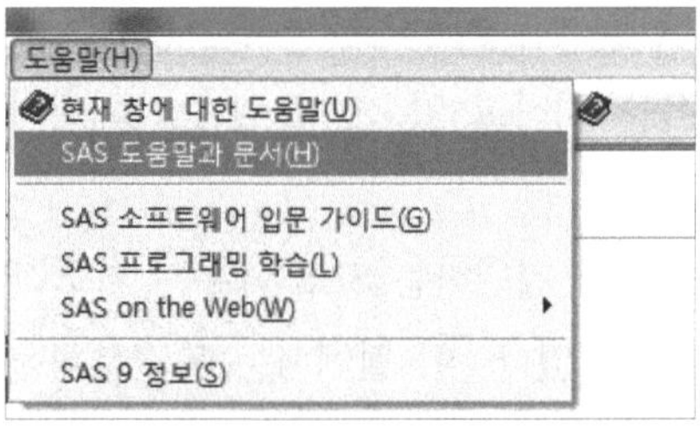

|그림.5-3-1| 도움말 메뉴

[SAS 도움말과 문서]를 클릭하면 [그림.5-3-2]의 창이 열리고, 좌측의 검색란에 ABS를 입력하면 ABS() 함수의 용례와 인수 정보, 그리고 예제까지 참조할 수

있다.

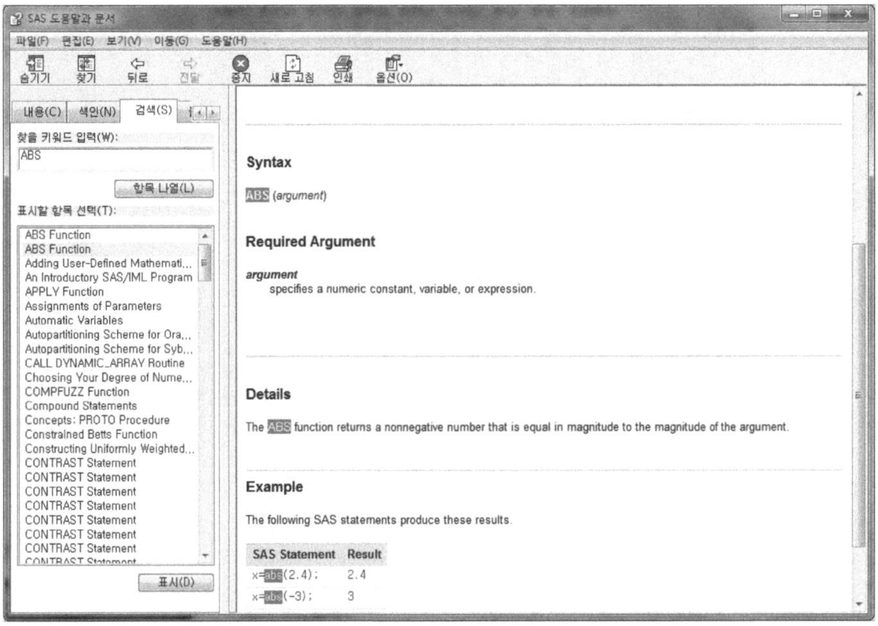

|그림.5-3-2| 도움말 창

5.3.1 산술함수(Arithmetic Functions)

산술함수	기능(반환값)
ABS(arg)	절댓값(absolute value)
MAX(arg-1, arg-2, …)	인수들 중 최댓값
MIN(arg-1, arg-2, …)	인수들 중 최솟값
MOD(arg-1, arg-2, …)	arg-1를 arg-2로 나눈 나머지
SIGN(arg)	arg가 양수이면 1, 음수이면 -1, 0이면 0
SQRT(arg)	제곱근(square root)
DIM<n>(array-name)	배열의 원소들의 수 또는 다중배열의 세 번째 차원의 원소들의 수 <n>은 생략 가능
HBOUND(array-name)	배열의 원소 중 상한값
NBOUND(array-name)	배열의 원소 중 하한값

[예.5-3-1.sas]는 산술함수를 사용하는 예를 표시한 것이다. 여기서 _N_은 관측값의 일련번호가 저장되어 있는 자동변수이다.

예 5-3-1.sas

```
OPTION LINESIZE = 110 NODATE;
TITLE '산술함수의 사용';

DATA ds5_2;
SET survey123;
IF _N_ > 10 THEN DELETE;
DROP q31-q34;
abs12 = ABS(q11-q12);          /* 함수를 이용한 변수 생성 */
modN3 = MOD(_N_, 3);
max1 = MAX(q11, q12, q13, q14);
min2 = MIN(OF q21-q24);


PROC PRINT DATA=ds5_2 LABEL;
LABEL abs12='절댓값' modN3='나머지' max1='최댓값' min2='최솟값';
RUN;
```

[5-3-1.lst]

산술함수의 사용 3

OBS	id	성별	거주지	나이	q11	q12	q13	q14	q21	q22	q23	q24	절댓값	나머지	최댓값	최솟값
1	1	1	1	3	5	4	4	4	5	5	3	4	1	1	5	3
2	2	2	1	3	5	4	4	3	4	4	3	5	1	2	5	3
3	3	1	1	2	4	4	2	2	4	5	4	4	0	0	4	4
4	4	2	1	3	5	3	3	3	5	4	2	3	2	1	5	2
5	5	1	1	3	5	3	3	3	3	4	2	3	2	2	5	2
6	6	2	1	3	5	3	3	3	4	3	2	3	2	0	5	2
7	7	1	1	2	4	2	2	3	3	5	2	2	2	1	4	2
8	8	2	1	2	4	5	2	1	1	3	4	4	1	2	5	1
9	9	1	1	3	5	3	4	4	3	2	1	2	2	0	5	1
10	10	2	1	2	4	5	3	2	2	5	2	2	1	1	5	2

5.3.2 수학적 연산함수(Mathematical Functions)

수학적 연산함수	기능(반환값)
ERF(arg)	정규 오류 함수값
ERFC(arg)	ERF 함수의 여함수, 즉 ERFC(arg) = 1 - ERF(arg)
EXP(arg)	지수함수값, 즉 e(자연대수)의 거듭제곱인 e^{arg}
GAMMA(arg)	GAMMA 함수값
LGAMMA(arg)	GAMMA함수의 자연로그의 값
LOG(arg)	밑이 e인 자연로그 값(단, arg>0)
LOG2(arg)	밑이 2인 로그 값(단, arg>0)
LOG10(arg)	밑이 10인 상용로그 값(단, arg>0)

여기서 ERF() 함수와 GAMMA() 함수는 다음과 같은 식으로 구한다.

$$\mathrm{ERF(a)} = 2\int_{0}^{\mathrm{a}} \frac{1}{\sqrt{\pi}} e^{-z^2} dz$$

$$\mathrm{GAMMA(a)} = \int_{0}^{\infty} t^{\mathrm{a}-1} e^{-t} dt$$

5.3.3 삼각함수(Trigonometric and Hyperbolic Functions)

다음 표와 같이 삼각함수를 계산하기 위한 함수들이 SAS 시스템 내에 내장되어 있다. 이 중에서 ARSIN() 함수는 SIN() 함수의 역함수, ARCOS() 함수는 COS() 함수의 역함수, 그리고 ATAN() 함수는 TAN() 함수의 역함수이다.

삼각함수	기능(반환값)
ARCOS(arg)	Arc Cosine 함수값(단, -1 ≤ arg ≤ 1)
ARSIN(arg)	Arc Sine 함수값(단, -1 ≤ arg ≤ 1)
ATAN(arg)	Arc Tangent 함수값
COS(arg)	Cosine 함수값
COSH(arg)	Hyperbolic cosine 함수값
SIN(arg)	Sine 함수값
SINH(arg)	Hyperbolic sine 함수값
TAN(arg)	Tangent 함수값
TANH(arg)	Hyperbolic tangent 함수값

Hyperbolic 삼각함수들은 각각 다음과 같이 정의된다.

$$\mathrm{SINH(x)} = \frac{e^{x} - e^{-x}}{2}, \quad \mathrm{COSH(x)} = \frac{e^{x} + e^{-x}}{2}, \quad \mathrm{TANH(x)} = \frac{\mathrm{SINH(x)}}{\mathrm{COSH(x)}}$$

5.3.4 절단함수(Truncation Function)

절단함수	기능(반환값)
CEIL(arg)	arg보다 크거나 같은 수 중에서 가장 작은 정수값
FLOOR(arg)	arg보다 작거나 같은 수 중에서 가장 큰 정수값
INT(arg)	arg의 정수 부분, 즉 소수점 이하 무조건 절단
ROUND(arg, round-off-unit)	arg를 round-off-unit 자리 이하에서 반올림

CEIL() 함수는 인수 arg보다 크거나 같은 수 중에서 최소의 정수값을 구하는 함수이다. 예를 들어, arg의 값이 0.75면 이 값보다 크거나 같은 수 중에서 가장 작

은 정수값은 1이므로 CEIL(0.75)의 값은 1이 된다.

반면에 FLOOR() 함수는 arg보다 작거나 같은 최대의 정수값을 반환하는 함수이다. 즉, FLOOR(-1.25)의 값은 -2가 될 것이다.

INT() 함수는 무조건 소수점 이하를 절단한 정수값을 반환하며, ROUND() 함수는 round-off-unit 자리 이하를 반올림한 값을 반환한다. 예를 들어, ROUND (1.755, 0.1)을 실행하면 소수 2번째 자리에서 반올림하며, ROUND(1.755, 0.01)을 실행하면 소수 3번째 자리에서 반올림하여 값을 구한다. 그러나 round-off-unit가 인수로 표시되지 않으면, 소수 1번째 자리에서 주어진 인수의 값을 반올림한다.

[예.5-3-2.sas]에 절단함수들의 예를 표시하였다. 여기서 round1 변수와 round2 변수를 생성할 때, 인수의 값이 변수가 아니라 상수이므로 두 변수의 10개 관측값의 자료 모두 똑같은 상수가 저장됨을 기억하자.

예 5-3-2.sas

```
OPTION LINESIZE = 110 NODATE;
TITLE '절단함수의 사용';

DATA ds5_3;
SET survey123;
IF _N_ > 10 THEN DELETE;
DROP q31-q34;
q1avr = (q11+q12+q13+q14)/4;
q2avr = (q21+q22+q23+q24)/4;
q12diff = q1avr - q2avr;

/* 절단함수를 이용한 변수 생성 */
ceil12 = CEIL(q12diff);
floor12 = FLOOR(q12diff);
int12 = INT(q12diff);
round0 = ROUND(q12diff);
round1 = ROUND(1.755, 0.1);
round2 = ROUND(1.755, 0.01);

PROC PRINT DATA=ds5_3 LABEL;
VAR id q12diff ceil12 floor12 int12 round0 round1 round2;
RUN;
```

[5-3-2.lst]

```
                                   절단함수의 사용                                  4

  OBS    id    q12diff    ceil12    floor12    int12    round0    round1    round2
   1      1     0.00        0          0         0         0        1.8       1.76
   2      2     0.00        0          0         0         0        1.8       1.76
```

3	3	-1.25	-1	-2	-1	-1	1.8	1.76
4	4	0.00	0	0	0	0	1.8	1.76
5	5	0.50	1	0	0	1	1.8	1.76
6	6	0.50	1	0	0	1	1.8	1.76
7	7	-0.25	0	-1	0	0	1.8	1.76
8	8	0.00	0	0	0	0	1.8	1.76
9	9	2.00	2	2	2	2	1.8	1.76
10	10	0.75	1	0	0	1	1.8	1.76

5.3.5 문자 관련 함수(Character Functions)

문자 관련 함수	기능(반환값)
BYTE(n)	ASCII 표에서 코드 n에 해당하는 문자
LENGTH(arg)	문자형 자료 arg의 문자열 길이
LOWCASE(arg)	문자형 자료 arg에 있는 문자들을 소문자로 변환
QUOTE(arg)	쌍따옴표를 문자형 자료에 추가
TRIM(arg)	문자형 자료 arg 뒤에 붙어있는 빈칸들을 제거
UPCASE(arg)	문자형 자료 arg에 있는 문자들을 대문자로 변환

5.3.6 특별함수(Special Functions)

특별함수	기능(반환값)
DIF<n>(arg)	arg와 n번째 이전 관측값과의 차이
DIF(arg)	DIF1(arg)과 같다.
LAG<n>(arg)	arg의 n번째 이전 관측값
LAG(arg)	LAG1(arg)과 같다.

5.3.7 날짜, 시간관련 함수(Date and Time Functions)

날짜, 시간관련 함수	기능(반환값)
DATE()	SAS 날짜 값으로 현재 날짜를 반환
DATETIME()	현재 날짜와 시간 반환
DAY(data)	SAS 날짜 값인 data로부터 일자 반환
HMS(hour, minute, second)	hour, minute, second로부터 SAS 시간 값 반환
TIME()	현재 시간
TODAY()	SAS 날짜 값으로 현재 날짜

[예.5-3-3.sas]는 문자 관련 함수와 특별 함수를 설명하기 위하여 작성된 SAS 프로그램이다. 실행 결과를 살펴보면 이들 함수의 기능을 충분히 이해할 수 있을 것이다.

예 | 5-3-3.sas

```
OPTION LINESIZE = 110 NODATE;
TITLE '문자관련 및 특별함수의 사용';

DATA function;
INPUT name $ 2-15 id  gender $  age  income  r1-r3;
lengthname = LENGTH(name);
quotename = QUOTE(LOWCASE(name));
dif1 = DIF(r1);
dif2 = DIF2(r2);
lag1 = LAG(r3);
CARDS;
 HONG KILDONG   1  M 34 17 1 2 3
 LEE DORYUNG   17  M 40 14 3 4 3
 SUNG WON      33  F 45 16 2 5 2
 LEE YOUNG     49  F 24 14 2 4 1
 LEE SUNSHIN   50  M 55 20 3 4 2
;
PROC PRINT DATA=function;
RUN;
```

[5-3-3.lst]

```
                              문자관련 및 특별함수의 사용                                5

OBS  name          id  gender  age  income  r1  r2  r3  lengthname    quotename       dif1  dif2  lag1
 1   HONG KILDONG   1    M      34    17     1   2   3      12      "hong kildong  "    .     .     .
 2   LEE DORYUNG   17    M      40    14     3   4   3      11      "lee doryung   "    2     .     3
 3   SUNG WON      33    F      45    16     2   5   2       8      "sung won      "   -1     3     3
 4   LEE YOUNG     49    F      24    14     2   4   1       9      "lee young     "    0     0     2
 5   LEE SUNSHIN   50    M      55    20     3   4   2      11      "lee sunshin   "    1    -1     1
```

5.3.8 표본통계량 함수(Sample Statistic Functions)

표본통계량 함수는 각 관측값들을 대상으로 인수로 지정된 변수(arg)들 간의 통계량을 구해주는 함수이다. 각 변수의 통계량은 PROC MEANS 절차 등을 통해 구할 수 있다. 즉 표본통계량 함수를 통하여 얻어진 통계량은 SAS 데이터셋의 행 데이터(즉 관측값 또는 그 일부)에 대한 통계량이지만, PROC MEANS 절차에 의해서 얻어진 결과는 SAS 데이터셋의 열 데이터(즉 변수)에 대한 통계량이다.

표본통계량 함수	기능(반환값)
CSS(arg, arg, …)	수정 제곱합(corrected sum of squares)
CV(arg, arg, …)	변동계수(coefficient of variation)
KURTOSIS(arg, arg, …)	첨도(kurtosis, 4차 적률)
MAX(arg, arg, …)	최댓값(largest value)

MIN(arg, arg, …)	최솟값(smallest value)
MEAN(arg, arg, …)	산술평균(arithemetic mean, average)
N(arg, arg, …)	비결측값의 개수(number of non-missing values)
NMISS(arg, arg, …)	결측값의 개수(number of missing values)
ORDINAL(count, arg, arg, …)	크기순으로 정렬할 때 최솟값에서부터 count 번째 해당하는 수
RANGE(arg, arg, …)	범위(range)
SKEWNESS(arg, arg, …)	왜도(skewness)
STD(arg, arg, …)	표준편차(standard deviation)
STDERR(arg, arg, …)	평균에 대한 표준오차(standard error of the mean)
SUM(arg, arg, …)	총합(sum)
USS(arg, arg, …)	비수정 제곱합(uncorrected sum of square)
VAR(arg, arg, …)	분산(variance)

다음 표는 세 변수 r1, r2, r3의 값이 각각 7, 2, 3일 때 간단히 검토할 수 있는 몇 가지 표본통계량 함수의 반환값을 표시한 것이다.

함수	반환값	함수	반환값
N(r1, r2, r3)	3	RANGE(OF r1-r3)	5
MEAN(r1, r2, r3)	4	SUM(OF r1-r3)	12
MIN(r1, r2, r3)	2	USS(OF r1-r3)	62

[예.5-3-4.sas]는 표본통계량 함수들을 이해하기 위하여 작성된 것으로 몇 가지 표본통계량 함수들을 표시하였다.

예 5-3-4.sas

```
OPTION LINESIZE = 110 NODATE;
TITLE '표본통계량 함수의 사용';

DATA ds5_4;
SET survey123;
IF _N_ > 10 THEN DELETE;
DROP q21-q24 q31-q34;
m = MEAN(q11, q12, q13, q14);   /* 평균 */
s = STD(OF q11-q14);  /* 표준편차 */
v = VAR(OF q11-q14);  /* 분산 */
cv = CV(OF q11-q14);  /* 변동계수 */

PROC PRINT DATA=ds5_4 LABEL;
RUN;
```

[5-3-4.lst]

```
                               표본통계량 함수의 사용                                    6

OBS   id  성별  거주지  나이  q11   q12   q13   q14    m       s         v         cv
 1     1   1     1      3    5     4     4     4    4.25   0.50000   0.25000   11.7647
 2     2   2     1      3    5     4     4     3    4.00   0.81650   0.66667   20.4124
 3     3   1     1      2    4     4     2     2    3.00   1.15470   1.33333   38.4900
 4     4   2     1      3    5     3     3     3    3.50   1.00000   1.00000   28.5714
 5     5   1     1      3    5     3     3     3    3.50   1.00000   1.00000   28.5714
 6     6   2     1      3    5     3     3     3    3.50   1.00000   1.00000   28.5714
 7     7   1     1      2    4     2     2     3    2.75   0.95743   0.91667   34.8155
 8     8   2     1      2    4     5     2     1    3.00   1.82574   3.33333   60.8581
 9     9   1     1      3    5     3     4     4    4.00   0.81650   0.66667   20.4124
10    10   2     1      2    4     5     3     2    3.50   1.29099   1.66667   36.8856
```

5.3.9 확률함수(Probability Functions)

표본공간(sample space)의 각 표본점을 실수로 대응시키는 함수를 확률변수(random variable)라고 한다. 확률변수가 취하는 값이 유한 개이거나 셀 수 있는 무한 개를 갖는 확률변수를 이산확률변수라고 하며, 확률변수가 취하는 값이 어느 구간에 속하는 모든 값을 갖는 확률변수를 연속확률변수라고 한다.

확률변수가 임의의 값 x를 가질 확률 $P(X=x)$을 함수로 표시한 것을 확률함수(probability function)라고 한다. 확률변수가 이산형일 때 확률함수를 확률질량함수(probability mass function; pmf)라 하고, 연속형일 때를 확률밀도함수(probability density function; pdf)라고 구분하지만, 통틀어 확률밀도함수라고 한다. 확률변수 X의 값에 따라 확률이 어떻게 흩어져 있는지를 0 이상의 값으로 나타낸 확률함수를 X의 확률분포(probability distribution)라고 한다. 보통 X의 확률밀도함수를 $f(x)$ 라고 표시한다.

확률변수가 이산형이면 한 표본점에서의 확률 $P(X=x)$을 구하는 문제는 의미가 있다. 이 확률을 구하기 위하여 다음과 같은 형식으로 SAS 함수 PDF()를 사용한다. 연속확률변수의 경우에 PDF() 함수는 확률 $P(X=x)$의 값이 0이므로 대신에 x점에서 확률밀도함수 $f(x)$의 값을 구해준다.

```
PDF(dist, x, <parm-1, ... ,parm-k> )   /* P(X=x)의 값을 출력 */
```

여기서 dist는 확률변수 X의 확률분포에 대한 이름(문자형 자료)이며, 각 확률분포의 특정 모수(parameter)가 〈parm-1, ... ,parm-k〉의 자리에 지정되어야 한다.

다음 표는 각 확률분포에 대하여 확률함수 PDF()의 사용 형식을 표시한 것이다.

SAS 확률함수	확률분포
〈이산형〉	
PDF('BERNOULLI', x, p)	성공률이 p인 베르누이분포
PDF('BINOMIAL', x, p, n)	이항분포 B(n, p)
PDF('GEOMETRIC', x, p)	기하분포
PDF('HYPER', x, N, R, n)	초기하분포 HYP(N, R, n)
PDF('NEGBINOMIAL', x, p, n)	음이항분포
PDF('POISSON', x, m)	포아송분포 Poisson(m)
〈연속형〉	
PDF('BETA', x, a, b)	모수가 a, b인 베타분포
PDF('CAUCHY', x <, θ, λ>)	Cauchy 분포, <디폴트: θ=0, λ=1>
PDF('CHISQUARE', x, df)	자유도가 *df*인 카이제곱분포
PDF('EXPONENTIAL', x <, λ>)	지수분포, <디폴트: λ=1>
PDF('F', x, ndf, ddf)	분자 자유도 ndf, 분모 자유도 ddf인 F분포
PDF('GAMMA', x, a <, λ>)	모수가 *a*인 감마분포, <디폴트: λ=1>
PDF('LOGISTIC', x <, θ, λ>)	로지스틱분포, <디폴트: θ=0, λ=1>
PDF('NORMAL', x <, μ, σ>)	정규분포 N(μ, σ2), <디폴트: μ=0, σ=1>
PDF('T', x, df)	자유도가 df인 T분포
PDF('UNIFORM', x, <, l, r>)	(l, r) 구간에서 균일분포, <디폴트: l=0, r=1>
PDF('WALD', x, λ <, μ>)	Wald 분포, <디폴트: μ=1>
PDF('WEIBULL', x, a <, λ>)	Weibull 분포, <디폴트: λ=1>

예제 5-1 (이항분포) 발아율이 80%인 씨앗이 있다. 이 씨앗을 100개 뿌릴 때 발아되는 씨앗의 수가 80, 82, 84, 86, 88, 90개일 확률을 각각 구하여라.

풀이 100개의 씨앗 중에서 발아되는 씨앗의 수를 확률변수 X라고 하면 X는 이항분포 $B(100, 0.8)$을 따른다. SAS 확률함수인 PDF('BINOMIAL', x, 0.8, 100) 함수를 이용하여 SAS 프로그램을 작성하면 [예.5-3-5.sas]와 같이 표시할 수 있다.

예 5-3-5.sas

```
OPTION LINESIZE = 110 NODATE;
TITLE '확률함수 - 이항분포';

DATA example41;
INPUT x @@;
px = PDF('BINOMIAL', x, 0.8, 100);
CARDS;
80 82 84 86 88 90
;
PROC PRINT DATA=example41;
RUN;
```

[5-3-5.lst]

확률함수 - 이항분포 7

OBS	x	px
1	80	0.099300
2	82	0.090898
3	84	0.063832
4	86	0.033531
5	88	0.012754
6	90	0.003363

[5-3-5.lst] 실행 결과로부터

$P(X=80)=0.099300$, $P(X=82)=0.090898$, $P(X=84)=0.063832$, $P(X=86)=0.033531$, $P(X=88)=0.012754$, $P(X=90)=0.003363$

임을 알 수 있다.

예제 **5-2** (초기하분포) 불량품의 비율이 10%인 어떤 제품이 총 400개 들어있는 상자에서 50개의 제품을 꺼내 조사할 때 불량품의 수가 2, 4, 6개일 확률을 각각 구하여라.

풀이 400개의 제품 중에서 50개의 제품을 꺼낼 때 50개의 제품 중 불량품의 수를 확률변수 X 라고 하면 X 는 초기하분포 HYP(N=400, R=40, n=50)를 따른다. PDF('HYPER', x, 400, 40, 50) 함수를 이용하여 SAS 프로그램을 작성하면 [예.5-3-6.sas]와 같이 표시할 수 있다.

예 5-3-6.sas

```
OPTION LINESIZE = 110 NODATE;
TITLE '확률함수 - 초기하분포';

DATA example42;
px2 = PDF('HYPER', 2, 400, 40, 50);
px4 = PDF('HYPER', 4, 400, 40, 50);
px6 = PDF('HYPER', 6, 400, 40, 50);

PROC PRINT DATA=example42;
RUN;
```

[5-3-6.lst]

```
                    확률함수 - 초기하분포                         8

              OBS      px2        px4       px6
               1    0.069889    0.18797   0.16417
```

[5-3-6.lst] 실행 결과로부터

$P(X=2)=0.069889,\ P(X=4)=0.18797,\ P(X=6)=0.16417$

임을 알 수 있다.

5.3.10 분포함수(Distribution Functions)

확률변수 X 의 확률밀도함수를 $f(x)$로 나타낼 때, 확률변수 X 의 누적분포함수(cumulative distribution function) $F(x)$를 다음과 같이 정의한다.

$$F(x)=\ P(X\ \leqq\ x)=\begin{cases}\sum_{t\,\leqq\,x} f(t), & X:\ \text{이산확률변수}\\ \int_{-\infty}^{x} f(t)\,dt, & X:\ \text{연속확률변수}\end{cases}$$

확률변수 X 의 값이 x 일 때 (누적)분포함수 $F(x)$ 의 값인 확률 $P(X\le x)$을 구하기 위하여 다음과 같은 형식으로 SAS 함수 CDF()를 사용한다. 여기서 dist는 확률변수 X 의 확률분포에 대한 이름(문자형 자료)이며, 각 확률분포의 특정 모수(parameter)가 〈parm-1, ... ,parm-k〉의 자리에 지정되어야 한다.

```
CDF(dist, x, <parm-1, ... ,parm-k> )    /* F(x) =P(X ≤ x)의 값을 출력 */
```

다음 표는 각 확률분포에 대하여 누적분포함수 CDF()의 사용 형식을 표시한 것이다.

SAS 분포함수 〈이산형〉	확률분포
CDF('BERNOULLI', x, p)	성공률이 p인 베르누이분포
CDF('BINOMIAL', x, p, n) 또는 PROBBNML(p, n, x)	이항분포 B(n, p)
CDF('GEOMETRIC', x, p)	기하분포
CDF('HYPER', x, N, R, n)	초기하분포 HYP(N, R, n)

또는 PROBHYPR(N, R, n, x)	
CDF('NEGBINOMIAL', x, p, n)	음이항분포
CDF('POISSON', x, m) 또는 POISSON(m, x)	포아송분포 Poisson(m)
〈연속형〉	
CDF('BETA', x, a, b) 또는 PROBBETA(x, a, b)	모수가 a, b인 베타분포
CDF('CAUCHY', x <,θ, λ>)	Cauchy 분포, <디폴트: θ=0, λ=1>
CDF('CHISQUARE', x, df) 또는 PROBCHI(x, df)	자유도가 *df*인 카이제곱분포
CDF('EXPONENTIAL', x <,λ>)	지수분포, <디폴트: λ=1>
CDF('F', x, ndf, ddf) 또는 PROBF(x, ndf, ddf)	분자 자유도 ndf, 분모 자유도 ddf인 F분포
CDF('GAMMA', x, a <,λ>) 또는 PROBGAM(x, a)	모수가 *a*인 감마분포, <디폴트: λ=1>
CDF('LOGISTIC', x <,θ, λ>)	로지스틱분포, <디폴트: θ=0, λ=1>
CDF('NORMAL', x <,μ, σ>) 또는 PROBNORM(x)	정규분포 N(μ, σ^2), <디폴트: μ=0, σ=1>
CDF('T', x, df) 또는 PROBT(x, df)	자유도가 df인 T분포
CDF('UNIFORM', x, <,l, r>)	(l, r) 구간에서 균일분포, <디폴트: l=0, r=1>
CDF('WALD', x, λ <,μ>)	Wald 분포, <디폴트: μ=1>
CDF('WEIBULL', x, a <,λ>)	Weibull 분포, <디폴트: λ=1>

예제 5-3 (이항분포) 발아율이 80%인 씨앗이 있다. 이 씨앗을 100개 뿌릴 때 발아되는 씨앗의 수를 확률변수 X 라고 하자. 다음 물음에 답하여라.

(a) X 가 82 이하일 확률을 구하여라.

(b) X 가 70 이상 85 이하일 확률을 구하여라.

(c) X 가 90보다 클 확률을 구하여라.

풀이 확률변수 X는 이항분포 $B(100, 0.8)$을 따른다. 따라서 각 물음을 분포함수의 형태로 변환시키면 다음과 같다.

(a) $P(X \le 82) = F(82)$

(b) $P(70 \le X \le 85) = P(X \le 85) - P(X \le 69) = F(85) - F(69)$

(c) $P(X > 90) = 1 - P(X \le 90) = 1 - F(90)$

SAS 분포함수 CDF('BINOMIAL', x, 0.8, 100) 또는 PROBBNML(0.8, 100, x) 함수를 이용하여 SAS 프로그램을 작성하면 [예.5-3-7.sas]와 같이 표시할 수 있다.

예 5-3-7.sas

```
OPTION LINESIZE = 110 NODATE;
TITLE '분포함수 - 이항분포';

DATA example43;
a = CDF('BINOMIAL', 82, 0.8, 100);
b = CDF('BINOMIAL', 85, 0.8, 100) - CDF('BINOMIAL', 69, 0.8, 100);
c = 1 - PROBBNML(0.8, 100, 90);

PROC PRINT DATA=example43;
RUN;
```

[5-3-7.lst]

```
                         분포함수 - 이항분포                          9

                   OBS       a          b            c
                    1     0.72881    0.91350    .002333561
```

[5-3-7.lst] 실행 결과로부터

(a) $P(X \le 82) = F(82) = 0.72881$

(b) $P(70 \le X \le 85) = F(85) - F(69) = 0.91350$

(c) $P(X > 90) = 1 - F(90) = .002333561$

임을 알 수 있다. 참고로 $P(X \le 82) = F(82)$의 값을 구하기 위하여 CDF('BINOMIAL', 82, 0.8, 100)를 사용하거나 또는 PROBBNML (0.8, 100, 82)를 사용한다.

예제 **5-4** (초기하분포) 불량품의 비율이 10%인 어떤 제품이 총 400개 들어있는 상자에서 50개의 제품을 꺼내 조사할 때 불량품의 수가 5개 이하 나올 확률과 4개 이상 6개 이하가 나올 확률을 각각 구하여라.

풀이 400개의 제품 중에서 50개의 제품을 꺼낼 때 불량품의 수 X는 초기하분포 HYP(N=400, R=40, n=50)를 따른다. SAS 분포함수 CDF('HYPER', x, 400, 40, 50) 함수를 이용하거나 PROBHYPR(400, 40, 50, x) 함수를 이용하여 문제를 해결하는 SAS 프로그램을 작성하면 [예.5-3-8.sas]와 같다.

예 5-3-8.sas

```
OPTION LINESIZE = 110 NODATE;
TITLE '누적분포함수 - 초기하분포';

DATA example44;
cx5 = CDF('HYPER', 5, 400, 40, 50);
cx6 = CDF('HYPER', 6, 400, 40, 50);
cx3 = CDF('HYPER', 3, 400, 40, 50);
cx36 = PROBHYPR(400, 40, 50, 6) - PROBHYPR(400, 40, 50, 3);

PROC PRINT DATA=example44;
RUN;
```

[5-3-8.lst]

```
                    누적분포함수 - 초기하분포                     10

        OBS      cx5        cx6        cx3        cx36
         1     0.61762    0.78179    0.23202    0.54977
```

[5-3-8.lst] 실행 결과로부터 불량품의 수가 5개 이하일 확률은

$$P(X \le 5) = F(5) = 0.61762$$

이며, 불량품의 수가 4개 이상 6개 이하일 확률은

$$P(4 \le X \le 6) = F(6) - F(3) = 0.78179 - 0.23202 = 0.54977$$

임을 알 수 있다.

예제 5-5 (포아송분포) 어떤 지역에서 발생하는 지진의 횟수는 1년 평균 3회의 포아송분포를 따른다고 한다. 내년 1년 동안에 이 지역에서

(a) 지진이 한번도 발생하지 않을 확률을 구하여라.

(b) 지진이 1번 발생할 확률을 구하여라.

(c) 2번 이상 지진이 발생할 확률을 구하여라.

풀이 확률변수 X를 내년 1년 동안에 발생할 지진의 횟수라고 정의하면, X는 포아송분포 Poisson(m=3)을 따른다. 따라서 각 물음을 확률변수 X로 표시하면

(a) $P(X=0)$

(b) $P(X=1)$

(c) $P(X \ge 2) = 1 - P(X \le 1) = 1 - F(1)$

이다. $P(X=0)$와 $P(X=1)$의 값을 구하기 위하여 SAS 확률함수 PDF('POISSON', x, 3)를 사용하고, $F(1)$의 값을 구하기 위하여 SAS

분포함수 CDF('POISSON', x, 3)를 사용하여 표시하면 [예.5-3-9.sas]와 같다.

예 5-3-9.sas

```
OPTION LINESIZE = 110 NODATE;
TITLE '확률함수와 분포함수 - 포아송분포';

DATA example45;
a = PDF('POISSON', 0, 3);
b = PDF('POISSON', 1, 3);
c = 1-CDF('POISSON', 1, 3);

PROC PRINT DATA=example45;
RUN;
```

[5-3-9.lst]

```
                         확률함수와 분포함수 - 포아송분포                          11

                    OBS        a           b          c
                     1     0.049787     0.14936    0.80085
```

[5-3-9.lst] 실행 결과로부터

(a) $P(X=0)=0.049787$

(b) $P(X=1)=0.14936$

(c) $P(X \geq 2)=1-P(X \leq 1)=1-F(1)=0.80085$

임을 알 수 있다.

예제 5-6 (정규분포) 50명이 수강하는 기초통계학의 기말고사 점수가 평균 75, 표준편차 15인 정규분포를 따른다고 한다. 이 중에서 임의로 한 학생의 수학 성적을 추출할 때, 이 학생의 성적이

(a) 60점 이상 85점 이하일 확률을 구하여라.

(b) 90점 이상일 확률을 구하여라.

풀이 학생들의 기말고사 성적을 X 라고 하면 확률변수 X 의 확률분포는 정규분포 $N(75, 15^2)$을 따른다. 따라서 정규분포의 확률을 표준정규분포의 확률로 변환하면 다음과 같다.

(a) $P(60 \leq X \leq 85)=P(\frac{60-75}{15} \leq \frac{X-75}{15} \leq \frac{85-75}{15})$

$$= P(-1 \le Z \le 0.66667)$$

$$\text{(b)}\ P(X \ge 90) = 1 - P(X < 90) = 1 - P(\frac{X-75}{15} < \frac{90-75}{15})$$

$$= 1 - P(Z < 1)$$

이 표준정규분포에 대한 확률 문제를 SAS로 해결하기 위해서는 SAS 분포함수 PROBNORM(z)을 이용하거나 CDF('NORMAL', z) 함수를 이용한다. 이 함수는 표준정규분포의 분포함수 F(z)의 값을 반환하기 때문에 다음 [예.5-3-10.sas]에 표시한 바와 같이 정규분포를 갖는 확률변수 X를 표준정규분포를 갖는 확률변수 Z으로 표준화시킨 후, PROBNORM() 함수에 z변수를 인수로 입력시킨다.

그러나 [예.5-3-10.sas]의 ans22 변수를 구하는 문장에서 알 수 있는 바와 같이 분포함수 CDF('NORMAL', z, μ=75, σ=15)의 형식을 사용하면 정규분포를 표준정규분포로 변환하지 않아도 직접 정규분포의 확률을 구할 수 있다.

예 | 5-3-10.sas

```
OPTION LINESIZE = 110 NODATE;
TITLE '분포함수 - 정규분포';

DATA example46;
ans1 = PROBNORM((85-75)/15) - PROBNORM((60-75)/15);
ans21 = CDF('NORMAL', (90-75)/15);  /* 표준정규분포로 변환 */
ans22 = CDF('NORMAL', 90, 75, 15);   /* 정규분포 */
ans2 = 1 - ans22;

PROC PRINT DATA=example46;
RUN;
```

[5-3-10.lst]

```
                         분포함수 - 정규분포                          12

              OBS     ans1      ans21     ans22     ans2
               1    0.58885   0.84134   0.84134   0.15866
```

[5-3-10.lst] 실행 결과로부터 다음과 같이 정규분포에 대한 확률을 계산할 수 있다.

$$\text{(a)}\ P(60 \leqq X \leqq 85) = F(0.66667) - F(-1)$$

$$= 0.74751 - 0.15866 = 0.58885 = \text{ans1}$$

$$\text{(b)}\ P(X \ge 90) = 1 - F(1) = 1 - 0.84134 = 0.15866 = \text{ans2}$$

5.3.11 분위수함수(Quantile Functions)

분위수(quantile)란 확률변수의 분포함수 $F(x)$의 역함수와 관련된 개념이다. 분포함수 $F(x)$는 일반적으로 전단사 함수가 아니므로 $F(x)$의 역함수 $F^{-1}(x)$를 정의할 수 없다. $F(x)$의 역함수 대신 p−분위수(quantile)를 다음과 같이 정의한다.

$$p\text{−분위수} = \inf \{ x \mid F(x) \geq p \}$$

즉, 확률 $p\ (0 \leq p \leq 1)$가 주어졌을 때 p−분위수는 $F(x) \geq p$를 만족하는 x값 중에서 가장 작은 값을 의미한다. 연속형 확률분포의 경우에는 $F(x)$가 연속이며 전단사 함수가 된다. 즉, $F(x) = p$를 만족하는 x가 유일하게 존재한다. 따라서 $F(x) \geq p$를 만족하는 최소의 x는 $F(x) = p$를 만족하는 x이다. 또한 정규분포를 비롯한 연속형 확률분포에서 p 분위수는 $P(X \leq x) = p$를 만족하는 최대의 x를 의미한다.

$100p$의 값이 정수일 때 p−분위수를 제 $100p$ 백분위수(percentile)라고 한다. 특히 0.25−분위수를 제1사분위수(Q1), 0.5−분위수를 제2사분위수(median, Q2), 그리고 0.75−분위수를 제3사분위수(Q3)라고 한다.

p−분위수(quantile)를 구하기 위하여 SAS 함수 QUANTILE()를 사용하며 사용 형식은 다음과 같다.

```
QUANTILE(dist, p, <parm-1, ... ,parm-k> )    /* p-분위수의 값을 출력 */
```

여기서 dist는 확률변수 X의 확률분포에 대한 이름(문자형 자료)이며, p는 구하고자 하는 p−분위수(quantile)의 확률이다. 또한 각 확률분포의 특정 모수를 〈parm−1, …, parm−k〉의 자리에 지정하면 된다.

다음 표는 각 확률분포에 대하여 분위수함수 QUANTILE()의 사용 형식을 표시한 것이다.

SAS 분위수함수	확률분포
〈이산형〉	
QUANTILE('BERNOULLI', p, prob)	성공률이 prob인 베르누이분포
QUANTILE('BINOMIAL', p, prob, n)	이항분포 B(n, prob)
QUANTILE('GEOMETRIC', p, prob)	기하분포
QUANTILE('HYPER', p, N, R, n)	초기하분포 HYP(N, R, n)
QUANTILE('NEGBINOMIAL', p, prob, n)	음이항분포
QUANTILE('POISSON', p, m)	포아송분포 Poisson(m)

〈연속형〉	
QUANTILE('BETA', p, a, b) 또는 BETAINV(p, a, b)	모수가 a, b인 베타분포
QUANTILE('CAUCHY', p <,θ, λ>)	Cauchy 분포, <디폴트: θ=0, λ=1>
QUANTILE('CHISQUARE', p, df) 또는 CINV(p, df)	자유도가 df인 카이제곱분포
QUANTILE('EXPONENTIAL', p <,λ>)	지수분포, <디폴트: λ=1>
QUANTILE('F', p, ndf, ddf) 또는 FINV(p, ndf, ddf)	분자자유도 ndf, 분포자유도 ddf인 F분포
QUANTILE('GAMMA', p, a <,λ>) 또는 GAMINV(p, a)	모수가 a인 감마분포, <디폴트: λ=1>
QUANTILE('LOGISTIC', p <,θ, λ>)	로지스틱분포, <디폴트: θ=0, λ=1>
QUANTILE('NORMAL', p <,μ, σ>) 또는 PROBIT(p)	정규분포 N(μ, σ²), <디폴트: μ=0, σ=1>
QUANTILE('T', p, df) 또는 TINV(p, df)	자유도가 df인 T분포
QUANTILE('UNIFORM', p, <,l, r>)	(l, r) 구간인 균일분포, <디폴트: l=0, r=1>
QUANTILE('WALD', p, λ <,μ>)	Wald 분포, <균일분포: μ=1>
QUANTILE('WEIBULL', p, a <,λ>)	Weibull 분포, <균일분포: λ=1>

예제 5-7 (정규분포에 대한 분위수) 어느 고등학교의 체육과목 실기 점수가 정규분포 $N(50, 5^2)$을 따른다고 할 때, 이 고등학교 학생 250명에 대하여

(a) 실기 점수가 60점 이상인 학생은 약 몇 명인가?

(b) 실기 점수의 하위 10%에 해당하는 점수를 구하여라.

(c) 상위 20%에 속하기 위해서는 실기 점수를 몇 점 이상 받아야 하는가?

풀이 학생들의 체육 실기 점수를 확률변수 X라고 하면 X의 확률분포는 정규분포 $N(50, 5^2)$을 따른다.

(a) 점수가 60점 이상일 확률은 $P(X \geq 60)$이므로 1-CDF('NORMAL', 60, 50, 5)를 이용하여 확률을 구하고, 이 확률에 250을 곱하면 60점 이상의 학생수를 구할 수 있다.

(b) 하위 10%에 속하는 최대 점수를 x_0라고 하면 $0.1 = P(X \leq x_0)$이므로 x_0는 0.1- 분위수가 된다. 따라서 함수 QUANTILE('NORMAL', 0.1, 50, 5)를 이용한다.

(c) 상위 20%에 속하기 위해서 점수를 x_1 이상 받아야 한다면, $0.2 = P(X \geq x_1)$이다. 따라서 $P(X \leq x_1) = 0.8$이므로 점수 x_1은 정규분포에서 0.8-분위수를 의미한다. 이 값을 구하기 위하여 함수 QUANTILE

('NORMAL', 0.8, 50, 5)를 이용한다.

예 5-3-11.sas

```
OPTION LINESIZE = 110 NODATE;
TITLE '분위수함수 - 정규분포';

DATA example47;
a = 1 - CDF('NORMAL', 60, 50, 5);
n = 250 * a;
b = QUANTILE('NORMAL', 0.1, 50, 5);
c = QUANTILE('NORMAL', 0.8, 50, 5);

PROC PRINT DATA=example47;
RUN;
```

[5-3-11.lst]

```
                    분위수 함수 - 정규분포                         13

        OBS       a           n          b          c
          1    0.022750    5.68753    43.5922    54.2081
```

[5-3-11.lst] [예.5-3-11.sas]의 실행 결과로부터 다음과 같이 답을 구할 수 있다.

(a) $P(X \geq 60) = 0.022750$ 이므로 60점 이상의 학생 수는 약 5명이다.

(b) 하위 10%에 해당하는 점수 x_0는 $0.1 = P(X \leq x_0)$이므로 $x_0 = 43.5922$이다.

(c) 상위 20%에 해당하는 점수 x_1는 $0.8 = P(X \leq x_1)$이므로 $x_1 = 54.2081$이다.

5.3.12 난수발생함수(Random Number Functions)

SAS 난수발생함수 RAND()는 통계적인 모의실험 등을 위하여 특정 분포를 따르는 확률 난수를 생성하는 함수로서 1998년 Matsumoto와 Nishimura가 개발한 Mersenne-Twister 난수 발생기(RNG)를 사용한다. 이 RNG는 통계적으로 매우 좋은 성질을 갖는 Mersenne 소수(2^{19937}-1)를 주기로 가지며, 기본적으로 시스템 시간을 seed로 사용한다.

난수발생함수인 RAND()의 사용 형식은 다음과 같다. 여기서 dist는 확률변수 X 의 확률분포에 대한 이름(문자형 자료)이며, 각 확률분포의 특정 모수가 필요할 경우 모수의 값을 parm-1, ..., parm-k의 위치에 지정하면 된다.

```
RAND(dist, parm-1,…,parm-k)
```

다음 표는 각 확률분포에 대하여 난수발생함수 RAND()의 사용 형식을 표시한 것이다.

난수발생함수	확률분포
〈이산형〉	
x=RAND('BERNOULLI', p)	성공률이 p인 베르누이분포
x=RAND('BINOMIAL', p, n)	이항분포 B(n, p)
또는 x=RANBIN(seed, n, p)	
x=RAND('GEOMETRIC', p)	기하분포
x=RAND('HYPER', N, R, n)	초기하분포 HYP(N, R, n)
x=RAND('NEGBINOMIAL', p, n)	음이항분포
x=RAND('POISSON', m)	포아송분포 Poisson(m)
또는 x=RANPOI(seed, m)	
〈연속형〉	
x=RAND('BETA', a, b)	모수가 a, b인 베타분포
x=RAND('CAUCHY')	Cauchy 분포
또는 x=RANCAU(seed)	
x=RAND('CHISQUARE', df)	자유도가 *df*인 카이제곱분포
x=RAND('EXPONENTIAL')	지수분포
또는 x=RANEXP(seed)	
x=RAND('F', ndf, ddf)	분자 자유도 ndf, 분모 자유도 ddf인 F분포
x=RAND('GAMMA', a)	모수가 a인 감마분포, <디폴트: λ=1>
또는 x=RANGAM(seed, a)	
x=RAND('NORMAL', <,μ, σ>)	정규분포 N(μ, σ^2), <디폴트: μ=0, σ=1>
또는 x=RANNOR(seed)	
또는 x=NORMAL(seed)	
x=RAND('T', df)	자유도가 df인 T분포
x=RAND('UNIFORM')	(0, 1) 구간에서 균일분포
또는 RANUNI(seed)	
또는 UNIFORM(seed)	
x=RAND('WEIBULL', a, b)	Weibull 분포

여기에서 몇 개의 난수발생함수에 표시된 인수 seed는 난수를 만들기 위해 사용되는 시작점이다. 따라서 언제나 같은 값으로 seed를 입력하면 생성되는 난수는 항상 똑같을 것이다. 컴퓨터 시뮬레이션 작업을 서로 다른 시간에 실행하더라도 똑같은 초기값의 seed 입력으로 인해 분석하는 난수열이 항상 같을 것이므로 seed의 값을 적절히 바꿔줄 필요가 있다.

seed의 값으로 0보다 작거나 같은 수를 지정하면 난수함수를 호출할 때마다 그 때의 컴퓨터 시각을 난수 발생 초기값으로 설정한다. 그러나 이 경우에도 생성된 난수들 간의 상관관계가 존재할 수 있으므로 유의하여야 한다. SAS 난수발생함수에서 seed의 값으로 가급적 다섯 자리 이상의 양의 홀수를 지정하는 것이 좋은 난수를 발생시키는 것으로 알려져 있다.

기본적으로 시스템 시간을 seed로 사용하는 RAND() 함수가 특정한 seed의 값을 사용하고자 한다면 CALL STREAMINIT(seed); 문장을 먼저 실행한다. 다음 [예.5-3-12]는 코쉬 분포에서 10개의 난수를 두 번 생성하는 SAS 프로그램을 표시한 것이다.

예 5-3-12.sas

```
OPTION LINESIZE = 110 NODATE;
TITLE 'Number String Seeded with CALL STREAMINIT';

DATA random1;
DO i=1 TO 10;
x1 = RAND('CAUCHY');
OUTPUT;
END;

DATA random2;
CALL STREAMINIT(456791);
DO i=1 TO 10;
x2 = RAND('CAUCHY');
OUTPUT;
END;

DATA random;
MERGE random1 random2;

PROC PRINT DATA=random;
RUN;
```

[5-3-12.lst]

```
                 Number String Seeded with CALL STREAMINIT                  14

                  OBS    i       x1          x2
                   1     1    -1.46072     2.92380
                   2     2    -0.87350    -1.57293
                   3     3     0.46048    -1.17527
                   4     4    -0.00631     1.39234
                   5     5    -3.05712    -1.36622
                   6     6    -1.70566     0.01665
                   7     7    -0.69074     1.04065
                   8     8    -1.13792     2.37175
```

```
        9    9    0.90375   -0.12987
       10   10   -1.05569   -1.73603
```

[5-3-12.lst] 데이터셋 random1에서 발생된 난수는 컴퓨터의 시각을 seed로 사용하기 때문에 이 프로그램을 실행할 때마다 서로 다른 난수를 얻는다. 그러나 데이터셋 random2에서 CALL 문을 이용하여 seed를 지정한 난수발생함수의 결과는 언제나 같은 난수를 발생시킨다.

표준정규분포로부터 난수를 발생시켜주는 함수는 NORMAL()과 RANNOR() 두 종류가 소개되고 있다. 그러나 일반적으로 Box-Muller 방식으로 난수를 발생시키는 RANNOR() 함수가 더 많이 쓰인다. 또한 균일분포로부터의 난수발생함수는 UNIFORM() 함수보다 RANUMI() 함수를 사용하는 것이 더 효율적이다.

[예.5-3-13.sas]는 평균이 20이고 표준편차가 5인 정규분포로부터의 난수 15개를 생성해 주는 RANNOR() 함수와 균일분포 $U(0, 1)$로부터 난수 15개를 생성하는 RANUNI() 함수를 표시한 것이다. 여기서 RANNOR() 함수의 seed를 0으로 입력하여 난수함수가 실행될 때의 컴퓨터 시각을 난수 발생 초기값으로 입력되도록 하였다.

[예.5-3-13.sas]의 변수 sample의 값은, 예를 들어 1번에서 500번까지 고유번호를 부여받은 500명의 참가자 중에서 무작위로 15명을 선출한 것이다. 이 경우 균등분포 $U(0, 1)$에서 15개의 난수를 생성하면 된다.

예 5-3-13.sas

```
* SAS 난수발생함수;

OPTION LINESIZE = 110 NODATE;
TITLE '난수발생함수 RANNOR, RANUNI';

DATA rand;
mean = 20;  std = 5;
DO i=1 TO 15;
   x_normal = mean + std * RANNOR(0);
   x_uniform = RANUNI(456791);
   sample = ROUND(x_uniform * 500 + 0.5);
   OUTPUT;
END;

PROC PRINT DATA=rand;
VAR x_normal  x_uniform  sample;
RUN;
```

[5-3-13.lst]

```
                    난수발생함수 RANNOR, RANUNI                              15

                OBS    x_normal    x_uniform    sample
                  1     18.2231     0.02995        15
                  2     24.8672     0.83689       419
                  3     18.5284     0.24078       121
                  4     24.2587     0.14685        74
                  5     15.7968     0.53590       268
                  6     17.0190     0.45389       227
                  7     22.8789     0.02906        15
                  8     13.8212     0.74899       375
                  9     11.9839     0.11400        57
                 10     15.6640     0.29625       149
                 11     20.1096     0.36196       181
                 12     15.4041     0.46855       235
                 13     15.6447     0.36989       185
                 14     12.2356     0.39183       196
                 15     17.0746     0.09692        49
```

연습문제

5.1 어떤 제품의 15%는 규격에 미달된다고 한다. 이 제품을 임의로 20개 선택하여 규격을 검사할 때 다음을 구하는 SAS 프로그램을 작성하여라.

(1) 규격 미달 제품이 개수가 3개일 확률

(2) 규격 미달 제품이 개수가 7개일 확률

(3) 규격 미달 제품이 개수가 5개 미만일 확률

(4) 규격 미달 제품이 개수가 3개 이상 6개 이하일 확률

(5) 규격 미달 제품이 개수가 4개 이상일 확률

5.2 어느 대학 자연대 학생회 임원 50명 중에서 5명을 뽑아 홍보부를 조직하려고 한다. 50명 중에 통계학과 학생이 7명 있다고 할 때, 다음을 구하는 SAS 프로그램을 작성하여라.

(1) 홍보부에 통계학과 학생이 1명도 뽑히지 않을 확률은?

(2) 통계학과 학생이 홍보부에 2명 뽑힐 확률은?

(3) 통계학과 학생이 적어도 2명 이상 홍보부에 뽑힐 확률은?

5.3 통계패키지 과목을 강의하는 1시간 동안 수강하는 학생들의 휴대폰 전화가 평균 3번 울린다고 한다. 다음을 구하는 SAS 프로그램을 작성하여라.

(1) 이 과목을 강의하는 어느 날 1시간 동안 학생들의 전화가 2번 울릴 확률은?

(2) 어느 날 이 과목 강의 시간에 학생들의 전화가 1번 이상 4번 이하 울릴 확률은?

(3) 학생들의 전화가 한번이라도 울리면 바로 퀴즈를 본다고 할 때, 퀴즈를 보게 될 확률은?

5.4 $X \sim N(50, 26)$일 때, 다음을 구하는 SAS 프로그램을 작성하여라.

(1) 확률 $P(X < 40)$

(2) 확률 $P(45 \leq X \leq 55)$

(3) 확률 $P(X \geq 32.5)$

5.5 $X \sim N(50, 26)$일 때, 다음을 구하는 SAS 프로그램을 작성하여라.

(1) 0.05-분위수

(2) 0.025-분위수

(3) 0.95-분위수

(4) 0.975-분위수

5.6 확률변수 X가 정규분포 $N(20, 5^2)$을 따를 때, 크기가 7인 표본의 표본평균 $\overline{X}$는 평균이 50이고 표준편차가 $5/\sqrt{7}$인 정규분포를 따른다고 알려져 있다. 다음을 구하는 SAS 프로그램을 작성하여라.

(1) 확률변수 X가 18보다 작을 확률은 얼마인가?

(2) 표본평균 $\overline{X}$가 18보다 작을 확률은 얼마인가?

(3) 확률변수 Z이 표준정규분포를 따를 때, $P(Z > z_0) = 0.025$를 만족하는 z_0의 값은?

(4) $P(X > x_0) = 0.025$를 만족하는 x_0의 값은?

(5) $P(\overline{X} > x_1) = 0.025$를 만족하는 x_1의 값은?

5.7 평균이 20인 정규분포를 따르는 모집단에서 크기가 7인 표본의 표본평균 $\overline{X}$ 와 표본표준편차 S 를 이용하여 구한 확률변수 T 는 자유도가 6인 t 분포를 따른다고 알려져 있다.

$$T = \frac{\overline{X} - 20}{S/\sqrt{7}} \sim t(6)$$

다음을 구하는 SAS 프로그램을 작성하여라(단, $S = 4.5$ 이다).

(1) 확률변수 T 가 18보다 작을 확률은 얼마인가?

(2) 확률변수 T 가 19보다 크고 21보다 작을 확률은 얼마인가?

(3) $P(T < t_0) = 0.025$ 를 만족하는 t_0 의 값은?

(4) $P(T > t_1) = 0.025$ 를 만족하는 t_1 의 값은?

제 2 부

PROC 절차를 통한 통계분석

6장 기본 PROC 절차
7장 그래프 그리기
8장 기술통계량과 평균 비교
9장 범주형 자료분석
10장 분산분석
11장 회귀분석

6장 기본 PROC 절차

6.1 PROC PRINT

지금까지 DATA 단계에서 자료의 입력을 통한 SAS 데이터셋의 생성과 그 운용에 대하여 알아보았다. DATA 단계에서 생성된 데이터셋의 자료들은 PROC PRINT 절차를 통하여 출력 창에서 확인할 수 있었다.

PROC PRINT 절차와 같이 DATA 단계에서 만들어진 데이터셋 자료에 대한 처리와 통계분석을 담당하는 단계가 PROC 절차이다. 즉, DATA 단계와 PROC 절차의 유기적인 순환 결합으로 SAS 프로그램의 구조가 구성되어 있다.

PROC으로 시작하는 각 절차(procedure)에는 절차의 이름과 이 절차가 처리해야 할 SAS 데이터셋의 이름, 그리고 각 절차에 필요한 변수와 옵션의 지정 등이 포함된다.

PRINT 절차는 지금까지의 모든 SAS 프로그램의 예제에 사용되었던 문장이다. PRINT 절차는 이 문장에 지정된 데이터셋 변수들의 자료를 출력하는 데 사용된다. 별다른 선택사항을 지정하지 않으면 [출력] 창에 PRINT 절차의 실행 결과가 표시된다.

다음은 일반적으로 사용되는 PRINT 절차의 사용 형식을 나타낸 것이다.

```
PROC PRINT  Options ;
      VAR  변수목록 ;
      ID  변수목록 ;
      BY  변수목록 ;
      SUM  변수목록 ;
      FORMAT  변수  포맷형식지정  변수  포맷형식지정  . . . ;
```

6.1.1 PRINT 절차의 Options

PRINT 절차의 Options(선택사항)는 생략할 수 있으며 이들의 표기 순서는 PRINT 절차의 실행 결과와 무관하다.

- DATA = SASDataSet

출력하고자 하는 데이터셋의 이름을 지정한다. 생략되면 가장 최근에 다루어졌던 데이터셋의 자료들이 출력된다.

- N

관측값의 총 개수를 마지막에 출력한다.

- UNIFORM

출력되는 각 페이지마다 각 변수의 자료들이 똑같은 열에 출력되도록 한다.

- DOUBLE 또는 D

출력 결과가 한 행씩 간격(double space)을 두어 출력된다.

- NOOBS

출력되는 자료들의 관측번호를 출력하지 않는다.

- LABEL

LABEL 문에서 지정한 변수의 레이블을 해당 변수의 이름 대신 출력한다.

[예.1-2-1.sas]에 표시된 PRINT 절차는 옵션과 PRINT 절차의 부명령문이 모두 생략된 예이며, [예.2-9-1.sas]의 PRINT 절차는 출력하고자 하는 데이터셋의 이름과 LABEL 옵션을 지정한 예이다. [예.6-1-1.sas]는 PRINT 절차의 NOOBS, N, DOUBLE 옵션들을 지정하여 출력한 예를 표시한 것이다.

6.1.2 VAR 문

VAR 문은 출력하고자 하는 변수들의 목록을 지정한다. VAR 문이 생략되면 출력하고자 하는 데이터셋의 모든 변수들을 출력한다.

6.1.3 ID 문

데이터셋을 생성할 때 각 관측값들을 서로 구분하기 위하여 자료의 입력 시에 각 관측값들을 구별할 수 있는 식별변수를 일반적으로 같이 입력한다. 예를 들어 설문조사에 응한 응답자의 번호를 식별변수로 설정하거나, 성적을 산출할 때 학생들의 이름 또는 학번을 식별변수로 간주할 수 있다.

ID 문에서 지정된 식별변수는 다른 변수들보다 먼저 출력되며, ID 문이 생략되면 식별변수 대신 관측값의 일련 번호(Obs. number)가 출력된다.

[예.6-1-1.sas]는 VAR 문과 ID 문이 포함된 PRINT 절차를 실행했을 때의 결과를 알아보기 위한 SAS 프로그램이다. 출력된 변수의 순서는 먼저 ID 문에서 지정된 변수부터 출력된 후, VAR 문에서 지정된 변수의 순서로 출력되고 있음을 알 수 있다. 참고로 [6-1-1.lst] 출력 창에 표시된 자료는 제일 마지막 페이지(14쪽)의 출력 결과이다.

예 | 6-1-1.sas

```
OPTION LINESIZE = 110 NODATE;
TITLE '교사의 직무수행능력 자료-PROC PRINT N DOUBLE; VAR, ID';

PROC PRINT DATA=survey123 N DOUBLE;
VAR q11-q14 age;
ID  id gender;
RUN ;
```

[6-1-1.lst]

```
              교사의 직무수행능력 자료-PROC PRINT N DOUBLE; VAR, ID                14

               id    gender    q11    q12    q13    q14    age
              424      2        4      4      3      2      2
              426      2        4      5      2      1      2
              428      2        3      3      3      3      1
              430      2        5      2      3      4      3

                                  관측치 개수 = 130
```

6.1.4 BY 문

BY 문은 지정된 변수의 값에 따라 데이터셋의 자료를 분할하여 출력하고자 할 때 사용된다. 일반적으로 PROC 절차에 BY 문이 사용되면 BY 문에서 지정된 특정 변수('BY 변수')의 값에 따라 SAS 자료의 분석이 분할 처리된다. BY 문을 PROC 절차에 사용할 때 주의할 점은 분석하고자 하는 데이터셋을 BY 변수(들)로 미리 정렬하여야 한다는 것이다. 데이터셋 자료들의 정렬은 PROC SORT 절차를 이용한다.

6.1.5 SUM 문

SUM 문에서 지정한 변수의 총합을 마지막에 출력한다. BY 문장과 함께 사용되면 BY 변수의 각 값에 대한 합계가 전체 합계 이전에 출력된다.

[예.6-1-2.sas]는 데이터셋 survey123의 PRINT 절차에 SUM 문장을 추가한 것이다. [출력] 창의 마지막 페이지의 실행 결과를 보면 SUM 문에서 지정된 네 변수 q11-q14들의 총합이 각각 출력되고 있음을 알 수 있다.

예 | 6-1-2.sas

```
OPTION LINESIZE = 110 NODATE;
TITLE '교사의 직무수행능력 자료-PROC PRINT: VAR, ID, SUM';

PROC PRINT DATA=survey123;
VAR q11-q14 age;
ID  id gender;
SUM q11-q14;
RUN ;
```

[6-1-2.lst]

```
                교사의 직무수행능력 자료-PROC PRINT: VAR, ID, SUM                    15

                 id    gender    q11    q12    q13    q14    age
                433       1        5      4      2      5      3
                435       1        3      3      4      3      1
                437       1        2      2      3      4      1
                439       1        5      4      1      5      3
                412       2        4      4      4      4      2
                414       2        5      3      4      4      1
                416       2        5      1      4      4      3
                418       2        5      4      4      5      3
                420       2        4      3      3      2      2
                422       2        3      3      3      3      1
                424       2        4      4      3      2      2
                426       2        4      5      2      1      2
                428       2        3      3      3      3      1
                430       2        5      2      3      4      3
                                 ===    ===    ===    ===
                                 558    429    410    425
```

6.1.6 FORMAT 문

[예.5-3-4.sas]의 데이터셋 ds5_4의 자료를 PRINT 절차를 통하여 출력하는 실행 결과에서 알 수 있듯이 소수점이 있는 실수형 자료는 기본적으로 자료의 유효숫자가 6개까지 출력되도록 설정되어 있다. 예를 들어 데이터셋 ds5_4에 저장된 변

수 s의 관측값들은 유효숫자가 6개가 되도록 소수점 이하 다섯 자리 형태의 부동소수형으로 출력되고, 변수 cv는 유효숫자가 6개인 소수점 이하 네 자리의 형태로 출력된다.

PRINT 절차에 포맷형식을 지정하는 FORMAT 문을 적용하면 출력되는 숫자형 자료의 소숫점 이하의 자릿수를 지정할 수 있다. 예를 들어 데이터셋의 s 변수와 cv 변수의 값을 소수점 아래 둘째 자리까지만 출력하고 싶다면 다음과 같이 포맷형식을 지정한다.

```
FORMAT s F6.2 cv F6.3;
```

여기서 F는 숫자형 변수에 한하여 출력 형식을 지정하겠다는 출력 포맷형식의 표시이며, 숫자 6은 마침표를 포함하여 이 변수의 값이 출력할 때 차지하는 전체 총 자릿수이다. 6 다음의 마침표는 소수점 이하 자릿수가 없는 정수라 하더라도 반드시 표시되어야 한다. 마지막으로 마침표 뒤에 붙여진 숫자 2는 출력하고자 하는 변수의 소숫점 아래 자릿수를 의미한다.

[예.6-1-3.sas]는 데이터셋 ds5_4의 변수 s와 변수 cv의 값을 출력 포맷형식을 지정하여 출력하는 PRINT 절차의 한 예를 보여 주고 있다. 즉, 변수 s는 소수점 이하 두 자리를 갖는 형태로, 변수 cv는 소수점 이하 세 자리를 갖는 형태로 출력되었다. 그러나 변수 v는 출력 포맷형식을 지정하지 않았기 때문에 기본적인 유효숫자 6개의 형태로 출력되고 있다.

예 6-1-3.sas

```
OPTION LINESIZE = 110 NODATE;
TITLE 'PRINT 절차의 FORMAT 문';

PROC PRINT DATA=ds5_4 LABEL;
ID id;
FORMAT s F6.2 cv F6.3;
RUN;
```

[6-1-3.lst]

```
                                  PRINT 절차의 FORMAT 문                              16

id   성별   거주지   나이   q11   q12   q13   q14     m        s        v          cv
 1    1       1       3     5     4     4     4    4.25     0.50    0.25000    11.765
 2    2       1       3     5     4     4     3    4.00     0.82    0.66667    20.412
 3    1       1       2     4     4     2     2    3.00     1.15    1.33333    38.490
```

4	2	1	3	5	3	3	3	3.50	1.00	1.00000	28.571
5	1	1	3	5	3	3	3	3.50	1.00	1.00000	28.571
6	2	1	3	5	3	3	3	3.50	1.00	1.00000	28.571
7	1	1	2	4	2	2	3	2.75	0.96	0.91667	34.816
8	2	1	2	4	5	2	1	3.00	1.83	3.33333	60.858
9	1	1	3	5	3	4	4	4.00	0.82	0.66667	20.412
10	2	1	2	4	5	3	2	3.50	1.29	1.66667	36.886

6.2 PROC FORMAT

6.2.1 DATA 단계의 FORMAT 문

출력 포맷형식을 지정하기 위하여 FORMAT 문을 PROC PRINT 절차 등에 적용할 수 있지만, PROC 절차가 실행될 때마다 FORMAT 문을 재설정하여야 한다. 그러나 DATA 단계에서 FORMAT 문을 지정하면 출력이 필요한 모든 PROC 절차에서 출력 포맷형식을 따로 지정하지 않아도 된다.

[예.6-2-1.sas]는 데이터셋 ds6_1를 생성하는 DATA 단계에 FORMAT 문을 지정하는 예를 표시한 것이다. 그러나 출력 결과에서 알 수 있듯이 PRINT 절차의 FORMAT 문에서 지정한 자료의 출력 포맷형식이 DATA 단계의 FORMAT 문에 의한 자료의 출력 포맷형식보다 우선한다.

예 6-2-1.sas

```
OPTION LINESIZE = 110 NODATE;
TITLE 'DATA 단계에서 FORMAT의 지정';

DATA ds6_1;
SET survey123;
IF _N_ > 10 THEN DELETE;
DROP q21-q24 q31-q34;
m = MEAN(q11, q12, q13, q14);   /* 평균 */
s = STD(OF q11-q14);  /* 표준편차 */
v = VAR(OF q11-q14);  /* 분산 */
cv = CV(OF q11-q14);  /* 변동계수 */
FORMAT m F6.2  s F6.2  v F6.2  cv F6.2;   /* DATA 단계에서 FORMAT 지정 */

PROC PRINT DATA=ds6_1 LABEL;
ID id;
FORMAT  cv  F6.3;   /* PRINT 절차의 FORMAT */
RUN;
```

[6-2-1.lst]

```
                              DATA 단계에서 FORMAT의 지정                                17

id   성별   거주지   나이   q11    q12    q13    q14       m       s       v       cv
 1    1      1      3     5      4      4      4      4.25    0.50    0.25   11.765
 2    2      1      3     5      4      4      3      4.00    0.82    0.67   20.412
 3    1      1      2     4      4      2      2      3.00    1.15    1.33   38.490
 4    2      1      3     5      3      3      3      3.50    1.00    1.00   28.571
 5    1      1      3     5      3      3      3      3.50    1.00    1.00   28.571
 6    2      1      3     5      3      3      3      3.50    1.00    1.00   28.571
 7    1      1      2     4      2      2      3      2.75    0.96    0.92   34.816
 8    2      1      2     4      5      2      1      3.00    1.83    3.33   60.858
 9    1      1      3     5      3      4      4      4.00    0.82    0.67   20.412
10    2      1      2     4      5      3      2      3.50    1.29    1.67   36.886
```

6.2.2 FORMAT 절차

FORMAT 절차(procedure)는 변수의 변수값을 설명하는 레이블을 설정하는 문장이다. DATA 단계 이전에 실행되며, VALUE 문을 이용하여 변수의 변수값에 대한 레이블을 등록한다. VALUE 문에서 등록된 변수값에 대한 레이블은 DATA 단계나 PROC 절차에서 FORMAT 문을 적용하면 자료의 출력 시 변수값 대신 VALUE 문에서 등록된 '변수값의 레이블'이 출력된다.

FORMAT 절차의 사용 형식은 다음과 같다. FORMAT 문의 레이블이름 앞에 $ 문자를 덧붙이면 문자형 변수의 변수값에 대한 레이블을 등록한다는 의미이다.

```
PROC FORMAT ;
      VALUE   [$]레이블이름   변수값1='변수값1의 레이블'
                             변수값2='변수값2의 레이블'
                               . . . ;
```

다음은 변수값의 레이블을 등록하는 FORMAT 절차의 예이다. 레이블 f_age는 변수값이 1부터 3까지의 값을 갖는 변수의 변수값에 대한 레이블을 등록한 것이다. f_gender는 1은 '남', 2는 '여'를 의미하는 변수값의 레이블을 등록한 레이블이름이다.

```
PROC FORMAT ;
  VALUE  f_age  1='20대'  2='30대'  3='40대';
  VALUE  f_gender   1='남'  2='여';
  VALUE  f_residence 1='A지역' 2='B지역' 3='C지역' 4='D지역';
```

이렇게 등록한 〈레이블이름〉을 DATA 단계의 FORMAT 문이나 PROC 절차의 FORMAT 문을 이용하여 변수값의 레이블이 필요한 변수 뒤에 지정하면 〈변수값〉

대신 VALUE 문에서 등록된 〈변수값의 레이블〉이 출력된다. 단, 출력을 지정하는 FORMAT 문에서 〈레이블이름〉 뒤에 반드시 마침표(.)를 찍어야 한다. 또한 여러 개의 변수에 똑같은 형식을 지정하고자 한다면 변수들을 먼저 나열하고 등록된 〈레이블이름〉을 나중에 한번만 써도 된다.

```
FORMAT   gender  f_gender.  age f_age.  residence f_residence. ;
/* 마침표 반드시 필요함 */
```

[예.6-2-2.sas]은 먼저 FORMAT 절차를 통해 변수값에 대한 레이블을 먼저 등록하고, 이를 PROC PRINT 절차의 FORMAT 문에서 출력 형식을 지정하여 데이터셋 ds6_1의 자료들을 출력하는 예를 표시하였다.

두 번째 출력 결과는 DATA 단계에서 FORMAT 문을 이용하여 출력 포맷형식과 변수값 레이블을 변수에 적용한 데이터셋을 생성하고, PROC PRINT 절차에서 이 데이터셋의 자료를 출력한 예이다.

예 | 6-2-2.sas

```
OPTION LINESIZE = 110 NODATE;
TITLE 'PROC FORMAT을 이용한 변수값 레이블 설정';

PROC FORMAT;   /* 변수값 레이블 설정 */
VALUE  f_age   1='20대'  2='30대'  3='40대';
VALUE  f_gender   1='남'  2='여';
VALUE  f_residence 1='A지역' 2='B지역' 3='C지역' 4='D지역';


PROC PRINT DATA=ds6_1 LABEL;
VAR  gender residence age m s v cv;
ID id;
FORMAT cv F6.3;
FORMAT gender f_gender. age  f_age.  residence  f_residence. ;
RUN;


DATA ds6_2;
SET ds6_1;
FORMAT m F6.2  s F6.2  v F6.2  cv F6.2;   /* DATA 단계에서 FORMAT 지정 */
FORMAT gender f_gender. age  f_age.  residence  f_residence. ;

PROC PRINT DATA=ds6_2 LABEL;
VAR  gender residence age m s v cv;
ID id;
RUN;
```

[6-2-2.lst]

PROC FORMAT을 이용한 변수값 레이블 설정 18

id	성별	거주지	나이	m	s	v	cv
1	남	A지역	40대	4.25	0.50000	0.25000	11.765
2	여	A지역	40대	4.00	0.81650	0.66667	20.412
3	남	A지역	30대	3.00	1.15470	1.33333	38.490
4	여	A지역	40대	3.50	1.00000	1.00000	28.571
5	남	A지역	40대	3.50	1.00000	1.00000	28.571
6	여	A지역	40대	3.50	1.00000	1.00000	28.571
7	남	A지역	30대	2.75	0.95743	0.91667	34.816
8	여	A지역	30대	3.00	1.82574	3.33333	60.858
9	남	A지역	40대	4.00	0.81650	0.66667	20.412
10	여	A지역	30대	3.50	1.29099	1.66667	36.886

PROC FORMAT을 이용한 변수값 레이블 설정 19

id	성별	거주지	나이	m	s	v	cv
1	남	A지역	40대	4.25	0.50	0.25	11.76
2	여	A지역	40대	4.00	0.82	0.67	20.41
3	남	A지역	30대	3.00	1.15	1.33	38.49
4	여	A지역	40대	3.50	1.00	1.00	28.57
5	남	A지역	40대	3.50	1.00	1.00	28.57
6	여	A지역	40대	3.50	1.00	1.00	28.57
7	남	A지역	30대	2.75	0.96	0.92	34.82
8	여	A지역	30대	3.00	1.83	3.33	60.86
9	남	A지역	40대	4.00	0.82	0.67	20.41
10	여	A지역	30대	3.50	1.29	1.67	36.89

6.3 PROC SORT

SORT 절차는 SAS 데이터셋의 관측값의 순서를 정렬하고자 할 때 사용된다. SORT 절차의 정렬 방법은 오름차순과 내림차순이 있으며, 오름차순으로의 정렬이 기본으로 설정되어 있다. SORT 절차에는 반드시 BY 문이 포함되며, BY 문에서 지정된 BY 변수를 기준으로 자료가 정렬된다.

SORT 절차의 사용 형식은 다음과 같다.

```
PROC SORT  Options ;
     BY [DESCENDING]  변수  [DESCENDING]  변수  . . . ;
```

오름차순으로 정렬할 때 BY 변수가 숫자형 변수이면 결측값, 음수, 0, 그리고 양수의 순으로 정렬된다. BY 변수가 문자형 변수이면 ASCII 코드에 표시된 값에 따라 오름차순으로 정렬된다. 영문 대문자가 소문자보다 ASCII 코드값이 작기 때문에 먼저 출력되며, 알파벳 순서에 따라 정렬된다. 자료를 내림차순으로 정렬하고자 한다면 변수 이름 앞에 DESCENDING을 표기한다.

SAS의 PROC 절차에서 SAS 데이터셋의 자료들을 특정 변수의 값에 따라 구분하여 분할 처리하고자 한다면 이 절차에 BY 문을 삽입하여야 하기 때문에 BY 문을 동반한 PROC SORT 절차가 반드시 선행되어야 한다.

6.3.1 SORT 절차의 옵션

- DATA = SASDataSet

정렬하고자 하는 데이터셋의 이름을 지정한다. 이 선택사항이 생략되면 가장 최근에 생성된 데이터셋의 자료를 정렬한다.

- OUT = 새로운 SASDataSet

SORT 절차에 의해 SASDataSet의 자료들이 정렬될 때, 이 정렬된 자료들을 새롭게 저장할 데이터셋을 지정한다. OUT 옵션이 생략되면 정렬된 자료들이 DATA 옵션의 SASDataSet에 저장된다.

6.3.2 BY 문

BY 문에서 지정한 변수들이 자료들을 정렬하는 기준이 된다. BY 문에 두 개 이상의 변수가 지정되면, 먼저 지정된 변수에 맞추어 정렬한 후, 처음 변수의 값이 같은 집단을 두 번째 지정한 변수에 따라 정렬한다. 이 과정을 BY 문에 지정된 모든 BY 변수에 차례대로 적용한다.

BY 문을 포함한 PROC 절차를 실행하기 위해서는 BY 문에 지정된 변수를 정렬 기준 변수로 하여 미리 PROC SORT 절차를 실행하여야 한다. 분석하고자 하는 데이터셋의 자료가 BY 변수에 의하여 정렬되지 않으면 [6-3-1.log]에 표시된 바와 같이 오류가 발생한다. 예를 들어, [예.6-3-1.sas]의 첫 번째 PRINT 절차는 오류 발생으로 실행되지 않는다.

[예.6-3-1.sas]의 두 번째 PRINT 절차는 정렬 기준 변수가 gender, age 순으로 지정된 PROC SORT에 의하여 정렬된 자료를 출력하기 위하여 표시한 것이다. 출력 결과를 보면 gender에 의하여 1(남)과 2(여) 순으로 정렬한 후, 성별의 값이 같은 집단일 때 age 변수의 값에 따라 자료를 정렬하고 있음을 알 수 있다.

예 6-3-1.sas

```
OPTION LINESIZE = 110 NODATE;
TITLE 'PROC SORT를 이용한 자료의 정렬';

PROC PRINT DATA=ds6_2 LABEL;
VAR residence age m s v cv;
ID id;
BY gender;
RUN;    /* 오류 발생 */

PROC SORT DATA=ds6_2 OUT=ds6_3;
BY gender age;
RUN;

PROC PRINT DATA=ds6_3 LABEL;
VAR gender residence age m s v cv;
ID id;
RUN;
```

[6-3-1.log]

```
ERROR: 데이터셋 WORK.DS6_2은(는) 오름차순(으)로 정렬되지 않습니다. 현재 BY 그룹은 성별 = 여을
(를) 가지고 다음 BY 그룹은 성별 = 남을(를) 가집니다.
NOTE: 오류가 발생하여 SAS 시스템은 현재 스텝의 실행을 중지합니다.
```

[6-3-1.lst]

PROC SORT를 이용한 자료의 정렬 20

id	성별	거주지	나이	m	s	v	cv
3	남	A지역	30대	3.00	1.15	1.33	38.49
7	남	A지역	30대	2.75	0.96	0.92	34.82
1	남	A지역	40대	4.25	0.50	0.25	11.76
5	남	A지역	40대	3.50	1.00	1.00	28.57
9	남	A지역	40대	4.00	0.82	0.67	20.41
8	여	A지역	30대	3.00	1.83	3.33	60.86
10	여	A지역	30대	3.50	1.29	1.67	36.89
2	여	A지역	40대	4.00	0.82	0.67	20.41
4	여	A지역	40대	3.50	1.00	1.00	28.57
6	여	A지역	40대	3.50	1.00	1.00	28.57

[예.6-3-2.sas]는 BY 문에 의하여 PROC SORT 절차를 통하여 자료를 정렬한 이후, PROC PRINT 절차에 BY 문이 사용된 예를 표시한 것이다. PROC PRINT 절차에 BY 문이 사용되면 BY 문에서 지정된 특정 변수('BY 변수')의 값에 따라 SAS 데이터셋의 자료가 분할되어 출력된다.

예 | 6-3-2.sas

```
OPTION LINESIZE = 110 NODATE;
TITLE 'PROC SORT를 이용한 자료의 정렬';

PROC PRINT DATA=ds6_3 LABEL;
VAR residence  m s v cv;
ID id;
BY gender age;
RUN;
```

[6-3-2.lst]

```
                        PROC SORT를 이용한 자료의 정렬                                21

          ---------------- 성별=남 나이=30대 ----------------

           id    거주지        m         s         v        cv

            3    A지역      3.00      1.15      1.33     38.49
            7    A지역      2.75      0.96      0.92     34.82


          ---------------- 성별=남 나이=40대 ----------------

           id    거주지        m         s         v        cv

            1    A지역      4.25      0.50      0.25     11.76
            5    A지역      3.50      1.00      1.00     28.57
            9    A지역      4.00      0.82      0.67     20.41


          ---------------- 성별=여 나이=30대 ----------------

           id    거주지        m         s         v        cv

            8    A지역      3.00      1.83      3.33     60.86
           10    A지역      3.50      1.29      1.67     36.89


          ---------------- 성별=여 나이=40대 ----------------

           id    거주지        m         s         v        cv

            2    A지역      4.00      0.82      0.67     20.41
            4    A지역      3.50      1.00      1.00     28.57
            6    A지역      3.50      1.00      1.00     28.57
```

6.4 PROC RANK

비모수 통계학 분야의 통계분석에서 자료의 순위를 이용하기 위해서는 각 관측값의 크기에 따른 순위를 계산하여야 한다. RANK 절차는 지정된 변수(들)의 크기에 따라 해당 SAS 데이터셋의 자료의 순위를 계산한다. PROC RANK 절차도 PROC SORT와 마찬가지로 실행 결과를 따로 출력하지 않는다.

RANK 절차의 사용 형식은 다음과 같다.

```
PROC RANK   Options ;
      VAR  변수목록 ;
      RANKS  <VAR 변수목록에 대응하는 순위변수목록> ;
      BY  변수목록 ;
```

6.4.1 RANK 절차의 옵션

- DATA = SASDataSet

순위를 매기고자 하는 변수가 저장된 SASDataSet의 이름을 지정한다. 생략하면 가장 최근에 만들어진 데이터셋을 사용한다.

- OUT = newSASDataSet

RANK 절차의 실행 결과를 저장하고자 하는 새로운 데이터셋의 이름을 지정한다. OUT 옵션이 지정되지 않으면 원래의 SASDataSet의 자료가 순위 자료로 대체된다.

- TIES = [MEAN | HIGH | LOW]

같은 크기의 관측값들에 대하여 순위를 할당하는 방법을 제시하는 옵션이다. MEAN(기본값)을 지정하면 같은 크기 관측값들의 순위의 평균을 할당한다. HIGH는 순위의 최댓값을, LOW는 순위의 최솟값을 해당 순위로 할당한다.

- DESCENDING

RANK 절차는 기본적으로 가장 작은 값을 순위 1로 할당한다. DESCENDING 옵션을 사용하면 가장 큰 값을 순위 1로 할당한다.

6.4.2 VAR 문

VAR 문에는 순위를 매기고자 하는 숫자형 변수를 지정한다. 이 문장이 생략되면 SASDataSet에 있는 모든 변수들에 대하여 순위를 계산한다.

다음 [예.6-4-1.sas]는 RANK 절차에 순위를 계산하고자 하는 변수를 지정하는 VAR 문의 사용법을 표시하고 있는 예이다. 변수 m에 대한 순위 계산을 했을 경우 id가 3과 8인 케이스의 m의 값은 3.00으로 전체 10명 중 2위와 3위를 차지하고 있다. 값이 같을 경우의 순위 결정이 디폴트가 TIES=MEAN이므로 id가 3 그리고 8인 개체의 m 값의 순위가 2위와 3위의 평균 순위인 2.5로 똑같이 저장되고 있다.

예 6-4-1.sas

```
OPTION LINESIZE = 110 NODATE;
TITLE 'PROC RANK를 이용한 자료의 순위계산';

PROC RANK DATA=ds6_2  OUT=ds6_4;
VAR m;
RUN;

PROC PRINT DATA=ds6_4 LABEL;   /* 순위로 자료가 바뀐 변수 m */
VAR gender residence age m s v cv;
ID id;
RUN;
```

[6-4-1.lst]

PROC RANK를 이용한 자료의 순위계산 22

id	성별	거주지	나이	m 값이 순위별로 교체됨	s	v	cv
1	남	A지역	40대	10.0	0.50	0.25	11.76
2	여	A지역	40대	8.5	0.82	0.67	20.41
3	남	A지역	30대	2.5	1.15	1.33	38.49
4	여	A지역	40대	5.5	1.00	1.00	28.57
5	남	A지역	40대	5.5	1.00	1.00	28.57
6	여	A지역	40대	5.5	1.00	1.00	28.57
7	남	A지역	30대	1.0	0.96	0.92	34.82
8	여	A지역	30대	2.5	1.83	3.33	60.86
9	남	A지역	40대	8.5	0.82	0.67	20.41
10	여	A지역	30대	5.5	1.29	1.67	36.89

6.4.3 RANKS 문

한 변수의 순위를 따로 저장하고자 할 때는 RANKS 문을 이용하여 새로운 변수 이름을 지정하여야 한다. RANKS 문을 사용하면 원래의 변수와 이에 대응되는 순위 변수가 함께 저장된다. 따라서 VAR에 지정한 변수들과 RANKS에 지정한 변수들의 개수가 반드시 일치하여야 하며, 당연히 같은 이름을 중복으로 지정하지 않는다.

[예.6-4-2.sas]에 VAR 문에 지정된 변수와 대응되는 변수를 지정하는 RANKS 문의 예를 표시하였다.

예 6-4-2.sas

```
OPTION LINESIZE = 110 NODATE;
TITLE 'PROC RANK를 이용한 자료의 순위계산';

PROC RANK DATA=ds6_2  OUT=ds6_5;
VAR m s;
RANKS m_r s_r;
RUN;

PROC PRINT DATA=ds6_5 LABEL;
VAR gender residence age m m_r s s_r;
ID id;
RUN;
```

[6-4-2.lst]

PROC RANK를 이용한 자료의 순위계산 23

id	성별	거주지	나이	m	변수 m의 순위	s	변수 s의 순위
1	남	A지역	40대	4.25	10.0	0.50	1.0
2	여	A지역	40대	4.00	8.5	0.82	2.5
3	남	A지역	30대	3.00	2.5	1.15	8.0
4	여	A지역	40대	3.50	5.5	1.00	6.0
5	남	A지역	40대	3.50	5.5	1.00	6.0
6	여	A지역	40대	3.50	5.5	1.00	6.0
7	남	A지역	30대	2.75	1.0	0.96	4.0
8	여	A지역	30대	3.00	2.5	1.83	10.0
9	남	A지역	40대	4.00	8.5	0.82	2.5
10	여	A지역	30대	3.50	5.5	1.29	9.0

6.4.4 BY 문

BY 문에 지정된 BY 변수의 값에 따라 RANK 절차를 독립적으로 실행한다. BY 문을 사용하기 때문에 RANK 절차 이전에 PROC SORT 절차를 이용하여 데이터셋을 BY 변수에 의하여 먼저 정렬하여야 한다. [예.6-4-3.sas]에 표시된 RANK 절차의 옵션으로 TIES=LOW를 적용하였다.

예 6-4-3.sas

```
OPTION LINESIZE = 110 NODATE;
TITLE 'PROC RANK를 이용한 자료의 순위계산';
```

```
PROC SORT DATA=ds6_2 OUT=ds6_6;
BY gender;
RUN;

PROC RANK DATA=ds6_6  OUT=ds6_7  TIES=LOW;
VAR m s;
RANKS m_r s_r;
BY gender;
RUN;

PROC PRINT DATA=ds6_7 LABEL;
VAR gender residence age m m_r s s_r;
ID id;
BY gender;
RUN;
```

[6-4-3.lst]

PROC RANK를 이용한 자료의 순위계산 24

성별=남

id	성별	거주지	나이	m	변수 m의 순위	s	변수 s의 순위
1	남	A지역	40대	4.25	5	0.50	1
3	남	A지역	30대	3.00	2	1.15	5
5	남	A지역	40대	3.50	3	1.00	4
7	남	A지역	30대	2.75	1	0.96	3
9	남	A지역	40대	4.00	4	0.82	2

성별=여

id	성별	거주지	나이	m	변수 m의 순위	s	변수 s의 순위
2	여	A지역	40대	4.00	5	0.82	1
4	여	A지역	40대	3.50	2	1.00	2
6	여	A지역	40대	3.50	2	1.00	2
8	여	A지역	30대	3.00	1	1.83	5
10	여	A지역	30대	3.50	2	1.29	4

6.5 데이터셋의 영구적인 저장

통계분석을 하기 위하여 작성된 SAS 프로그램을 살펴보면 DATA 단계와 PROC 절차가 연속하여 반복 실행된다. 이와 같이 여러 단계의 분석을 거치는 동안 DATA 문장에서 생성된 SAS 데이터셋은 임시 기억장소에 저장된다. 그러나 임시 기억장소에 저장된 데이터셋은 SAS 시스템을 종료하면 임시 기억장소에서 삭제된다. 따라서 나중에 똑같은 데이터셋을 이용하여 통계분석을 계속해야 할 경우 이전의 데이터셋의 자료를 다시 생성하여야 한다. 더욱이 같은 데이터셋을 매번 만들어야 하는 DATA 문장의 실행으로 시간이 많이 소요될 뿐만 아니라 번거롭다.

이를 해결하는 방법은 SAS 명령문 LIBNAME을 사용하여 DATA 단계에서 생성된 데이터셋의 자료와 모든 정보를 하드디스크 등 보조기억장치에 영구히 저장하는 것이다. 이후 똑같은 데이터셋을 이용한 통계분석을 할 때, 보조기억장치에 저장된 자료를 읽어 들이면 될 것이다.

SAS 명령문 LIBNAME을 사용하여 저장된 하드디스크 공간을 SAS 자료 라이브러리(SAS Data Library)라고 부른다. 이 공간에 저장된 영구 SAS 자료의 관측값, 변수의 유형, 레이블 등의 정보를 알아보기 위하여 PROC CONTENTS 절차를 이용한다.

6.5.1 LIBNAME 문

SAS 데이터셋은 SAS 시스템에 의해 처리되는 많은 자료들을 저장하는 효율적인 방법이지만, SAS 데이터셋은 실제 자료보다 많은 디스크 용량을 차지한다. 더군다나 임시 기억장치에 저장된 데이터셋은 SAS 시스템이 종료되면 바로 임시 기억장치에서 삭제된다. 따라서 앞으로 연속적으로 사용될 데이터셋은 하드디스크 등의 기억장치에 영구히 저장할 필요가 있다. SAS 데이터셋을 영구히 저장할 장소인 라이브러리를 지정하기 위하여 다음과 같은 형식의 LIBNAME 문을 사용한다. 여기서 libref는 SAS 자료가 영구 저장될 기억장소의 폴더 이름을 대표하는 별명이다.

```
LIBNAME  libref  '영구 저장될 폴더 이름' ;
```

LIBNAME에서 지정한 폴더에 SAS 데이터셋의 자료와 정보가 저장되며 저장될 파일의 확장자는 '.sas7bdat'이다. 영구 저장될 이 파일의 확장자를 SAS 프로그램 내에서 참조하지 않기 때문에 SAS 사용자들은 이 확장자를 기억할 필요가 없다.

SAS 프로그램에서 영구 저장될 자료의 이름은 마침표로 구분된 두 단어로서 구성된다. 마침표 앞의 단어는 이 자료가 영구 저장될 라이브러리 이름이며, 뒤의 단어는 사용자가 필요에 따라 지정한 실제 영구 저장될 파일의 이름이다.

[예.6-5-1.sas]는 survey123 자료를 gender의 값에 따라 2개의 데이터셋으로 분할하여 각각 libexam.male과 libexam.female으로 영구 저장하는 방법을 표시

하고 있다. 여기서 마침표 앞의 단어인 libexam은 이 데이터셋들이 저장될 폴더, 즉 라이브러리의 이름이고, male과 female은 확장자가 '.sas7bdat'인 영구 저장될 파일의 이름이다.

예 6-5-1.sas

```
OPTION LINESIZE = 110 NODATE;
LIBNAME libexam 'C:₩Users₩owner₩Desktop₩꾀꼬리';

DATA libexam.male libexam.female;
SET survey123;
IF gender=1 THEN OUTPUT libexam.male;
ELSE OUTPUT libexam.female;

TITLE '라이브러리 활용-libexam.male';
PROC PRINT DATA=libexam.male N;
ID id;
RUN;

TITLE '라이브러리 활용-libexam.female';
PROC PRINT DATA=libexam.female N;
ID id;
RUN;
```

[6-5-1.lst]

라이브러리 활용-libexam.male 25

id	gender	residence	age	q11	q12	q13	q14	q21	q22	q23	q24	q31	q32	q33	q34
1	1	1	3	5	4	4	4	5	5	3	4	3	4	1	4
3	1	1	2	4	4	2	2	4	5	4	4	4	4	1	4
5	1	1	3	5	3	3	3	3	4	2	3	2	2	1	4
7	1	1	2	4	2	2	3	3	5	2	2	2	3	1	4
9	1	1	3	5	3	4	4	3	2	1	2	1	2	2	4
11	1	1	3	5	3	3	2	3	4	4	5	3	3	1	3
13	1	1	3	5	4	4	3	5	5	3	4	3	4	1	3
15	1	1	2	4	3	2	4	2	4	3	3	3	4	1	3
17	1	1	2	4	3	4	3	3	3	4	3	4	3	1	3
19	1	1	1	3	4	2	4	3	4	1	3	3	3	2	3
21	1	1	3	5	3	4	4	5	5	3	3	3	3	1	3
23	1	1	2	4	3	4	4	5	5	2	5	2	2	2	3
25	1	1	3	5	4	2	4	4	5	2	3	2	2	2	3
27	1	1	2	4	4	4	3	4	4	4	3	3	2	1	3
29	1	1	3	5	3	3	2	4	4	2	3	2	2	1	3
31	1	1	1	5	3	2	3	5	5	2	4	2	2	2	3
33	1	1	2	4	4	4	3	3	4	3	2	3	3	2	3
35	1	1	3	5	4	4	4	2	4	3	3	4	4	2	3
37	1	1	3	5	3	3	3	3	4	5	4	2	3	1	4
39	1	1	2	4	5	2	1	1	3	4	3	4	2	1	3
201	1	2	1	4	3	2	3	2	4	2	4	2	2	1	3
203	1	2	1	4	5	2	1	1	3	4	3	4	2	1	3

```
205    1      2      2   4   3   3   4   3   5   4   4   3   3   1   3
207    1      2      2   4   2   4   4   3   4   2   4   2   3   2   3
209    1      2      3   5   3   3   4   3   5   2   4   2   2   2   3
211    1      2      2   4   4   4   3   2   4   4   3   4   4   2   3
213    1      2      3   5   4   5   5   5   5   4   5   3   3   1   3
215    1      2      1   5   4   5   4   5   4   5   3   2   4   1   3
217    1      2      1   5   2   3   4   4   5   2   4   2   3   1   3
219    1      2      2   4   3   3   3   4   4   3   2   3   3   2   3
301    1      3      3   5   4   5   3   3   4   5   5   3   4   1   2
303    1      3      1   3   4   5   5   4   3   3   4   3   4   1   2
305    1      3      2   3   2   3   5   5   3   2   3   2   3   1   2
307    1      3      1   3   2   2   3   2   4   2   4   3   2   2   2
309    1      3      2   4   3   3   4   3   4   3   3   4   3   2   2
311    1      3      2   4   4   3   2   5   4   2   3   4   4   1   2
313    1      3      2   4   3   3   3   5   3   3   2   3   4   1   2
315    1      3      2   4   4   4   2   2   4   4   3   2   3   1   2
317    1      3      1   3   3   3   4   4   5   2   5   2   2   2   2
319    1      3      3   5   4   4   4   5   5   3   4   4   4   2   2
321    1      3      1   3   1   1   1   1   3   2   4   1   3   1   2
323    1      3      2   4   2   2   4   5   5   1   2   1   2   2   2
325    1      3      3   5   3   3   4   4   4   2   3   2   2   2   2
327    1      3      2   4   3   5   3   4   3   3   3   3   3   1   2
329    1      3      3   5   3   2   2   3   5   2   5   4   4   1   2
401    1      4      3   5   4   3   3   2   5   3   2   3   4   2   3
403    1      4      3   5   1   3   4   2   4   3   3   3   3   2   3
405    1      4      2   4   4   3   3   2   5   5   4   5   4   1   3
407    1      4      1   3   3   3   3   3   3   3   3   3   3   1   3
409    1      4      1   3   3   3   3   3   3   3   3   3   3   1   3
411    1      4      3   5   4   4   3   1   3   3   3   3   4   1   3
413    1      4      2   5   3   4   2   2   4   2   5   2   1   2   3
415    1      4      2   5   3   2   4   3   4   2   2   2   2   1   3
417    1      4      3   5   4   3   2   1   3   3   3   4   3   1   3
419    1      4      2   4   3   2   2   3   4   4   3   2   3   2   3
421    1      4      3   5   3   5   5   5   5   3   4   2   2   1   2
423    1      4      1   1   2   3   3   4   5   2   2   2   2   1   2
425    1      4      3   5   3   3   2   5   5   1   5   2   2   2   2
427    1      4      1   5   3   3   4   4   4   3   5   2   3   1   2
429    1      4      2   5   3   4   5   5   5   4   4   2   1   1   2
431    1      4      3   5   2   3   4   4   5   1   5   2   2   2   2
433    1      4      3   5   4   2   5   2   5   3   4   2   2   2   2
435    1      4      1   3   3   4   3   3   4   3   4   3   3   2   2
437    1      4      1   2   2   3   4   4   4   2   3   2   2   2   2
439    1      4      3   5   4   1   5   5   5   2   5   2   2   1   2

                          관측치 개수 = 65
```

```
                    라이브러리 활용-libexam.female                        26

id gender  residence  age q11 q12 q13 q14 q21 q22 q23 q24 q31 q32 q33 q34
 2    2        1       3   5   4   4   3   4   4   3   5   4   4   2   4
 4    2        1       3   5   3   3   3   5   4   2   3   2   2   2   4
 6    2        1       3   5   3   3   3   4   3   2   3   2   2   2   4
 8    2        1       2   4   5   2   1   1   3   4   4   3   2   1   4
10    2        1       2   4   5   3   2   2   5   2   2   2   5   1   3
```

12	2	1	3	5	4	4	4	4	5	3	4	3	3	1	3
14	2	1	2	4	4	3	2	3	5	4	5	2	5	2	3
16	2	1	3	5	3	2	3	2	4	3	3	2	2	2	3
18	2	1	3	5	3	3	4	4	5	2	4	2	3	2	3
20	2	1	2	4	3	2	3	2	3	2	2	2	2	2	3
22	2	1	2	4	4	4	3	3	5	3	5	2	3	2	3
24	2	1	2	4	5	2	1	1	3	4	3	4	2	1	3
26	2	1	3	5	4	2	1	2	3	4	3	4	2	2	3
28	2	1	1	5	2	4	4	3	4	2	3	2	3	2	3
30	2	1	1	5	3	4	4	4	4	4	4	2	3	2	3
32	2	1	3	5	1	1	5	1	1	1	5	1	1	2	3
34	2	1	2	4	3	4	5	5	3	3	4	2	2	2	3
36	2	1	1	1	2	3	3	5	5	3	3	3	1	1	3
38	2	1	2	4	5	2	1	1	3	4	3	4	2	1	3
40	2	1	1	3	3	3	4	3	4	3	3	3	1	1	3
202	2	2	3	5	4	3	5	5	2	4	2	2	2	1	3
204	2	2	1	4	5	2	1	1	3	4	3	4	2	2	3
206	2	2	2	4	3	3	3	2	4	3	3	3	3	1	3
208	2	2	3	5	4	2	1	2	3	4	3	4	2	2	3
210	2	2	2	4	3	2	2	4	2	5	3	4	1	2	2
212	2	2	3	5	4	4	3	4	4	3	3	2	1	1	3
214	2	2	1	5	4	4	4	4	4	3	4	2	2	2	3
216	2	2	3	5	4	3	2	1	2	3	4	5	4	2	3
218	2	2	3	5	4	4	2	5	5	4	3	4	4	2	3
220	2	2	1	1	3	4	4	4	5	5	3	4	2	1	4
222	2	2	2	4	3	3	2	5	5	2	5	2	2	2	3
224	2	2	2	4	4	4	4	3	5	5	5	5	5	1	4
226	2	2	1	5	4	3	4	2	4	3	5	2	2	2	4
228	2	2	3	5	4	4	4	4	4	3	4	3	3	1	4
230	2	2	2	4	3	4	4	4	3	4	4	4	3	2	4
232	2	2	3	5	3	3	4	4	5	3	5	3	3	2	4
234	2	2	1	4	3	2	4	2	3	2	3	2	3	2	4
236	2	2	2	4	5	2	1	1	3	4	3	4	2	1	4
238	2	2	3	5	4	4	4	5	5	3	3	3	3	2	4
240	2	2	3	5	4	4	4	3	5	4	5	3	3	1	4
302	2	3	3	5	3	4	3	3	5	4	5	1	1	1	2
304	2	3	1	3	3	4	4	2	4	4	4	2	4	1	2
306	2	3	3	5	3	4	3	3	4	2	3	3	3	2	4
308	2	3	1	3	2	2	3	2	4	2	4	3	2	1	2
310	2	3	1	3	3	2	4	2	3	3	3	3	3	2	2
312	2	3	3	5	2	3	4	3	3	3	4	2	2	1	2
314	2	3	2	4	5	5	4	3	4	4	3	3	3	2	2
316	2	3	3	5	4	4	5	2	5	3	4	2	2	1	2
318	2	3	1	3	2	3	2	2	3	2	3	2	3	1	2
320	2	3	3	5	3	5	4	4	5	2	3	3	3	1	2
322	2	3	3	5	3	3	4	5	4	4	4	3	4	1	2
324	2	3	2	4	3	3	4	3	4	3	4	3	4	2	2
326	2	3	3	5	3	3	4	4	4	2	3	2	2	1	2
328	2	3	2	4	3	3	5	4	5	2	4	2	2	1	2
330	2	3	3	5	3	2	3	4	4	2	3	2	2	2	2
412	2	4	2	4	4	4	4	4	4	3	2	4	3	1	3
414	2	4	1	5	3	4	4	3	4	3	2	2	3	2	3
416	2	4	3	5	1	4	4	1	3	1	1	1	1	2	3
418	2	4	3	5	4	4	5	4	5	4	5	5	4	2	3
420	2	4	2	4	3	3	2	3	2	3	3	2	4	1	3

422	2	4	1	3	3	3	3	3	3	3	3	3	3	1	2
424	2	4	2	4	4	3	2	5	5	3	4	3	3	1	2
426	2	4	2	4	5	2	1	1	3	4	3	4	2	1	2
428	2	4	1	3	3	3	3	3	3	2	4	2	2	1	2
430	2	4	3	5	2	3	4	5	5	2	4	2	2	2	2

관측치 개수 = 65

다음 [그림.6-5-1]에서 알 수 있듯이 [예.6-5-1.sas]의 DATA 단계에서 생성된 두 영구 데이터셋은 libexam 이름의 라이브러리 'C:₩Users₩owner₩Desktop₩꾀꼬리' 폴더에 female.sas7bdat와 male.sas7bdat라는 이름의 파일로 각각 저장된다.

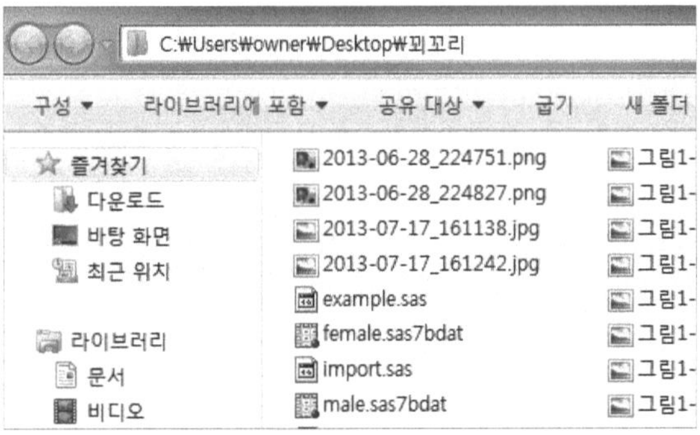

|그림.6-5-1| 라이브러리 폴더와 영구 데이터셋의 저장

6.5.2 PROC CONTENTS

CONTENTS 절차는 SAS 자료 라이브러리에 있는 SAS 파일에 대한 정보를 제공한다. 여기서 얻을 수 있는 정보는 파일의 이름과 크기, 형태 그리고 이 파일이 생성된 날짜 등이다. 영구 SAS 자료의 정보를 알아보는 CONTENTS 절차의 사용 형식은 다음과 같다. 여기서 libref는 LIBNAME 문에서 지정한 라이브러리 이름이며, libfilename은 확장자가 '*.sas7bdat'인 읽어 들이고자 하는 영구 저장된 SAS 파일의 이름이다.

```
PROC CONTENTS  DATA = libref.libfilename ;
```

참고로 같은 라이브러리의 이름으로 SAS 라이브러리에 저장된 모든 영구 파일들의 정보들을 한꺼번에 얻기 위해서 SAS 시스템의 예약어 _ALL_을 사용한다. 예를 들어 영구 저장된 두 파일의 라이브러리 이름을 save로 지정했을때 CONTENTS 절차를 다음과 같이 실행한다.

```
LIBNAME  save  'C:\Users\owner\Desktop\꾀꼬리';
PROC CONTENTS  DATA = save._ALL_ ;
```

[예.6-5-2.sas]에 PROC CONTENTS의 실행 예를 표시하고 있다. 여기서 [예.6-5-2.sas]에서 정의하는 라이브러리 이름이 이전에 [예.6-5-1.sas]에서 지정했던 라이브러리 이름과 같을 필요가 없다. 단지 라이브러리로 지정된 폴더의 전체 경로만 정확히 일치하면 된다.

예 | 6-5-2.sas

```
OPTION LINESIZE = 110 NODATE;
TITLE 'PROC CONTENTS Example';

LIBNAME save 'C:\Users\owner\Desktop\꾀꼬리';

PROC CONTENTS DATA=save.male;
RUN;
```

[6-5-2.lst]

```
PROC CONTENTS Example                                                36

                              CONTENTS 프로시저

 데이터셋 이름  SAVE.MALE                              관측치          65
 멤버 유형      DATA                                   변수            16
 엔진           V9                                     인덱스          0
 생성일         2013년 07월 30일 화 오후 11시13분46초  관측치 길이     128
 마지막 수정일  2013년 07월 30일 화 오후 11시13분46초  삭제된 관측치   0
 보호                                                  압축여부        아니요
 데이터셋 유형                                         정렬            아니요
 레이블
 데이터 표현    WINDOWS_32
 인코딩         euc-kr  Korean (EUC)


                             엔진/호스트 관련 정보

 데이터셋 페이지 크기            12288
 데이터셋 페이지 번호            1
 첫 번째 데이터 페이지           1
 페이지당 최대 관측치 수         95
 첫 번째 데이터 페이지의 관측치 수 65
 데이터셋 수리의 번호            0
 파일 이름                       C:\Users\owner\Desktop\꾀꼬리\male.sas7bdat
```

```
생성된 릴리즈                    9.0301M2
생성된 호스트                    W32_7HOME


              변수와 속성 리스트(오름차순)

        #   변수         유형    길이   레이블

        4   age          숫자      8    나이
        2   gender       숫자      8    성별
        1   id           숫자      8
        5   q11          숫자      8
        6   q12          숫자      8
        7   q13          숫자      8
        8   q14          숫자      8
        9   q21          숫자      8
       10   q22          숫자      8
       11   q23          숫자      8
       12   q24          숫자      8
       13   q31          숫자      8
       14   q32          숫자      8
       15   q33          숫자      8
       16   q34          숫자      8
        3   residence    숫자      8    거주지
```

다음 [예.6-5-3.sas]은 라이브러리 폴더에 저장된 영구 데이터셋을 DATA 단계에 읽어 들이는 간단한 예를 보인 것이다.

예 6-5-3.sas

```
OPTION LINESIZE = 110 NODATE;
TITLE '영구 저장된 SAS 파일의 참조';

LIBNAME save 'C:\Users\owner\Desktop\꾀꼬리';

DATA new;
SET save.female;
q1s = SUM(OF q11-q14);
LABEL q1s = 'Q1 문항의 합';
DROP gender q21-q24 q31-q34;

PROC PRINT DATA=new LABEL;
ID id;
RUN;
```

[6-5-3.lst]

```
                    영구 저장된 SAS 파일의 참조                    37

                                                          Q1 문
                                                          항의
 id    거주지    나이    q11    q12    q13    q14          합
  2      1       3      5      4      4      3            16
  4      1       3      5      3      3      3            14
  6      1       3      5      3      3      3            14
  8      1       2      4      5      2      1            12
 10      1       2      4      5      3      2            14
 12      1       3      5      4      4      4            17
 14      1       2      4      4      3      2            13
 16      1       3      5      3      2      3            13
 18      1       3      5      3      3      4            15
 20      1       2      4      3      2      3            12
 22      1       2      4      4      4      3            15
 24      1       2      4      5      2      1            12

                    <이하 자료 생략>
```

연습문제

6.1 연습문제 3.2에서 입력된 SAS 데이터셋에 대하여 다음과 같이 각 변수에 레이블을 부여하자.

변수	name	id	gender	age	income
레이블	이름	일련번호	성별	나이	수입

(1) DATA 단계에서 변수의 레이블을 지정한 데이터셋을 출력하는 SAS 프로그램을 작성하여라.

(2) PRINT 절차에서 변수의 레이블을 지정하면서 이 데이터셋을 출력하는 SAS 프로그램을 작성하여라.

(3) 관측치의 번호 때신 관측치를 식별하기 위하여 id 변수를 사용하고, name과 income 변수만 출력하는 SAS 프로그램을 작성하여라.

6.2 연습문제 6.1의 자료에서 income 변수의 제곱근 값을 변수 sq_income으로 저장한 후, 변수 sq_income을 소수점 이하 2자리까지 출력하도록 형식을 지정하는 DATA 단계를 완성하여라. 또한 이 자료를 남녀별로 분류하여 출력하는 SAS 프로그램을 작성하여라.

6.3 연습문제 6.1의 자료에서 age와 income의 내림차순 순위를 구하여 각각 r_age와 r_income에 저장하고 이를 출력하는 SAS 프로그램을 작성하여라. 단, 동순위가 발생하면 옵션 TIES=HIGH를 지정한다.

6.4 연습문제 6.1의 자료의 변수 중에서 gender 변수의 값의 레이블을 다음과 같이 지정하여 출력하는 SAS 프로그램을 작성하여라.

gender : 'M'='남', 'F'='여'

7장 그래프 그리기

7.1 PROC GCHART

통계 표집 등을 통하여 얻어진 자료로부터 모집단의 특성에 대한 통계적 추론 이전에 자료들을 간단한 통계량이나 그래프를 이용하여 요약해 봄으로써 모집단의 특성을 어느 정도 짐작해 볼 수 있다. 모집단의 특성 예측을 위해 자료를 정리하고 요약하는 방법으로 그래프를 통한 시각적인 표현과 자료의 수치적 측도를 산출하는 방법이 있다.

기술 통계학이란 자료에 적합한 그래프와 기술통계량을 이용하여 모집단을 분석하는 기초적인 통계학이다. 기술 통계학에서 그래프를 통한 시각적인 접근 방법은 모집단의 특성을 시각적으로 파악할 수 있다는 장점이 있다. 그러나 분석자에 의해 왜곡될 수 있다는 단점을 보강하기 위하여 그래프를 표현하는 방법과 더불어 분포의 특성을 설명할 수 있는 수치적 측도인 기술통계량이 필요하다.

SAS는 GCHART 절차를 사용하여 입력된 자료의 정보를 도표로 표현한다. 이 절차를 통해 얻어지는 도표는 SAS의 [그래프] 창에 따로 출력된다. GCHART 절차를 통하여 기본적으로 다음과 같이 다섯 종류의 도표를 출력할 수 있다.

- 수직막대도표(vertical bar chart)
- 수평막대도표(horizontal bar chart)
- 블록도표(block chart)
- 파이도표(pie chart)
- 별도표(star chart)

GCHART 절차의 사용 형식은 다음과 같다.

```
PROC  GCHART  DATA = SASDataSet ;
        VBAR  변수목록/Options ;
        HBAR  변수목록/Options ;
        BLOCK  변수목록/Options ;
        PIE    변수목록/Options ;
        STAR  변수목록/Options ;
        BY     변수목록 ;
```

여기서 VBAR는 수직막대도표, HBAR는 수평막대도표, BLOCK은 3차원 블록도표, PIE는 원형의 구성도표(파이도표), 마지막으로 STAR는 별 모양의 구성도표(별도표)를 그리고자 할 때 사용하는 부명령문이다.

DATA 옵션이 생략되면 가장 최근에 만들어진 SAS 데이터셋의 자료를 이용하여 도표를 그린다. 또한 BY 문은 여기에 지정된 BY 변수의 각 수준별로 각각 다른 도표를 그려준다. 참고로 BY 문이 사용되면 이전에 BY 변수에 따라 PROC SORT 절차를 실행하여 데이터셋을 정렬하여야 한다.

7.1.1 GCHART 절차의 공통 옵션

다음 선택 사양들은 PROC GCHART 절차에 포함된 다섯 개의 도표에 공통으로 사용된다.

- MISSING

그리고자 하는 도표에 결측값을 별도의 한 그룹으로 하여 그림을 그린다.

- DISCRETE

변수를 이산형으로 취급한다. 이 옵션이 생략되면 도표를 그리려고 하는 변수를(이를 도표변수라 하자.) 연속형 자료로 간주한다.

- TYPE = type

도표에 표시되는 도표변수의 요약값을 type으로 지정한다. 지정할 수 있는 type은 다음 표와 같다.

type	설 명
FREQ	기본값으로 도표변수의 각 값의 빈도(도수)를 나타냄
PERCENT(또는 PCT)	도표변수의 각 값의 비율
CFREQ	도표변수의 각 값의 누적빈도
CPERCENT(또는 CPCT)	도표변수의 각 값의 누적비율
SUM	SUMVAR 옵션에 지정한 변수(연속형 자료)의 합계
MEAN	SUMVAR 옵션에 지정한 변수(연속형 자료)의 평균

• SUMVAR = 변수

TYPE 옵션의 SUM과 MEAN을 구해야 되는 변수를 지정한다.

• MIDPOINTS = 값

수평축의 지표값을 조절한다. 값을 지정하는 방식은 DO 문의 지표 변수의 지정 형식과 같다.

• AXIS = 값

수직축의 지표값을 조절한다. 값을 지정하는 방식은 DO 문의 지표 변수의 지정 형식과 같다.

다음 [예.7-1-1.sas]는 130개의 관측치가 저장된 데이터셋 survey123의 자료로부터 교사의 3가지 능력 점수(각 문항의 세부 항목 점수의 평균; 학습지도능력, 학급경영능력, 업무수행능력)를 구하는 q1m, q2m, q3m 변수를 새로 생성하고, 이 자료를 라이브러리에 'save.ds'로 저장하는 예를 표시하고 있다. 이렇게 저장된 영구 데이터셋은 LIBNAME 문을 사용하면 차후 통계분석에 쉽게 접근하여 활용할 수 있다.

예 7-1-1.sas

```
TITLE '그래프 그리기-VBAR Chart';

PROC FORMAT;   /* 변수값 레이블 설정 */
VALUE  f_age  1='20대'  2='30대'  3='40대';
VALUE  f_gender  1='남'  2='여';
VALUE  f_residence 1='A지역' 2='B지역' 3='C지역' 4='D지역';

LIBNAME save 'C:\Users\owner\Desktop\꾀꼬리';

DATA save.ds;   /* 영구 데이터셋의 생성 */
SET survey123;
q1m = MEAN(OF q11-q14);
q2m = MEAN(OF q21-q24);
q3m = MEAN(OF q31-q34);
LABEL q1m='학습지도';
LABEL q2m='학급경영';
LABEL q3m='업무수행';
FORMAT gender f_gender. age  f_age.  residence  f_residence.;

PROC GCHART DATA=save.ds;
VBAR  residence;
RUN;
```

영구 데이터셋 save.ds에 포함된 residence 변수의 수직막대도표를 그리기 위한 PROC GCHART 절차를 [예.7-1-1.sas]에 표시하고 있다.

GCHART 절차나 GPLOT 절차 등을 통하여 얻어지는 모든 그래프는 새로 활성화되는 [GRAPH] 창에 표시된다. [GRAPH] 창에 표시되는 그래프는 SAS 주 메뉴의 [파일]-[이미지 내보내기(R)...]을 선택하여 jpg이나 bmp의 확장자를 갖는 이미지 전용 파일로 저장할 수 있다. 이렇게 저장된 파일을 문서 편집기 소프트웨어에 삽입하면 그림 [그림.7-1-1]과 같은 그림을 얻을 수 있다.

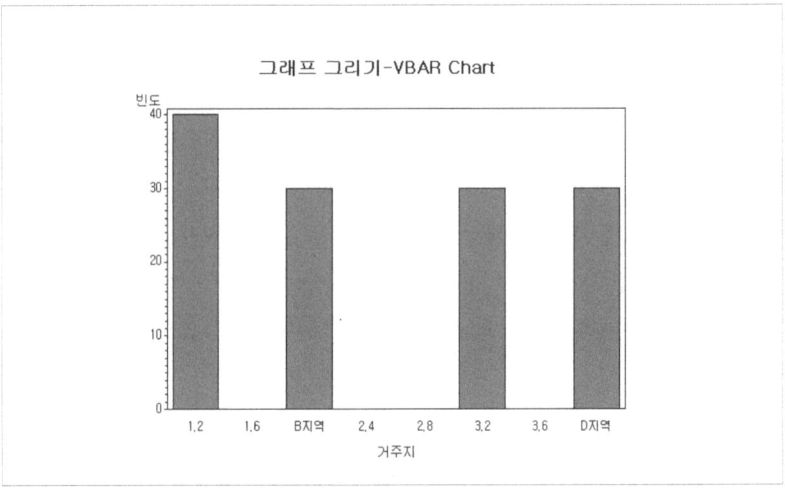

|그림.7-1-1| VBAR Chart

[예.7-1-1.sas]의 PROC GCHART 절차에 별다른 옵션 없이 VBAR 문을 실행했기 때문에 이산형 자료인 residence 변수를 연속형 자료로 간주되어 잘못 분석된 [그림.7-1-1]이 출력되었다. 올바른 수직막대도표를 얻기 위하여 [예.7-1-2.sas]에 표시한 바와 같이 DISCRETE 옵션을 추가함으로써 residence 변수를 이산형 변수로 지정하여야 한다.

예 | 7-1-2.sas

```
TITLE 'VBAR, DISCRETE option';
LIBNAME save 'C:\Users\owner\Desktop\꾀꼬리';

PROC GCHART DATA=save.ds;
VBAR residence / DISCRETE;
RUN;
```

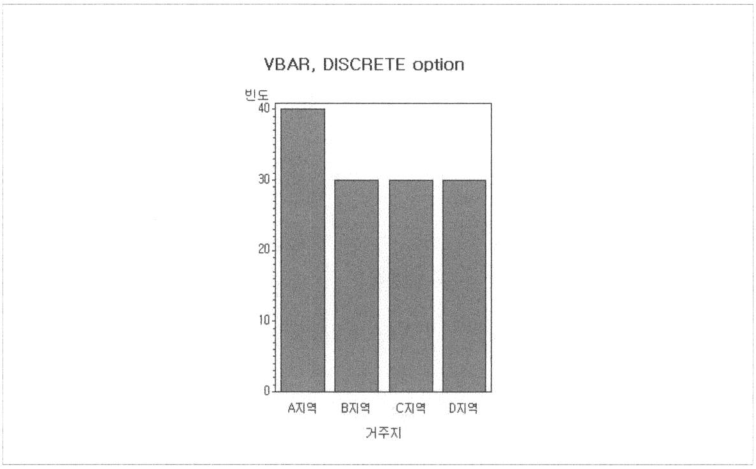

|그림.7-1-2| VBAR / DISCRETE

[예.7-1-3.sas]는 residence 변수를 이산형(DISCRETE)으로, 막대의 높이를 빈도수가 아닌 비율(TYPE=PCT)로 표시한 수직막대도표를 출력하려는 예이다. 또한 수직축의 지표값(AXIS)은 0에서 35까지 7씩 증가하도록 설정하였다.

예 | 7-1-3.sas

```
TITLE 'VBAR / DISCRETE TYPE AXIS options';

LIBNAME save 'C:\Users\owner\Desktop\꾀꼬리';

PROC GCHART DATA=save.ds;
VBAR residence / DISCRETE TYPE=PCT AXIS=0 to 35 BY 7;
RUN;
```

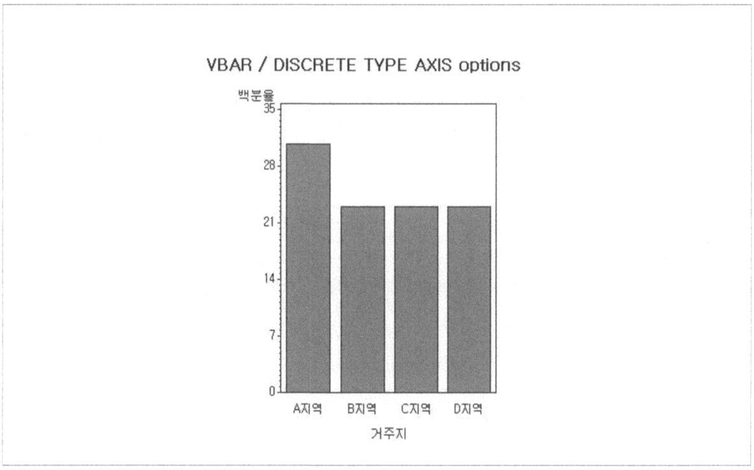

|그림.7-1-3| VBAR / TYPE=PCT

[예.7-1-4.sas]는 변수 age에 대한 수평막대도표를 그리는 SAS 프로그램이다. SUMVAR 선택사양을 사용하여 이 옵션에서 지정한 변수 q1m의 평균값을 막대의 높이(수평막대그림에서는 길이)로 선택하였다.

예 7-1-4.sas

```
TITLE 'VBAR / DISCRETE, TYPE=MEAN';

LIBNAME save 'C:\Users\owner\Desktop\꾀꼬리';

PROC GCHART DATA=save.ds;
HBAR  age / DISCRETE TYPE=MEAN SUMVAR=q1m;
RUN;
```

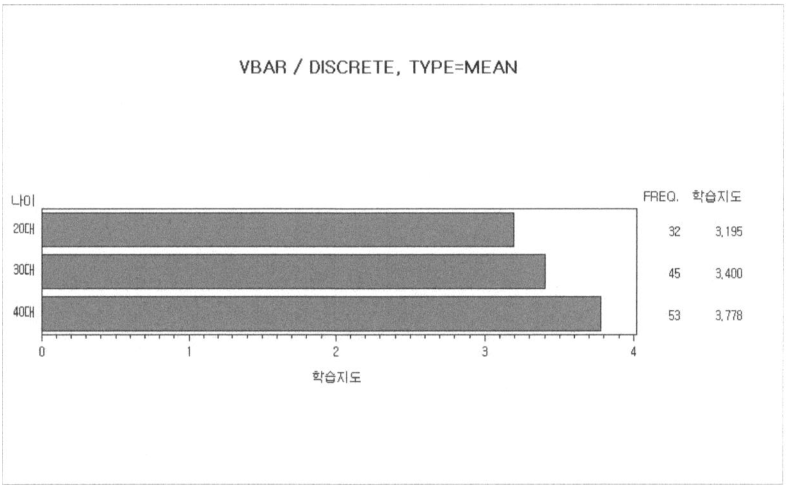

|그림.7-1-4| VBAR / TYPE=MEAN

[예.7-1-5.sas]는 하나의 GCHART 절차에 서로 다른 세 개의 도표를 지정하고, 각 도표에 선택사양을 적절하게 설정한 예를 표시한 것이다.

예 7-1-5.sas

```
TITLE 'VBAR, HBAR, PIE';
LIBNAME save 'C:\Users\owner\Desktop\꾀꼬리';

PROC GCHART DATA=save.ds;
VBAR gender / DISCRETE TYPE=MEAN SUMVAR=q2m;
HBAR age / DISCRETE;
PIE residence / DISCRETE TYPE=PCT;
RUN;
```

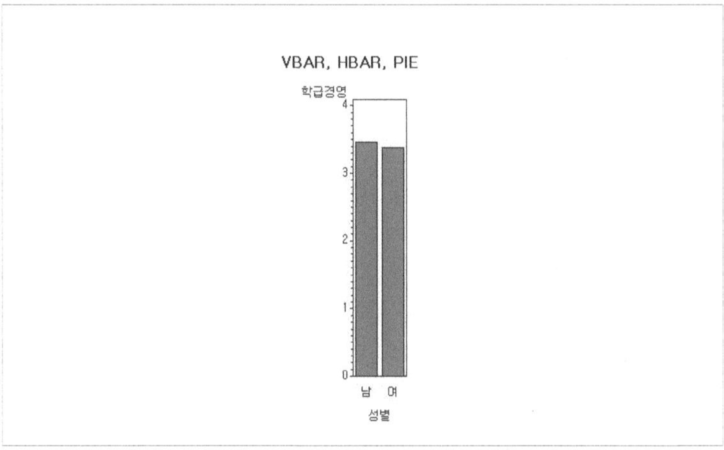

|그림.7-1-5-1| VBAR 부명령문

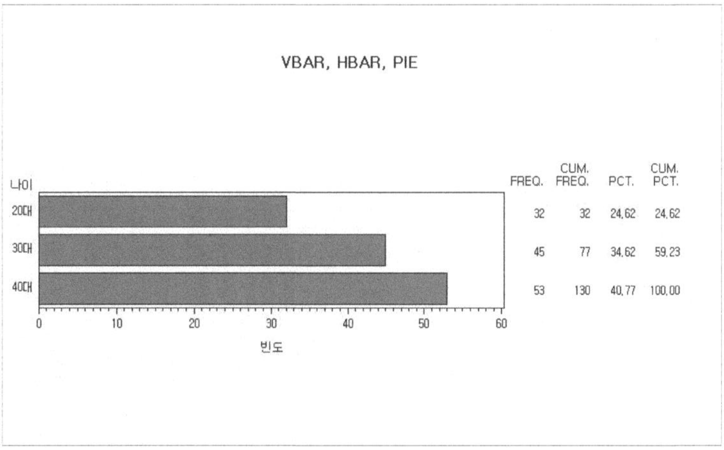

|그림.7-1-5-2| HBAR 부명령문

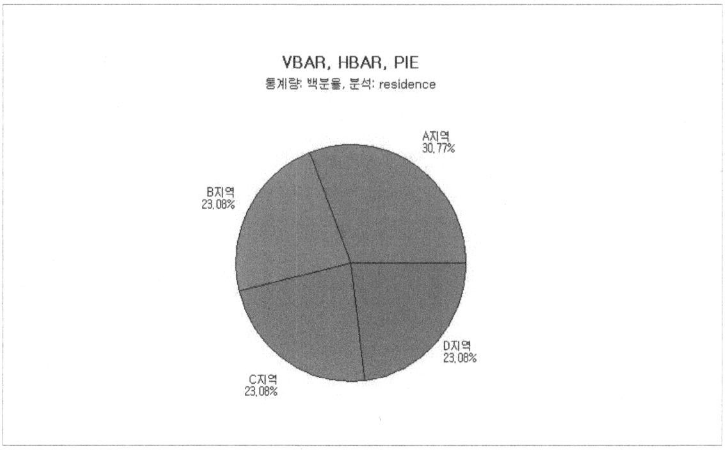

|그림.7-1-5-3| PIE 부명령문

7.1.2 VBAR와 HBAR에 사용되는 추가 옵션

- ASCENDING

그룹 내에서 오름차순으로 도표를 그리고 관련 통계량들을 출력한다.

- DESCENDING

그룹 내에서 내림차순으로 도표를 그리고 관련 통계량들을 출력한다.

- REF = 값

수평축(HBAR인 경우에는 수직축)과 평행인 단일 참조선을 그어준다.

[예.7-1-6.sas]는 q1m 변수의 수평막대도표를 그려주는 SAS 프로그램이다. 이때 MIDPOINTS의 값은 1에서 5까지 0.5씩 증가하도록 하였으며, 참조선은 10에서 40까지 10씩 증가, 즉 10, 20, 30, 40에 그려지도록 REF 옵션을 설정하였다.

예 7-1-6.sas

```
LIBNAME save 'C:₩Users₩owner₩Desktop₩꾀꼬리';
TITLE 'HBAR / MIDPOINTS REF';

PROC GCHART DATA=save.ds;
HBAR  q1m / MIDPOINTS=1 TO 5 BY 0.5  REF=10 TO 40 BY 10;
RUN;
```

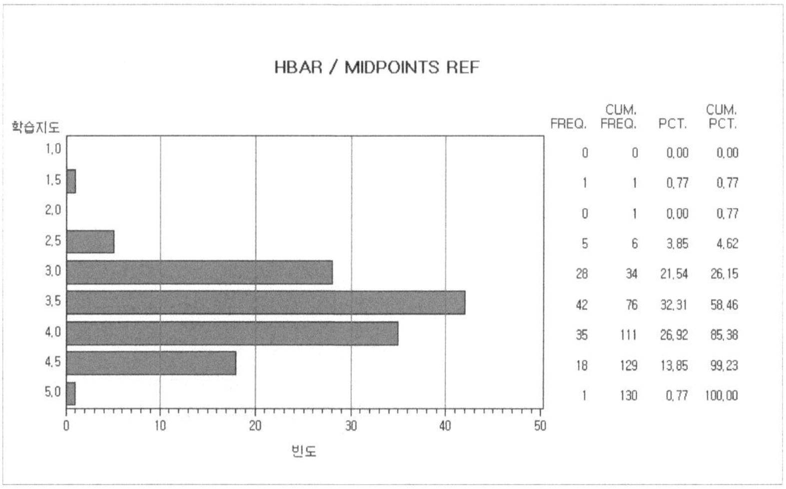

|그림.7-1-6| HBAR / MIDPOINTS, REF

7.1.3 VBAR, HBAR, BLOCK에 사용되는 추가 옵션

- GROUP = 변수

GROUP 옵션에 지정한 변수의 값에 따라 전체 자료를 부분 집단화한 다음, 각 집단마다 따로 도표를 그린다. 단 모든 도표는 한 화면에 나타난다.

- SUBGROUP = 변수

SUBGROUP에 지정한 변수의 각 값의 비율에 따라 막대 그림을 분할 표시하여 도표를 그린다.

[예.7-1-7.sas]와 같이 남녀별로 residence 변수에 대한 수직막대도표를 한 화면에 따로 그리려고 할 때, GROUP 옵션에 변수 gender를 지정하면 된다.

예 7-1-7.sas

```
LIBNAME save 'C:\Users\owner\Desktop\꼬꼬리';
TITLE 'VBAR / GROUP';

PROC GCHART DATA=save.ds;
VBAR  residence / DISCRETE  GROUP=gender  REF=10,15;
RUN;
```

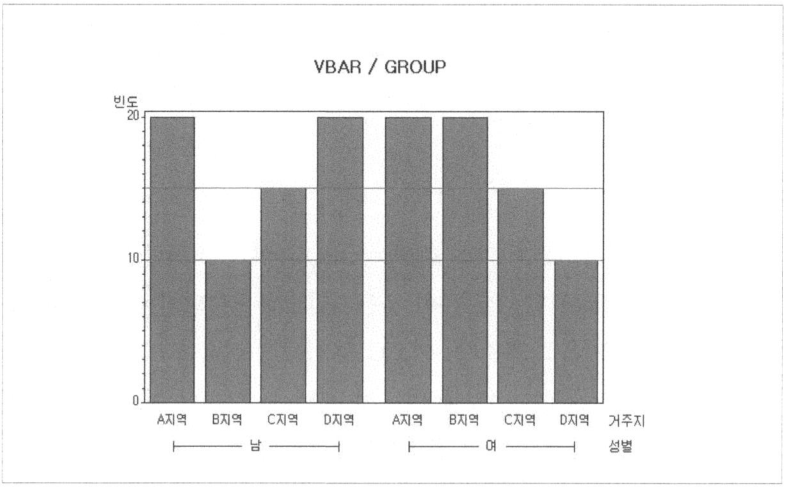

|그림.7-1-7| VBAR / GROUP

다음 [예.7-1-8.sas]의 결과인 [그림.7-1-8]을 살펴보면 age 변수의 각 값의 빈도수에 대한 수평막대그림이 변수 residence의 비율에 따라 분리되어 있음을 알 수 있다. 예를 들어 '40대'의 빈도수가 53인데 그 중에서 residence의 값이 1인 빈

도수는 18이며, 변수 residence의 각 값의 비율에 따라 전체 막대를 4개의 구간으로 분리하여 표시하고 있다.

예 7-1-8.sas

```
LIBNAME save 'C:\Users\owner\Desktop\꾀꼬리';
TITLE 'HBAR / SUBGROUP';

PROC GCHART DATA=save.ds;
HBAR  age / DISCRETE  SUBGROUP=residence;
RUN;
```

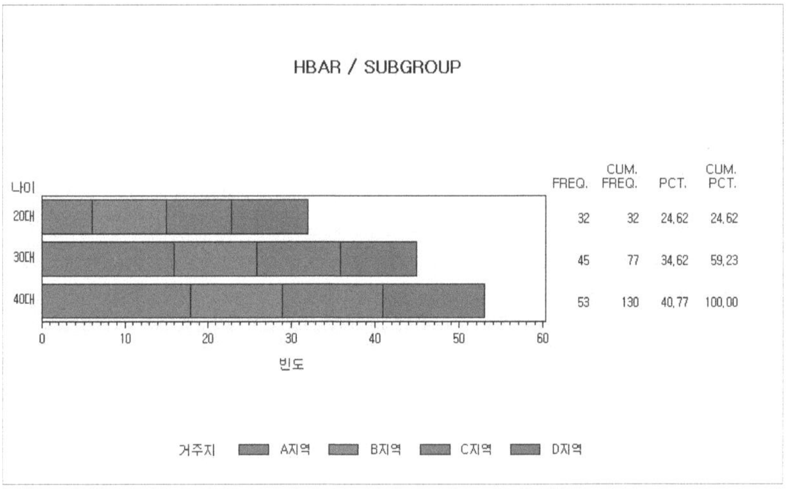

|그림.7-1-8| HBAR / SUBGROUP

7.1.4 BY 문

GROUP 옵션은 하나의 화면에 GROUP에서 지정한 변수의 값에 따라 도표를 분리하여 그려주지만, BY 문이 사용되면 BY 변수의 수준별로 GCHART 그래프를 각각 다른 화면에 그려준다. PROC GCHART 절차에 BY 문이 포함되었기 때문에 이전에 PROC SORT 절차를 반드시 선행하여 BY 문에서 지정한 변수의 값에 따라 SAS 데이터셋의 자료를 정렬하여야 한다.

[예.7-1-9.sas]는 BY 문을 이용하여 남녀별 q3m의 빈도수에 대한 수직막대도표를 서로 다른 화면에 그리는 프로그램이다.

| 예 | 7-1-9.sas

```
LIBNAME save 'C:\Users\owner\Desktop\꾀꼬리';
TITLE 'VBAR; BY';

PROC SORT DATA=save.ds OUT=ds7_1;
BY gender;
RUN;

PROC GCHART DATA=ds7_1;
VBAR  q3m / MIDPOINTS=1.3 TO 3.8 BY 0.3  REF=5,10,15;
BY gender;
RUN;
```

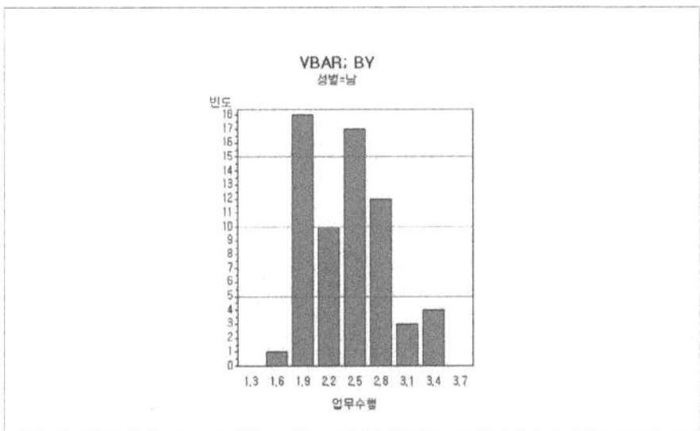

성별=남

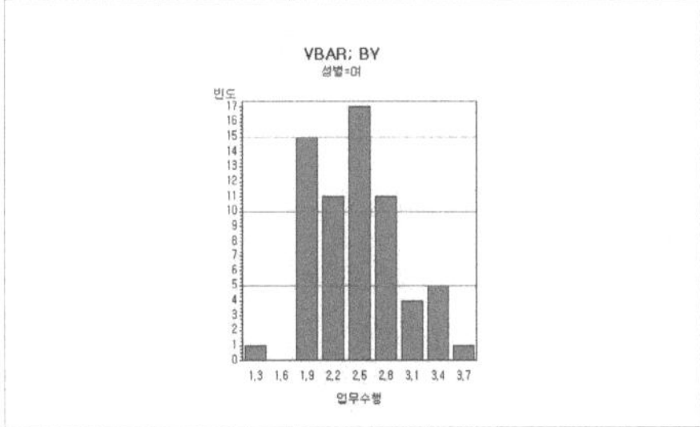

성별=여

|그림.7-1-9|

7.2 PROC GPLOT

두 변수 사이의 관계를 알아보기 위한 산점도(scatter plot)를 그리기 위하여 GPLOT 절차를 이용한다. 먼저 GPLOT 절차의 사용 형식은 다음과 같다.

```
SYMBOL<n>  Options;
PROC GPLOT  Options1 ;
       PLOT  request-list / Options2 ;
       BY  변수목록 ;
```

7.2.1 GPLOT 절차의 옵션(Options1)

- DATA = SASDataSet

GPLOT 절차를 실행하고자 하는 SAS 데이터셋의 이름을 지정한다. 이 옵션이 생략되면 가장 최근에 만들어진 데이터셋을 이용하여 산점도를 그린다.

• UNIFORM

BY 문이 GPLOT 절차에 포함되면 BY 변수의 각 수준(level)마다 산점도를 출력할 경우 각 산점도의 스케일(scale)을 동일하게 유지하도록 한다.

7.2.2 PLOT 문의 request-list

• 〈수직〉*〈수평〉

PLOT 문으로 산점도를 그리는 간단한 형태로서 y-축에 나타내고자 하는 변수를 〈수직〉에, x-축에 나타내고자 하는 변수를 〈수평〉에 각각 지정한다.

• 〈수직〉*〈수평〉=n

점의 모양과 색, 선의 연결 형태 등을 SYMBOL〈n〉 문에서 지정한 형식으로 산점도를 그린다. 여기서 n의 값은 1부터 차례대로 255까지 사용할 수 있다.

[예.7-2-1.sas]는 [예.7-1-1.sas]에서 생성된 영구 데이터셋 save.ds의 두 변수 q1m과 q2m의 상관관계를 알아보기 위하여 그려본 간단한 산점도의 예이다.

예 7-2-1.sas

```
LIBNAME save 'C:\Users\owner\Desktop\꾀꼬리';
TITLE 'PROC GPLOT';

PROC GPLOT DATA=save.ds;    /* 산점도 그리기 */
PLOT q2m * q1m;
RUN;
```

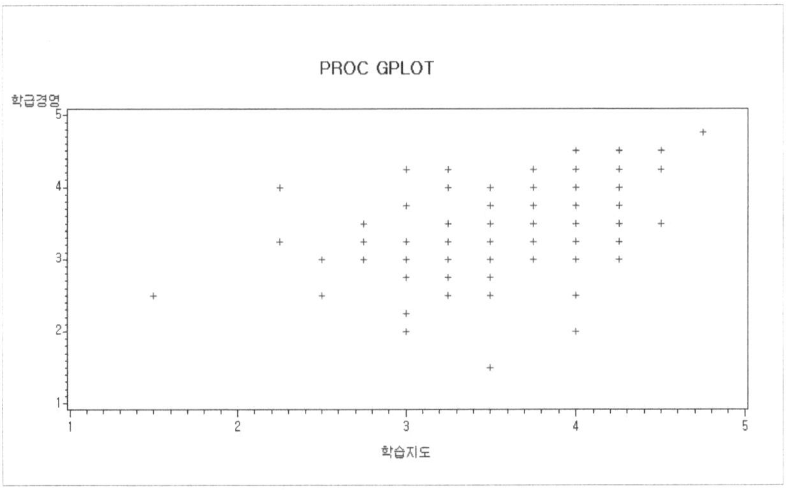

|그림.7-2-1| 간단한 산점도 그리기

PLOT 문을 다음과 같이 지정하면 서로 다른 4개의 산점도를 그려준다.

```
PLOT  y1*x1  y1*x2  y2*x1  y2*x2 ;
```

이 PLOT 문을 다음과 같이 간단히 표기할 수 있다.

```
PLOT  (y1 y2) * (x1 x2) ;
```

[예.7-2-2.sas]는 하나의 PLOT 문에 둘 이상의 산점도를 한꺼번에 지정하는 예를 보여 주고 있다. [예.7-2-2.sas]를 실행하면 두 개의 산점도가 다른 화면에 각각 그려질 것이다.

예 | 7-2-2.sas

```
LIBNAME save 'C:\Users\owner\Desktop\꾀꼬리';
TITLE '둘 이상의 산점도 그리기';

PROC GPLOT DATA=save.ds;
PLOT q3m*q2m q3m*q1m=gender;
RUN;
```

[예.7-2-2.sas]의 실행 결과의 그래프를 살펴보면 첫 번째 산점도 q3m*q2m은 문자 '+'를 이용하여 타점하고 있으며, 두 번째 산점도 q3m*q1m은 gender 변수의 값에 대응되는 색상으로 문자 '+'을 정의하고, 이를 이용하여 점을 표시하고 있다.

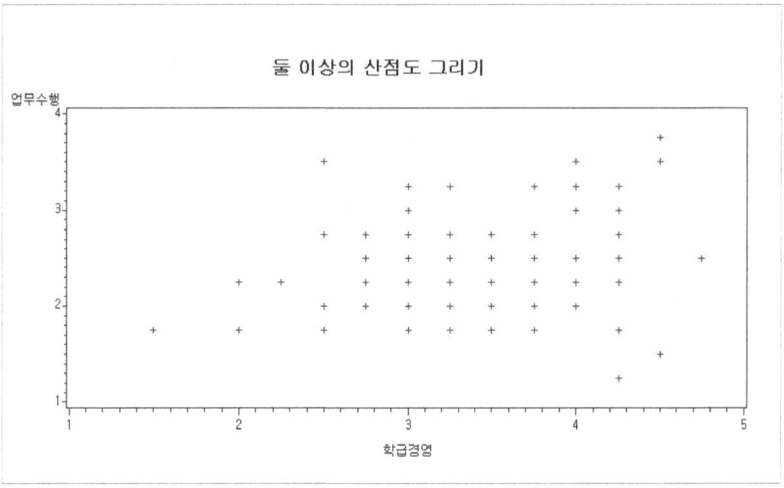

|그림.7-2-2-1| q3m*q2m

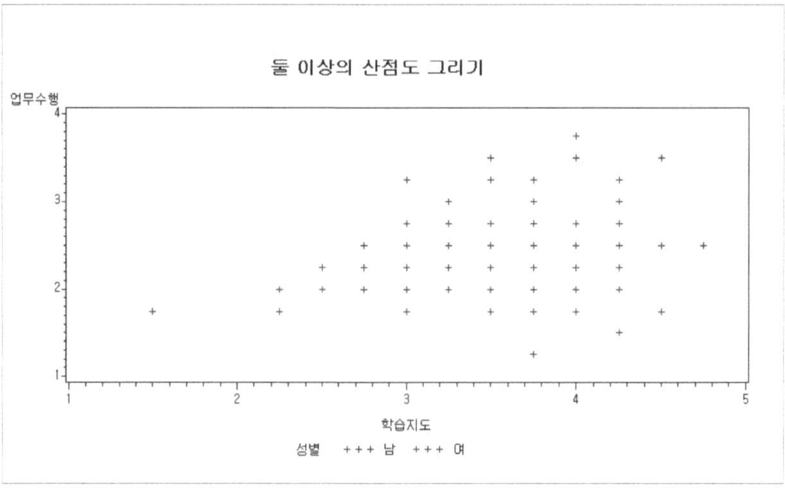

|그림.7-2-2-2| q3m*q1m=gender

7.2.3 PLOT 문의 옵션(Options2)

Options2는 PLOT 문에서 지정한 y-축과 x-축의 변수들로 구성된 산점도의 유형을 지정하고자 할 때 사용한다. Options2 옵션은 PLOT 문의 끝에 빗금(/)을 표시한 이후 지정하면 된다.

- VAXIS = 값

수직축의 등간격을 나타내는 틱(Tic) 마크 위치를 지정한다.

- HAXIS = 값

수평축의 등간격을 나타내는 틱 마크 위치를 지정한다.

- VREF = 값

수직축에 대한 참조선을 그리고 싶을 때 사용한다. 여러 개의 값들이 지정되면 지정된 값들에 따라 참조선이 그려진다.

- HREF = 값

수평축에 대한 참조선을 그려준다.

- OVERLAY

둘 이상의 산점도를 하나의 그림에 겹쳐 그리고자 할 때 사용한다.

다음 [예.7-2-3.sas]는 [예.7-2-1.sas]의 PLOT 문에 VAXIS, VREF, HREF 옵션을 추가한 것이다.

예 | 7-2-3.sas

```
LIBNAME save 'C:\Users\owner\Desktop\꾀꼬리';
TITLE 'PLOT / VAXIS VREF HREF';

PROC GPLOT DATA=save.ds;
PLOT q2m * q1m / VAXIS=1.2 TO 4.8 BY .2 VREF=2 3 4 HREF=3.5;
RUN;
```

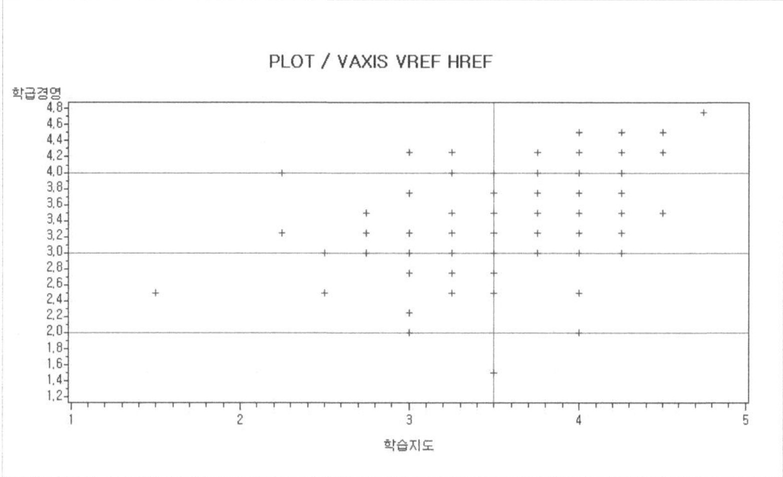

|그림.7-2-3| PLOT / VAXIS, VREF, HREF

GPLOT 절차의 PLOT 부명령문에 OVERLAY 옵션을 사용하면 한 화면에 여러 개의 산점도를 겹쳐서 그릴 수 있다. [예.7-2-4.sas] 프로그램은 OVERLAY 옵션을 이용하여 x-축에 q1m 변수를 지정하고, y-축에 두 변수 q2m, q3m을 각각 지정한 산점도를 한꺼번에 그리는 예이다. 각 산점도를 구분하기 위하여 문자 '1', '2'를 각 산점도의 타점 표기의 문자로 지정하였다. OVERLAY 옵션을 사용하지 않으면 두 산점도가 서로 다른 그림으로 각각 출력된다([예.7-2-2.sas]).

예 | 7-2-4.sas

```
LIBNAME save 'C:\Users\owner\Desktop\꾀꼬리';
TITLE 'PLOT / OVERLAY 옵션';

PROC GPLOT DATA=save.ds;
PLOT q2m*q1m='1' q3m*q1m='2' / OVERLAY VREF=3 HREF=3.5;
RUN;
```

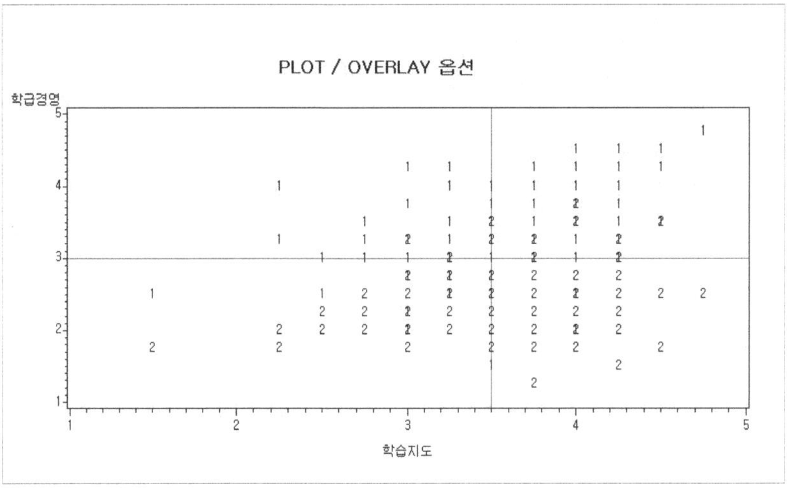

|그림.7-2-4| PLOT / OVERLAY

7.2.4 SYMBOL 문

[예.7-2-4.sas]의 PLOT 문에 OVERLAY 옵션을 사용하여 두 개 이상의 산점도를 한 화면에 출력할 때, SYMBOL1, SYMBOL2, SYMBOL3의 형식을 갖는 SYMBOL 문을 GPLOT 절차 이전에 미리 설정함으로써 각 산점도의 형태를 다르게 표시할 수 있다.

SYMBOL 문은 GPLOT 절차를 통해 그려진 산점도의 점을 표시하는 문자의 종류, 색상, 크기 등을 조절하거나 표시된 점들을 연결하는 방법을 설정하기 위함이다. SYMBOL 문은 반드시 1부터 숫자를 덧붙여 표시하며, 다음 형식의 〈n〉에 표시되는 숫자는 1부터 255까지 지정할 수 있다.

```
SYMBOL<n> Options ;
```

SYMBOL 문의 Options은 점의 부호를 표시하는 V=symbol 옵션을 비롯하여 점의 색상, 점의 글자 모양과 크기를 설정하는 옵션과 점들을 연결하는 데 필요한 선의 종류와 색상, 굵기 등을 설정하는 옵션으로 구성되어 있다.

SYMBOL 문은 한번 지정하면 따로 지정하지 않더라도 GPLOT 절차의 PLOT 문에 계속 영향을 준다.

- V = symbol

점을 나타내는 부호를 지정한다. 여기서 symbol은 영문자와 숫자, 그리고 다음과 같이 특수 문자를 출력하기 위하여 대응되는 키워드를 사용한다. 디폴트는 +이다.

특수문자	키워드
+	PLUS
×	X
*	STAR
□	SQUARE
◇	DIAMOND
△	TRIANGLE
#	HASH
·	POINT
●	DOT
○	CIRCLE

- F = font

  점을 표시하는 부호의 글꼴을 지정한다.

- H = height

  점을 표시하는 부호의 크기를 지정한다.

- I = interpolation

  산점도의 점들을 서로 연결하는 방법을 지정한다. 자세한 방법은 참고문헌을 참조하기 바라며, 여기서는 간단히 사용하는 몇 가지 옵션을 제시하였다.

I=interpolation	의미
I=NONE	점들을 연결하지 않음
I=JOIN	점들을 직선으로 연결
I=NEEDLE	수평축과 점들을 바늘 모양으로 연결
I=STEP	점들을 계단함수로 연결, 점은 계단의 왼쪽 끝
I=SPLINE	점들을 삼차 스플라인 방법으로 평활

- W = width

  점들을 연결하는 연결선의 굵기를 지정한다. 기본값은 1이다.

- L = linetype

  점들을 연결하는 연결선의 종류를 지정한다. 1에서 46까지의 정수를 지정할 수 있다. 디폴트인 1은 곧은 직선을 의미하며 35까지의 선의 모습은 다음과 같다.

• C = color

점과 연결선의 색상을 지정한다.

• CV = color

점의 색상을 지정한다.

• CI = color

연결선의 색상을 지정한다.

다음은 SYMBOL 문의 몇 가지 사용 예를 표시한 것이다.

```
SYMBOL1 V=star;
SYMBOL2 V=square;
SYMBOL3 V=square C=yellow I=join;
SYMBOL4 I=splines C=red;
SYMBOL5 I=splines CV=blue CI=red;
SYMBOL6 V=star CV=red H=4;
SYMBOL7 V=star CV=blue I=join L=3;
```

다음 [예.7-2-5.sas]는 SYMBOL 문을 이용하여 산점도에 표시되는 DOT의 점들을 선으로 연결하고 점과 선의 색상을 RED로 지정한 산점도를 표시한 것이다.

예 7-2-5.sas

```
LIBNAME save 'C:\Users\owner\Desktop\꾀꼬리';
TITLE 'SYMBOL 문을 이용한 GPLOT';

DATA ds7_2;
SET save.ds;
IF id > 40 THEN DELETE;

SYMBOL1 V=DOT C=RED I=JOIN;

PROC GPLOT DATA=ds7_2;
PLOT q1m*id=1;
RUN;
```

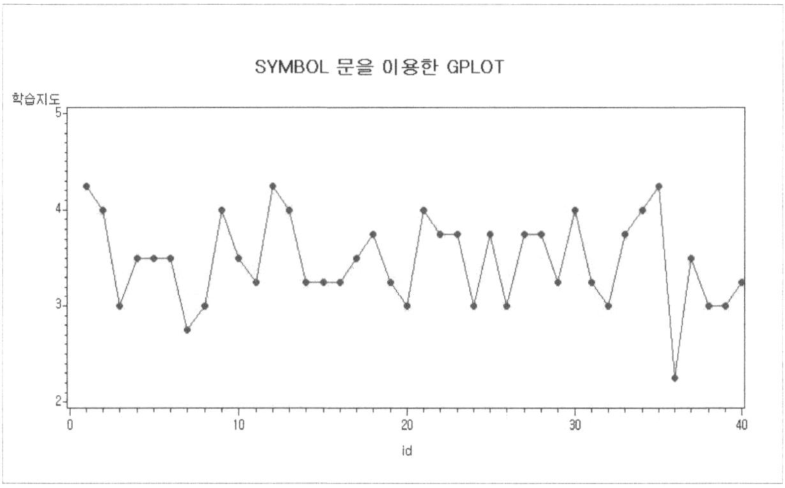

|그림.7-2-5| SYMBOL 문의 사용

다음 [예.7-2-6.sas]는 2개의 SYMBOL 문을 이용하여 상자 도표를 출력하기 위한 OVERLAY 옵션을 적용하는 예를 표시한 것이다.

예 7-2-6.sas

```
LIBNAME save 'C:\Users\owner\Desktop\꾀꼬리';
TITLE 'SYMBOL 문과 OVERLAY 옵션';

SYMBOL1 I=NONE V=STAR C=RED;
SYMBOL2 I=BOX V=NONE C=BLUE;

PROC GPLOT DATA=save.ds;
PLOT q1m*age=1 q1m*age=2 / OVERLAY HAXIS=0 TO 4;
RUN;
```

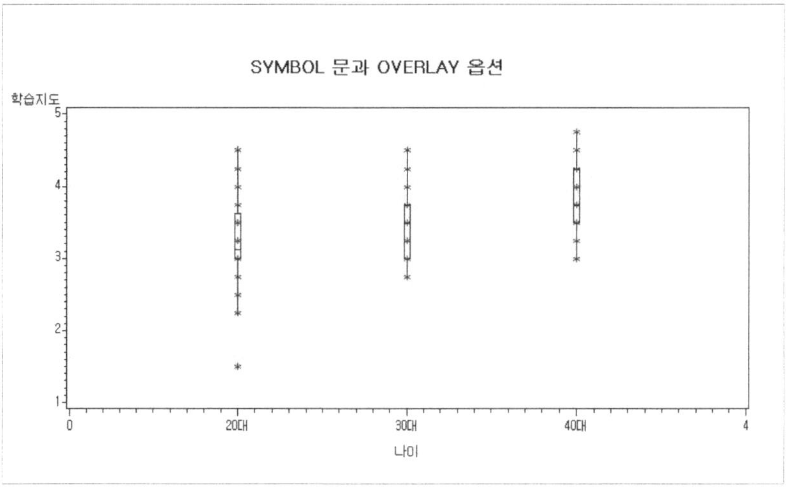

|그림.7-2-6| SYMBOL 문과 OVERLAY

7.2.5 함수의 그래프

GPLOT 절차를 이용하여 임의의 일차원 함수를 그릴 수 있다. 이 절에서는 통계학에서 가장 많이 다루고 있는 표준정규분포의 확률밀도함수를 PLOT 문을 이용하여 그려 보자.

평균이 μ, 분산이 σ^2인 정규분포의 확률밀도함수 $y=f(x)$는 다음 식으로 표현된다.

$$y=f(x)=\frac{1}{\sqrt{2\pi}\,\sigma}e^{-\frac{(x-\mu)^2}{2\sigma^2}},\quad -\infty < x < \infty$$

[예.7-2-7.sas]는 이 함수를 확률밀도함수로 갖는 정규분포 N(0,1)과 N(0,2)를 GPLOT 절차를 이용하여 그린 것이다. 이 함수들을 하나의 화면에 겹친 산점도로 그리기 위해서 먼저 변수 x의 자료를 -4부터 4까지 0.05의 간격으로 DO-END 문을 이용하여 생성한다. 변수 x에 대응되는 변수 y는 $y=f(x)$의 수식을 이용하여 계산해도 되지만, 표준정규분포에 대한 확률밀도함수의 값은 SAS 확률함수 PDF('NORMAL', x)를 이용하여 계산한다.

다음 [예.7-2-7.sas]은 데이터셋 normal을 생성하고 GPLOT 절차를 사용하여 두 개의 표준정규분포함수를 그리는 예를 표시한 것이다.

예 | 7-2-7.sas

```
* 정규분포의 확률밀도함수를 그리기 위한 예제;

TITLE 'Normal N(0,1)과 N(0,2)';

DATA normal;
DO x = -4 TO 4 BY 0.05;
y1 = PDF('NORMAL', x);
y2 = PDF('NORMAL', x, 0, SQRT(2));
OUTPUT;
END;
RUN;

SYMBOL1 V=POINT C=BLACK I=JOIN W=1.7;
SYMBOL2 V=POINT C=RED I=JOIN W=1.7;
PROC GPLOT DATA=normal;
PLOT y1*x=1 y2*x=2 / OVERLAY VREF=0 HREF=0 HAXIS=-4 TO 4 BY 1;
RUN;
```

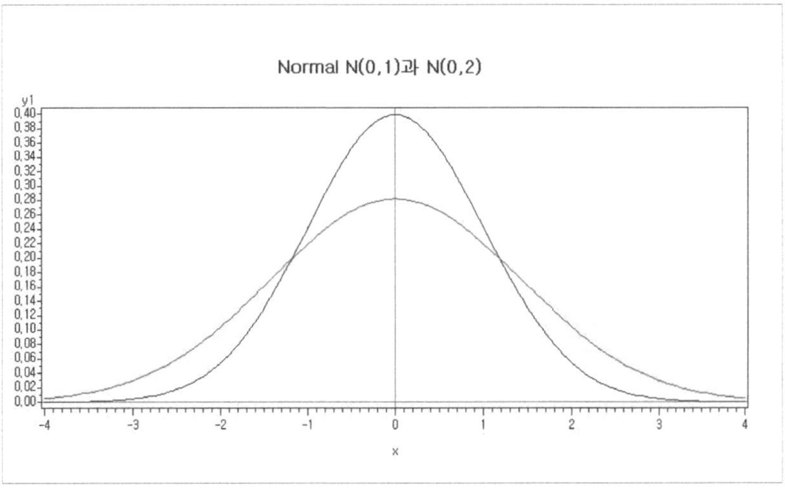

|그림.7-2-7| 정규분포의 확률밀도함수

7.2.6 GCONTOUR 절차에 의한 등고선도

[예.7-2-7.sas]는 두 개의 변수 x와 y가 포함된 함수의 이차원 산점도를 그린 것이다. 이러한 산점도를 통해서는 $z=f(x,y)$와 같은 삼차원 그래프를 입체적으로 표현할 수 없다. PLOT 절차의 CONTOUR 옵션을 사용하면 등고선도라고 부르는 특수한 그래프를 출력할 수 있지만, 출력 결과가 텍스트이어서 그래프의 해상도가 좋지 않다. GCONTOUR 절차를 이용하면 그래프의 해상도가 좋은 등고선도를 그릴 수 있다.

두 확률변수 X, Y의 결합 확률밀도함수 $f(x,y)$가 다음과 같이 주어졌다고 하

자. 다음 $f(x,y)$는 두 확률변수 X, Y가 서로 독립인 표준정규분포를 따를 때, 두 확률변수의 결합 확률밀도함수를 의미한다.

$$z = f(x, y) = \frac{1}{2\pi} e^{-\frac{x^2+y^2}{2}}, \quad -\infty < x < \infty, -\infty < y < \infty$$

이와 같은 함수 $z = f(x, y)$는 x, y의 값이 변화함에 따라 z의 값이 달라진다. 그러나 같은 z 값을 갖는 (x, y)의 점들을 이어서 그리면 하나의 등고선이 그려질 것이다. 이러한 등고선으로 분리된 영역을 서로 다른 문자나 색상으로 표시하면 하나의 등고선도가 완성된다. 이를 위해 PATTERN 문을 사용하지만 자세한 사용법은 참고문헌을 참조하기로 하고 여기서는 생략하자.

[예.7-2-8.sas]는 함수 $z = f(x, y)$를 그리기 위한 프로그램의 예이다.

예 7-2-8.sas

```
* 결합 확률밀도함수를 등고선으로 그리기 위한 예제;

TITLE 'Joint pdf - GCONTOUR';
DATA joint;
pi=3.141592;
DO x=-3. TO 3. BY 0.1;
DO y=-3. TO 3. BY 0.1;
z =(1./(2*pi))*EXP((x*x+y*y)/(-2.));
OUTPUT;
END;
END;
RUN;

PROC GCONTOUR DATA=joint;
PLOT y*x=z / HREF=0 VREF=0;
RUN;
```

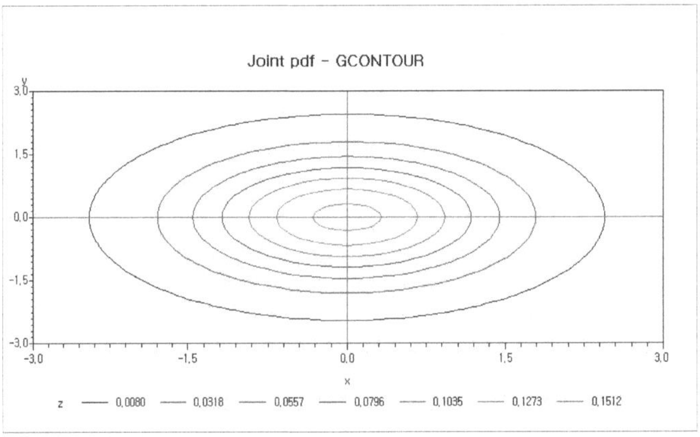

|그림.7-2-8| 결합확률밀도함수를 표현한 등고선도

[예.7-2-8.sas]의 실행 결과로 출력된 [그림.7-2-8]의 등고선도를 보면 x, y의 값이 둘 다 0에 가까우면 z의 값도 커지고 있음을 알 수 있다. 등고선은 기본적으로 7개의 수준으로 출력되며, LEVELS=values의 옵션을 이용하여 등고선 수준을 지정할 수 있다. 또한 등고선 수준마다 독특한 패턴을 지정하려면 PATTERN 문을 이용하여 GCONTOUR 절차 이전에 PATTER1부터 PATTERN7까지 정의하면 된다.

7.3 SAS/INSIGHT

수직막대도표나 산점도 등의 그래프를 GCHART 절차 또는 GPLOT 절차를 이용하여 그릴 수 있었다. SAS/INSIGHT를 이용하면 이러한 도표 이외에 상자도표나 기본 통계량의 내용을 출력할 수 있다.

7.3.1 SAS/INSIGHT 열기

SAS/INSIGHT를 이용하기 위해서 [그림.7-3-1]과 같이 SAS 시스템의 주메뉴에서 [솔루션]-[분석]-[대화식 데이터 분석]을 차례대로 클릭하면 [그림.7-3-2]의 열기 대화상자가 나타난다.

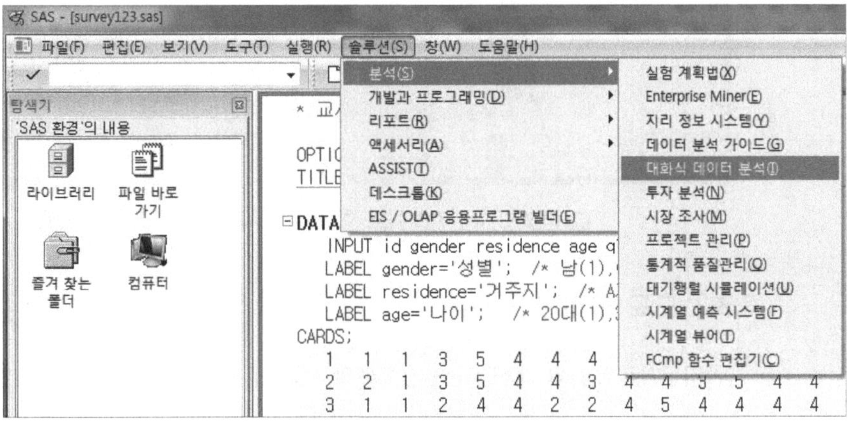

|그림.7-3-1| SAS/INSIGHT 실행하기

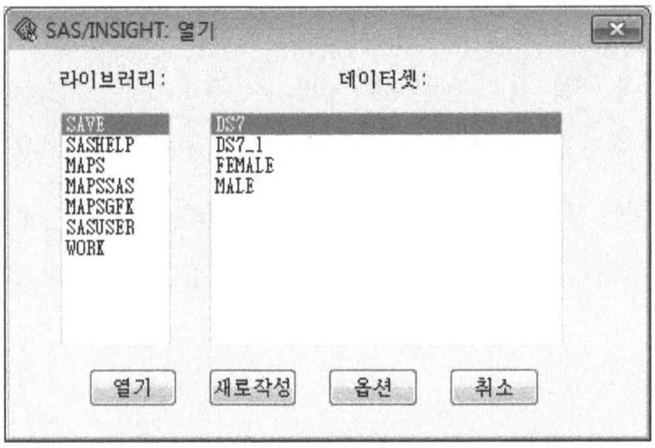

|그림.7-3-2| 데이터셋 선택하기

[그림.7-3-2]의 대화상자에서 save 라이브러리의 ds7 데이터셋을 선택하면 다음 [그림.7-3-3]과 같이 save.ds7 데이터셋의 자료가 워크쉬트 형태로 표시된다.

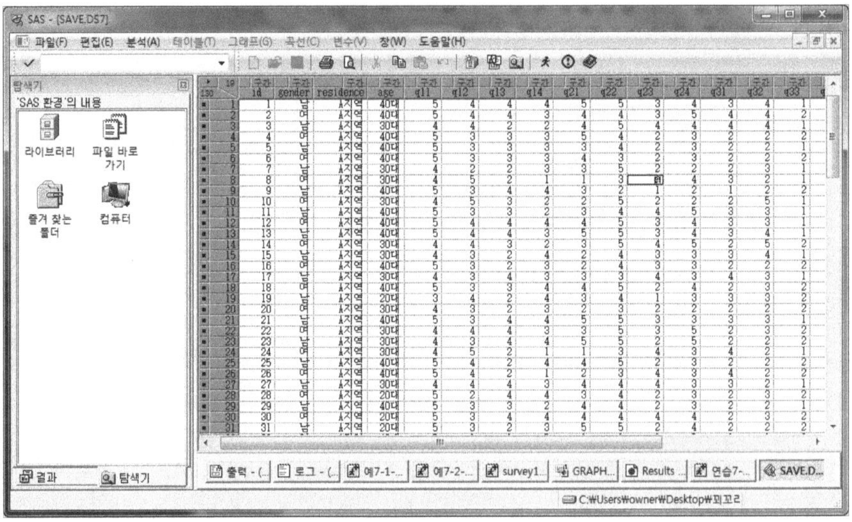

|그림.7-3-3| 워크쉬트 형태로 표시된 데이터셋 save.ds7

7.3.2 도표 그리기

먼저 q1m 변수에 대한 히스토그램을 그리기 위하여 [SAVE.DS7] 창의 메뉴에서 [그림.7-3-4]와 같이 [분석]-[히스토그램/수평막대 그래프]를 클릭한다.

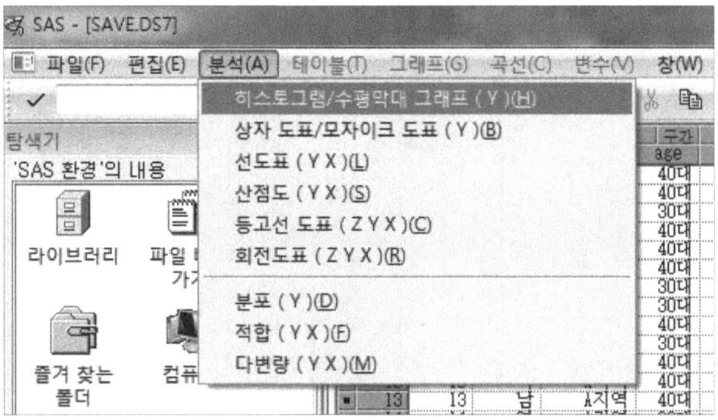

|그림.7-3-4| 히스토그램 그리기

[그림.7-3-5]의 [히스토그램/수평막대 그래프] 창에서 히스토그램을 그리고자 하는 변수 q1m을 선택하고 [Y] 버튼을 누른 후 [확인] 버튼을 누르면 [그림.7-3-6]의 히스토그램을 얻을 수 있다.

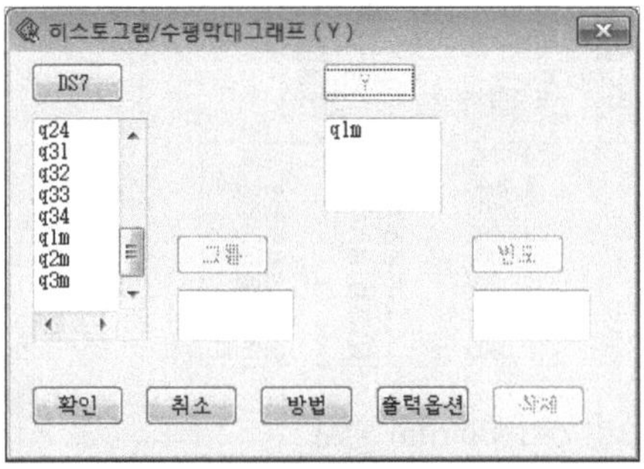

|그림.7-3-5| q1m 변수 선택

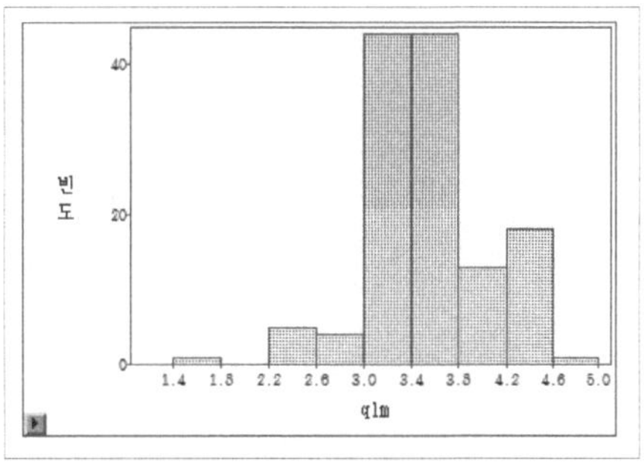

|그림.7-3-6| 히스토그램

다음으로 q1m 변수에 대한 분포를 탐색하기 위하여 [SAVE.DS7] 창의 메뉴에서 [분석]-[분포]를 클릭한다. 이때 나타나는 [그림.7-3-7]의 [분포] 창에서 변수 q1m을 선택하고 [Y] 버튼을 누른 후 [확인] 버튼을 누르면 [그림.7-3-8]에 표시한 바와 같이 상자도표, 히스토그램, 적률과 분위수에 대한 통계량을 얻을 수 있다.

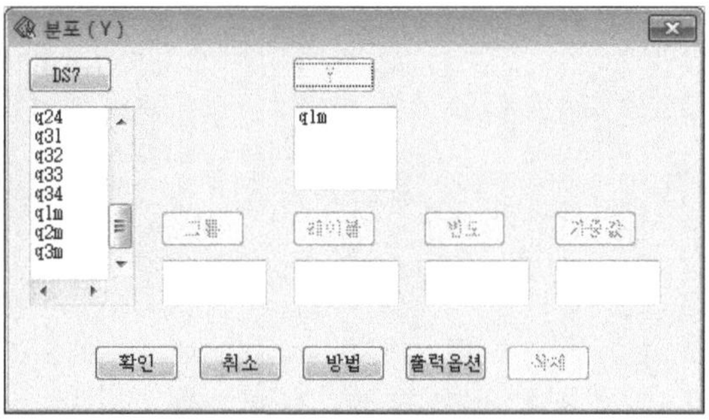

|그림.7-3-7| q1m 변수 선택

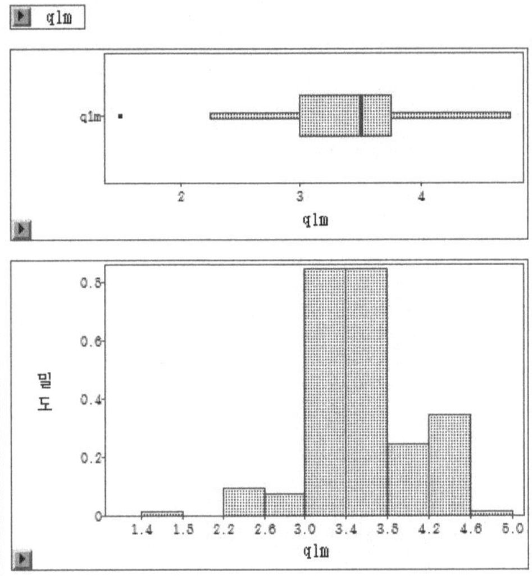

적률			
N	130.0000	가중합	130.0000
평균	3.5038	합계	455.5000
표준 편차	0.5436	분산	0.2955
왜도	-0.2911	첨도	0.5803
USS	1634.1250	CSS	38.1231
CV	15.5151	표준화 평균	0.0477

분위수			
100% 최댓값	4.7500	99.0%	4.5000
75% 제3사분위수	3.7500	97.5%	4.5000
50% 중위수	3.5000	95.0%	4.2500
25% 제1사분위수	3.0000	90.0%	4.2500
0% 최솟값	1.5000	10.0%	3.0000
범위	3.2500	5.0%	2.7500
Q3-Q1	0.7500	2.5%	2.5000
최빈값	3.0000	1.0%	2.2500

|그림.7-3-8| q1m 분포

연습문제

7.1 [예.7-1-1.sas]에서 생성한 영구 데이터셋 save.ds의 age 변수에 대하여 다음 수직막대도표가 출력되도록 SAS 프로그램을 작성하여라.

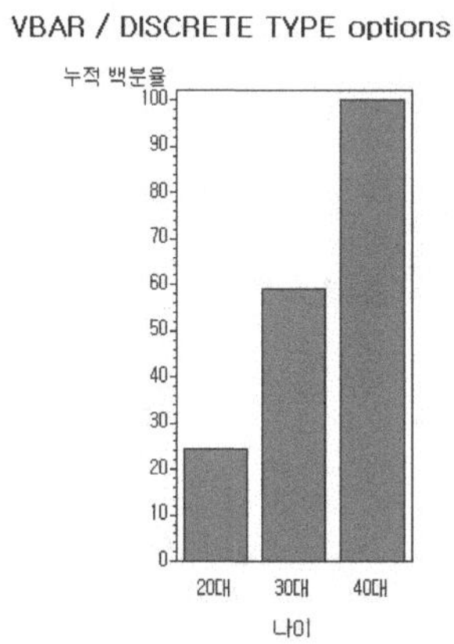

7.2 [예.7-1-1.sas]에서 생성한 영구 데이터셋 save.ds의 q2m 변수에 대하여 다음 수평막대도표가 출력되도록 SAS 프로그램을 작성하여라.

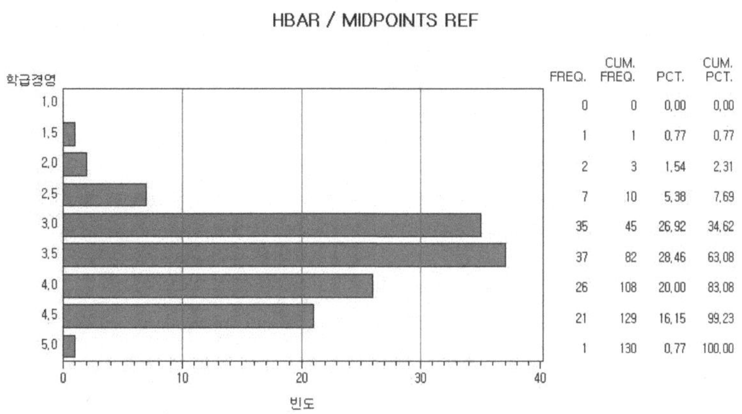

7.3 [예.7-1-1.sas]에서 생성한 영구 데이터셋 save.ds의 residence 변수에 대하여 다음 수평막대도표가 출력되도록 SAS 프로그램을 작성하여라.

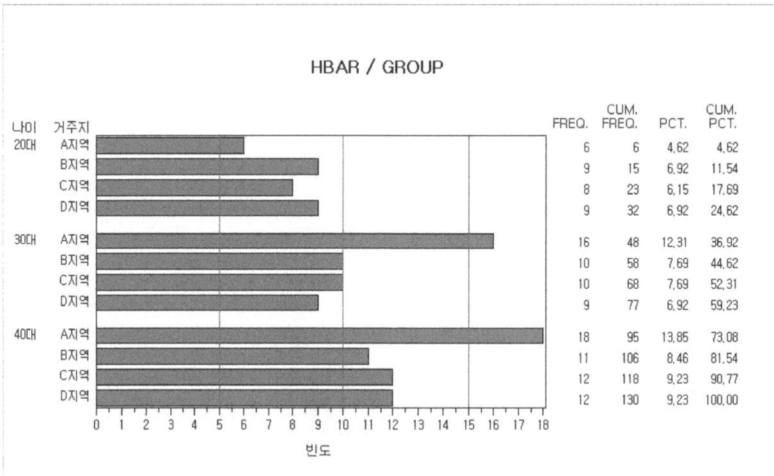

7.4 [예.7-1-1.sas]에서 생성한 영구 데이터셋 save.ds의 q1m 변수에 대하여 수직막대도표가 residence의 값에 따라 따로 출력되도록 SAS 프로그램을 작성하여라.

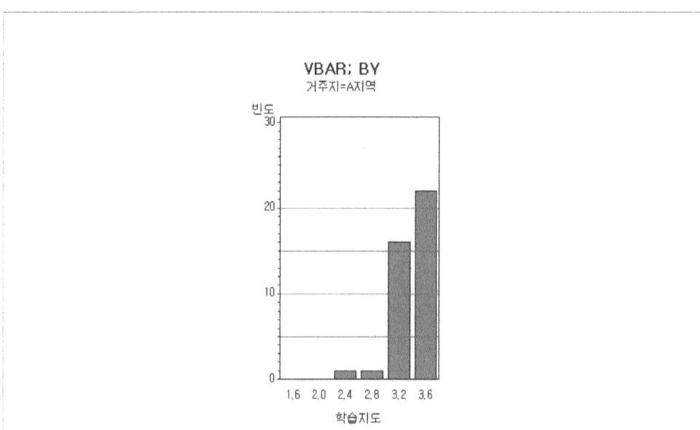

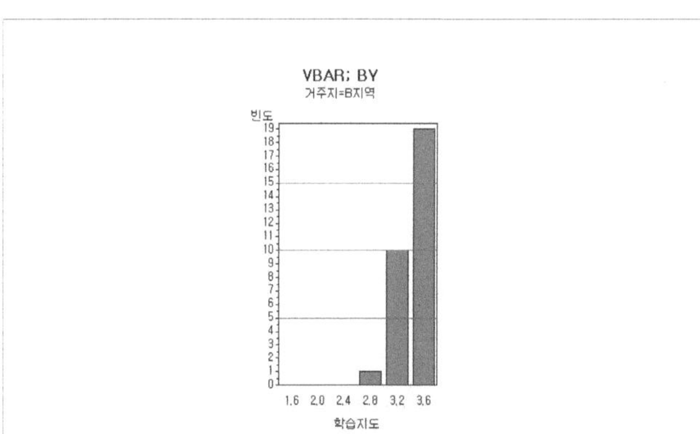

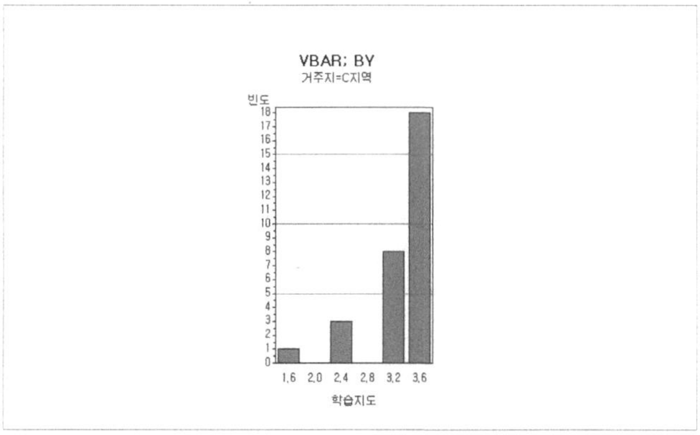

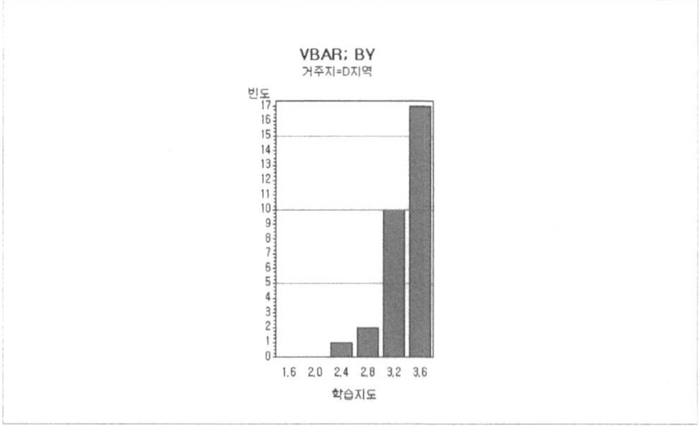

7.5 [예.7-2-5.sas]에서 생성한 데이터셋 ds7_2의 q2m 변수를 y-축에, id 변수를 x-축에 다음과 같이 위치하도록 산점도를 출력하는 SAS 프로그램을 작성하여라.

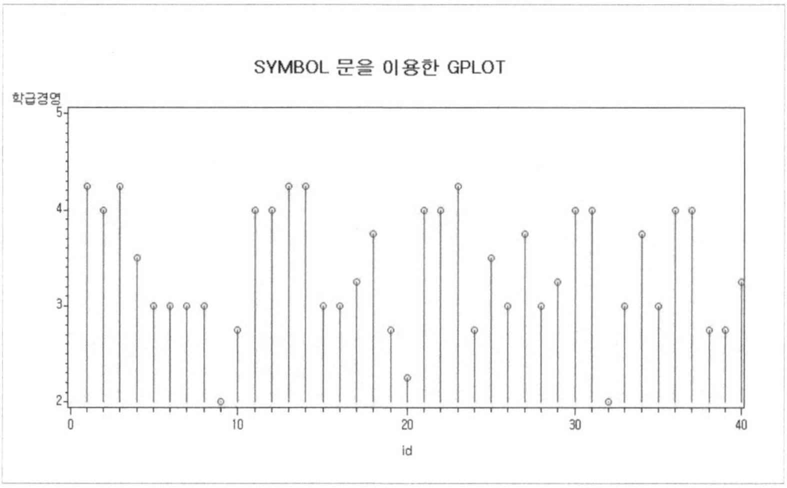

7.6 자유도가 각각 10과 15인 카이제곱분포의 확률밀도함수에 대한 그래프를 다음 그림과 같이 한 화면에 표시하는 SAS 프로그램을 작성하여라.

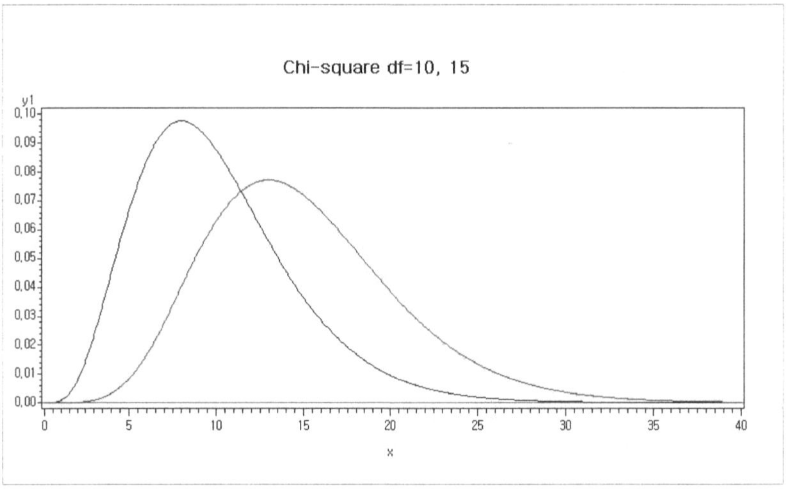

8장 기술통계량과 평균 비교

8.1 PROC MEANS

모집단의 평균 비교와 같은 가설검정 등의 통계적 추론을 수행하기 전에 먼저 수집된 자료(표본)의 통계량을 정리하고 요약하는 것이 중요하다. 모집단 분포의 특성을 추정할 수 있는 수치적 측도로 대푯값, 산포도, 형상 측도가 있다.

대푯값은 자료 전체를 대표하는 값으로 분포의 중심 경향을 나타낸다. 이에 대한 측도로 평균값, 중앙값, 최빈값 등이 있다. 산포도는 자료가 대푯값을 중심으로 얼마나 퍼져 있는가를 나타내는 측도로 분산, 표준편차, 범위 등을 들 수 있다.

분포의 모양을 설명해 주는 형상 측도에는 비대칭 정도를 나타내는 왜도와 분포가 얼마나 첨예한지를 나타내는 첨도가 있다. 왜도의 값이 0이면 좌우가 완전 대칭인 분포이며, 왼쪽으로 치우친 분포의 왜도는 0보다 크다. 정규분포의 첨도는 3이지만 SAS에서는 정규분포의 첨도를 0으로 정의하고 있다. 첨도의 값이 0보다 크면 정규분포보다 뾰족한 분포라고 예측할 수 있다.

MEANS 절차는 숫자형 변수의 관측치의 개수, 평균, 표준편차, 최솟값, 최댓값 등의 기술통계량을 구해준다. 더욱이 OUTPUT 부명령문을 이용하여 이 절차에서 지정된 여러 기술통계량을 SAS 데이터셋의 변수로 저장할 수 있다.

MEANS 절차의 사용 형식은 다음과 같다.

```
PROC MEANS  Options  statistic-keyword ;
     VAR  변수목록 ;
     BY  변수목록 ;
     CLASS  변수목록 ;
     FREQ  변수 ;
     WEIGHT  변수 ;
     OUTPUT  OUT=SASDataSet  통계량=저장변수명 . . . ;
```

8.1.1 MEANS 절차의 Options

- DATA = SASDataSet

MEANS 절차를 실행하고자 하는 SAS 데이터셋의 이름을 지정한다. 이 옵션이 생략되면 가장 최근에 만들어진 데이터셋을 이용한다.

- MAXDEC = n

출력되는 통계량의 값을 소수 n자리까지만 출력한다.

- FW = n

FW는 Field Width의 앞글자로 통계량을 총 n자리 길이의 폭 안에 출력한다. 기본값은 FW=12이다.

- ORDER=[INTERNAL | FREQ | DATA | FORMATTED]

옵션 ORDER는 CLASS 부명령문에서 지정한 분류변수를 출력하는 순서를 지정한다. ORDER 옵션이 생략될 때의 기본은 INTERNAL이다.

ORDER	기 능
INTERNAL	SORT 절차를 호출한 것과 동일한 효과
FREQ	분류변수값에 대응하는 관측수 크기순으로 출력
DATA	데이터셋에 나타난 순서
FORMAT	사용자가 출력 순서 결정

- NOPRINT

MEANS 절차의 실행으로 얻어지는 통계량의 값을 출력 창에 따로 표시하지 않는다. 이 옵션은 OUTPUT 문을 통해 단순히 새로운 SAS 데이터셋을 얻고자 할 때 사용할 수 있다.

- MISSING

CLASS 문에서 지정한 변수의 자룟값이 결측값일 경우에 결측값만 별도의 그룹으로 따로 통계처리를 한다.

8.1.2 MEANS 절차의 statistic-keyword

MEANS 절차를 통해 통계량의 값을 출력시키고자 할 때, [표.8-1-1]에 표시된 통계량 키워드(statistic-keyword) 중에서 원하는 통계량의 키워드를 나열하여 지정한다. 통계량 키워드가 생략되면 5개의 기본 통계량인 유효 관측치의 개수(N),

평균값(MEAN), 표준편차(STD), 최솟값(MIN), 최댓값(MAX)이 출력된다. 반대로 통계량 키워드가 하나라도 지정되면 기본적인 5개의 통계량은 무시되고 지정된 키워드의 통계량이 출력된다.

MEANS 절차에 통계량 키워드로 T와 PRT를 지정하면 귀무가설 $H_0: \mu = 0$을 가설검정하는 데 필요한 검정통계량(t)과 유의확률(p-값)이 출력된다. PRT의 값은 확률변수 T가 검정통계량의 절댓값보다 클 확률 Pr>|t|을 계산한 유의확률을 의미한다(8.4절 참조).

[표.8-1-1]에 MEANS 절차 등에 사용되는 통계량 키워드와 간단한 설명을 표시하였지만, 통계량에 대한 더 자세한 정의와 설명은 통계학 교재를 참고하기 바란다.

|표.8-1-1| MEANS 절차의 statistic-keyword

statistic-keyword	설 명
CLM	평균에 대한 95% 신뢰구간
CSS	수정 제곱합(corrected sum of squares) $\sum(x_i - \bar{x})^2$
CV	변동계수(coefficient of variation) $s/\bar{x} \times 100(\%)$
KURTOSIS	첨도(뾰족함의 정도)
MAX	최댓값
MEAN	평균 $\bar{x}$
MEDIAN	중위수(중앙값, Q2, P50)
MIN	최솟값
MODE	최빈값
N	결측값을 제외한 유효 관측치의 개수
NMISS	결측값의 개수
NOBS	관측치의 개수(N+NMISS)
P1, P5, P10, P25, P50	제 n 백분위수(n=1, 5, 10, 25, 50)
P75, P90, P95, P99	제 n 백분위수(n=75, 90, 95, 99)
PRT(또는 PROBT)	유의확률(p-값, P-value)
Q1	제1사분위수(제25백분위수, P25)
Q3	제3사분위수(제75백분위수, P75)
QRANGE	사분위 범위(Q3-Q1)
RANGE	범위(MAX-MIN)
SKEWNESS	왜도(비대칭도)
STD	표준편차(standard deviation) s
STDERR	표준오차(standard error) $s/\sqrt{n}$
SUM	합 $\sum x_i$
SUMWGT	가중치들의 합(sum of weight)

statistic-keyword	설 명
T	귀무가설 $H_0 : \mu = 0$ 을 검정하기 위한 검정통계량
USS	비수정 제곱합(uncorrected sum of squares) $\sum x_i^2$
VAR	분산(variance) $s^2 = \frac{1}{n-1}\sum(x_i - \bar{x})^2$

8.1.3 VAR 문

통계량을 얻고자 하는 변수를 VAR 문에 지정한다. VAR 문이 생략되면 데이터셋에 포함된 모든 숫자형 변수에 대하여 지정된 통계량이 출력된다. VAR 문에 지정된 변수의 순서대로 통계량이 출력되며 특별히 BY, ID, FREQ, 그리고 WEIGHT 문에 지정된 변수들의 통계량은 출력되지 않는다.

[예.8-1-1.sas]의 옵션 없는 MEANS 절차의 실행 결과 VAR 문에서 지정한 q1m, q2m, q3m 변수에 대하여 유효 관측치의 개수(N), 평균값(MEAN), 표준편차(STD), 최솟값(MIN), 최댓값(MAX)의 통계량이 출력됨을 알 수 있다.

MEANS 절차에 옵션으로 FW=8 MAXDEC=3을 지정하고 통계량 키워드로 CLM P90을 설정하면 총 8자리의 칸에 소수점 이하 셋째 자리까지 통계량(평균의 95% 신뢰구간의 신뢰하한, 신뢰상한과 제 90 백분위수)이 출력된다.

예 8-1-1.sas

```
LIBNAME save 'C:\Users\owner\Desktop\꾀꼬리';

TITLE 'MEANS 절차의 실행- 기본 통계량 출력';
PROC MEANS DATA=save.ds;
VAR q1m--q3m;
RUN;

TITLE 'MEANS 절차의 실행- FW MAXDEC CLM P90';
PROC MEANS DATA=save.ds FW=8 MAXDEC=3 CLM P90;
VAR q1m--q3m;
RUN;
```

[8-1-1.lst]

MEANS 절차의 실행- 기본 통계량 출력 1

MEANS 프로시저

변수	레이블	N	평균	표준편차	최솟값	최댓값
q1m	학습지도	130	3.5038462	0.5436246	1.5000000	4.7500000
q2m	학급경영	130	3.4250000	0.6128865	1.5000000	4.7500000
q3m	업무수행	130	2.4288462	0.4545577	1.2500000	3.7500000

MEANS 절차의 실행- FW MAXDEC CLM P90 2

MEANS 프로시저

변수	레이블	평균에 대한95% 신뢰하한	평균에 대한95% 신뢰상한	제90 백 분위수
q1m	학습지도	3.410	3.598	4.250
q2m	학급경영	3.319	3.531	4.250
q3m	업무수행	2.350	2.508	3.000

8.1.4 BY 문

BY 변수의 각 수준(level)별로 MEANS 절차를 실행하고자 할 때 BY 문을 사용한다. BY 변수의 값으로 데이터셋이 정렬되어 있지 않을 경우 MEANS 절차 이전에 SORT 절차를 이용하여 데이터셋을 BY 변수로 정렬해야 한다.

[예.8-1-2.sas]는 MEANS 절차의 BY 부명령문에 gender 변수를 BY 변수로 지정한 예이다. BY 변수를 통한 MEANS 절차를 수행하는 단계를 살펴보면 데이터셋 save.ds가 gender 변수에 의하여 정렬되어 있지 않으므로 먼저 SORT 절차를 이용하여 save.ds 데이터셋을 gender 변수로 정렬한다. 이어서 정렬된 자료 ds8_1 데이터셋를 이용하여 MEANS 절차의 BY 문을 실행하고 있다.

예 8-1-2.sas

```
OPTION LINESIZE = 110 NODATE;
LIBNAME save 'C:\Users\owner\Desktop\꾀꼬리';
TITLE 'MEANS 절차의 실행- BY 문';

PROC SORT DATA=save.ds OUT=ds8_1;   /* 자료의 정렬 */
BY gender;
RUN;
```

```
PROC MEANS DATA=ds8_1 FW=8 MAXDEC=3 CLM P90;  /* 통계량 출력 */
VAR q1m--q3m;
BY gender;
RUN;
```

[8-1-2.lst]

```
                         MEANS 절차의 실행- BY 문                              3

   ------------------------------ 성별=남 ------------------------------

                              MEANS 프로시저

                          평균에 대한 95%    평균에 대한95%      제90백
       변수    레이블            신뢰하한          신뢰상한      분위수
       ------------------------------------------------------------------
       q1m     학습지도             3.350             3.627       4.250
       q2m     학급경영             3.323             3.608       4.250
       q3m     업무수행             2.302             2.506       3.000
       ------------------------------------------------------------------


   ------------------------------ 성별=여 ------------------------------

                          평균에 대한 95%    평균에 대한 95%     제90백
       변수    레이블            신뢰하한          신뢰상한      분위수
       ------------------------------------------------------------------
       q1m     학습지도             3.387             3.651       4.250
       q2m     학급경영             3.224             3.546       4.250
       q3m     업무수행             2.331             2.577       3.000
       ------------------------------------------------------------------
```

8.1.5 CLASS 문

CLASS 문은 지정한 변수(CLASS 변수)의 값으로 부그룹(subgroup)을 만들고, 부그룹별로 통계량을 따로 구하고자 할 때 사용한다. BY 문과 기능이 거의 동일하지만 CLASS 문을 쓰면 데이터셋을 CLASS 변수로 정렬하지 않아도 된다. CLASS 문의 출력순서에 영향을 주는 MEANS 절차의 옵션인 ORDER가 생략되면 INTERNAL이 기본적으로 ORDER의 값으로 지정된다.

[예.8-1-3.sas]의 첫 번째 MEANS 절차는 ORDER 옵션 없이 CLASS 문이 포함된 예를 표시한 것이다. ORDER 옵션이 생략되었으므로 ORDER가 INTERNAL로 자동 지정되며, CLASS 변수로 지정된 age의 값에 따라 오름차순으로 부그룹이 형성되고 각 그룹의 기술통계량이 출력됨을 알 수 있다.

[예.8-1-3.sas]의 두 번째 MEANS 절차에서는 ORDER 옵션으로 DATA를 지정하였다. ORDER=DATA로 지정하면 부그룹에 대한 통계량의 출력 순서가 데이터

셋에 표시된 CLASS 변수의 출현 순서이다. [예.1-2-1.sas]의 자료 입력에서 age 변수가 3('40대'), 3, 2('30대'), ..., 1('20대')의 순서로 출현하기 때문에 두 번째 MEANS 절차는 3('40대'), 2('30대'), 1('20대') 순서대로 통계량이 출력된다.

예 8-1-3.sas

```
OPTION LINESIZE = 110 NODATE;
LIBNAME save 'C:\Users\owner\Desktop\꾀꼬리';
TITLE 'MEANS 절차의 실행- CLASS 문';

PROC MEANS DATA=save.ds FW=8 MAXDEC=3;
VAR q1m--q3m;
CLASS age;
RUN;


PROC MEANS DATA=save.ds ORDER=DATA FW=8 MAXDEC=3;
VAR q1m--q3m;
CLASS age;
RUN;
```

[8-1-3.lst]

MEANS 절차의 실행- CLASS 문 4

MEANS 프로시저

나이	관측치 수	변수	레이블	N	평균	표준편차	최솟값	최댓값
20대	32	q1m	학습지도	32	3.195	0.656	1.500	4.500
		q2m	학급경영	32	3.289	0.532	2.500	4.250
		q3m	업무수행	32	2.289	0.305	1.750	2.750
30대	45	q1m	학습지도	45	3.400	0.407	2.750	4.500
		q2m	학급경영	45	3.400	0.552	2.250	4.500
		q3m	업무수행	45	2.511	0.436	1.500	3.750
40대	53	q1m	학습지도	53	3.778	0.438	3.000	4.750
		q2m	학급경영	53	3.528	0.695	1.500	4.750
		q3m	업무수행	53	2.443	0.527	1.250	3.500

MEANS 절차의 실행- CLASS 문 5

MEANS 프로시저

나이	관측치 수	변수	레이블	N	평균	표준편차	최솟값	최댓값
40대	53	q1m	학습지도	53	3.778	0.438	3.000	4.750
		q2m	학급경영	53	3.528	0.695	1.500	4.750
		q3m	업무수행	53	2.443	0.527	1.250	3.500
30대	45	q1m	학습지도	45	3.400	0.407	2.750	4.500
		q2m	학급경영	45	3.400	0.552	2.250	4.500
		q3m	업무수행	45	2.511	0.436	1.500	3.750
20대	32	q1m	학습지도	32	3.195	0.656	1.500	4.500
		q2m	학급경영	32	3.289	0.532	2.500	4.250
		q3m	업무수행	32	2.289	0.305	1.750	2.750

MEANS 절차에 ORDER=FREQ 옵션을 지정하면 CLASS 변수의 각 수준에 따라 형성된 부그룹의 관측치의 개수가 많은 부그룹이 먼저 출력되고, 이후 빈도 순서에 따라 부그룹 내의 통계량를 출력한다.

다음 [예.8-1-4.sas]은 BY 문과 CLASS 문을 동시에 MEANS 절차에 적용한 예를 표시한 것으로 CLASS 문의 ORDER=FREQ 옵션을 지정하고 있다.

예 8-1-4.sas

```
OPTION LINESIZE = 110 NODATE;

TITLE 'MEANS 절차의 실행- CLASS 문, BY 문';

PROC MEANS DATA=ds8_1 ORDER=FREQ FW=8 MAXDEC=3;
VAR q1m--q3m;
CLASS age;
BY gender;
RUN;
```

[8-1-4.lst]

```
                         EANS 절차의 실행- CLASS 문, BY 문                         6

──────────────────────────── 성별=남 ────────────────────────────

                                 MEANS 프로시저

      관측치
나이      수    변수    레이블        N        평균    표준편차      최솟값      최댓값
──────────────────────────────────────────────────────────────────────
40대      25    q1m     학습지도     25       3.800       0.439       3.000       4.750
                q2m     학급경영     25       3.590       0.684       2.000       4.750
                q3m     업무수행     25       2.440       0.416       1.750       3.250

30대      24    q1m     학습지도     24       3.406       0.352       2.750       4.250
                q2m     학급경영     24       3.417       0.470       2.750       4.500
                q3m     업무수행     24       2.469       0.456       1.500       3.250

20대      16    q1m     학습지도     16       3.125       0.719       1.500       4.500
                q2m     학급경영     16       3.344       0.531       2.500       4.250
                q3m     업무수행     16       2.250       0.303       1.750       2.750
──────────────────────────────────────────────────────────────────────

──────────────────────────── 성별=여 ────────────────────────────

      관측치
나이      수    변수    레이블        N        평균    표준편차      최솟값      최댓값
──────────────────────────────────────────────────────────────────────
40대      28    q1m     학습지도     28       3.759       0.443       3.000       4.500
                q2m     학급경영     28       3.473       0.711       1.500       4.500
                q3m     업무수행     28       2.446       0.617       1.250       3.500

30대      21    q1m     학습지도     21       3.393       0.472       2.750       4.500
                q2m     학급경영     21       3.381       0.645       2.250       4.500
                q3m     업무수행     21       2.560       0.418       1.750       3.750

20대      16    q1m     학습지도     16       3.266       0.602       2.250       4.250
                q2m     학급경영     16       3.234       0.544       2.500       4.250
                q3m     업무수행     16       2.328       0.313       1.750       2.750
──────────────────────────────────────────────────────────────────────
```

8.1.6 FREQ 문

SAS 데이터셋에 저장된 하나의 관측값은 한 개체에 대한 자료임을 의미한다. 그러나 자료들의 반복 개수를 하나의 변수(Frq)로 다음과 같이 자료를 입력하면 Frq의 값이 관측치의 도수로 사용될 수 있다. 즉, 한 줄의 관측치가 여러 개체의 통합 자료가 된다.

```
DATA  test;
INPUT  x  Frq;
CARDS;
1  3
```

```
2  2
3  4
4  1
RUN;
```

데이터셋 test의 관측치가 4개라고 하면 x 변수의 평균은 2.5이다. 그러나 데이터셋 test의 한 관측치의 도수가 Frq이므로 실제 관측치의 개수는 10개가 되어야 하며, 이 정보(Frq)를 바탕으로 x 변수의 평균을 구하면 다음과 같이 2.3이 되어야 한다.

$$\frac{1\times3+2\times2+3\times4+4\times1}{10}=\frac{23}{10}=2.3$$

MEANS 절차에 FREQ 문이 포함되면 FREQ 문에 지정된 변수가 데이터셋 test의 Frq 변수와 같은 기능을 한다. 즉, FREQ 문에 각 관측치의 도수로 사용될 변수를 지정한다.

다음 [예.8-1-5.sas]에서 MEANS 절차에 사용한 영구 데이터셋 save.ds의 자료는 총 130개의 관측값으로 구성되어 있다. MEANS 절차에 FREQ 문을 사용하지 않았으므로 130개의 관측값을 이용하여 MEANS 절차를 실행하였다. 즉, 실행 결과로부터 변수 q11와 q12의 합(SUM) 통계량이 130개에 대하여 각각 계산되고 있음을 알 수 있다.

예 8-1-5.sas

```
OPTION LINESIZE = 110 NODATE;
LIBNAME save 'C:\Users\owner\Desktop\꾀꼬리';

TITLE 'MEANS 절차의 실행- FREQ 문';

PROC MEANS DATA=save.ds  MAXDEC=2  N  SUM  MEAN;
VAR q11 q12;
RUN;
```

[8-1-5.lst]

MEANS 절차의 실행- FREQ 문 7

MEANS 프로시저

변수	N	합계	평균
q11	130	558.00	4.29
q12	130	429.00	3.30

그러나 MEANS 절차에 FREQ 문이 포함되면 FREQ 변수가 각 관측치의 빈도수를 의미한다. 다음 [예.8-1-6.sas]의 MEANS 절차에서는 q12 변수를 FREQ 변수로 지정하였기 때문에 총 429개의 관측치가 존재하는 것으로 간주하여 통계량을 구한다.

FREQ에서 지정한 변수의 값이 결측값이거나 1보다 작으면 통계량의 계산에서 제외된다. 또한 변수의 값이 정수가 아닐 경우 정수 부분만을 관측치의 빈도수로 계산한다.

예 8-1-6.sas

```
OPTION LINESIZE = 110 NODATE;
LIBNAME save 'C:\Users\owner\Desktop\꾀꼬리';

TITLE 'MEANS 절차의 실행- FREQ 문';

PROC MEANS DATA=save.ds  MAXDEC=2  N  SUM  MEAN;
VAR q11;
FREQ q12;
RUN;
```

[8-1-6.lst]

```
                        MEANS 절차의 실행- FREQ 문                        8

                             MEANS 프로시저

                             분석 변수 : q11
                     N             합계             평균
             ------------------------------------------------
                   429          1859.00             4.33
             ------------------------------------------------
```

8.1.7 WEIGHT 문

MEANS 절차에 특정 변수를 FREQ 변수나 WEIGHT 변수로 지정하여도 VAR 문에 지정한 변수의 기술통계량은 항상 일치한다. 다만 두 문장의 실행 결과에서 유일한 차이점은 총 관측치의 개수이다. 즉 WEIGHT는 관측치의 가중치를 설정하여 통계량을 구하는 데에 적용은 되지만, 관측치의 빈도수에는 전혀 영향을 주지 않는다. 단 가중치를 나타내는 변수의 값이 0 이하이면 이 변수의 값은 통계량 계산에서 제외된다.

[예.8-1-7.sas]는 MEANS 절차에 WEIGHT 문이 포함된 예를 표시한 것이다.

FREQ 문에 q12 변수를 지정했을 때 총 관측치의 개수는 429이었지만, WEIGHT 문에 q12 변수를 지정할 경우에는 총 관측치의 개수가 여전히 130이 됨을 알 수 있다.

예 8-1-7.sas

```
OPTION LINESIZE = 110 NODATE;
LIBNAME save 'C:\Users\owner\Desktop\꾀꼬리';

TITLE 'MEANS 절차의 실행- WEIGHT 문';

PROC MEANS DATA=save.ds  MAXDEC=2  N  SUM  MEAN;
VAR q11;
WEIGHT q12;
RUN;
```

[8-1-7.lst]

```
                    MEANS 절차의 실행- WEIGHT 문                    9

                         MEANS 프로시저

                       분석 변수 : q11
              N             합계              평균
         ------------------------------------------
            130          1859.00            4.33
         ------------------------------------------
```

8.1.8 OUTPUT 문

MEANS 절차에서 얻어지는 통계량을 새로운 SAS 데이터셋으로 출력하여 저장할 수 있다. MEANS 절차의 OUTPUT 문에 특정 변수의 통계량이 저장될 변수를 따로 명명하고, 이들을 저장할 새로운 데이터셋의 이름은 OUT= 다음에 지정한다. 만약 OUT=이 생략되면 SAS에서 통상적으로 적용되는 DATAn 형식의 이름을 갖는 SAS 데이터셋에 통계량들이 저장된다. 여기서 n은 양의 정수이다.

MEANS 절차에 포함된 VAR 문에 여러 개의 변수가 지정되면 각 변수에 대한 통계량이 각각 구해진다. 따라서 MEANS 절차에 지정된 통계량 키워드에 대하여 VAR 문에 지정된 변수의 개수만큼 OUTPUT에 새로운 변수를 지정해야 한다. 예를 들어, OUTPUT 문에 통계량 MEAN을 지정했다면 VAR 문에 지정한 변수의 통계량을 저장하기 위하여 OUTPUT 문의 MEAN= 다음에 VAR 문에 지정한 변수들의 개수만큼 새로운 변수 이름을 지정한다.

[예.8-1-8.sas]에는 OUTPUT 문이 추가된 MEANS 절차를 표시하고 있다. 통

계량을 구하고자 하는 변수가 3개이므로 OUTPUT 문에도 3개의 변수 이름을 새로 지정해야 한다. OUTPUT 문의 OUT=에 지정된 데이터셋 ds8_2에 _TYPE_와 _FREQ_이 자동으로 생성된다.

변수 _TYPE_은 CLASS 문과 관련된 자동변수이며, 변수 _FREQ_는 통계량이 계산될 때 사용된 관측수를 의미하는 자동변수이다.

예 8-1-8.sas

```
OPTION LINESIZE = 110 NODATE;
LIBNAME save 'C:\Users\owner\Desktop\꾀꼬리';

TITLE 'MEANS 절차의 실행- OUTPUT 문';

PROC MEANS DATA=save.ds  MAXDEC=2;
VAR q1m--q3m;    /* q1m, q2m, q3m */
OUTPUT OUT=ds8_2  MEAN=mq1m mq2m mq3m  STD=sq1m sq2m sq3m;
RUN;

PROC PRINT DATA=ds8_2;
RUN;
```

[8-1-8.lst]

MEANS 절차의 실행- OUTPUT 문 10

MEANS 프로시저

변수	레이블	N	평균	표준편차	최솟값	최댓값
q1m	학습지도	130	3.50	0.54	1.50	4.75
q2m	학급경영	130	3.43	0.61	1.50	4.75
q3m	업무수행	130	2.43	0.45	1.25	3.75

MEANS 절차의 실행- OUTPUT 문 11

OBS	_TYPE_	_FREQ_	mq1m	mq2m	mq3m	sq1m	sq2m	sq3m
1	0	130	3.50385	3.425	2.42885	0.54362	0.61289	0.45456

8.2 PROC SUMMARY

SUMMARY 절차는 MEANS 절차와 사용 형식이 거의 동일하다. MEANS 절차는 통계량 키워드가 생략될 경우에 5개의 통계량이 기본적으로 출력되지만, NOPRINT 옵션을 지정하면 MEANS 절차의 통계량이 출력되지 않는다.

SUMMARY 절차는 MEANS 절차와 반대로 통계량을 출력하지 않는 것이 기본으로 설정되어 있다. 따라서 통계량을 출력하기 위해서는 SUMMARY 문장의 옵션으로 PRINT를 따로 지정해야 한다.

다음은 SUMMARY 절차의 사용 형식이다. MEANS 절차의 내용과 동일하므로 옵션 등 자세한 설명은 생략한다.

```
PROC SUMMARY  Options  statistic-keyword ;
       VAR    변수목록 ;
       BY      변수목록 ;
       CLASS 변수목록 ;
       FREQ    변수 ;
       WEIGHT 변수;
       OUTPUT OUT = SASDataSet  통계량 = 저장변수명 … ;
```

변수 x의 평균을 m, 표준편차를 s라고 할 때, 변수 x를 표준화시킨 변수 z를 구하는 식은 다음과 같다.

$$z = \frac{x-m}{s}$$

다음 [예.8-2-1.sas]는 데이터셋 save.ds 자료에 포함된 q1m, q2m, q3m 변수를 표준화한 값을 zq1m, zq2m, zq3m 변수에 자동으로 저장하는 예를 표시한 것이다. 이 작업은 MERGE 문을 활용한 짝짓기 통합을 응용하였다.

예 8-2-1.sas

```
OPTION LINESIZE = 110 NODATE;
LIBNAME save 'C:\Users\owner\Desktop\꾀꼬리';

TITLE 'SUMMARY 절차의 실행- OUTPUT 문-표준화';

PROC SUMMARY DATA=save.ds  MAXDEC=2;
VAR q1m--q3m;      /* q1m, q2m, q3m */
OUTPUT OUT=ds8_3  MEAN=mq1m mq2m mq3m  STD=sq1m sq2m sq3m;
RUN;
```

```
DATA type0ds;
SET save.ds;
_TYPE_ = 0 ;
RUN;

DATA ds8_4 (KEEP = id q1m--q3m zq1m--zq3m);  /* zq1m, zq2m, zq3m */
MERGE type0ds  ds8_3;
BY _TYPE_;
zq1m = (q1m - mq1m) / sq1m;
zq2m = (q2m - mq2m) / sq2m;
zq3m = (q3m - mq3m) / sq3m;
RUN;

PROC PRINT DATA=ds8_4;
RUN;
```

[8-2-1.lst]

SUMMARY 절차의 실행- OUTPUT 문-표준화 12

OBS	id	q1m	q2m	q3m	zq1m	zq2m	zq3m
1	1	4.25	4.25	3.00	1.37255	1.34609	1.25650
2	2	4.00	4.00	3.50	0.91268	0.93818	2.35648
3	3	3.00	4.25	3.25	-0.92683	1.34609	1.80649
4	4	3.50	3.50	2.50	-0.00708	0.12237	0.15653
5	5	3.50	3.00	2.25	-0.00708	-0.69344	-0.39345
6	6	3.50	3.00	2.50	-0.00708	-0.69344	0.15653
7	7	2.75	3.00	2.50	-1.38670	-0.69344	0.15653
8	8	3.00	3.00	2.50	-0.92683	-0.69344	0.15653

<이하 자료 생략>

SAS 시스템에서는 [예.8-2-1.sas]와 같이 변수를 표준화한 후 새로운 변수를 간단히 얻을 수 있는 PROC STANDARD 절차가 있다. 이에 대한 자세한 사항은 참고 문헌을 참고하기 바란다.

8.3 PROC UNIVARIATE

UNIVARIATE 절차는 숫자 변수들에 대한 여러 가지 기술통계량을 출력해 준다. MEANS 절차는 5개의 통계량을 디폴트로 출력하지만, UNIVARIATE 절차는 기본적으로 적률 등의 통계량과 기본 위치측도, 위치모수의 가설검정, 분위수, 변수의 극단값에 대한 정보를 자세히 제공한다. NORMAL 등 기타 옵션을 지정하면 정규성 검정이나 상자도표 등의 간단한 도표를 얻을 수 있다.

- 평균, 표준편차를 포함한 기본적인 기술통계량
- 첨도, 왜도
- 백분위수
- 변수의 극단값(extreme value)에 대한 정보
- 줄기와 잎 그림, 상자도표
- $H_0 : \mu = 0$ 검정통계량과 유의확률
- 부호 순위통계량
- 자료의 정규성 검정통계량

UNIVARIATE 절차의 사용 형식은 옵션을 제외하고는 MEANS 절차의 형식과 거의 동일하다.

```
PROC UNIVARIATE Options ;
      VAR   변수목록 ;
      BY    변수목록 ;
      FREQ   변수 ;
      WEIGHT  변수 ;
      OUTPUT OUT = SASDataSet  통계량 = 저장변수명 ··· ;
```

8.3.1 UNIVARIATE 절차의 옵션

- DATA = SASDataSet

UNIVARIATE 절차를 실행하고자 하는 데이터셋의 이름을 지정한다. 이 옵션이 생략되면 가장 최근에 생성된 데이터셋을 사용한다.

- NOPRINT

기술통계량을 [출력] 창에 표시하고 싶지 않을 때 지정한다.

- PLOT

줄기와 잎 그림(Stem-and-leaf plot), 상자그림(box plot), 그리고 정규확률도(normal probability plot)가 출력된다.

- FREQ

VAR 변수에 대하여 도수분포표를 출력한다.

• NORMAL

NORMAL 옵션은 분석하고자 하는 자료의 분포가 정규분포를 따르는지에 대한 여러 검정통계량을 제공한다.

• PCTLDEF = n

백분위수를 구하는 방법에 대한 번호를 지정한다[n=1, 2, 3, 4, 5(디폴트)].

[예.8-3-1.sas]는 save.ds 자료의 q1m 변수에 대하여 UNIVARIATE 절차를 간단히 실행한 예를 표시한 것이다.

예 8-3-1.sas

```
OPTION LINESIZE = 110 NODATE;
TITLE 'UNIVARIATE 절차의 실행';

PROC FORMAT;   /* 변수값 레이블 설정 */
VALUE f_age  1='20대'  2='30대'  3='40대';
VALUE f_gender  1='남'  2='여';
VALUE f_residence 1='A지역' 2='B지역' 3='C지역' 4='D지역';

LIBNAME save 'C:\Users\owner\Desktop\꾀꼬리';

PROC UNIVARIATE DATA=save.ds;
VAR q1m;
RUN;
```

[8-3-1.lst]

```
                          UNIVARIATE 절차의 실행                                14

                          UNIVARIATE 프로시저
                          변수:  q1m  (학습지도)

                                 적률

       N                   130    가중합                    130
       평균         3.50384615    관측치 합               455.5
       표준 편차    0.54362462    분산               0.29552773
       왜도         -0.2910882    첨도               0.58027097
       제곱합         1634.125    수정 제곱합        38.1230769
       변동계수     15.5150825    평균의 표준오차    0.04767903
```

기본 통계 측도

위치측도		변이측도	
평균	3.503846	표준편차	0.54362
중위수	3.500000	분산	0.29553
최빈값	3.000000	범위	3.25000
		사분위 범위	0.75000

위치모수검정: Mu0=0

검정	—통계량—		———p 값———	
스튜던트의 t	t	73.4882	Pr > |t|	<.0001
부호	M	65	Pr >= |M|	<.0001
부호 순위	S	4257.5	Pr >= |S|	<.0001

분위수(정의 5)

분위수	추정값
100% 최댓값	4.75
99%	4.50
95%	4.25
90%	4.25
75% Q3	3.75
50% 중위수	3.50
25% Q1	3.00
10%	3.00
5%	2.75
1%	2.25
0% 최솟값	1.50

극 관측치

——최소——		——최대——	
값	관측치	값	관측치
1.50	81	4.50	92
2.25	112	4.50	93
2.25	36	4.50	111
2.50	94	4.50	124
2.50	89	4.75	47

(1) PLOT 옵션

PLOT 옵션을 지정하면 [Results Viewer] 창에 수평 히스토그램과 상자그림, 정규 확률도(normal probability plot)가 출력된다. 특히 UNIVARIATE 절차에 BY 문이 사용되면 BY 변수의 값에 따른 상자그림(side-by-side box plot)이 한 화면에 동시에 출력된다. 이 그림을 개통 플롯(Schematic Plots)이라고 한다.

상자그림은 MAX, MIN을 양 끝점에 작은 직선으로, 평균의 위치는 '◇' 기호로 표시한다. 중앙에 위치한 상자의 하단은 제1사분위수 Q1을, 상자의 중앙선은 제2사분위수 Q2(즉 중앙값, median)를, 상자의 상단은 제3사분위수 Q3의 값을 의미한다. 사분위수범위(IRQ)인 Q3-Q1을 계산한 후, 중앙 상자의 끝 선에서 IRQ의 1.5배를 벗어난 관측치를 이상점(Outlier)이라고 하며 상자그림에는 'o' 기호로 표시된다. 7.3.2절에서 설명한 SAS/INSIGHT를 이용하면 선명한 상자그림을 얻을 수 있다.

정규 확률도는 자료의 정규성을 시각적으로 분석하는 목적으로 사용되는데, 정규 확률도에 타점되는 점들이 직선에 가까울수록 정규성을 가정할 수 있다.

(2) NORMAL 옵션

VAR 문에 표시된 변수의 모집단의 분포가 정규분포를 따르는지에 대한 정규성 검정을 하고자 할 때 NORMAL 옵션을 지정한다. Shapiro-Wilk 검정 등 4개의 검정 방법에 대한 검정 결과를 출력한다.

정규성 검정에 대한 귀무가설의 의미와 검정의 자세한 해석 방법에 대하여 8.3.4절을 참고하자.

(3) FREQ 옵션

FREQ 옵션을 지정하면 VAR 변수의 도수분포표를 출력한다. 도수분포표에는 변수의 각 수준(값)에 대하여 빈도수, 비율, 그리고 누적 비율이 표시된다. FREQ 옵션은 이산형 변수에 대하여 유용하며, 연속형 변수의 경우에는 이 옵션이 의미가 없다.

[예.8-3-2.sas]는 UNIVARIATE 절차에 PLOT, FREQ 옵션을 지정한 후, save.ds 자료의 q1m 변수에 대하여 실행한 결과이다. [예.8-3-1.sas]의 실행 결과와 중복되는 출력 결과는 생략하고, 각 옵션의 결과만 따로 표시하였다.

예 | 8-3-2.sas

```
OPTION LINESIZE = 110 NODATE;
LIBNAME save 'C:\Users\owner\Desktop\꾀꼬리';

TITLE 'UNIVARIATE 절차의 실행-PLOT NORMAL FREQ 옵션';

PROC UNIVARIATE DATA=save.ds PLOT FREQ;
VAR q1m;
RUN;
```

[8-3-2.lst]

빈도수

		백분율				백분율				백분율				백분율	
값	빈도	셀	누적	값	빈도	셀	누적	값	빈도	셀	누적	값	빈도	셀	누적
1.50	1	0.8	0.8	2.75	4	3.1	7.7	3.50	22	16.9	58.5	4.25	13	10.0	95.4
2.25	2	1.5	2.3	3.00	24	18.5	26.2	3.75	22	16.9	75.4	4.50	5	3.8	99.2
2.50	3	2.3	4.6	3.25	20	15.4	41.5	4.00	13	10.0	85.4	4.75	1	0.8	100.0

[8-3-2.Viewer]

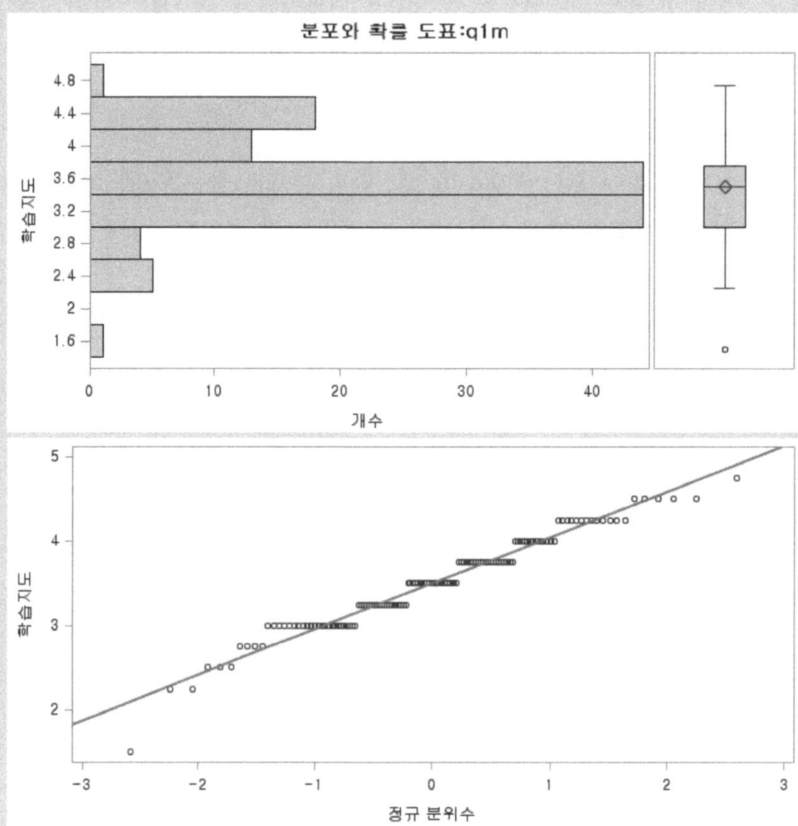

(4) PCTLDEF 옵션

[예.8-3-1.sas]의 출력결과를 보면 [분위수] 란에 사분위수(Q1, Median, Q3)를 포함하여 제 1, 5, 10, 90, 95, 99 백분위수값을 표시하고 있다. 그러나 제 100p 백분위수($0<p<1$)를 구하는 통계적인 방법은 유일하지 않다. SAS에서는 백분위수를 구하는 방법 중 다섯 가지를 사용자가 직접 지정할 수 있도록 PCTLDEF 옵션을 제공하고 있다. SAS에서 5번째로 정의된 방법이 백분위수를 구하는 기본 옵션이다.

다음 [표 8.3.1]은 SAS에서 백분위수를 정의하는 5가지 방법을 간단히 표시한 것이다. 이 표에서 $x_{(r)}$ 은 자료를 최솟값에서부터 오름차순으로 정렬할 때 r 번째 순위의 자료를 의미한다.

|표.8-3-1| 제100p 백분위수를 구하는 방법(총자료수$=N$, $0<p<1$)

PCTLDEF	정 의
1	$(1-a)x_{(r)}+ax_{(r+1)}$ (단, $Np=r+a$)
2	$x_{(r)}$ (단, $r=[Np+0.5]$, [ ]은 가우스 함수)
3	$a=0$ 이면 $x_{(r)}$, $a>0$ 이면 $x_{(r+1)}$ (단, $Np=r+a$)
4	$(1-a)x_{(r)}+ax_{(r+1)}$ (단, $(N+1)p=r+a$)
5	$a=0$ 이면 $\frac{x_{(r)}+x_{(r+1)}}{2}$, $a>0$이면 $x_{(r+1)}$ (단, $Np=r+a$)
비고	모든 수식에서 r은 정수이고 $0 \le a < 1$임

[예.8-3-3.sas]는 [예.8-3-1.sas]의 UNIVARIATE 절차에 PCTLDEF 옵션의 값을 4로 지정하여 작성한 SAS 프로그램이다. 두 SAS 프로그램의 실행 결과를 백분위수의 경우만 [8-3-3.Viewer]와 같이 따로 모아서 비교해보면 백분위수를 구하는 방법들이 완전히 일치하지 않음을 알 수 있다. 예를 들어, 백분위수를 구하는 5번째 방법으로 Q3의 값을 구하면 3.75이지만, 4번째 방법으로 구한 값은 3.8125로서 제3사분위수의 값이 서로 차이가 난다.

예 8-3-3.sas

```
OPTION LINESIZE = 110 NODATE;
LIBNAME save 'C:\Users\owner\Desktop\꾀꼬리';
TITLE 'UNIVARIATE 절차의 실행-PCTLDEF=4 옵션';

PROC UNIVARIATE DATA=save.ds PCTLDEF=4;
VAR q1m;
RUN;
```

[8-3-3.Viewer]

분위수(정의 5)	
분위수	추정값
100% 최댓값	4.75
99%	4.50
95%	4.25
90%	4.25
75% Q3	3.75
50% 중위수	3.50
25% Q1	3.00
10%	3.00
5%	2.75
1%	2.25
0% 최솟값	1.50

분위수(정의 4)	
분위수	추정값
100% 최댓값	4.7500
99%	4.6725
95%	4.3625
90%	4.2500
75% Q3	3.8125
50% 중위수	3.5000
25% Q1	3.0000
10%	3.0000
5%	2.6375
1%	1.7325
0% 최솟값	1.5000

8.3.2 UNIVARIATE 통계량

UNIVARIATE 절차를 실행하면 먼저 적률에 관한 통계량을 출력한다. 여기에는 1차 적률인 평균을 비롯하여 가중합, 관측치 합이 출력된다. 또한 2차 적률에 관련된 분산, 표준편차와 3차 적률인 왜도, 4차 적률인 첨도가 출력된다. 이외에 제곱합, 수정 제곱합, 변동계수, 평균의 표준오차가 출력된다.

다음은 기본 통계 측도로서 위치측도인 평균, 중위수(중앙값, 중간값), 최빈값을 출력하고, 변동성 측정인 변이측도로 표준편차, 분산, 범위, 사분위 범위가 출력된다.

세 번째로 위치모수의 가설 $H_0 : \mu = 0$ 의 검정을 위한 세 가지 검정통계량과 이에 관련된 유의확률 p-값을 출력한다. 참고로 양측검정에 대한 유의확률(p-값)이 디폴트이다. 따라서 단측검정에 대한 유의확률은 양측검정에 대한 유의확률의 1/2이다. 일표본의 평균에 대한 가설검정의 자세한 내용은 8.4절을 참고하자.

분위수에 대한 설명은 이미 PCTLDEF 옵션에서 다루었으며, 극 관측치 출력 부분에서는 최소 5개, 최대 5개의 관측치에 대한 값과 관측번호를 출력한다.

8.3.3 BY 문

BY 문은 BY 변수의 각 수준별로 UNIVARIATE 절차를 따로 실행하고자 할 때 사용한다. BY 문을 사용하기 때문에 SAS 데이터셋은 PROC SORT 절차를 이용하여 BY 변수에 의해 미리 정렬하여야 한다.

[예.8-3-4.sas]는 UNIVARIATE 절차를 gender의 각 수준(1='남', 2='여')별로 수행하는 SAS 프로그램으로 남녀 두 집단에 대한 개통 플롯을 얻기 위하여 PLOT

옵션을 지정하였다. 두 집단에 대한 UNIVARIATE 절차의 통계량에 대한 출력 결과는 생략하였다.

예 8-3-4.sas

```
OPTION LINESIZE = 110 NODATE;
TITLE 'UNIVARIATE 절차의 실행-PLOT 옵션과 BY 문';
LIBNAME save 'C:\Users\owner\Desktop\꾀꼬리';

PROC UNIVARIATE DATA=ds8_1 PLOT;
VAR q1m;
BY gender;
RUN;
```

[8-3-4.Viewer]

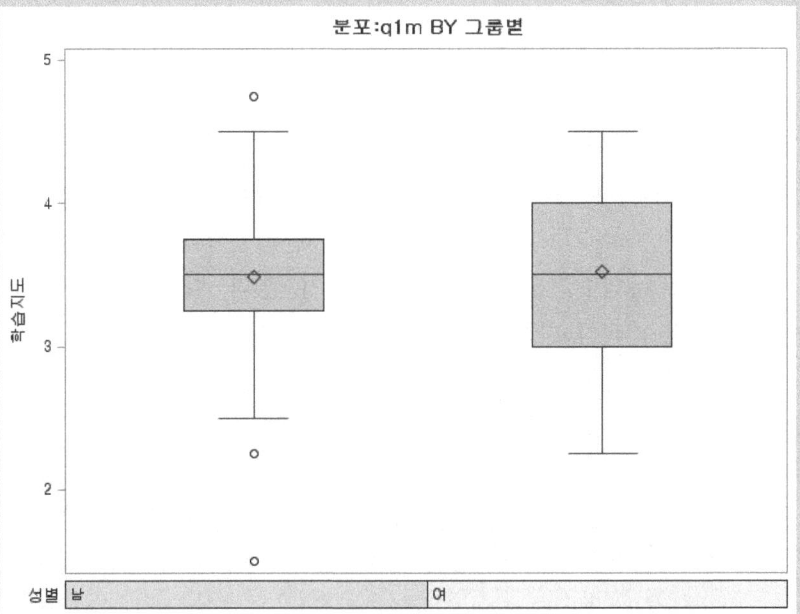

8.3.4 NORMAL 옵션과 정규성 검정

UNIVARIATE 절차의 NORMAL 옵션은 분석하고자 하는 자료(변수)의 모집단이 정규분포를 따르는지의 여부를 가설검정하기 위한 검정통계량을 제공한다. 이 옵션에 해당하는 검정의 귀무가설은 다음과 같다.

$$H_0 : \text{모집단의 분포가 정규분포이다.}$$

모집단의 분포가 정규분포를 따르는가의 검정을 위한 통계량은 관측치의 개수가 2,000개 이하이면 샤피로-윌크 통계량(Shapiro-Wilk statistic) W를 이용한다. 이때 유의확률(Pr 〈 W)이 0.05보다 작으면 유의수준 5%에서 귀무가설 H_0 을 기각한다. H_0 이 기각되면 관측 자료의 모집단이 정규분포를 따른다고 볼 수 없다. 반대로 유의확률이 0.05보다 크면 모집단이 정규분포를 따른다고 결론을 내릴 수 있다.

관측치의 개수가 2,000개 이상이면 콜모로프-스미노프(Kolmogrov-Smirnov) 통계량 D값을 이용한다. 검정통계량 D에 대응되는 유의확률이 Pr 〉 D의 값으로 출력되며, 이 값이 0.05보다 크면 유의수준 5%에서 분석 변수의 모집단 분포를 정규분포로 가정할 수 있다.

자료의 모집단 분포가 정규분포를 따르지 않을 경우에는 이상값의 존재를 확인하여 이상값을 제거하거나 적절한 변수 변환을 통하여 정규성을 만족할 수 있도록 하여야 한다.

[예.8-3-5.sas]의 UNIVARIATE 절차에 q1m 변수의 모집단에 대한 분포가 정규분포인지의 여부를 검정하기 위하여 NORMAL 옵션을 지정하였다. 관측치의 개수(N=130)가 2,000보다 작으므로 가설검정통계량으로 샤피로-윌크의 W 값을 이용한다. SAS 프로그램의 실행 결과에서 W 통계량에 해당하는 유의확률이 0.0024이므로 유의수준 5%에서 귀무가설이 기각된다. 따라서 q1m 변수의 모집단은 정규분포를 따른다고 가정할 수 없을 것이다.

예 8-3-5.sas

```
OPTION LINESIZE = 110 NODATE;
TITLE 'UNIVARIATE 절차의 실행- NORMAL 옵션';
LIBNAME save 'C:\Users\owner\Desktop\꾀꼬리';

PROC UNIVARIATE DATA=save.ds NORMAL;
VAR q1m;
RUN;
```

[8-3-5.lst]

```
                        UNIVARIATE 절차의 실행- NORMAL 옵션                          19

                                UNIVARIATE 프로시저
                                변수:  q1m  (학습지도)

              /* 적률, 기본 통계 측도, 위치모수검정, 분위수, 극 관측치 출력 생략 */
```

```
                    정규성 검정

검정                    ──통계량──       ────p 값────
Shapiro-Wilk          W       0.96606    Pr < W        0.0024
Kolmogorov-Smirnov    D       0.100085   Pr > D       <0.0100
Cramer-von Mises      W-Sq    0.251175   Pr > W-Sq    <0.0050
Anderson-Darling      A-Sq    1.508823   Pr > A-Sq    <0.0050
```

8.4 일표본 T검정

정규모집단 $N(\mu, \sigma^2)$으로부터 추출된 n개의 표본에 대하여 σ^2을 모르는 경우 모평균 μ에 대한 $100(1-\alpha)\%$ 신뢰구간은 다음과 같다.

$$\bar{x} - t_{\alpha/2}(n-1)\frac{s}{\sqrt{n}} < \mu < \bar{x} + t_{\alpha/2}(n-1)\frac{s}{\sqrt{n}}$$

여기서 $\bar{x}$는 표본평균, s는 표본표준편차이며, $t_{\alpha/2}(n-1)$은 t분포에서 $(1-\alpha/2)$분위수이다.

또한 귀무가설 $H_0 : \mu = \mu_0$에 대한 검정통계량 t값과 유의확률 p-값은 다음과 같다. 단, 확률변수 T는 자유도가 $n-1$인 t분포를 따른다.

$$t\text{값} = \frac{\bar{x}-\mu_0}{s/\sqrt{n}}, \quad \text{p-값} = \Pr > |t| = P(T > |t|)$$

이때 유의확률(Pr 〉 |t|)인 p-값이 0.05보다 작으면 유의수준 5%에서 귀무가설 H_0을 기각하여 관측 자료의 모평균이 0과 같지 않다고 결론을 내린다. 반대로 유의확률이 0.05보다 크면 모평균이 0이라는 귀무가설을 채택한다.

8.4.1 MEANS 절차를 이용한 일표본 T검정

MEANS 절차에 통계량 키워드 CLM을 지정하면 VAR 문에 표시된 변수에 대하여 모평균 μ에 대한 95% 신뢰구간이 출력되고, 통계량 키워드 T와 PRT를 지정하면 H_0: $\mu = 0$을 가설검정하는 데 필요한 검정통계량(t값)과 이에 대응되는 유의확률(p-값)이 출력된다.

[예.8-4-1.sas]는 save.ds의 q1m 변수에 대하여 95% 신뢰구간과 귀무가설 H_0: $\mu = 0$를 검정하기 위한 검정통계량과 유의확률을 출력하는 예를 표시한 것이다.

예 8-4-1.sas

```
OPTION LINESIZE = 110 NODATE;
TITLE 'MEANS 절차를 이용한 일표본 T검정';
LIBNAME save 'C:\Users\owner\Desktop\꾀꼬리';

PROC MEANS DATA=save.ds MAXDEC=4 MEAN STD CLM T PRT;
VAR q1m;
RUN;
```

[8-4-1.lst]

```
                         MEANS 절차를 이용한 일표본 T검정                          20

                                   MEANS 프로시저

                               분석 변수 : q1m 학습지도

                                평균에 대한 95%    평균에 대한 95%
     평균         표준편차             신뢰하한             신뢰상한          t 값     Pr > |t|
 ------------------------------------------------------------------------------------------
   3.5038         0.5436             3.4095             3.5982        73.49      <.0001
 ------------------------------------------------------------------------------------------
```

[8-4-1.lst] [예.8-4-1.sas]의 실행 결과로부터 변수 q1m의 모평균에 대한 95% 신뢰구간은 [3.4095, 3.5982]임을 알 수 있다. 또한 귀무가설 $H_0: \mu = 0$를 검정하기 위한 검정통계량의 값이 73.49이고, 유의확률이 .0001보다 작으므로 귀무가설을 기각한다. 따라서 q1m의 모평균은 0이 아님을 알 수 있다.

모평균 μ 에 대한 귀무가설 $H_0: \mu = \mu_0$ $(\mu_0 \neq 0)$의 가설검정은 MEANS 절차를 이용하여 직접 수행할 수 없다. 그러나 새로운 변수 계산을 통해 얻어진 데이터셋에 MEANS 절차를 적용하면 $H_0: \mu = \mu_0$의 채택 여부를 검정할 수 있다.

예를 들어 q1m 변수에 대한 모평균 μ 에 대하여 귀무가설 $H_0: \mu = 3.5$ 을 가설검정하고자 할 때, 먼저 다음과 같은 변수 계산을 수행하고, 새로운 변수 q1m35에 MEANS 절차를 적용하면 된다.

```
q1m35  = q1m - 3.5 ;
```

MEANS 절차를 실행하면 $H_0: \mu = 0$를 검정하는 검정통계량을 출력하므로 새롭게 계산된 변수 q1m35의 모평균이 0이라는 귀무가설을 검정하는 것은 변수 q1m의 모평균이 3.5임을 가설검정하는 것과 동일하다.

[예.8-4-2.sas]는 변수 변환된 변수 q1m35에 대하여 MEANS 절차로 가설검정을 실행한 예를 표시한 것이다. 실행 결과를 보면 q1m35에 대한 가설검정의 유의확률이 0.9358이므로 유의수준 5%에서 유의하지 않는다. 따라서 귀무가설을 채택하게 되어 q1m의 모평균이 3.5임을 받아들일 수 있다.

예 8-4-2.sas

```
OPTION LINESIZE = 110 NODATE;
TITLE 'MEANS 절차를 이용한 일표본 T검정';
LIBNAME save 'C:\Users\owner\Desktop\꾀꼬리';

DATA ds8_5;
SET save.ds;
q1m35 = q1m - 3.5;
LABEL q1m35 = 'q1m-3.5';

PROC MEANS DATA=ds8_5 MAXDEC=3 MEAN STD CLM T PRT;
VAR q1m q1m35;
RUN;
```

[8-4-2.lst]

MEANS 절차를 이용한 일표본 T검정 21

MEANS 프로시저

변수	레이블	평균	표준편차	평균에 대한 95% 신뢰하한	평균에 대한 95% 신뢰상한	t값	Pr > |t|
q1m	학습지도	3.504	0.544	3.410	3.598	73.49	<.0001
q1m35	q1m-3.5	0.004	0.544	-0.090	0.098	0.08	0.9358

8.4.2 UNIVARIATE 절차를 이용한 일표본 T검정

UNIVARIATE 절차를 실행하면 $H_0: \mu = 0$을 가설검정하는 데 필요한 검정통계량과 이에 대응되는 유의확률(p-값)이 [위치모수검정: Mu0=0] 란에 출력된다. 스튜던트의 t 통계량은 MEANS 절차에서 T 키워드에 의해 출력되는 t값과 동일하므로 분석 방법도 같다. 부호와 부호순위 검정통계량 M과 S는 모집단의 중심 위치가 0이라는 귀무가설을 검정할 때 사용하는 비모수적 분석법이다. 이에 관련된 유의확률 (Pr >= |M|)과 (Pr >= |S|)의 값이 0.05보다 작으면 유의수준 $\alpha = 0.05$에

서 귀무가설이 기각될 것이다. 일반적으로 부호순위검정이 부호검정보다 더 나은 검정 방법으로 알려져 있다.

다음은 [예.8-3-1.sas]의 실행 결과로 얻어지는 출력의 일부분이다. 변수 q1m에 대하여 귀무가설 $H_0: \mu = 0$을 검정하기 위한 검정통계량을 표시한 것으로 유의확률이 모두 0.0001보다 작으므로 모평균이 0이라는 귀무가설을 기각한다.

```
                    위치모수검정: Mu0=0

검정            —통계량—        ————p 값————
스튜던트의 t    t   73.4882     Pr >  |t|    <.0001
부호            M        65     Pr >= |M|    <.0001
부호순위        S    4257.5     Pr >= |S|    <.0001
```

모평균 μ 에 대한 귀무가설 $H_0: \mu = \mu_0$ $(\mu_0 \neq 0)$의 검정은 UNIVARIATE 절차에 키워드 **MU0=**를 옵션으로 지정하여 직접 수행할 수 있다. 또한 모평균, 모표준편차, 모분산에 대한 $100(1-\alpha)\%$ 신뢰구간을 각각 구하기 위하여 키워드 **CIBASIC**를 사용한다. 이때, 유의수준 α의 값을 키워드 **ALPHA=**으로 지정할 수 있으며, 만약 지정하지 않으면 $\alpha = 0.05$가 디폴트로 지정된다.

[예.8-4-3.sas]는 데이터셋 save.ds의 q1m 변수에 대하여 모평균, 모표준편차, 모분산에 대한 99% 신뢰구간과 귀무가설 $H_0: \mu = 3.5$를 검정하기 위한 검정통계량, 그리고 이에 대응되는 유의확률을 구하는 SAS 프로그램이다.

예 8-4-3.sas

```
OPTION LINESIZE = 110 NODATE;
TITLE 'UNIVARIATE 절차를 이용한 일표본 T검정';
LIBNAME save 'C:\Users\owner\Desktop\꾀꼬리';

PROC UNIVARIATE DATA=save.ds ALPHA=0.01 CIBASIC  MU0=3.5;
VAR q1m;
RUN;
```

[8-4-3.lst]

```
                    UNIVARIATE 절차를 이용한 일표본 T검정                        22

                              UNIVARIATE 프로시저
                              변수:  q1m  (학습지도)

                          정규성 가정하 기본 신뢰한계

              모수              추정값          99% 신뢰한계

              평균              3.50385        3.37919      3.62850
              표준편차          0.54362        0.46792      0.64590
              분산              0.29553        0.21895      0.41718


                          위치모수검정: Mu0=3.5

              검정              -통계량-        ------p 값------

              스튜던트의 t      t  0.080668     Pr >  |t|    0.9358
              부호              M         0     Pr >= |M|    1.0000
              부호순위          S      75.5     Pr >= |S|    0.8159
```

참고로 모집단 $N(\mu, \sigma^2)$으로부터 추출된 n개의 표본에 대하여 σ^2에 대한 $100(1-\alpha)\%$ 신뢰구간은 다음과 같다.

$$\frac{(n-1)s^2}{\chi^2_{\alpha/2,\,n-1}} < \sigma^2 < \frac{(n-1)s^2}{\chi^2_{1-\alpha/2,\,n-1}}$$

여기서 s^2는 표본분산이며, $\chi^2_{\alpha,\,n-1}$은 자유도가 n-1인 카이제곱분포에서 $(1-\alpha)$분위수이다.

8.4.3 TTEST 절차를 이용한 일표본 T검정

TTEST 절차는 독립적인 두 집단의 모평균 차이를 검정하기 위하여 CLASS 문을 이용한다(8.5절 참조). TTEST 절차에 CLASS 문이 생략되면 VAR 문에 표시된 변수의 모평균에 대한 일표본 T검정을 수행한다.

일표본 T검정을 수행하기 위한 TTEST 절차의 옵션은 다음과 같다.

- DATA = SASDataSet

TTEST 절차를 실행하고자 하는 데이터셋의 이름을 지정하며, 옵션이 생략되면 가장 최근에 만들어진 데이터셋이 이용된다.

• ALPHA=p

신뢰도 100(1-p)%인 신뢰구간을 출력한다. 디폴트는 p=0.05이다.

• CI=[EQUAL | UMPU | NONE]

표준편차의 신뢰구간을 구하고자 할 때 지정하며 디폴트는 EQUAL이다. 표준편차의 신뢰구간을 출력하고 싶지 않을 경우 NONE을 지정하고, 양쪽 꼬리의 확률이 같은 신뢰구간(equal-tailed CI)을 구하고자 할 때 EQUAL을 지정한다. 반면에 UMPU 검정에 기초하여 신뢰구간을 구하고자 할 경우에 UMPU를 지정한다.

• H0=m

귀무가설에 설정된 모평균의 값을 m으로 지정한다. 생략되면 m=0으로 지정된다.

[예.8-4-4.sas]는 영구 데이터셋 save.ds의 q1m 변수와 q3m 변수에 대하여 모평균과 모표준편차에 대한 95% 신뢰구간과 귀무가설 $H_0: \mu = 3.5$를 검정하기 위한 검정통계량, 그리고 이에 대응되는 유의확률을 구한 것이다.

예 8-4-4.sas

```
OPTION LINESIZE = 110 NODATE;
TITLE 'TTEST 절차를 이용한 일표본 T검정';
LIBNAME save 'C:\Users\owner\Desktop\꾀꼬리';

PROC TTEST DATA=save.ds H0=3.5;
VAR q1m q3m;
RUN;
```

[8-4-4.lst]

```
                    TTEST 절차를 이용한 일표본 T검정                         23

                          The TTEST Procedure

                       Variable:  q1m  (학습지도)

      N        Mean      Std Dev      Std Err      Minimum      Maximum

    130      3.5038       0.5436       0.0477       1.5000       4.7500

        Mean        95% CL Mean          Std Dev        95% CL Std Dev

      3.5038      3.4095    3.5982       0.5436       0.4846    0.6191

                        DF       t Value      Pr > |t|
```

```
                   129        0.08        0.9358

                  Variable:  q3m  (업무수행)

     N        Mean     Std Dev     Std Err     Minimum     Maximum

   130      2.4288      0.4546      0.0399      1.2500      3.7500

      Mean        95% CL Mean         Std Dev       95% CL Std Dev

    2.4288      2.3500   2.5077       0.4546      0.4052   0.5177

                     DF       t Value      Pr > |t|

                    129       -26.87        <.0001
```

[8-4-4.lst] TTEST 절차를 수행하면 분석 변수에 대하여 [8-4-4.Viewer]와 같이 [Results Viewer] 창에 히스토그램, 상자도표, Q-Q 도표가 표시된다. TTEST 절차의 실행 결과로서 유의확률을 살펴보면 q1m의 경우 다른 절차의 가설검정과 동일한 결론을 얻을 수 있으며, q3m은 유의확률이 0.0001보다 작기 때문에 귀무가설이 기각된다. 즉 q3m의 모평균은 3.5보다 작다고 할 수 있다.

[8-4-4.Viewer]

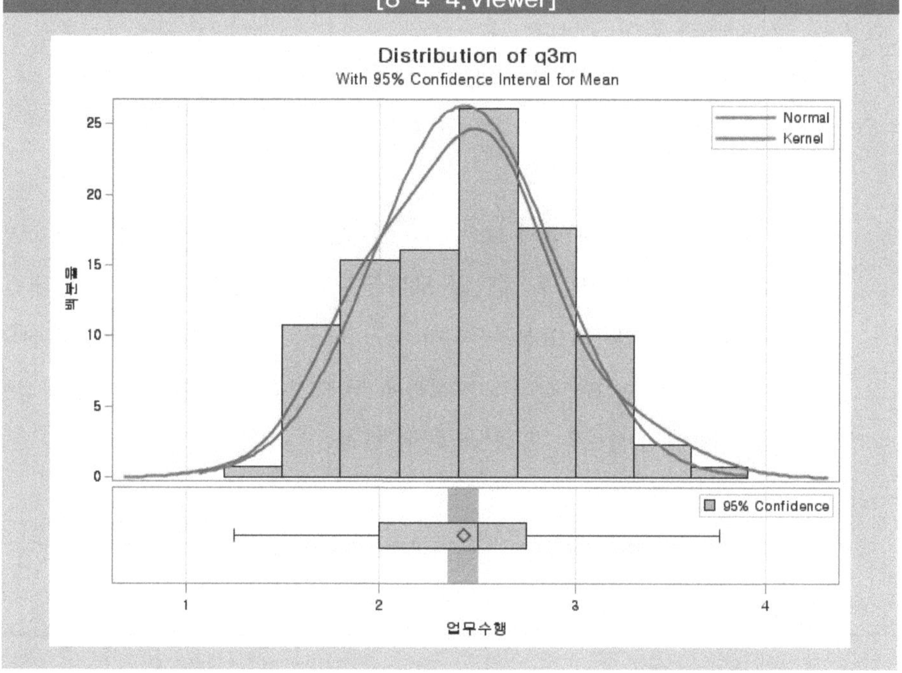

8.5 독립표본 T검정

서로 독립인 두 집단 간 모평균 차이의 비교는 독립표본 T검정을 수행하여 분석한다. 예를 들어 SAS 데이터셋 save.ds 자료로부터 교사의 학습지도 능력인 변수 q1m가 성별에 따라 차이가 나는지를 검정한다고 하자. 남자 집단의 q1m의 모평균이 μ_1, 여자 집단의 모평균을 μ_2 라고 할 때, 두 집단의 모평균 비교를 위한 T검정의 두 가설(양측검정)은 다음과 같이 표현할 수 있다.

$$\text{귀무가설} \quad \mathrm{H}_0 : \mu_1 = \mu_2$$
$$\text{대립가설} \quad \mathrm{H}_1 : \mu_1 \neq \mu_2$$

그러나 두 집단의 모평균 비교를 위한 가설검정은 두 집단의 분산이 동일한지 또는 그렇지 않은지에 따라 다른 추론이 이루어진다. 즉 모평균의 동일성검정 이전에 모분산의 동일성검정을 선행하여야 한다. 모분산에 대한 동일성검정의 두 가설은 다음과 같다.

$$\text{귀무가설} \quad \mathrm{H}_0 : \sigma_1^2 = \sigma_2^2$$
$$\text{대립가설} \quad \mathrm{H}_1 : \sigma_1^2 > \sigma_2^2$$

두 모분산의 동일성검정에 대한 검정통계량 F는 각 집단의 표본분산을 이용하여 다음과 같이 구한다.

$$F = \frac{s_1^2}{s_2^2} \sim F(n_1 - 1,\, n_2 - 1)$$

검정통계량 F의 값이 $(1-\alpha)$분위수인 $F_\alpha(n_1 - 1, n_2 - 1)$보다 크면 귀무가설을 기각하고 따라서 두 집단의 모분산이 동일하지 않다는 결론을 내린다. 여기서 s_1^2, s_2^2은 두 집단의 표본분산이며, n_1, n_2는 각 집단에서 추출한 표본의 크기이다.

두 집단의 분산이 같다는 가정하에 두 모평균의 동일성에 대한 검정통계량은 자유도가 $(n_1 + n_2 - 2)$인 t분포를 따른다.

$$t = \frac{\overline{x_1} - \overline{x_2}}{s_p \sqrt{\frac{1}{n_1} + \frac{1}{n_2}}} \sim t(n_1 + n_2 - 2), \qquad s_p^2 = \frac{(n_1 - 1)s_1^2 + (n_2 - 1)s_2^2}{n_1 + n_2 - 2}$$

여기서 $\overline{x_1}$, $\overline{x_2}$ 은 각각 두 집단의 표본평균이며, s_p^2 을 공통분산 σ^2 의 합동추정량(pooled estimator)이라고 한다. 이를 이용하여 두 모평균 차 $\mu_1 - \mu_2$ 에 대한 $100(1-\alpha)\%$ 신뢰구간을 구하면 다음과 같다.

$$\left[(\overline{x_1} - \overline{x_2}) \pm t_{\alpha/2}(n_1 + n_2 - 2)\, s_p \sqrt{\frac{1}{n_1} + \frac{1}{n_2}} \right]$$

그러나 두 집단의 분산이 같다는 가정이 성립하지 않으면 다음의 t값을 검정통계량으로 한다. 이때 다음과 같이 계산되는 t 분포의 Satterthwaite의 자유도 ϕ^* 는 일반적으로 정수가 아니다.

$$t = \frac{\overline{x_1} - \overline{x_2}}{\sqrt{\frac{s_1^2}{n_1} + \frac{s_2^2}{n_2}}} \sim t(\phi^*), \quad \phi^* = \frac{(s_1^2/n_1 + s_2^2/n_2)^2}{\frac{(s_1^2/n_1)^2}{n_1 - 1} + \frac{(s_2^2/n_2)^2}{n_2 - 1}}$$

두 집단의 분산이 같지 않을 때, 두 모평균 차 $\mu_1 - \mu_2$ 에 대한 $100(1-\alpha)\%$ 신뢰구간을 구하면 다음과 같다.

$$\left[(\overline{x_1} - \overline{x_2}) \pm t_{\alpha/2}(\phi^*) \sqrt{\frac{s_1^2}{n_1} + \frac{s_2^2}{n_2}} \right]$$

8.5.1 TTEST 절차

SAS 패키지를 이용하여 독립적인 두 집단 간의 모평균 차이를 가설검정하기 위해서 다음의 TTEST 절차를 사용한다. 물론 두 모분산의 등분산성 검정도 TTEST 절차에 의해 동시에 수행할 수 있다.

```
PROC TTEST  Options ;
     CLASS  변수 ;
     VAR  변수목록 ;
     BY  변수목록 ;
     PAIRED 변수1 * 변수2;
     FREQ  변수 ;
     WEIGHT  변수 ;
```

8.5.2 TTEST 절차의 옵션

- DATA = SASDataSet

TTEST 절차를 실행하고자 하는 데이터셋의 이름을 지정하며, 옵션이 생략되면 가장 최근에 만들어진 데이터셋이 이용된다.

- ALPHA = p

신뢰도 100(1-p)%인 신뢰구간을 출력한다. 기본적인 p = 0.05이다.

- CI = [EQUAL | UMPU | NONE]

표준편차의 신뢰구간을 구하고자 할 때 지정하며 디폴트는 EQUAL이다. 표준편차의 신뢰구간을 출력하고 싶지 않을 경우 NONE을 지정하고, 양쪽 꼬리의 확률이 같은 신뢰구간(equal-tailed CI)을 구하고자 하면 EQUAL을, UMPU 검정에 기초하여 신뢰구간을 구하고자 할 경우에 UMPU를 지정한다.

- H0 = m

귀무가설에 설정된 모평균의 차를 m으로 지정한다. 생략되면 m = 0으로 지정된다.

- SIDE = [2 | L | U]

디폴트는 2이며 양측검정을 수행한다. L은 작은 쪽의 단측검정을, U는 큰 쪽의 단측검정을 수행한다.

- COCHRAN

이 옵션은 Cochran과 Cox의 근사검정법에 의거한 유의확률을 출력한다.

8.5.3 VAR 문과 CLASS 문

집단 간 평균 차이를 분석하고자 하는 반응변수를 VAR 문에 표시한다. 변수가 둘 이상이면 각 반응변수에 대하여 따로 t-검정을 수행한다.

CLASS 문에는 반응변수를 집단으로 구분하는 분류 변수 이름이 표시된다. 이 때 지정되는 분류 변수의 수준(값)은 두 집단만을 나타내기 위하여 오직 두 가지 값만을 가져야 한다. CLASS 문이 생략되면 VAR 문의 변수에 대한 일표본 T검정이 수행된다. 또한 8.6절의 대응표본 T검정에서도 CLASS 문이 사용되지 않는다.

TTEST 절차는 독립적인 두 집단의 평균 차이 검정을 위하여 지정된 CLASS 변수의 두 수준을 통하여 자료의 관측치를 두 집단으로 분류한다. TTEST 절차를 실행하면 기본적으로 각 집단별, 그리고 두 집단의 차이에 대한 모평균과 모표준편차의 신뢰구간이 출력된다. 이어서 두 집단의 모평균의 동일성검정, 그리고 등분산성 검정이 출력된다. 마지막으로 [Results Viewer] 창에 두 독립적인 집단의 히스토그램과 상자도표, 그리고 Q-Q 도표가 그래픽으로 처리되어 표시된다.

[예.8-5-1.sas]는 save.ds 데이터셋의 변수 q1m에 대하여 독립적인 두 집단(남, 녀) 간 평균 차이를 검정하기 위한 예를 표시한 것이다.

예 8-5-1.sas

```
OPTION LINESIZE = 110 NODATE;
TITLE 'TTEST 절차를 이용한 독립표본 T검정';
LIBNAME save 'C:\Users\owner\Desktop\꾀꼬리';

PROC TTEST DATA=save.ds;
VAR q1m;
CLASS gender;
RUN;
```

[8-5-1.lst]

```
                          TTEST 절차를 이용한 독립표본 T검정                        24

                                 The TTEST Procedure

                              Variable:  q1m  (학습지도)

       gender          N        Mean     Std Dev     Std Err     Minimum     Maximum
       남             65      3.4885      0.5580      0.0692      1.5000      4.7500
       여             65      3.5192      0.5327      0.0661      2.2500      4.5000
       Diff (1-2)            -0.0308      0.5455      0.0957

gender        Method              Mean      95% CL Mean        Std Dev      95% CL Std Dev
남                               3.4885     3.3502   3.6267     0.5580     0.4759   0.6747
여                               3.5192     3.3872   3.6512     0.5327     0.4543   0.6441
Diff (1-2)    Pooled           -0.0308    -0.2201   0.1586     0.5455     0.4861   0.6216
Diff (1-2)    Satterthwaite    -0.0308    -0.2201   0.1586

              Method           Variances        DF    t Value    Pr > |t|

              Pooled           Equal           128      -0.32      0.7483
              Satterthwaite    Unequal      127.73      -0.32      0.7483

                             Equality of Variances

                 Method      Num DF    Den DF    F Value    Pr > F

                 Folded F        64        64       1.10    0.7117
```

[8-5-1.lst] [예.8-5-1.sas]의 실행으로 얻어지는 출력 결과로부터 각 집단에 대한

평균과 표준편차, 표준오차 그리고 모평균과 모표준편차에 대한 95% 신뢰구간을 구할 수 있다. 출력 결과의 Diff (1-2)에는 두 집단의 차에 대한 통계량과 모평균, 모표준편차에 대한 신뢰구간이 표시된다. 예를 들어, 두 집단(남, 여)의 모평균 차의 추정값은 -0.0308이며, 모평균 차의 95% 신뢰구간은 [-0.2201, 0.1586]이 됨을 알 수 있다.

모평균 차의 95% 신뢰구간에 0이 포함되면 신뢰수준 5%에서 귀무가설 H_0 가 채택되며, 0이 포함되지 않으면 귀무가설이 기각된다. 여기에서는 모평균간의 차이에 대한 신뢰구간에 0이 포함되므로 남녀의 두 집단 간 모평균의 차이는 없다고 할 수 있다.

[8-5-1.Viewer]

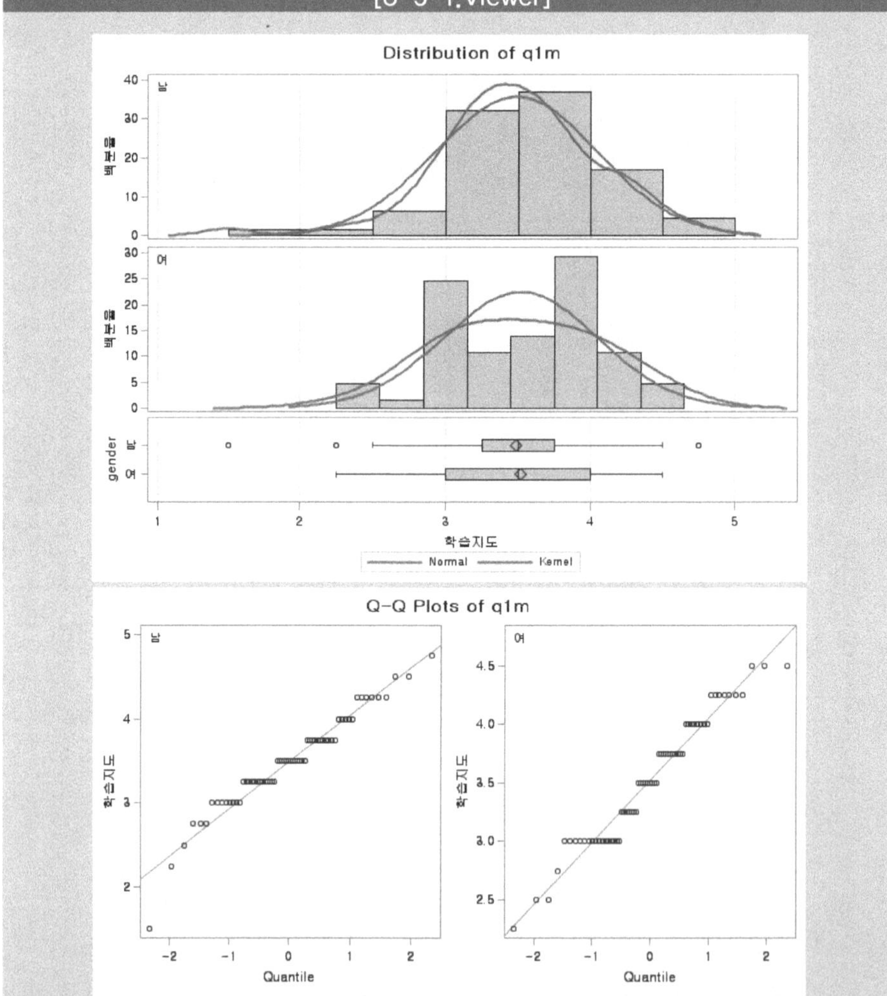

두 집단 간 분산의 등분산성 검정은 'Equality of Variauces'에서 얻어진 F 통계량을 이용한다. F 통계량 값(F Value)이 1.10이며, 이 값에 대응하는 유의확률이 0.7117로서 귀무가설 $H_0: \sigma_1^2 = \sigma_2^2$ 을 기각하지 못한다. 따라서 두 집단이 등분산이라는 가정을 만족한다고 볼 수 있다.

이제 두 집단이 등분산성이라는 가정을 만족했기 때문에 Method가 Pooled인 행을 참조하여 모평균 차이에 대한 가설검정을 수행한다. 이때 출력된 검정통계량 t 값은 −0.32(자유도 128)이며, 이에 대응하는 유의확률은 0.7483이다. 검정통계량에 대응하는 유의확률이 0.05(유의수준)보다 크기 때문에 $\alpha = 0.05$ 에서 H_0 을 기각하지 못한다. 따라서 남녀 두 집단 간 모평균의 차이가 없음을 알 수 있다.

만일 등분산성가정을 만족하지 못하면, 다시 말해 등분산성 검정통계량 F에 대한 유의확률 Pr>F의 값이 유의수준보다 작으면 Satterthwaite가 가리키는 행의 t 값과 유의확률을 참조하여 가설검정의 결론을 내린다.

8.5.4 BY 문

BY 변수의 각 수준별로 TTEST 절차를 실행하고자 할 때 BY 문을 사용한다. BY 문이 사용되므로 BY 변수에 의하여 데이터셋이 정렬되어 있어야 한다. BY 문 이외에 FREQ 문과 WEIGHT 문을 적용할 수 있다. 이 명령문의 사용은 PROC MEANS 절차의 쓰임과 동일하므로 설명을 생략한다.

8.6 대응표본 T검정

먼저 두 집단이 독립이 아닌, 서로 대응되는 표본이란 무엇인지 알아보자. 예를 들어 성인 남자의 오른쪽 팔 길이와 왼쪽 팔 길이 중 어느 쪽이 더 길까? 이 문제를 분석하기 위하여 두 집단을 랜덤으로 선택한 후 한쪽 집단은 왼쪽 팔 길이를 측정하고, 다른 집단은 오른쪽 팔 길이만을 측정하여 자료를 얻었다고 하자. 두 집단이 랜덤으로 분류되었기 때문에 당연히 두 집단은 서로 독립인 집단이 된다. 따라서 두 집단에서 측정된 왼쪽 팔 길이와 오른쪽 팔 길이의 차이를 비교하기 위하여 TTEST 절차를 실행하면 될 것이다. 하지만 이렇게 얻어진 자료는 예상 못한 요인들이 포함되어 두 집단의 평균 차에 영향을 줄 수 있다. 일례로 오른쪽 팔 길이 측정 표본에 주로 오른손을 많이 쓰는 농구 선수가 포함되어 있다고 하면 분명히 두 집단 간 팔 길이의 평균 차가 있다고 결론이 날 것이다. 이러한 문제가 포함된 평균 비교 연구에 표본오차를 가능한 줄이기 위해서는 대응 표본법으로 자료를 수집해야 한다.

양 팔의 길이의 차이를 정확히 분석하는 표본법은 먼저 한 그룹의 표본을 랜덤하게 추출한 후, 각 표본 구성원들의 오른쪽 팔 길이와 왼쪽 팔 길이를 동시에 측정하는 것이다. 그러나 이렇게 얻어진 두 변수는 동일한 사람의 양쪽 팔 길이를 측정했기 때문에 높은 상관관계가 있다. 따라서 두 변수는 서로 독립이 아니므로 이렇게 얻어진 쌍의 데이터 (x_i, y_i) $(i = 1, \cdots, n)$ 에 독립표본 T검정을 적용할 수 없다.

또 다른 예로 환자를 대상으로 임상 처리를 할 경우 처리 전과 처리 후의 변화를 비교하고자 할 때 얻어지는 두 쌍의 자료 역시 서로 종속이다. 이렇게 서로 종속인 두 표본 (x_i, y_i) 를 대상으로 변수 x와 y의 모평균 간의 차이를 비교하는 것을 대응비교(짝을 이룬 비교, 혹은 쌍체비교)라고 하며, 이런 경우의 t 검정을 대응표본 T검정(paired t-test)이라고 한다.

대응표본 T검정을 위하여 TTEST 절차에서 PAIRED 문을 사용한다. 대응비교를 위해 사용되기 때문에 TTEST 절차의 VAR 문이나 CLASS 문이 동시에 사용되지 않는다. 다음은 TTEST 절차의 PAIRED 문의 몇 가지 사용 예를 표시한 것이다.

PAIRED x * y;	x-y의 대응비교 수행
PAIRED x*y a*b;	x-y와 a-b의 2개 대응비교 각각 수행
PAIRED (x y) * (a b);	x-a와 x-b, y-a, y-b의 4개 대응비교 각각 수행
PAIRED (x y) * a;	x-a와 y-a의 2개 대응비교 각각 수행
PAIRED (x y) : (a b);	x-a와 y-b의 2개 대응비교 각각 수행

참고로 대응표본에 대한 자료 (x_i, y_i) 로부터 변수 계산으로 변수 $d_i = x_i - y_i$ 를 구한 후, 변수 d를 MEANS 절차나 UNIVARIATE 절차에 적용시킴으로써 귀무가설 $\mathrm{H}_0 : \mu_1 = \mu_2$ 을 검정할 수 있다. 즉 MEANS 절차에서 변수 $d = x - y$ 의 모평균 μ_d 에 대하여 귀무가설 $\mathrm{H}_0 : \mu_\mathrm{d} = 0$ 을 가설검정하면 된다.

[예.8-6-1.sas]는 save.ds 자료의 q2m과 q3m의 평가 점수의 평균 차이가 있는지의 여부, 즉 대응표본 T검정을 수행하기 위한 TTEST 절차의 PAIRED 문의 사용 예를 보여 주고 있다. 여기서 q2m, q3m의 각 관측치는 동일한 사람에게 설문조사된 점수이기 때문에 대응표본의 자료이다.

예 8-6-1.sas

```
OPTION LINESIZE = 110 NODATE;
TITLE 'TTEST 절차를 이용한 대응표본 T검정';
```

```
LIBNAME save 'C:\Users\owner\Desktop\꾀꼬리';

PROC TTEST DATA=save.ds;
PAIRED q2m*q3m;
RUN;
```

[8-6-1.lst]

```
                TTEST 절차를 이용한 대응표본 T검정                    25

                        The TTEST Procedure

                       Difference:  q2m - q3m

     N        Mean     Std Dev     Std Err     Minimum     Maximum

   130      0.9962      0.7146      0.0627     -1.0000      3.0000

      Mean       95% CL Mean          Std Dev      95% CL Std Dev

    0.9962     0.8722    1.1202       0.7146     0.6370    0.8139

                        DF     t Value     Pr > |t|

                       129       15.89       <.0001
```

[8-6-1.Viewer]

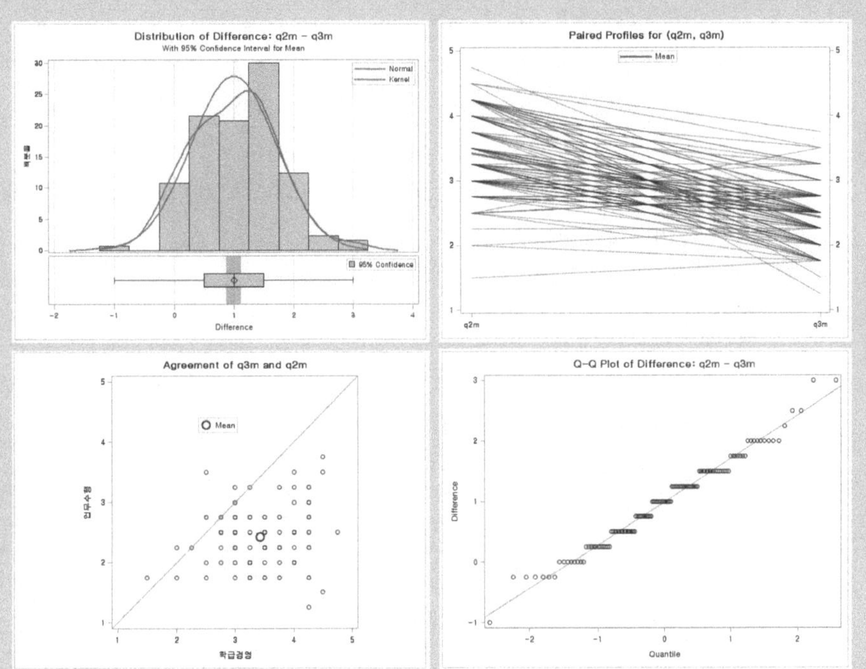

[8-6-1.lst] [예.8-6-1.sas]의 실행결과를 보면 q2m과 q3m의 차이(변수 d)의 평균값은 $\bar{d} = 0.9962$이며 표본표준편차는 $s_d = 0.7146$이다. 이를 이용하여 계산한 검정통계량 t값은

$$t = \frac{\bar{d}}{s_d / \sqrt{n}} = \frac{0.9962}{0.7146 / \sqrt{130}} = 15.8948$$

이다. 또한 대응표본 검정통계량 t값에 대응하는 유의확률이 0.0001보다 작은 값이기 때문에 유의수준 $\alpha = 0.05$에서 q2m과 q3m의 모평균의 차이가 존재한다고 볼 수 있다.

즉, 교사들의 학급경영 능력은 업무수행 능력보다 점수가 높음을 알 수 있다.

예제 8-1 (대응표본 T검정) 어떤 자극을 주었을 때 자극 전후의 맥박수를 조사하기 위하여 10마리의 동물을 대상으로 실험을 하여 다음과 같은 자료를 얻었다.

(a) 자극 전의 맥박수의 모평균에 대한 99%의 신뢰구간을 구하여라.

(b) 이 자극은 맥박수를 높인다고 할 수 있는지 유의수준 1%에서 가설검정하여라.

동물	1	2	3	4	5	6	7	8	9	10
전	70	84	88	110	105	100	110	67	79	86
후	115	148	176	191	158	178	179	140	161	157

풀이 주어진 자료를 [예.8-6-2.sas]의 DATA 단계와 같이 입력하여 example81 데이터셋을 생성한다.

예 8-6-2.sas

```
OPTION LINESIZE = 110 NODATE;
TITLE 'TTEST 절차를 이용한 대응표본 T검정: 예제8-1';

DATA example81;
INPUT num1 num2 @@;
LABEL num1='자극전 맥박수';
LABEL num2='자극후 맥박수';
CARDS;
 70 115  84 148  88 176 110 191 105 158
100 178 110 179  67 140  79 161  86 157
;
```

```
PROC PRINT DATA=example81 LABEL;
RUN;
```

[8-6-2.lst]

```
                    TTEST 절차를 이용한 대응표본 T검정: 예제 8-1                    26

                                  자극전    자극후
                           OBS    맥박수    맥박수

                             1      70       115
                             2      84       148
                             3      88       176
                             4     110       191
                             5     105       158
                             6     100       178
                             7     110       179
                             8      67       140
                             9      79       161
                            10      86       157
```

(a) 자극 전 맥박수의 모평균에 대한 99%의 신뢰구간을 구하기 위해서 TTEST 절차를 이용하여 일표본 T검정을 수행한다. 신뢰도를 99%로 하기 위하여 TTEST 절차의 옵션으로 ALPHA=0.01을 지정한다.

예 8-6-3.sas

```
PROC TTEST DATA=example81 ALPHA=0.01;
VAR num1;
RUN;
```

[8-6-3.lst]

```
                   TTEST 절차를 이용한 대응표본 T검정: 예제 8-1                    27

                              The TTEST Procedure

                        Variable:  num1  (자극전 맥박수)

      N        Mean     Std Dev     Std Err     Minimum     Maximum

     10     89.9000     15.7441      4.9787     67.0000       110.0

        Mean       99% CL Mean         Std Dev      99% CL Std Dev

     89.9000     73.7199     106.1     15.7441      9.7248   35.8590
```

```
                DF    t Value    Pr > |t|

                 9      18.06      <.0001
```

[8-6-3.lst] [예.8-6-3.sas]의 실행 결과로부터 '자극 전 맥박수'에 대한 표본평균이 89.9이고, 표본표준편차가 15.7441이며 '자극 전 맥박수'에 대한 모평균의 99% 신뢰구간이 [73.7199, 106.1]임을 알 수 있다.

(b) [예.8-6-4.sas]는 자극 전과 자극 후의 맥박수 변수의 모평균의 차이를 가설검정하기 위하여 TTEST 절차를 이용하여 대응표본 T검정을 수행한 SAS 프로그램이다. 대응표본 T검정을 수행하기 위해서는 PAIRED 문을 TTEST 절차에 포함시켜야 한다.

예 8-6-4.sas

```
PROC TTEST DATA=example81;
PAIRED  num1*num2;
RUN;
```

[8-6-4.lst]

```
                    TTEST 절차를 이용한 대응표본 T검정: 예제 8-1                    28

                              The TTEST Procedure

                            Difference:  num1 - num2

      N        Mean      Std Dev     Std Err     Minimum      Maximum

     10    -70.4000      13.3849      4.2327    -88.0000     -45.0000

         Mean        95% CL Mean          Std Dev      95% CL Std Dev

     -70.4000    -79.9750 -60.8250        13.3849      9.2066  24.4356

                           DF    t Value    Pr > |t|

                            9     -16.63      <.0001
```

[8-6-4.lst] [예.8-6-4.sas]의 실행 결과로부터 검정통계량 T 값이 −16.63이며, 대응되는 유의확률이 0.0001보다 작으므로 유의수준 1%에서 귀무가설이 기각된다. 대응 차의 평균값(−70.40)이 음수이므로 자극 후의 맥박수가 자극 전의 맥박수보다 유의적으로 높다고 판단할 수 있다.

8.7 통계표 작성

통계분석에 이용되는 자료는 크게 양적 자료(quantitative data)와 질적 자료(qualitative data)로 구분된다. 양적 자료란 길이, 온도, 무게 등과 같이 일정한 구간 안의 모든 값이 나타날 수 있는 자료로서 연속확률변수의 분포를 가정하여 분석되는 자료를 말한다. 질적 자료는 성별, 직업, 종교 등 어떤 속성을 범주화 할 수 있는 자료로서 일반적으로 도수(frequency)와 비율(percent)로 구성된 빈도분포표를 작성한다. 질적 자료를 분석할 수 있는 간단한 빈도분포표는 UNIVARIATE 절차에서 FREQ 옵션을 지정함으로써 얻을 수 있다.

TABULATE 절차를 이용하면 질적 자료인 이산형 변수(분류변수)의 각 값에 대하여 연속형 변수(분석변수)의 평균, 표준편차 등의 각종 통계량을 요약하여 하나의 통계표로 작성할 수 있다. TABULATE 절차의 사용 형식은 다음과 같다.

```
PROC TABULATE  Options ;
   CLASS  변수목록 ;    /* 분류변수 */
   VAR  변수목록 ;     /* 분석변수 */
   TABLE  쪽-expression, 행-expression, 열-expression / table-option ;
   BY  변수목록 ;
   FREQ  변수 ;
   WEIGHT  변수 ;
```

8.7.1 TABILATE 절차의 Options

- DATA = SASDataSet

TABULATE 절차를 실행하고자 하는 SAS 데이터셋의 이름을 지정한다. 이 옵션이 생략되면 가장 최근에 만들어진 데이터셋을 이용한다.

- FORMAT = w.d

표의 모든 기술통계량을 총 n자리 길이의 폭 안에 소수 d자리까지 출력한다.

- ORDER=[DATA | FORMATTED | FREQ | UNFORMATTED]

CLASS 부명령문에서 지정한 분류변수를 출력하는 순서를 지정한다.

- MISSING

CLASS 문에서 지정한 변수의 자룟값이 결측값일 경우에 결측값만 별도의 그룹으로 따로 통계처리를 한다.

8.7.2 CLASS 문

TABULATE 절차를 통해 통계표를 작성할 때 표의 행이나 열에 표시될 분류변수를 지정한다. 분류변수는 보통 이산형 변수이며, 분류변수의 각 범주(값)에 대하여 분석변수의 통계량을 구한다. CLASS 문에서 지정된 변수만 TABLE 문의 expression에 포함될 수 있다.

8.7.3 VAR 문

분류변수의 각 범주에 대하여 VAR 문에 지정된 분석변수의 기술통계량이 통계표에 출력된다. 분석변수는 반드시 숫자형 변수이어야 한다.

8.7.4 TABLE 문

TABLE 문은 통계표의 형태를 정의하는 부명령문이다. TABLE 문은 다음 3가지 형태의 어느 하나로 정의된다. 쉼표(comma) 연산자에 의하여 통계표의 차원을 (쪽, 행, 열)의 순서로 지정하여야 한다. 쪽과 행 차원은 생략할 수 있지만 열 차원은 생략할 수 없다.

```
TABLE 열-expression;
TABLE 행-expression, 열-expression;
TABLE 쪽-expression, 행-expression, 열-expression;
```

(1) 연산자(operator)

다음 표는 TABLE 문의 쪽, 행, 열 차원의 각 expression에 변수와 통계량 사이의 관계를 정의하는 데 많이 사용되는 연산자 기호를 정리한 것이다. blank는 따로 기호가 있는 것이 아닌 공백(blank space)을 의미한다.

연산자	기 능
, comma	통계표의 차원을 구분하고 (쪽, 행, 열)의 순서로 정의
* asterisk	차원 안에서 변수 또는 통계량의 출력 순서를 지정
blank space	차원 안에서 변수 또는 통계량을 나란히 붙여 출력
= equal	디폴트 포맷의 변경 또는 출력 레이블 지정
() parentheses	변수 또는 통계량을 하나로 묶음

(2) 통계량 키워드

다음 표는 TABLE 문의 쪽, 행, 열 차원의 각 expression에서 사용할 수 있는 통계량 키워드이다.

COLPCTN	COLPCTSUM	CSS	CV	KURTOSIS	LCLM
MAX	MEAN	MIN	N	NMISS	PAGEPCTN
PAGEPCTSUM	PCTN	PCTSUM	RANGE	REPPCTN	REPPCTSUM
ROWPCTN	ROWPCTSUM	SKEWNESS	STDDEV|STD	STDERR	SUM
SUMWGT	UCLM	USS	VAR		
MEDIAN | P50	P1	P5	P10	P90	P95
P99	Q1 | P25	Q3 | P75	QRANGE	PROBT	T

이 표에 표시된 대부분의 통계량이 MEANS 절차에서 언급했던 통계량과 동일하므로 자세한 설명을 생략한다. 그러나 PCTN, PCTSUM 등의 통계량에서 PCT의 의미는 백분율이다. PCT가 붙어 있는 통계량을 expression에 표시하는 방법은 다음과 같다.

```
변수1*변수2*PCTN      /* 전체 관측수에 대한 백분율 출력 */
변수1*변수2*PCTN<변수1>      /* 변수2 중에서 변수1의 백분율 */
변수1*변수2*PCTN<변수2>      /* 변수1 중에서 변수2의 백분율 */
변수1*변수2*PCTN<변수1*변수2>  /* 변수1*변수2*PCTN과 동일함 */
```

TABLE 문의 통계표 작성 형식에 통계량을 지정하지 않고 분석변수만 지정하면 분석변수의 SUM 통계량이 디폴트로 출력된다. 분석변수까지 지정하지 않으면 분류변수에 의한 범주 각각의 빈도수 N 통계량이 디폴트로 출력된다.

(3) 출력 포맷 지정 *F=w.d

통계표의 통계량의 값을 출력하는 형식을 지정하는 것으로 각 통계량에 지정한다. 출력의 폭은 w, 소수점 이하 d자리까지 출력하며 전체 옵션 FORMAT=w.d으로 지정한 것보다 우선한다.

8.7.5 BY 문

BY 변수의 각 수준(level)별로 TABULATE 절차를 실행하고자 할 때 BY 문을 사용한다. BY 변수로 데이터셋이 정렬되어 있지 않을 경우에는 TABULATE 절차 이전에 SORT 절차를 이용하여 데이터셋을 BY 변수로 정렬해야 한다.

8.7.6 TABULATE 절차의 사용

[예.7-1-1.sas]에서 영구 데이터셋으로 저장한 save.ds의 자료를 이용하여 몇

가지 TABULATE 절차의 TABLE 문을 작성해보자. 데이터셋 save.ds에 저장되어 있는 변수 중에서 분류변수로 age(나이), gender(성별), residence(거주지)를 지정하고, 분석변수로 q1m, q2m, q3m을 지정하여 통계표를 작성한다.

[예.8-7-1.sas]은 통계표의 모든 통계량의 출력 형식을 FORMAT=5.2로 지정한 이후 TABLE 문을 실행하고 있다. 일부 통계량의 출력 형식을 별도로 출력하고자 할 경우에는 *F=w.d의 형식을 따로 지정한다.

예 8-7-1.sas

```
OPTION LINESIZE = 110 NODATE;
TITLE '통계표의 작성 (1)';
LIBNAME save 'C:\Users\owner\Desktop\꾀꼬리';

PROC TABULATE DATA=save.ds FORMAT=6.2;
CLASS gender age residence;
VAR q1m q2m q3m;
TABLE gender*age;
RUN;
```

[8-7-1.lst]

통계표의 작성 (1) 29

성별					
남			여		
나이			나이		
20대	30대	40대	20대	30대	40대
N	N	N	N	N	N
16.00	24.00	25.00	16.00	21.00	28.00

[8-7-1.lst] TABLE 문에 쪽과 행 차원이 생략되어 열 차원만 표시되었으며 열 차원 내에서 두 변수 gender와 age가 * 연산자로 연결되어 있다. 따라서 gender 변수가 먼저 표시된 후 그 하위 범주에 age 변수의 값들이 출력된다. 또한 분석변수와 통계량 모두 지정되지 않았기 때문에 N 통계량이 디폴트로 출력됨을 알 수 있다.

2개 이상의 TABLE 문이 하나의 TABULATE 절차에 동시에 표시할 수 있다. 이를 설명하기 위하여 PCTN 통계량의 사용 형식을 예로 들어 [예.8-7-2.sas]에 표시하였다. 세 번째 TABLE 문의 N 통계량은 전체 출력 형식(FORMAT=6.2)과 별도로 출력 형식(F=4.)을 지정하였다. 따라서 N 통계량은 정수가 출력된다.

[예.8-7-2.sas]부터 TITLE 문과 TABLE 문만 표시하였으며, TABULATE 절차의 나머지 명령문은 [예.8-7-1.sas]와 같다.

예 8-7-2.sas

```
TITLE '통계표의 작성 (2)';

TABLE gender*age*PCTN<age>;
TABLE gender*age*PCTN<gender>;
TABLE gender*age*(N*F=4. PCTN);
```

[8-7-2.lst]

통계표의 작성 (2)　　　30

성별					
남			여		
나이			나이		
20대	30대	40대	20대	30대	40대
PctN	PctN	PctN	PctN	PctN	PctN
24.62	36.92	38.46	24.62	32.31	43.08

[8-7-2.lst] 통계량을 PCTN⟨age⟩으로 지정하면 gender의 각 범주 내에서 age의 각 값에 대한 백분율이 출력된다. 예를 들어, 30쪽 출력 창의 24.62는 남자 전체 65명 중에서 age=1(20대) 16명의 백분율을 계산한 것이다.

통계표의 작성 (2)　　　31

성별					
남			여		
나이			나이		
20대	30대	40대	20대	30대	40대
PctN	PctN	PctN	PctN	PctN	PctN
50.00	53.33	47.17	50.00	46.67	52.83

마찬가지로 PCTN〈gender〉로 통계량을 지정하면 age의 각 범주 내에서 gender의 각 값에 대한 백분율이 출력된다. 예를 들어 31쪽 출력 창의 53.33은 age=2(30대)에 속한 전체 45명 중에서 gender=1(남자) 24명의 백분율을 계산한 것이다.

통계표의 작성 (2) 32

성별											
남						여					
나이						나이					
20대		30대		40대		20대		30대		40대	
N	PctN	N	PctN	N	PctN	N	PctN	N	PctN	N	PctN
16	12.31	24	18.46	25	19.23	16	12.31	21	16.15	28	21.54

통계량 PCTN만 지정하거나 PCTN〈gender*age〉로 지정하면 전체 관측수에 대한 각 칸의 백분율이 출력된다. 예를 들어, 32쪽 출력 창의 12.31은 전체 130명 중에서 gender=1(남자)과 age=1(20대)을 만족하는 16명의 백분율을 계산한 것이다.

다음 [예.8-7-3.sas]의 TABLE 문은 comma 연산자를 사용하여 gender*age를 통계표의 행에, q1m을 열에 배치하고 q1m에 대한 4개의 통계량 N, SUM, MEAN, STD를 출력하도록 하는 명령문이다.

예 8-7-3.sas

```
TITLE '통계표의 작성 (3)';

TABLE gender*age, q1m*(N*F=4. SUM MEAN STD);
```

[8-7-3.lst]

통계표의 작성 (3) 33

		학습지도			
		N	Sum	Mean	Std
성별	나이				
남	20대	16	50.00	3.13	0.72
	30대	24	81.75	3.41	0.35
	40대	25	95.00	3.80	0.44
여	20대	16	52.25	3.27	0.60
	30대	21	71.25	3.39	0.47
	40대	28	105.25	3.76	0.44

다음 [예.8-7-4.sas]의 TABLE 문은 [예.8-7-3.sas]의 TABLE 문에 ALL을 지정한 경우이다. 통계표 작성의 표현 형식 부분에 분류변수와 함께 ALL을 지정하면 관측치 전체에 대한 통계량을 출력할 수 있다.

예 8-7-4.sas

```
TITLE '통계표의 작성 (4)';

TABLE gender*(age ALL='소계') ALL='합', q1m*(N*F=4. SUM*F=8.2 MEAN STD);
```

[8-7-4.lst]

통계표의 작성 (4) 34

		학습지도			
		N	Sum	Mean	Std
성별	나이				
남	20대	16	50.00	3.13	0.72
	30대	24	81.75	3.41	0.35
	40대	25	95.00	3.80	0.44
	소계	65	226.75	3.49	0.56
여	나이				
	20대	16	52.25	3.27	0.60
	30대	21	71.25	3.39	0.47
	40대	28	105.25	3.76	0.44
	소계	65	228.75	3.52	0.53
합		130	455.50	3.50	0.54

[예.8-7-5.sas]의 TABLE 문은 2개의 분류변수를 행에 배치하고, 1개의 분류변수를 열에 배치한 후, q2m의 평균과 표준편차를 출력하는 통계표를 작성하는 명령문이다.

예 8-7-5.sas

```
TITLE '통계표의 작성 (5)';

TABLE gender*(residence ALL='소계') ALL='합',
      (age ALL='소계')*q2m*(N*F=4. MEAN  STD);
```

[8-7-5.lst]

통계표의 작성 (5) 35

		나이											
		20대			30대			40대			소계		
		학급경영			학급경영			학급경영			학급경영		
		N	Mean	Std	N	Mean	Std	N	Mean	Std	N	Mean	Std
성별	거주지												
남	A지역	2	3.38	0.88	8	3.41	0.60	10	3.53	0.72	20	3.46	0.65
	B지역	4	3.44	0.69	4	3.44	0.38	2	4.13	0.88	10	3.58	0.61
	C지역	4	3.25	0.65	7	3.29	0.09	4	3.88	0.48	15	3.43	0.47
	D지역	6	3.33	0.38	5	3.60	0.68	9	3.42	0.70	20	3.44	0.59
	소계	16	3.34	0.53	24	3.42	0.47	25	3.59	0.68	65	3.47	0.58
여	거주지												
	A지역	4	3.56	0.52	8	3.19	0.72	8	3.28	0.67	20	3.30	0.65
	B지역	5	3.35	0.72	6	3.63	0.68	9	3.64	0.63	20	3.56	0.64
	C지역	4	2.94	0.43	3	3.58	0.14	8	3.53	0.47	15	3.38	0.48
	D지역	3	3.00	0.00	4	3.25	0.71	3	3.33	1.61	10	3.20	0.87
	소계	16	3.23	0.54	21	3.38	0.65	28	3.47	0.71	65	3.38	0.65
합		32	3.29	0.53	45	3.40	0.55	53	3.53	0.69	130	3.43	0.61

다음 [예.8-7-6.sas]의 TABLE 문에 표시된 RTS는 TABLE 문의 옵션으로서 row title space의 약어이다. 이 옵션은 통계표의 행 제목에 표시되는 변수의 이름, 그리고 변수값을 출력하기 위한 행 제목 칸의 크기를 조절할 때 사용한다. 디폴트는 LINESIZE 옵션의 1/4 정도이다.

예 8-7-6.sas

```
TITLE '통계표의 작성 (6)';

TABLE residence ALL='합',
      N*F=4. ALL='교사 직무수행능력'*(q1m q2m q3m)*(MEAN STD)*F=8.3 / RTS=12;
```

[8-7-6.lst]

통계표의 작성 (6) 36

		교사 직무수행능력					
		학습지도		학급경영		업무수행	
	N	Mean	Std	Mean	Std	Mean	Std
거주지							
A지역	40	3.475	0.459	3.381	0.645	2.519	0.355
B지역	30	3.625	0.540	3.567	0.623	2.650	0.453
C지역	30	3.467	0.662	3.408	0.466	2.225	0.432
D지역	30	3.458	0.530	3.358	0.691	2.292	0.483
합	130	3.504	0.544	3.425	0.613	2.429	0.455

연습문제

8.1 다음은 어느 집단의 성적이다. 이 자료의 히스토그램을 그리고 평균, 표준편차, Q1, Q3, 사분위수범위, 최댓값, 최솟값을 구하는 SAS 프로그램을 작성하여라. 단, 모든 출력은 소수점 이하 3자리까지로 한다.

3.2	1.4	2.2	1.6	2.2	2.1	2.3	3.0	3.1	3.5
4.0	4.3	3.8	2.5	2.7	1.5	3.7	4.2	3.6	2.3
2.5	2.2	3.1	3.3	4.1	3.1	3.4	4.0	2.9	3.4

8.2 연습문제 8.1의 자료로부터 다음 문제를 해결하는 SAS 프로그램을 작성하여라.

(1) 이 자료가 정규분포를 따르는지 가설검정하여라.

(2) 이 자료의 모평균에 대한 99% 신뢰구간을 구하여라.

(3) 이 자료의 모평균이 3.3인지를 가설검정하여라.

8.3 귀무가설 $H_0 : \sigma^2 = \sigma_0^2$ 를 검정하는 데 필요한 검정통계량 χ^2 은 자유도가 $(n-1)$ 인 카이제곱분포를 따른다.

$$\chi^2 = \frac{(n-1)s^2}{\sigma_0^2} \sim \chi^2(n-1)$$

다음 [연습.8-3.sas]는 이 귀무가설을 가설검정하기 위한 검정통계량 Chi와 유의확률 p_value를 구하는 SAS 프로그램의 일부분이다. 이 프로그램을 완성하여 다음 자료(exe83 데이터셋)의 모분산이 4.0보다 큰지를 가설검정하여라.

26	27	28	25	32	30	25	29	28	27	30

[연습.8-3.sas]

```
PROC UNIVARIATE DATA=exe83 NOPRINT;
VAR x;
OUTPUT OUT=exe831 VAR=s2 N=n;
RUN;

DATA exe832;
SET exe831;
sigma02 = 4.;
Chi = (n-1) * s2 / sigma02;
p_value = 1-CDF('CHISQUARE', Chi, n-1);
LABEL sigma02 = '검정분산';
LABEL s2 = '표본분산';
LABEL Chi = '검정통계량';
LABEL p_value = '유의확률';
RUN;
```

8.4 연습문제 8.3의 자료로부터 모집단의 분산에 대한 90%의 신뢰구간을 직접 구하는 SAS 프로그램을 작성하여라(8.4.2절에 주어진 모분산에 대한 신뢰구간을 구하는 수식 참조).

8.5 기종I과 기종 II인 비행기에 대하여 에어컨 시스템이 고장 날 때마다 두 고장 사이의 시간을 순서대로 조사하여 다음과 같은 자료를 얻었다. (단위: 시간)

기종 I	23	31	67	17	42	24	52	47	50	45	43	21	42	20
기종 II	12	90	11	3	14	71	80	14	11	16	90	1	16	52

비행기의 기종 I, II 각각에 대하여 고장시간에 대한 다음 통계량을 구하는 SAS 프로그램을 작성하여라. 단, 모든 출력은 소수점 이하 3자리까지로 한다.

평균, 중위수, 분산, 표준편차, 범위, Q1, Q3, 사분위수 범위, 왜도, 첨도, 변동계수

8.6 연습문제 8.5의 자료로부터 다음 문제를 해결하는 SAS 프로그램을 작성하여라.

(1) 기종 I의 고장시간의 모평균에 대한 99% 신뢰구간을 구하여라.

(2) 기종 I, 기종 II의 고장시간의 모평균 차에 대한 99% 신뢰구간을 구하여라.

(3) 두 기종의 고장시간의 모분산이 서로 같은지를 가설검정하여라.

(4) 두 기종의 고장시간의 모평균이 서로 같은지를 가설검정하여라.

8.7 다음은 어떤 나사 공장에서 생산되는 나사의 평균 지름을 추정하고자 8개의 표본을 관찰한 결과이다. (단위: cm)

1.02	1.00	0.98	1.04	0.99	1.01	1.02	0.99

이 자료를 이용하여 이 공장에서 생산되는 나사의 평균 지름에 대한 90% 및 95% 신뢰구간을 구하는 SAS 프로그램을 작성하여라.

8.8 올해 대입수학능력고사 성적의 평균이 250점 이상이라고 한다. 이것을 알아보기 위하여 수험생 10명을 조사하여 다음과 같은 결과를 얻었다.

249	250	278	342	312	189	243	289	292	259

유의수준 5%에서 위의 가설을 검정하기 위한 SAS 프로그램을 작성하여라.

8.9 8명의 선수들에게 두 가지 운동 방법(method A, B)으로 운동하게 한 후, 두 방법에 대한 각자의 성취도를 5점 척도로 점수화하여 다음과 같은 자료를 얻었다. 두 운동방법에 대한 성취도의 모평균이 서로 같은지를 가설검정하기 위한 SAS 프로그램을 작성하여라.

선수	1	2	3	4	5	6	7	8
methodA	3.8	3.4	3.2	4.0	3.8	4.1	2.9	5.0
methodB	3.9	3.9	4.3	3.7	4.5	4.9	4.3	5.1

8.10 모집단의 어떤 특성에 대한 비율을 모비율이라 한다. 모비율에 대한 가설검정은 모집단에서 크기 n 인 표본을 추출한 후 표본비율 $\hat{p} = \frac{x}{n}$ 의 근사분포를 이용한다. 귀무가설 $H_0 : p = p_0$ 를 검정하는 데 필요한 검정통계량 Z 은 다음과 같이 근사적으로 표준정규분포를 따른다.

$$Z = \frac{\hat{p} - p_0}{\sqrt{p_0(1-p_0)/n}} \sim N(0,\ 1)$$

다음 [연습.8-10.sas]는 귀무가설 $H_0 : p = p_0$ 를 검정하기 위한 검정통계량 Z와 유의확률 p_value를 구하는 SAS 프로그램의 일부분이다. 어느 도시의 어린이 10명을 조사하였더니 간염에 대한 면역성을 가진 어린이가 3명이었을 때, 이 도시의 어린이 중 간염에 대한 면역성을 가진 비율이 0.1보다 큰지를 가설검정하기 위하여 이 프로그램을 완성하고 그 결과를 분석하여라.

[연습.8-10.sas]

```
DATA exe810;
p0 = 0.1;  x = 3;  n=10;
p_hat = x / n;
Z =(p_hat - p0) / SQRT(p0*(1-p0)/n) ;
p_value = 1-CDF('NORMAL', ABS(Z));
LABEL p0 = '검정비율';
LABEL p_hat = '표본비율';
LABEL Z = '검정통계량';
LABEL p_value = '유의확률(양측)';
RUN;
```

8.11 약 A와 약 B의 부작용을 비교하기 위하여 실험동물을 50마리씩 두 집단으로 나누어 각 집단에서 약의 부작용 비율을 다음 표와 같이 조사하였다.

집단(약)	모비율	실험동물수	부작용 비율	공통모비율
A	p_1	$n_1 = 50$	$\hat{p}_1 = 11$	$\hat{p} = \frac{x_1 + x_2}{n_1 + n_2} = \frac{19}{100}$
B	p_2	$n_2 = 50$	$\hat{p}_2 = 8$	

귀무가설 $H_0 : p_1 = p_2$ 를 검정하는 데 필요한 검정통계량 Z 이 근사적으로 표준정규분포를 따를 때, 두 약의 부작용 비율이 서로 같은지를 검정하는 SAS 프로그램을 작성하여라.

$$Z = \frac{\hat{p}_1 - \hat{p}_2}{\sqrt{\hat{p}(1-\hat{p})(1/n_1 + 1/n_2)}} \sim N(0,\ 1)$$

9장 범주형 자료분석

9.1 분할표와 카이제곱통계량

성별, 거주지 등의 질적 자료 또는 양적 자료를 범주(category)에 따라 분류된 자료를 범주형 자료(categorical data)라고 한다. 예를 들어, 양적 자료인 나이를 연령대별로 재분류하면 범주형 자료가 된다. 범주형 자료들 사이의 관계를 분석하는 통계적 방법을 범주형 자료분석(categorical data analysis)이라고 한다.

[표.9-1-1]은 어느 학과의 연합모임에 대하여 학년별로 참석여부를 조사한 자료이다. 이 자료의 학년(class; 1, 2, 3, 4)과 참석여부(attendance; 0, 1)는 범주형 자료이다. 학생의 참석여부 자료의 1과 0은 숫자로서의 의미가 아니라 참석과 불참을 표시하는 것이다.

|표.9-1-1| 연합엠티의 학년별 참석여부, 괄호 안의 수는 변수값임

	1학년(1)	2학년(2)	3학년(3)	4학년(4)
참석(1)	27	24	16	13
불참(0)	23	26	44	27
합계	50	50	60	40

[표.9-1-1]과 같이 범주형 변수의 각 값에 따라 자료들이 정리되어 있는 통계표를 분할표(contingency table)라고 하고, 분할표에 표시되어 있는 변수의 수를 분할표의 차원으로 정의한다. 예를 들어 [표.9-1-1]은 범주형 변수의 수가 2개이므로 2차원 분할표라고 할 수 있다.

연합모임에 대한 학생들의 참여도가 학년에 따라 다른지 알아보기 위해 연합모임에 참석할 각 학년의 모비율을 각각 p_1, p_2, p_3, p_4라고 하면, 검정하고자 하는 귀무가설은 다음과 같다. 즉, 이 귀무가설은 연합모임에 참여할 학생의 비율은 학년과 관계없이 동일하다는 것이다.

$$H_0: \ p_1 = p_2 = p_3 = p_4$$

먼저 이 학과의 학생 중에서 연합모임에 참여할 학생의 비율은 $(27+24+16+13)/(50+50+60+40) = 80/200 = 0.4$로 추정할 수 있다. 이 때, 귀무가설이 옳다고 가정하면 각 학년의 참가 비율도 전체 참가 비율인 0.4와 같을 것이다. 따라서 조사된 1학년 학생 50명 중에서 이 행사에 참여할 학생은 $50 \times 0.4 = 20$(명)으로 기대되며, 같은 방법으로 계산하면 연합모임에 참여할 학생의 기대도수는 2학년 20명, 3학년 24명, 4학년 16명으로 기대된다.

이와 같이 분할표의 각 집단에서 관측된 관측도수(observed frequency)에 대응하여 귀무가설 H_0가 옳다고 가정할 때 각 집단에서 기대되는 값을 기대도수(expected frequency)라고 한다. 만일 기대도수와 관측도수의 값이 많은 차이가 나면 귀무가설이 옳지 않다고 판단하는 것이 자연스럽기 때문에 귀무가설을 기각한다. 기대도수와 관측도수 간에 차이가 있는지의 여부를 판단하기 위한 검정통계량이 카이제곱통계량이다.

카이제곱통계량은 피어슨의 카이제곱통계량과 우도비 카이제곱통계량 등이 있으며, 두 통계량의 자유도는 같다. 여기서 O는 관측도수, E는 기대도수, ln은 자연로그를 의미한다. 카이제곱통계량의 값이 작으면 귀무가설을 채택하고, 카이제곱통계량의 값이 크면 귀무가설을 기각한다.

- 피어슨의 카이제곱통계량(Pearson's χ^2 statistic) : $\chi^2 = \sum \frac{(O-E)^2}{E}$
- 우도비 카이제곱통계량(likelihood ratio χ^2 statistic) :
  $\chi^2 = 2\sum\left(O \times \ln \frac{O}{E}\right)$

9.2 PROC FREQ

범주형 자료로 구성된 분할표를 작성하거나 교차분석을 수행하기 위하여 FREQ 절차를 사용한다. 또한 FREQ 절차의 실행 결과로서 분할표의 각 칸의 비율과 기대도수, 이를 통한 카이제곱검정통계량을 출력할 수 있다. FREQ 절차의 사용 형식은 다음과 같다.

```
PROC FREQ  Options ;
     WEIGHT  변수 ;
     TABLES  requests / options ;
     BY 변수 ;
```

9.2.1 FREQ 절차의 옵션

- DATA = SASDataSet

FREQ 절차를 실행하고자 하는 데이터셋의 이름을 지정한다.

- ORDER = [DATA | FORMATTED | FREQ | INTERNAL]

분할표가 범주형 변수의 어느 값부터 표시될 것인가에 대한 순서를 지정한다. MEANS 절차에서 표시된 ORDER 옵션과 비슷한 용도로 사용된다.

9.2.2 WEIGHT 문

FREQ 절차에 포함되는 자료의 가중치 변수를 지정한다. WEIGHT 문이 생략되면 각 관측치의 도수는 1인 것으로 간주된다.

9.2.3 TABLES 문의 requests

requests에는 분할표에 필요한 범주형 변수를 기호 '*'를 이용하여 표시한다. 예를 들어, [표.9-1-1]에 표시된 두 변수 class(학년)와 attend(참가여부)를 이용하여 분할표를 작성하고자 할 때 FREQ 절차의 TABLES 문을 다음과 같이 작성한다.

```
TABLES  attend * class ;
```

requests에 attend*class와 같이 표시하면 FREQ 절차의 실행에서 얻어지는 2차원 분할표에 변수 attend가 행에, 변수 class가 열에 표시된다. 세 변수로 구성된 3차원 분할표를 얻고자 할 경우에는 다음과 같이 3개의 변수를 TABLES 문에 지정하면 된다. 이때 gender의 범주에 따라서 attend*class에 대한 2차원 분할표가 각각 출력된다.

```
TABLES  gender * attend * class ;   /* 3차원 분할표,  쪽-행-열 */
```

그러나 TABES 문을 다음과 같이 지정하면 gender*attend의 2차원 분할표와

gender*class의 2차원 분할표가 각각 출력된다.

```
TABLES gender * (attend class) ;
```

[예.9-2-2.sas]의 TABLES 문과 같이 옵션을 전혀 지정하지 않으면 자동으로 각 칸의 관측도수와 전체 백분율, 행 백분율, 열 백분율이 출력된다.

예제 **9-1** (분할표) 연합모임에 대하여 학생들의 참여도를 조사한 [표.9-1-1]의 자료로부터 전체 학생수에 대한 각 칸의 관측도수의 백분율을 추가하여 분할표를 재작성하여라.

풀이 먼저 [표.9-1-1]의 자료를 이용하여 분할표를 작성할 수 있도록 자료를 입력하면 [예.9-2-1.sas]와 같다.

예 9-2-1.sas

```
OPTION LINESIZE = 110 NODATE;
TITLE 'Contingency Table';

DATA example91;
DO class=1 TO 4;
   DO attend=0 TO 1;
      INPUT  frq @@; OUTPUT;
   END;
END;
LABEL  class='Class';
LABEL  attend='Attendance mind';
LABEL  frq='Number of students';
CARDS;
23  27  26  24  44  16  27  13
RUN;
```

두 범주형 변수 class와 attend에 대하여 attend*class 형태의 분할표를 얻기 위해서는 [예.9-2-2.sas]와 같이 TABLES 문을 작성한다.

예 9-2-2.sas

```
PROC FREQ DATA=example91;
WEIGHT  frq;
TABLES  attend*class;
RUN;
```

[9-2-2.lst]

```
                    Contingency Table                          1

                     FREQ 프로시저

                  테이블:attend by class

             attend(Attendance mind)     class(Class)

     빈도        |
     백분율      |
     행 백분율   |
     칼럼 백분율|       1|       2|       3|       4|  합계
     ------------+--------+--------+--------+--------+
               0 |     23 |     26 |     44 |     27 |   120
                 |  11.50 |  13.00 |  22.00 |  13.50 |  60.00
                 |  19.17 |  21.67 |  36.67 |  22.50 |
                 |  46.00 |  52.00 |  73.33 |  67.50 |
     ------------+--------+--------+--------+--------+
               1 |     27 |     24 |     16 |     13 |    80
                 |  13.50 |  12.00 |   8.00 |   6.50 |  40.00
                 |  33.75 |  30.00 |  20.00 |  16.25 |
                 |  54.00 |  48.00 |  26.67 |  32.50 |
     ------------+--------+--------+--------+--------+
     합계              50       50       60       40      200
                    25.00    25.00    30.00    20.00   100.00
```

[9-2-2.lst] 실행 결과 [9-2-2.lst]에서 알 수 있듯이 분할표의 모든 칸의 '빈도수'와 '백분율', '행 백분율', 그리고 '칼럼(열) 백분율'이 출력되었으며, 각 열과 행의 합에 대한 '빈도수'와 '백분율'이 출력되었다.

9.2.4 TABLES 문의 옵션

- NOFREQ

도수를 출력하지 않는다.

- NOCOL

열(column)에 대한 백분율을 출력하지 않는다.

- NOROW

행(row)에 대한 백분율을 출력하지 않는다.

- NOPERCENT

전체에 대한 백분율을 출력하지 않는다.

• EXPECTED

각 칸에 대한 기대도수를 출력한다.

• DEVIATION

각 칸에 대하여 관측도수와 기대도수의 편차 $O-E$를 출력한다.

• CHISQ

범주형 자료에 대한 카이제곱통계량과 파이계수, 분할계수 등 카이제곱통계량에 근거한 연관성의 측도들을 출력한다.

• CELLCHI2

각 칸에 대하여 카이제곱인 $\frac{(O-E)^2}{E}$의 값을 출력한다.

• MEASURES

종속성 또는 연관성의 기본적인 측도가 출력된다.

• ALL

카이제곱통계량을 비롯하여 일치성, 연관성 등 여러 종류의 측도가 출력된다.

• BINOMIAL(P=p0)

일표본의 모비율에 대한 신뢰구간의 추정과 가설검정을 수행한다.

• TESTP=(p1, p2, ...)

비율에 대한 귀무가설의 검정 비율을 지정하면 적합도검정을 수행한다.

예제 **9-2** [표.9-1-1]의 자료로부터 연합모임에 참석하고자 하는 학생의 비율이 학년별로 차이가 있는지 카이제곱통계량을 구하고 이를 분석하여라.

풀이 [예.9-2-3.sas]는 카이제곱통계량을 구하기 위하여 TABLES 문의 옵션으로 CHISQ을 지정한 후 FREQ 절차를 실행하는 SAS 프로그램의 예이다. TABLES 문의 옵션으로 NOPERCENT, NOCOL을 지정하여 각 칸의 전체 백분율과 열백분율을 출력하지 않는 대신 각 칸의 빈도수와 기대도수, 카이제곱값, 그리고 행 백분율을 출력하기 위하여 EXPECTED와 CELLCHI2 옵션을 지정하였다.

예 9-2-3.sas

```
PROC FREQ DATA=example91;
WEIGHT frq;
TABLES attend*class / CHISQ
      NOPERCENT NOCOL EXPECTED CELLCHI2;
RUN;
```

[9-2-3.lst]

```
                     Contingency Table                         2

                        FREQ 프로시저

                   테이블:attend by class

         attend(Attendance mind)     class(Class)

    빈도       |
    기댓값     |
    셀 카이제곱|
    행 백분율  |       1|       2|       3|       4|  합계
    -----------+--------+--------+--------+--------+
             0 |     23 |     26 |     44 |     27 |   120
               |     30 |     30 |     36 |     24 |
               | 1.6333 | 0.5333 | 1.7778 |  0.375 |
               |  19.17 |  21.67 |  36.67 |  22.50 |
    -----------+--------+--------+--------+--------+
             1 |     27 |     24 |     16 |     13 |    80
               |     20 |     20 |     24 |     16 |
               |   2.45 |    0.8 | 2.6667 | 0.5625 |
               |  33.75 |  30.00 |  20.00 |  16.25 |
    -----------+--------+--------+--------+--------+
    합계             50       50       60       40     200


              attend * class 테이블에 대한 통계량

  통계량                       자유도         값      Prob
  ---------------------------------------------------------
  카이제곱                          3    10.7986    0.0129
  우도비 카이제곱                   3    10.9393    0.0121
  Mantel-Haenszel 카이제곱          1     7.9665    0.0048
  파이 계수                                0.2324
  우발성 계수                              0.2263
  크래머의 V                               0.2324

                     표본 크기 = 200
```

[9-2-3.lst] [예.9-2-3.sas]의 실행 결과인 [9-2-3.lst]로부터 피어슨의 카이제곱 통계량의 값은 10.7986이며, 이에 대응하는 유의확률은 0.0129임을

알 수 있다. 유의확률이 0.05보다 작으므로 유의수준 5%에서 귀무가설을 기각하게 된다. 즉, 연합모임에 참석하고자 하는 학생의 비율은 학년별로 차이가 있음을 알 수 있다.

9.2.5 연관성 측도

연관성의 측도(measure of association)란 두 범주형 변수의 결합도를 나타내는 통계량으로서 두 변수 사이의 연관성이 어느 정도인지에 대한 측도를 나타내준다. [예.9-2-3]의 실행 결과 [9-2-3.lst]에 표시되어 있는 파이 계수, 우발성 계수, 크래머의 V의 값이 연관성 측도에 관한 통계량이다. 이들은 피어슨의 카이제곱통계량을 보정하여 나타낸 것으로서 0과 1 사이의 값을 취한다. 예를 들어, 연관성 측도의 값이 0이면 두 변수 간 연관성이 없음을, 1이면 완전 연관되어 있음을 나타낸다. 일반적으로 분할 계수보다 파이 계수 또는 크래머의 V를 연관성의 측도로 많이 사용한다. 여기서 연관성 측도를 구하는 식에 포함된 χ^2은 피어슨의 카이제곱통계량을 의미하며, N은 총표본수, r은 분할표의 행의 수, c는 분할표의 열의 수를 나타낸다.

- 파이 계수(Phi) : $\phi = \sqrt{\dfrac{\chi^2}{N}}$
- 크래머의 V(Cramer's V) : $V = \sqrt{\dfrac{\chi^2}{Nk}}, \quad k = \min(r-1, c-1)$

[예.9-2-3]의 실행 결과 얻어지는 두 변수 간의 연관성 측도값은 파이 계수가 0.2324, 우발성 계수가 0.2263, 크래머의 V 값이 0.2324로 계산되고 있다. 따라서 두 범주형 변수 간의 "연관성이 없다"라는 귀무가설은 기각하지만 연관성의 정도가 상대적으로 크지 않다고 할 수 있다.

TABLES 문의 옵션으로 ALL을 지정하면 카이제곱통계량과 카이제곱통계량에 근거한 연관성의 측도 이외에 명목형 변수 간의 연관성 측도(람다, 불확실성 계수 등)와 순서형 변수 간의 연관성 측도(감마, 켄달의 타우-b, 소머의 D 등)의 통계량을 얻을 수 있다.

9.2.6 일표본 모비율 검정

FREQ 절차의 TABLES 문에서 BINOMIAL(P=p0) 옵션을 지정하면 일표본의 모비율 p에 대한 $100(1-\alpha)\%$ 신뢰구간의 추정과 귀무가설 $\mathrm{H}_0 : p = p_0$에 대한 가

설검정을 수행할 수 있다.

예제 **9-3** (이항분포 비율검정) [표.9-1-1]의 자료로부터 연합모임에 불참석하고자 하는 학생의 비율이 50%보다 많은지 가설검정하여라.

풀이 [예.9-2-4.sas]는 일표본 모비율에 대한 신뢰구간과 가설검정을 수행하기 위하여 TABLES 문의 옵션으로 BINOMIAL(P=0.5)을 지정한 SAS 프로그램이다. 이 옵션에서 지정하는 검정 비율은 데이터셋에 가장 먼저 나타나는 값에 대한 비율이다. 즉, MEANS 절차로 생성되는 데이터셋 attend에 먼저 나타나는 데이터가 0이므로 연합모임에 참석하지 않는 집단의 검정 비율을 지정하면 된다. 모비율에 대한 95%의 신뢰구간을 구하기 위하여 ALPHA=0.05 옵션을 지정하였다.

예 9-2-4.sas

```
PROC MEANS DATA=example91 NOPRINT;
CLASS attend;
FREQ frq;
OUTPUT OUT=example92  N=count ;
RUN;

PROC PRINT DATA=example92 ;
RUN;

PROC FREQ DATA=example92 ;
WEIGHT count;
TABLES attend / BINOMIAL(P=0.5) ALPHA=0.05;
RUN;
```

[9-2-4.lst]

```
                         Contingency Table                          3

              OBS    attend    _TYPE_    _FREQ_    count
               1       .         0        200       200
               2       0         1        120       120
               3       1         1         80        80
```

```
                    Contingency Table                              4

                      FREQ 프로시저

                     Attendance mind

                                              누적        누적
attend        빈도        백분율          빈도        백분율
----------------------------------------------------------------
     0          120        60.00             120        60.00
     1           80        40.00             200       100.00

                    결측값 빈도 = 200


                         이항비
                       attend = 0

              비율                     0.6000
              ASE                      0.0346
              95%  신뢰하한            0.5321
              95%  신뢰상한            0.6679

              정확 신뢰한계
              95%  신뢰하한            0.5285
              95%  신뢰상한            0.6685

                       H0:P = 0.5
                         의 검정

            H0 하에서의 ASE              0.0354
            Z                            2.8284
            단측 Pr >  Z                 0.0023
            양측 Pr > |Z|                0.0047

                  유효한 표본 크기 = 200
                   결측값의 개수 = 200

          WARNING: 데이터의 50%이(가) 결측값입니다.
```

[9-2-4.lst] [9-2-4.lst]의 4쪽의 결과로부터 연합모임에 참석하지 않는 학생들의 비율에 대한 95% 신뢰구간은 [0.5321, 0.6679]임을 알 수 있다. 또한 귀무가설 $H_0 : p = 0.5$에 대한 검정통계량은 Z=2.8284이고, 이에 대응하는 유의확률(단측)이 0.0023이므로 유의수준 1%에서 귀무가설을 기각한다. 따라서 학과의 연합모임에 참석하지 않는 학생들의 비율은 50%보다 많다고 할 수 있다.

9.3 카이제곱검정

9.3.1 다항분포와 적합도검정

모비율에 관한 가설검정의 자료들은 두 개의 범주를 갖는 범주형 자료이므로 이항분포를 통하여 검정한다. 즉, 모비율에 대한 검정은 두 가지 결과만 나타나는 시행에서 한쪽의 확률에 대한 검정이었다. 다항분포(multinomial distribution)는 이항분포를 확장한 개념으로 한 시행에서 k 개의 가능한 결과가 나타나며, 독립적인 n 번의 반복시행에서 k 개 범주의 각각에 속하는 관측도수들은 각 범주에 속하는 모비율을 모수로 갖는 확률분포이다.

관찰 또는 시행으로 얻은 표본의 분포가 분석하고자 하는 모집단의 분포와 일치하는 정도를 적합도(goodness of fit)라 하며, 적합도검정이란 표본이 어떤 분포를 따르고 있는지를 검정하는 것을 뜻한다. 특히 다항분포의 적합도 문제를 분석하기 위한 통계적 기법을 카이제곱 적합도검정(χ^2-goodness of fit test)이라고 한다.

다항분포의 적합도 문제에 대한 귀무가설은 다음과 같이 정의할 수 있다.

$$\mathrm{H}_0 : p_1 = p_{10},\ p_2 = p_{20},\ \cdots,\ p_k = p_{k0}$$

여기서 p_i 는 i 번째 범주의 모비율이며, p_{i0} 는 i 번째 범주의 검정비율이다. 또한 k 개의 범주에 대한 검정비율의 합은 반드시 1 이어야 한다.

귀무가설 H_0 를 검정하기 위한 카이제곱통계량은 다음과 같다.

$$\chi_0^2 = \sum_{i=1}^{k} \frac{(O_i - E_i)^2}{E_i}$$

여기서 다항분포의 적합도검정을 위한 카이제곱통계량 χ_0^2 은 자유도가 $k-1$ 인 카이제곱분포를 근사적으로 따른다. 총 관측치 n 개 중 i 번째 범주에서 조사된 관측도수 O_i 에 대응하는 기대도수를 $E_i = np_{i0}$ 로 계산한다.

카이제곱통계량 χ_0^2 의 값이 기각치 $\chi_\alpha^2(k-1)$ 보다 작으면 귀무가설을 채택하고, 카이제곱통계량의 값이 $\chi_\alpha^2(k-1)$ 보다 크면 귀무가설을 기각하는 결정을 내린다. SAS에서는 카이제곱통계량 χ_0^2 에 대응하는 유의확률인 p-값을 제시한다. 유의확률이 가설검정의 유의수준인 α 보다 작으면 귀무가설을 채택하고, 반대로 유의확률이 α 보다 크면 귀무가설을 기각한다.

예제 **9-4** (적합도검정) 5종의 제품을 개발한 제조업자는 무작위로 100명의 소비자를 대상으로 제품에 대한 선호도를 조사하였다. 5종의 제품 중 가장 선호하는 제품을 조사하여 [표.9-3-1]과 같이 각 제품에 대한 관측도수를 얻었다. 5종의 제품에 대하여 소비자들의 선호도에 차이가 있는지를 가설검정하여라.

|표.9-3-1| 5개의 제품에 대한 선호도

제품	A	B	C	D	E	계
관측도수	27	17	15	22	19	100

풀이 [예.9-3-1.sas]은 [표.9-3-1]의 자료를 입력하기 위한 SAS 프로그램이다. 5종의 제품을 표시하기 위하여 변수 product를 문자형 변수($)로 선언하였다.

예 | 9-3-1.sas

```
OPTION LINESIZE = 110 NODATE;
TITLE 'Chisq goodness of fit test';

DATA example94;
INPUT product $ count @@;
CARDS;
A 27   B 17   C 15   D 22  E  19
RUN;

PROC PRINT DATA=example94;
RUN;
```

[9-3-1.lst]

```
                    Chisq goodness of fit test                    5

                    OBS    product    count
                     1        A         27
                     2        B         17
                     3        C         15
                     4        D         22
                     5        E         19
```

[예제 9-4]에서 5종 제품의 선호도 비율에 대한 적합도검정을 수행하기 위하여 귀무가설을 표시하면 다음과 같다.

$$H_0 : p_1 = p_2 = p_3 = p_4 = p_5 = \frac{1}{5}$$

이와 같은 귀무가설을 검정하기 위한 다항분포의 카이제곱검정은 FREQ 절차의 TABLES 문을 이용한다. [예.9-3-2.sas]에 [예제 9-4]를 해결하기 위한 FREQ 절차를 표시하였다.

예 9-3-2.sas

```
PROC FREQ DATA=example94;
WEIGHT count;
TABLES product / CHISQ;
RUN;
```

[9-3-2.lst]

```
                Chisq goodness of fit test                          6

                      FREQ 프로시저

                                           누적        누적
product       빈도        백분율           빈도        백분율
-------------------------------------------------------------
A               27        27.00              27        27.00
B               17        17.00              44        44.00
C               15        15.00              59        59.00
D               22        22.00              81        81.00
E               19        19.00             100       100.00


                    같은 비율에 대한
                     카이제곱 검정

                  카이제곱        4.4000
                  자유도               4
                  Pr > ChiSq      0.3546

                    표본 크기 = 100
```

[9-3-2.lst]의 6쪽에 먼저 각 제품(product)에 대한 '빈도'와 '백분율', '누적빈도', '누적백분율'이 출력되며, 이어서 카이제곱값과 자유도, 유의확률이 출력된다.

[예제 9-4]의 문제를 해결하기 위한 카이제곱값이 4.4이고, 유의확률 0.3546이 유의수준인 0.05보다 크기 때문에 귀무가설을 기각할 수 없다. 따라서 5종의 제품에 대한 소비자들의 선호도가 서로 다르다라고 할 수 없다. 즉, 개발된 5종의 제품에 대한 소비자들의 선호도에 명백한 차이를 발견하지 못함을 알 수 있다.

[9-3-2.Viewer] 그림은 각 제품에 대한 관측빈도와 기대빈도의 편차를 상대비율로 표시한 것이다. 예를 들어, A 제품의 상대편차는 (27-20)/20=0.35이다.

TABLES 문에 TESTP 옵션을 지정하지 않으면 각 범주의 검정비율이 모두 같은 것으로 가정한다. [예.9-3-3.sas]에 표시한 바와 같이 각 범주의 검정비율을 차례대로 지정하는 TESTP 옵션을 이용하면 다음 귀무가설을 검정할 수 있다.

$$H_0 : p_1 = 0.3,\ p_2 = p_3 = 0.15,\ p_4 = p_5 = 0.2$$

[9-3-2.Viewer]

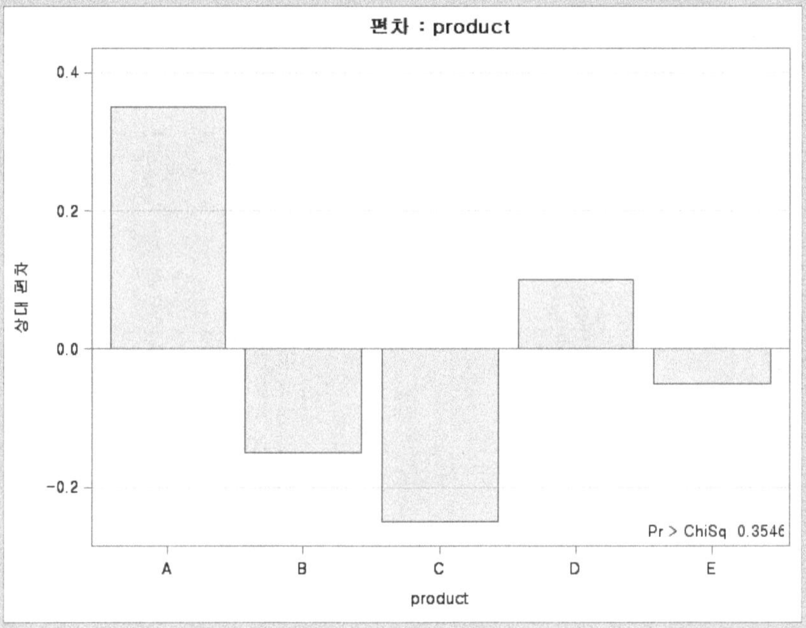

예 9-3-3.sas

```
PROC FREQ DATA=example104;
WEIGHT count;
TABLES product / CHISQ TESTP=(0.3 0.15 0.15 0.2 0.2);
RUN;
```

[9-3-3.lst]

```
                    Chisq goodness of fit test                    7

                         FREQ 프로시저

                                    검정       누적       누적
product        빈도       백분율     백분율      빈도     백분율
─────────────────────────────────────────────────────────────
A                27       27.00      30.00        27      27.00
B                17       17.00      15.00        44      44.00
C                15       15.00      15.00        59      59.00
D                22       22.00      20.00        81      81.00
E                19       19.00      20.00       100     100.00


                        지정 비율에 대한
                         카이제곱 검정

                      카이제곱       0.8167
                      자유도              4
                      Pr > ChiSq     0.9362

                        표본 크기 = 100
```

[9-3-3.lst] [9-3-3.lst]의 7쪽에 각 제품(product)에 대한 '검정백분율'이 추가로 출력되며, 이어서 카이제곱값과 자유도, 유의확률이 출력된다.
검정통계량의 카이제곱값이 0.8167이고, 유의확률이 0.9362이므로 유의수준 5%에서 귀무가설을 기각할 수 없다. 따라서 5종의 제품에 대한 소비자들의 선호도 비율이 각각 30%, 15%, 15%, 20%, 20%라고 할 수 있다.

9.3.2 독립성검정

어느 모집단을 두 가지 속성(분류변수)의 분류기준으로 나누었을 때 두 속성 간 연관성이 존재하는지(반대로, 두 가지 속성이 상호 독립적인 것인지)를 검정하는 것을 독립성검정(test of independence)이라고 한다. 만약 두 속성에 의한 모집단의 분류에 있어서 하나의 속성이 다른 속성에 전혀 영향을 미치지 않을 때 두 속성은 상호 독립적이라 한다. 예를 들어 모집단의 분류 기준이 세대별 나이와 약의 선호도일 때, 세대별 나이의 모든 세대가 약의 선호 비율이 동일하다면 이 두 속성(나이, 약 선호도)은 상호 독립적이라고 할 수 있다.

일반적으로 두 이산형 변수가 아무 관련성이 없이 서로 독립적인지의 여부를 검정하는 것이 독립성검정이다. 분할표로 얻어진 두 변수 X, Y의 자료에 대하여 독

립성검정을 해결하기 위한 귀무가설은 다음과 같이 기술된다.

$$\mathrm{H}_0 : \text{두 변수 } X, Y \text{는 서로 독립이다.}$$

두 이산형변수 X, Y가 서로 독립이라는 귀무가설 H_0 하에서 $P(X=i,\ Y=j)$의 확률은 다음과 같이 추정할 수 있다.

$$P(X=i,\ Y=j) = P(X=i)\,P(Y=j) \approx \frac{n_{i.}}{n} \times \frac{n_{.j}}{n}$$

여기서 n은 조사된 전체 관측수이며 $n_{i.}$은 $X=i$인 관측수, $n_{.j}$은 $Y=j$인 관측수이다.

분할표에서 $X=i$, $Y=j$인 칸에 해당하는 관측도수가 O_{ij}일 때, 두 변수 X, Y가 서로 독립일 경우 이 칸에서 기대되는 기대도수 E_{ij}는 다음과 같이 구할 수 있다.

$$E_{ij} = n \times \frac{n_{i.}}{n} \times \frac{n_{.j}}{n} = \frac{n_{i.}\, n_{.j}}{n}$$

분할표의 자료로부터 구한 관측도수와 기대도수를 이용하여 카이제곱검정통계량의 값을 구하면 다음과 같다. 단, r은 분할표의 행의 개수, c는 열의 개수이다.

$$\chi_0^2 = \sum_{i=1}^{r} \sum_{j=1}^{c} \frac{(O_{ij} - E_{ij})^2}{E_{ij}} \sim \chi^2((r-1)(c-1))$$

SAS에서는 카이제곱통계량 χ_0^2에 대응하는 유의확률인 p-값을 제시하므로, 유의확률이 가설검정의 유의수준인 α보다 작으면 귀무가설을 채택하여 두 변수가 서로 독립이라는 사실을 받아들인다.

예제 **9-5** (독립성검정) 소비자 200명을 대상으로 연령대(20대, 30대, 40대, 50대)에 따른 두 제품(A, B)의 선호도 간의 연관성을 알아보기 위하여 [표.9-3-2]의 조사 결과를 얻었다. 연령대와 선호하는 제품 간에 유의한 연관성이 있는지 가설검정하여라.

|표.9-3-2| 연령대별 두 제품 A, B의 선호도

연령대 \ 제품	A	B	합 계
10 대	8	9	17
20 대	34	50	84
30 대	42	28	70
40 대	20	9	29
합 계	104	96	200

풀이 [표.9-3-2]의 연령대별 두 제품의 선호도 조사 결과를 분석하기 위하여 데이터셋을 생성하기 위한 SAS 프로그램을 작성하면 [예.9-3-4.sas]과 같다. 제품을 표시하기 위한 변수 product는 문자형 변수로 선언하였다. 변수 age는 응답자의 나이를 연령대별로 변환한 범주형 자료이며, 이 변수값의 설명을 위하여 FORMAT 절차의 VALUE 문을 사용하였다.

예 9-3-4.sas

```
OPTION LINESIZE = 110 NODATE;
TITLE 'Test of independence';

PROC FORMAT;
   VALUE  agef  1='10대'  2='20대'  3='30대'  4='40대 이상';

DATA example95;
INPUT product  $  age count @@;
LABEL product = '제품';
LABEL age = '연령대';
LABEL count = '관측빈도';
FORMAT  age  agef. ;   /* 변수값 레이블 사용 */
CARDS;
A  1  8   A  2  34   A  3  42   A  4  20
B  1  9   B  2  50   B  3  28   B  4  9
;
RUN;

PROC PRINT DATA=example95 LABEL;
RUN;
```

[9-3-4.lst]

```
                         Test of independence                         8

                    OBS    제품    연령대        관측빈도
                     1      A      10대            8
                     2      A      20대           34
                     3      A      30대           42
```

4	A	40대 이상	20
5	B	10대	9
6	B	20대	50
7	B	30대	28
8	B	40대 이상	9

[표.9-3-2]의 자료로부터 두 변수 age(연령대)와 제품(product) 간 독립성검정에 대한 카이제곱검정은 TABLES 문을 이용하여 [예.9-3-5.sas]와 같이 SAS 프로그램을 작성한다. CHISQ 옵션과 함께 ALL 옵션을 지정하면 카이제곱통계량에 근거한 연관성의 측도 이외에 명목형 변수 간과 순서형 변수 간의 연관성 측도에 대한 통계량을 얻을 수 있다. FORMAT=w.d 옵션은 분할표의 각 칸에 출력폭의 길이 w 칸, 소수점 이하 d 자리수까지 값을 표시하도록 지정하는 옵션이다.

예 9-3-5.sas

```
PROC FREQ DATA=example95;
WEIGHT count;
TABLES product*age / CHISQ ALL FORMAT=10.2;
RUN;
```

[9-3-5.lst]

```
                         Test of independence                          9

                              FREQ 프로시저

                         테이블:product by age

      product(제품)                  age(연령대)
      빈도        |
      백분율      |
      행 백분율   |
      칼럼 백분율 |10대        |20대        |30대        |40대 이상   |    합계
      ------------+------------+------------+------------+------------+
      A           |      8.00  |     34.00  |     42.00  |     20.00  |   104.00
                  |      4.00  |     17.00  |     21.00  |     10.00  |    52.00
                  |      7.69  |     32.69  |     40.38  |     19.23  |
                  |     47.06  |     40.48  |     60.00  |     68.97  |
      ------------+------------+------------+------------+------------+
      B           |      9.00  |     50.00  |     28.00  |      9.00  |    96.00
                  |      4.50  |     25.00  |     14.00  |      4.50  |    48.00
                  |      9.38  |     52.08  |     29.17  |      9.38  |
                  |     52.94  |     59.52  |     40.00  |     31.03  |
      ------------+------------+------------+------------+------------+
      합계               17.00       84.00       70.00       29.00      200.00
                          8.50       42.00       35.00       14.50      100.00
```

product * age 테이블에 대한 통계량

통계량	자유도	값	Prob
카이제곱	3	9.7745	0.0206
우도비 카이제곱	3	9.9028	0.0194
Mantel-Haenszel 카이제곱	1	7.4723	0.0063
파이 계수		0.2211	
우발성 계수		0.2159	
크래머의 V		0.2211	

실행 결과 [9-3-5.lst]의 9쪽 product*age 테이블은 두 변수의 교차표인 분할표이며, 이어서 카이제곱통계량을 포함하여 파이 계수 등의 연관성 측도에 대한 통계량이 출력되었다.

독립성검정을 위한 [표.9-3-2]의 자료로부터 얻어진 카이제곱값이 9.7745이며, 이 값에 대응되는 유의확률이 0.0206임을 알 수 있다. 유의확률이 0.05보다 작기 때문에 유의수준 5%에서 독립성검정에 대한 귀무가설을 기각한다.

실제로 이 분할표로부터 두 변수가 독립임을 검증하기 위한 검정통계량의 자유도는 분할표를 구성하는 행의 범주의 수가 4, 열의 범주의 수가 2이므로 3이다. SAS의 CINV() 함수를 이용하여 카이제곱검정통계량의 기각치 $\chi^2_{0.05,3} = 7.815$를 얻을 수 있다. 이때, $\chi^2_0 = 9.7745 > \chi^2_{0.05,3} = 7.815$이므로 유의수준 5%에서 연령대와 제품의 선호도가 서로 독립이라는 귀무가설을 기각한다. 즉, 제품의 선호도는 연령대와 연관성이 있다고 할 수 있다.

통계량	값	ASE
감마	-0.3197	0.1051
Kendall의 타우-b	-0.1891	0.0642
Stuart의 타우-c	-0.2192	0.0744
Somers D C|R	-0.2196	0.0745
Somers D R|C	-0.1629	0.0553
Pearson 상관계수	-0.1938	0.0685
Spearman 상관계수	-0.2026	0.0687
람다 비대칭 C|R	0.0690	0.0725
람다 비대칭 R|C	0.1771	0.0950
람다 대칭	0.1179	0.0708
불확실 계수 C|R	0.0203	0.0127
불확실 계수 R|C	0.0358	0.0224
불확실 계수 대칭	0.0259	0.0162

```
                    표본 크기 = 200


            테이블 product * age에 대한 요약통계량

  Cochran-Mantel-Haenszel 통계량 (테이블 스코어에 기반한)

통계량    대립가설                  자유도        값        Prob
--------------------------------------------------------------
  1      영(0)이 아닌 상관계수          1     7.4723    0.0063
  2      행 평균 스코어 차이            1     7.4723    0.0063
  3      일반 연관성                    3     9.7256    0.0210


                   전체 표본 크기 = 200
```

[9-3-5.lst] 독립성검정에 대한 귀무가설이 기각되면 두 변수 간에 연관성이 존재한다는 의미이다. 따라서 연관성 측도를 통하여 두 변수의 연관성의 정도를 추정할 수 있어야 한다. 두 변수 age와 product는 순서형 자료가 아니라 명목형 자료이므로 [9-3-5.lst]의 9쪽에 출력된 연관성 측도의 통계량 중에서 람다 통계량을 이용하여 연관성 정도를 분석한다. 일반적으로 람다 통계량 값이 점근적 표준오차(ASE)의 2배보다 크면 유의수준 5%에서 두 변수 간 연관성이 있다고 결론내릴 수 있다. [예제 9-5]의 두 변수에 대한 람다 대칭통계량의 값(0.1179)이 점근적 표준오차(0.0708)의 2배보다 작기 때문에 두 변수 간 작은 정도의 연관성이 존재한다고 할 수 있다.

9.3.3 동질성검정

한 모집단을 분류하는 두 변수가 서로 연관성이 있는지를 검정하는 것이 독립성검정이라면, 동질성검정(동일성검정, homogeneity test)은 여러 모집단이 있을 때 이들이 같은 분포를 갖는지의 여부를 검정하는 것이다. 특히 분류형 변수의 동질성검정은 각 수준의 빈도가 동일한 분포의 형태를 갖는지를 검정하는 것이다. 독립성검정은 동질성검정과 같은 형태의 카이제곱검정통계량을 사용한다. 동질성검정에서 검정하고자 하는 귀무가설은 다음과 같다.

$$H_0 : \text{각 모집단의 분포가 서로 동일하다.}$$

예를 들어, 3개의 모집단으로부터 동일하게 4개의 범주로 된 표본을 추출하여 그 빈도수를 다음과 같이 표로 나타냈다고 하자.

모집단	범주1	범주2	범주3	범주4	합계
1	n_{11}	n_{12}	n_{13}	n_{14}	$n_{1\cdot}$
2	n_{21}	n_{22}	n_{23}	n_{24}	$n_{2\cdot}$
3	n_{31}	n_{32}	n_{33}	n_{34}	$n_{3\cdot}$
합계	$n_{\cdot 1}$	$n_{\cdot 2}$	$n_{\cdot 3}$	$n_{\cdot 4}$	n

이 표로부터 동질성검정에 대한 귀무가설을 표현하면

$$\mathrm{H}_0 : p_{11} = p_{21} = p_{31}, \; p_{12} = p_{22} = p_{32}, \; p_{13} = p_{23} = p_{33}$$

이 된다. 여기서 p_{ij}는 i 집단의 범주 j에 속하는 모비율이며, i 집단에서 $\sum_{j=1}^{4} p_{ij} = 1$이다.

예제 9-6 (동질성검정) 5개의 학령기에 대하여 어두움에 대한 두려움이 있는지의 여부를 조사하고자 모든 학령기에서 각각 200명을 추출하여 [표.9-3-3]과 같은 결과를 얻었다. 어두움에 두려움이 있는 학생의 비율이 학령기에 따라 다르다고 할 수 있는지 유의수준 5%에서 가설검정하여라.

|표.9-3-3| 어둠에 대한 두려움의 연령별 자료

학령기	두려움이 있는 학생수	두려움이 없는 학생수	합계
초등학생	83	117	200
중학생	72	128	200
고등학생	49	151	200
대학생	36	164	200
대졸 이상	114	86	200
합계	354	646	1000

풀이 [예.9-3-6.sas]은 [표.9-3-3]의 자료를 입력하기 위한 SAS 프로그램이다. 변수 age는 각 학령기를 표시하기 위하여 범주형 자료로 입력하였으며, 두려움의 여부를 변수 fear로 저장하기 위하여 어둠에 두려움이 있는 집단은 1, 두려움이 없는 집단은 2로 범주화하여 코딩하였다. 두 범주형 자료 age와 fear의 변수값을 설명하기 위하여 FORMAT 절차의 VALUE 문을 사용하였다.

예 9-3-6.sas

```
OPTION LINESIZE = 110 NODATE;
TITLE 'Test of homogeneity';

PROC FORMAT;
VALUE agef  1='초등학생'  2='중학생'  3='고등학생'  4='대학생' 5='대졸 이상';
VALUE fearf  1='있음'  2='없음';

DATA example96;
INPUT age fear count @@;
LABEL age = '학령기';
LABEL fear = '어둠에 대한 두려움';
FORMAT  age  agef.  fear  fearf. ;   /* 변수값 레이블 사용 */
CARDS;
1  1  83    2  1  72    3  1  49    4  1  36    5  1  114
1  2  117   2  2  128   3  2  151   4  2  164   5  2  86
;
RUN;

PROC PRINT DATA=example96 LABEL;
RUN;
```

[9-3-6.lst]

```
                              Test of homogeneity                              10

                                       어둠에
                                        대한
                     OBS    학령기     두려움     count
                       1    초등학생    있음        83
                       2    중학생      있음        72
                       3    고등학생    있음        49
                       4    대학생      있음        36
                       5    대졸 이상   있음       114
                       6    초등학생    없음       117
                       7    중학생      없음       128
                       8    고등학생    없음       151
                       9    대학생      없음       164
                      10    대졸 이상   없음        86
```

[표.9-3-3]의 자료로부터 동질성검정을 위한 분할표는 행의 범주를 독립된 모집단으로 취급한다. 즉, 행의 합은 먼저 고정된 값으로 처리한다. 동질성검정은 두 변수 간 독립성검정과 동일하게 FREQ 절차의 TABLES 문을 이용하여 얻어지는 카이제곱통계량을 이용한다.

예 9-3-7.sas

```
PROC FREQ DATA=example96;
WEIGHT count;
TABLES age*fear / CHISQ NOCOL NOPERCENT;
RUN;
```

[9-3-7.lst]

```
                          Test of homogeneity                              11

                            FREQ 프로시저

                          테이블:age by fear

                    age(학령기)
                              fear(어둠에 대한 두려움)

                    빈도      |
                    행 백분율|있음    |없음    |  합계
                    ---------+--------+--------+
                    초등학생 |     83 |    117 |    200
                             |  41.50 |  58.50 |
                    ---------+--------+--------+
                    중학생   |     72 |    128 |    200
                             |  36.00 |  64.00 |
                    ---------+--------+--------+
                    고등학생 |     49 |    151 |    200
                             |  24.50 |  75.50 |
                    ---------+--------+--------+
                    대학생   |     36 |    164 |    200
                             |  18.00 |  82.00 |
                    ---------+--------+--------+
                    대졸 이상|    114 |     86 |    200
                             |  57.00 |  43.00 |
                    ---------+--------+--------+
                    합계          354      646     1000

                    age * fear 테이블에 대한 통계량

          통계량                        자유도        값      Prob
          ------------------------------------------------------
          카이제곱                           4     80.9589    <.0001
          우도비 카이제곱                    4     82.3640    <.0001
          Mantel-Haenszel 카이제곱           1      1.4765    0.2243
          파이 계수                                 0.2845
          우발성 계수                               0.2737
          크래머의 V                                0.2845

                              표본 크기 = 1000
```

[9-3-7.lst] [예제 9-6]에서 각 학령기 집단의 '두려움이 있음' 범주의 비율을 각각

p_{11} , p_{12} p_{31} , p_{41} , p_{51} 이라고 하고, '두려움 없음' 범주의 비율을 각각 p_{12} , p_{22} p_{32} , p_{42} , p_{52} 라고 하면, "학령기별로 두려움에 차이가 없다."라는 귀무가설은 다음과 같이 표현할 수 있다.

$$H_0 \ : p_{11} = p_{21} = p_{31} = p_{41} = p_{51}, \ p_{12} = p_{22} = p_{32} = p_{42} = p_{52}$$

[표.9-3-3]의 자료에 대한 동질성검정의 실행 결과 [9-3-7.lst]의 11쪽을 보면 카이제곱값이 80.9589이며, 이 값에 대응되는 유의확률이 0.0001보다 더 작음을 알 수 있다. 동질성검정에 대한 유의확률이 검정의 유의수준인 0.05보다 작기 때문에 동질성검정에 대한 귀무가설을 기각한다. 따라서 유의수준 5%에서 학령기별로 두려움에 차이가 있다고 판단할 수 있다.

연습문제

9.1 외관이 4종류의 색으로 제조된 노트북 PC에 대하여 외관 색의 인기도를 조사하고자 최근 판매된 노트북 PC 중에서 무작위로 선정된 200대 노트북 PC의 외관 색에 대한 빈도수를 다음 표와 같이 정리하였다. 노트북 PC가 외관 색에 따라 인기가 다른지를 가설검정하는 SAS 프로그램을 작성하고 그 결과를 분석하여라.

베이지색	밤색	검정색	녹색	합계
20	40	65	75	200

9.2 과거 H자동차의 판매실적은 A, B, C, D, E형의 자동차를 각각 20%, 28%, 8%, 12%, 32%를 판매하였다. 금년도에 판매된 자동차 500대를 무작위로 추출하여 A, B, C, D, E형으로 분류하여 본 결과 각각 100대, 128대, 43대, 66대, 143대였다. 금년도 유형별 판매 분포가 과거와 같다고 할 수 있는지 가설검정하는 SAS 프로그램을 작성하고 그 결과를 분석하여라.

9.3 다음은 한 해 동안 어느 나라에서 발생한 범죄와 지역별 분포를 정리해 놓은 표이다. 범죄의 종류와 발생지역 사이에 관계가 있다고 할 수 있는가를 가설검정하는 SAS 프로그램을 작성하고 그 결과를 분석하여라.

범죄종류 \ 지역	대도시	중소도시	도시 이외 지역	합계
살인	28	74	64	166
강도	38	84	34	156
강간	24	34	20	78
합계	90	192	118	400

9.4 어느 집단에서 무작위로 뽑은 600명을 검진하여 긴장도와 심장병 여부를 조사하여 다음 표를 얻었다. 긴장도와 심장병은 아무런 관련성이 없는지를 가설검정하는 SAS 프로그램을 작성하고 그 결과를 분석하여라.

긴장도 \ 심장병	있음	없음	합계
항상 긴장함	51	89	140
가끔 긴장함	72	280	352
긴장하지 않음	19	89	108
합계	142	458	600

9.5 어느 대학교의 대학신문사에서는 학생회 회칙개정안에 대하여 학생들의 호응도를 알아보기 위해 350명의 랜덤표본을 취하여 조사한 결과 다음 자료를 얻었다. 회칙개정안에 남학생과 여학생의 호응이 같은지를 가설검정하는 SAS 프로그램을 작성하고 그 결과를 분석하여라.

	찬성	무관심	반대	합계
남학생	93	72	21	186
여학생	55	79	30	164
합계	148	151	51	350

9.6 부인의 직장생활에 대한 남편의 지지도에 관하여 1985년, 1990년, 1995년 3차례에 걸쳐서 설문조사를 수행한 결과 다음 표와 같았다. 관측된 3개년도 간에 지지도에 차이가 있는지 가설검정하는 SAS 프로그램을 작성하고 그 결과를 분석하여라.

	1985년	1990년	1995년	합계
지지함	410	412	409	1231
지지하지 않음	252	176	151	579
합계	662	588	560	1810

9.7 [예.7-1-1.sas]에서 생성한 영구 데이터셋 'save.ds'에는 130개의 관측치가 저장되어 있다. 이 자료에는 범주형 변수로 gender(성별), age(나이), residence(거주지), q11(만족도)가 포함되어 있다. 다음 각 물음을 해결하는 SAS 프로그램을 작성하고 그 결과를 분석하여라.

(1) gender와 age를 각각 행과 열로 하는 분할표를 작성하여라.

(2) age와 residence를 각각 행과 열로 하는 분할표를 작성하여라.

(3) gender를 페이지로 하고, 각 페이지에 age와 residence를 각각 행과 열로 하는 3차원 분할표를 작성하여라.

(4) 성별에 따라 만족도(q11)의 값이 차이가 나는지 카이제곱검정을 수행하여라.

(5) 나이에 따라 만족도(q11)의 값이 차이가 나는지 카이제곱검정을 수행하여라.

10장 분산분석

10.1 일원배치법

평균비교를 위한 분산분석법(Analysis of Variance)은 자연과학뿐만 아니라 농업, 사회과학 등 여러 분야의 실험을 통하여 얻어진 자료로부터 모집단들의 평균이 모두 같은지를 가설검정하기 위해 개발된 통계적 방법이다.

두 집단 간의 모평균의 비교는 t 분포를 이용하지만, 세 집단 이상의 모평균 비교는 F 검정통계량을 이용한 분산분석을 시행한다.

분산분석법의 분석 단계는 먼저 자료로부터 종속변수(특성치)의 총변동(총제곱합)을 구한 후, 총변동을 각 요인(source)의 변동과 오차변동으로 분해한다. 여기서 요인이란 실험의 인자(factor) 또는 인자들의 조합인 처리(treatment)를 말한다. 총변동을 분해한 이후 각 요인의 평균제곱(mean square)과 오차분산(MSE)을 구한다. 분산분석의 최종 단계는 실험의 요인이 오차분산에 비해 총분산에 영향을 주는지 판정하는 것이다. 분산분석 결과 귀무가설이 기각되면 실험의 요인으로 인해 구분된 집단 중 최소한 두 집단은 모평균이 서로 같지 않을 것이며, 따라서 그 요인은 특성치에 영향을 주는 요인으로 결론내릴 수 있을 것이다.

예를 들어, 남자의 셔츠의 재료인 합성 섬유 속에 포함된 면화의 비율이 합성 섬유의 장력에 영향을 주는지 알아보기 위하여 면화의 비율을 다섯 수준으로 하여 변경하며 실험을 한다고 하자. 이때 실험에서 얻어진 합성 섬유의 장력은 분산분석의 특성치가 되며, 면화의 비율은 특성치에 영향을 주리라 예상되는 하나의 요인이 된다. 섬유 속에 포함된 면화의 비율을 인자(factor)라고 하고, 실험 집단을 구분하는 면화 비율의 수준 5를 수준수(level)라고 한다.

면화의 비율을 인자 A라고 할 때 특성치(합성섬유의 장력)의 산포를 의미하는 총제곱합(S_T)은 인자 A에 의하여 발생하는 제곱합(S_A)과 오차 요인의 제곱합

(S_E)으로 분해할 수 있다. 인자 A의 자유도를 ϕ_A, 오차의 자유도를 ϕ_E라고 하자. 이때 인자 A의 평균제곱(V_A)을 S_A/ϕ_A, 오차분산(V_E)을 S_E/ϕ_E으로 정의하자. 만약 V_A와 V_E의 비 V_A/V_E가 크면 인자 A인 면화의 비율이 원인을 알 수 없는 오차 요인에 비해 특성치에 통계적으로 유의한 영향을 준다고 볼 수 있으며, 면화의 비율이 특성치인 섬유의 장력에 유의한 영향을 준다는 것은 다음 귀무가설을 기각하게 되는 것이다.

$$\mathrm{H}_0: \mu_1 = \mu_2 = \cdots = \mu_5$$

즉 "5개의 집단 간의 모평균이 모두 같다"라는 귀무가설을 기각한다.

종속변수에 대하여 분석하고자 하는 요인이 1개일 경우의 분산분석을 일원분산분석, 요인의 수가 2개일 경우의 분산분석을 이원분산분석이라고 한다. 요인이 3개 이상일 때의 분산분석을 편의상 다원분산분석이라고 한다. 여기서 요인은 하나의 인자 또는 둘 이상의 인자들의 조합으로 이루어진 처리를 의미한다.

10.1.1 일원분산분석

일원분산분석(one-way ANOVA)은 수준수가 l인 어떤 요인이 종속변수(특성치)에 영향을 미치는지의 여부를 분석하기 위하여 l개 수준 간 모평균 비교를 가설검정하는 분석법으로, 각 수준에 따라 실험, 자료 수집, 분석 등의 과정을 총칭하여 일원배치법(one-way factorial design)이라고 한다.

일원분산분석을 수행하기 위한 하나의 요인인 인자를 A라고 하자. 인자 A의 i번째 수준에서 얻어진 자료의 개수를 n_i, 인자 A의 i번째 수준에서 j번째 반복으로 얻어진 특성치 데이터를 y_{ij}라 할 때, 일원배치법 모형의 구조식을 설정하면 다음과 같다.

$$y_{ij} = \mu_i + e_{ij} = \mu + a_i + e_{ij},\ e_{ij} \sim iid\ N(0, \sigma_E^2)$$
$$(i = 1, \cdots, l,\ j = 1, \cdots, n_i,\ N = \sum n_i)$$

여기서 μ_i는 수준 i(즉, i번째 집단)의 모평균을 의미한다. 실험 전체의 모평균을 μ라고 할 때, $a_i = \mu - \mu_i$를 인자 A의 i번째 수준의 주효과라고 한다. e_{ij}는 오차항으로서 서로 독립이며 정규분포를 따르는 변량이다.

인자 A가 특성치에 영향을 끼치고 있는지 분석하는 것은 인자 A의 수준 간 모평균의 차이가 있는지 가설검정하는 것과 같은 의미이다. 따라서 분산분석을 시행하기 위한 가설검정의 귀무가설 H_0와 대립가설 H_1를 다음과 같이 표현할 수 있다.

$$H_0 : \mu_1 = \mu_2 = \cdots = \mu_l \text{ (또는 } H_0 : a_1 = a_2 = \cdots = a_l = 0)$$
$$H_1 : a_i \text{ 중에서 최소한 한 쌍은 같지 않다.}$$

이 가설을 검정하기 위하여 먼저 실험에서 얻어진 데이터로부터 총제곱합(총변동)을 구하고, 이를 인자 A와 오차 E의 변동으로 분해한다. 인자와 오차의 변동과 자유도를 이용하여 평균제곱을 각각 구하고, 이를 표로 나타내면 [표.10-1-1]의 분산분석표를 얻을 수 있다. 분산분석표를 작성하고 최종적으로 구한 F값(F Value) 통계량을 이용하여 귀무가설 H_0의 기각 여부를 판단하는데, 검정의 유의수준이 α일 경우 F값이 다음 식을 만족하면 귀무가설을 기각한다. 여기서 $F_\alpha(\phi_A, \phi_E)$는 분자와 분모의 자유도가 각각 ϕ_A, ϕ_E인 F 분포의 $(1-\alpha)$ 분위수를 의미한다.

$$F = \frac{V_A}{V_E} > F_\alpha(\phi_A, \phi_E)$$

|표.10-1-1| 일원배치법의 분산분석표

요인(Source)	제곱합(변동)	자유도	평균제곱	F
인자(Model)	S_A	$\phi_A = l-1$	$V_A = \frac{S_A}{\phi_A}$	$\frac{V_A}{V_E}$
오차(Error)	S_E	$\phi_E = N-l$	$V_E = \frac{S_E}{\phi_E}$	
전체	S_T	$\phi_T = N-1$		

SAS에서 분산분석을 실행하면 분산분석표의 F값과 함께 다음 식을 만족하는 유의확률 (Pr>F)의 값을 출력한다. 여기서 확률변수 $F(\phi_{A,} \phi_E)$는 자유도가 ϕ_A, ϕ_E인 F 분포이다.

$$\Pr > F = P(F(\phi_{A,} \phi_E) > F)$$

이 유의확률이 가설검정의 유의수준 α보다 작으면 유의한 결론(즉, 귀무가설 기각)을 내리게 된다. 분산분석을 통하여 귀무가설 H_0가 기각되어 각 집단의 모평균 간에 유의차가 있다면, 두 수준의 모평균 차의 추정 또는 가설검정이라는 사후분석 과정을 거치게 된다. 예를 들어, 두 평균 간의 비교를 위한 처리 대비(contrast)의 가설검정을 별도로 수행해야 한다. 대비란 계수의 합이 0이 되는 모평균들의 선형식을 일컫는 용어로서 $\mu_1 - \mu_3$, $\mu_1 - 2\mu_2 + \mu_3$가 대비의 예이다. 대비 $\mu_1 - \mu_3$의 검정은 첫 번째 집단과 세 번째 집단의 모평균의 차를 가설검정하는 것과 같다. 이와 같이 모든 두 수준의 모평균들의 비교를 위하여 처리 대비를 가설검정하는 것을 다중비교(multiple comparison)라고 한다.

일반적으로 다중비교는 일원배치법에서 사후분석으로 활용된다. 이원배치법을 포함한 다원배치법의 경우 인자들끼리의 교호작용이 존재하면 한 인자에 대한 다중비교는 무의미하기 때문이다. 다중비교에는 수많은 방법들이 제시되고 있으나, 분석하고자 하는 목적에 따라 타당한 대립가설을 바탕으로 다중비교 방법을 선택하는 것이 좋다.

다중비교의 결과를 해석하는 데 몇 가지 사항을 유념해야 한다. 먼저 분산분석에 의하여 모든 집단의 모평균이 같다라는 귀무가설을 채택하더라도 다중비교에 의하여 모평균이 서로 다른 두 집단이 존재할 수 있다는 것이다. 반대로 다중비교에 의해 모든 두 집단 간 모평균 차이가 유의적으로 다르지 않더라도 실제 분산분석 과정에서는 모든 모평균들이 같다라는 귀무가설을 기각할 수 있다. 또한 각 집단에서 관찰된 자료의 개수가 서로 다른 경우에는 다중비교의 결과가 예측과 다르게 나타날 수 있다.

SAS에서는 다중비교분석을 위하여 최소 유의차 검정법(LSD법), Scheffe법, Duncan법, Tukey법, Bonferroni법 등 많은 기법을 제시하고 있다.

10.1.2 PROC GLM

두 집단 간의 평균 비교에 대한 추정이나 가설검정은 MEANS 절차 또는 TTEST 절차를 통하여 해결하였다. 세 집단 이상의 집단 간 모평균 비교를 위한 분산분석은 ANOVA 절차나 GLM 절차를 이용하여야 한다. 각 인자의 수준마다 관측수가 동일한 균형계획법(balanced design)의 경우에는 ANOVA 절차를 사용하는 것이 간단하게 결과를 얻을 수 있다. 그러나 관측수가 동일하지 않은 불균형계획법(unbalanced design)일 경우에는 GLM 절차를 사용해야 한다. GLM 절차의 경우는 어느 경우에나 사용할 수 있고, ANOVA 절차와 GLM 절차의 사용법이 거의 비슷하므로 GLM 절차를 통해 분산분석을 수행해보자.

GLM은 General Linear Model의 약자이며, GLM 절차의 사용 형식을 표시하면 다음과 같다.

```
PROC GLM  Options ;
CLASS  variables ;        /* CLASS 문은 MODEL 문보다 먼저 표시되어야 함 */
```

```
MODEL  dependents = independents              /*  실험계획법 모형을 설정  */
        / ALPHA=[0.01 | 0.05 | 0.10] P [CLI | CLM] XPX INVERSE SOLUTION
          NOINT E E1 E2 E3 E4 SS1 SS2 SS3 SS4 ;

ABSORB  variables ;
BY  variables ;
FREQ  variable ;
ID  variables ;
WEIGHT  variable ;

/*  MEANS 문부터는 MODEL 문 이후에 표시함          */
MEANS  effects
         / BON GABRIEL SCHEFFE SIDAK SMM GT2 T LSD TUKEY
           DUNNETT DUNNETTL DUNNETTU
           DUNCAN SNK REGWF REGWQ WALLER
           ALPHA=p CLDIFF CLM LINES E=effect ETYPE=n ;

CONTRAST  'label' effect values . . . / E E=effect ETYPE=n ;
ESTIMATE  'label' effect values . . . / DIVISOR=n E ;
LSMEANS  effects / E E=effect ETYPE=n ;
                    OUT=SASDataSet  PDIFF STDERR TDIFF ;

RANDOM  effects / Q TEST ;
TEST  H=effects E=effect / HTYPE=n ETYPE=n ;
OUTPUT  OUT=SASDataSet
           COOKD=names COVRATIO=names DFFITS=names H=names
           L95=names L95M=names PREDICTED=names PRESS=names
           RESIDUAL=names RSTUDENT=names STDI=names STDP=names
           STDR=names STUDENT=names U95=names U95M=names ;
REPEATED  factorname levels (levelvalues)
              CONTRAST(n) | POLYNOMIAL | HELMERT | MEAN(n) | PROFILE
            / CANONICAL HTYPE=n NOM NOU
              PRINTE PRINTH PRINTM PRINTRV SUMMARY ;
MANOVA  H=effects E=effect
            M=equations MNAMES=names PREFIX=name
           / CANONICAL ETYPE=n PRINTE PRINTH ORTH SUMMARY ;
```

GLM 절차에 삽입되는 부명령문은 일반적으로 GLM 절차의 사용 형식에 표시된 순서를 지키는 것이 좋다. GLM 절차에 삽입되는 여러 부명령문의 자세한 설명은 SAS 매뉴얼을 참조하기 바라며, 이 장에서는 실험계획법을 통한 데이터의 분산분석에 필요한 부명령문 위주로 간단히 표시하였다.

(1) GLM 절차의 옵션

- DATA = SASDataSet

GLM 절차를 실행하고자 하는 데이터셋의 이름을 지정한다. 이 옵션이 생략되면 가장 최근에 만들어진 데이터셋이 이용된다.

• ORDER = [DATA | FORMATTED | FREQ | INTERNAL]

CLASS 변수의 수준에 대한 출력 순서를 지정한다. MEANS 절차에서 표시된 ORDER 옵션과 같은 내용이다.

• OUTSTAT = 새로운 SASDataSet

제곱합, 자유도, F 통계량, 유의수준 등의 결과를 이 옵션에서 지정한 새로운 데이터셋에 저장한다.

• NOPRINT

GLM 절차의 실행으로 얻어지는 결과를 출력 창에 따로 표시하지 않는다.

(2) CLASS 문

실험계획법 모형에 포함될 분류변수(인자)가 지정된다. CLASS 문은 GLM 절차에서 MODEL 문보다 먼저 표시되어야 한다. 회귀분석을 위하여 GLM 절차를 사용할 경우에는 CLASS 문이 필요 없다. 분류변수의 각 값을 수준(level)이라고 부르며 분류변수로 문자형 변수도 가능하다.

(3) MODEL 문

MODEL 문은 종속변수(특성치, dependents)와 독립변수(인자, independents)의 관계식을 통하여 실험 데이터에 적합한 실험계획 모형을 설계하는 부명령문이다. 일원배치법은 구조식의 종속변수인 특성치 y에 인자 A가 영향을 주는지의 여부를 분석하는 것이므로 다음과 같이 MODEL 문을 작성한다.

```
CLASS a ;
MODEL y = a ;   /* 일원배치법 모형 */
```

그러나 일원배치법의 구조식에 있는 상수 μ나 오차 요인은 MODEL 문에 따로 표시하지 않는다. 실험배치 모형에 μ나 오차 요인이 항상 포함된다는 것을 가정하기 때문인데, 상수 μ를 모형에서 제거하기 위해서는 MODEL 문의 옵션에 NOINT를 표시하면 된다.

인자가 A, B인 이원배치법의 주효과만의 모형을 SAS의 GLM 절차에 표시하기 위해서는 다음과 같이 단순히 두 인자만을 MODEL 문에 표시하면 된다.

```
CLASS a b ;
MODEL y = a b ;   /* 주효과만 갖는 이원배치법 모형 */
```

반복이 있는 이원배치법에서는 두 인자의 교호작용(interaction)을 검출할 수 있다. 두 인자의 교호작용을 모형에 포함시킬 경우에는 '*' 문자를 이용하여 GLM의 MODEL 문에 a*b와 같이 표시한다.

```
CLASS  a  b ;
MODEL  y  =  a  b  a*b ;   /*  a*b는 두 인자의 교호작용을 의미 */
```

주효과와 더불어 모든 차수의 교호작용이 존재하는 완전 모형을 설정할 경우에는 문자 '|'를 이용하여 MODEL 문을 작성한다. 예를 들어 주효과와 모든 교호작용이 존재하는 삼원배치법의 모형은 다음과 같이 간단히 설정할 수 있다.

```
CLASS  a  b  c ;
MODEL  y  =  a | b | c ;   /* MODEL y = a b c a*b a*c b*c a*b*c; */
```

이제 실험계획 데이터의 분석을 위한 GLM 절차의 사용법을 간단한 일원배치법을 통해 알아보자. 다음 예제는 참고 문헌 [2]에 소개되어 있는 문제를 SAS를 이용하여 분석한 것이다.

예제 10-1 (일원배치법) 남자의 셔츠를 만드는 데 사용되는 합성섬유의 장력이 섬유 속에 포함된 면화의 비율에 영향을 받는지 알아보기 위하여 면화의 비율을 5 수준(15%, 20%, 25%, 30%, 35%)으로 하여 실험을 하였다. 전체 실험의 장을 랜덤으로 변화시키면서 실험을 실시한 후 인자(면화의 비율)의 각 수준에 대하여 특성치(합성섬유의 장력) 자료를 얻었다. 분산분석표를 작성하여 인자의 효과가 모두 동일하다는 귀무가설을 검정하여라.

|표.10-1-2| 합성섬유의 장력 (lb/in2)

면화의 비율	관측값(특성치)				
15%	7	7	15	11	9
20%	12	17	12	18	18
25%	14	18	18	19	19
30%	19	25	22	19	23
35%	7	10	11	15	11

풀이 먼저 [표.10-1-2]의 자료로부터 분산분석을 수행할 수 있도록 자료를 입력하는 SAS 프로그램을 작성하면 [예.10-1-1.sas]와 같다.

예 10-1-1.sas

```
OPTION LINESIZE = 110 NODATE;
TITLE 'One-way ANOVA';

PROC FORMAT;
VALUE af  1='15%'  2='20%'  3='25%'  4='30%'  5='35%' ;

DATA example101;
INPUT a strength @@;
LABEL a='Percentage of Cotton';
LABEL strength='Tensile strength';
FORMAT a af.;
CARDS;
 1 7  1 7   1 15  1 11  1 9
 2 12  2 17  2 12  2 18  2 18
 3 14  3 18  3 18  3 19  3 19
 4 19  4 25  4 22  4 19  4 23
 5 7  5 10  5 11  5 15  5 11
;
```

[예.10-1-2.sas]는 분산분석을 수행하기 전에 인자의 각 수준에서의 표본평균과 표본표준편차를 구하기 위한 MEANS 절차를 표시한 것이다.

예 10-1-2.sas

```
PROC MEANS DATA=example101;
VAR strength;
CLASS a;
OUTPUT OUT=cotton_mean  MEAN=m_strength;
RUN;
```

[10-1-2.lst]

One-way ANOVA 1

MEANS 프로시저

분석 변수 : strength Tensile strength

Percentage of Cotton	관측치 수	N	평균	표준편차	최솟값	최댓값
15%	5	5	9.80	3.35	7.00	15.00
20%	5	5	15.40	3.13	12.00	18.00
25%	5	5	17.60	2.07	14.00	19.00
30%	5	5	21.60	2.61	19.00	25.00
35%	5	5	10.80	2.86	7.00	15.00

[예.10-1-3.sas]는 인자의 각 수준에서의 표본평균을 도표로 표현하기 위하여 GPLOT 절차를 표시한 것이다. GPLOT 절차의 실행 결과로 얻어진 도표로부터 합성섬유의 장력은 면화의 비율에 따라 변화하고 있으며, 면화의 비율이 30%일 때 합성섬유의 장력은 다른 면화 비율의 값과 차이가 있음을 짐작할 수 있다.

예 10-1-3.sas

```
SYMBOL1 V=DOT I=JOIN H=0.9;
PROC GPLOT DATA=cotton_mean;
PLOT m_strength*a=1;
RUN;
```

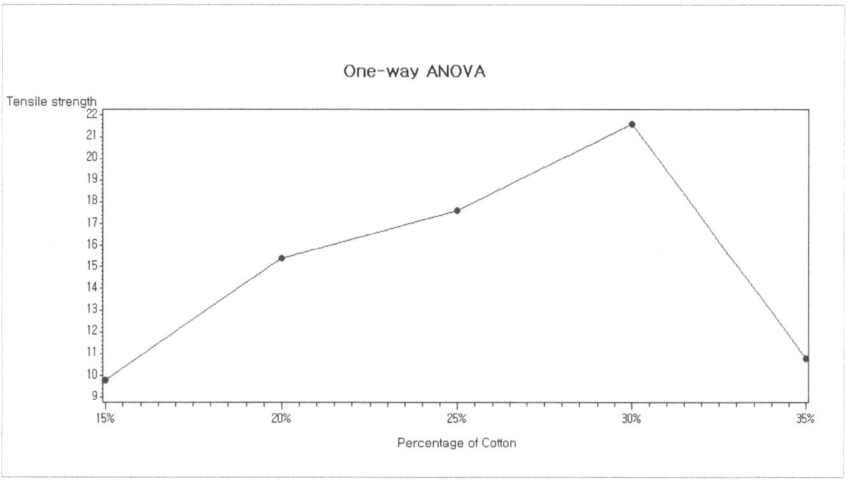

|그림.10-1-1| 수준별 평균도표

DATA 단계에서 생성된 데이터셋으로부터 분산분석을 하기 위한 GLM 절차를 표시하면 [예.10-1-4.sas]와 같다. 여기서 MODEL 문은 실험계획법의 특성치인 합성섬유의 장력에 영향을 미치리라 예상되는 인자(면화의 비율)가 하나 뿐인 일원배치 모형을 설정한 것이다.

예 10-1-4.sas

```
PROC GLM DATA=example101;
CLASS  a;
MODEL  strength = a;
RUN;
```

[10-1-4.lst]

```
                              One-way ANOVA                              2

                            The GLM Procedure

                         Class Level Information

                    Class        Levels    Values

                    a                 5    15% 20% 25% 30% 35%

                      Number of Observations Read          25
                      Number of Observations Used          25
```

[예.10-1-4.sas]의 실행 결과로 얻어진 [10-1-4.lst]의 2쪽에 모형에 포함된 인자의 수준에 대한 정보와 총자료수가 표시된다. 즉, 분산분석에 인자로 사용된 집단 변수는 a이고, 이 인자의 수준수가 5이며 FORMAT 절차에서 등록된 a 변수의 값에 대한 레이블이 출력된다. 또한 GLM 절차에 사용된 관측값의 개수가 25임을 알 수 있다.

```
                              One-way ANOVA                              3

                            The GLM Procedure

Dependent Variable: strength   Tensile strength

                                   Sum of
Source                     DF     Squares    Mean Square   F Value   Pr > F

Model                       4   475.7600000   118.9400000    14.76   <.0001

Error                      20   161.2000000     8.0600000

Corrected Total            24   636.9600000

           R-Square     Coeff Var     Root MSE    strength Mean

           0.746923      18.87642     2.839014         15.04000

Source                     DF     Type I SS   Mean Square   F Value   Pr > F

a                           4   475.7600000   118.9400000    14.76   <.0001

Source                     DF   Type III SS   Mean Square   F Value   Pr > F

a                           4   475.7600000   118.9400000    14.76   <.0001
```

[10-1-4.Viewer]

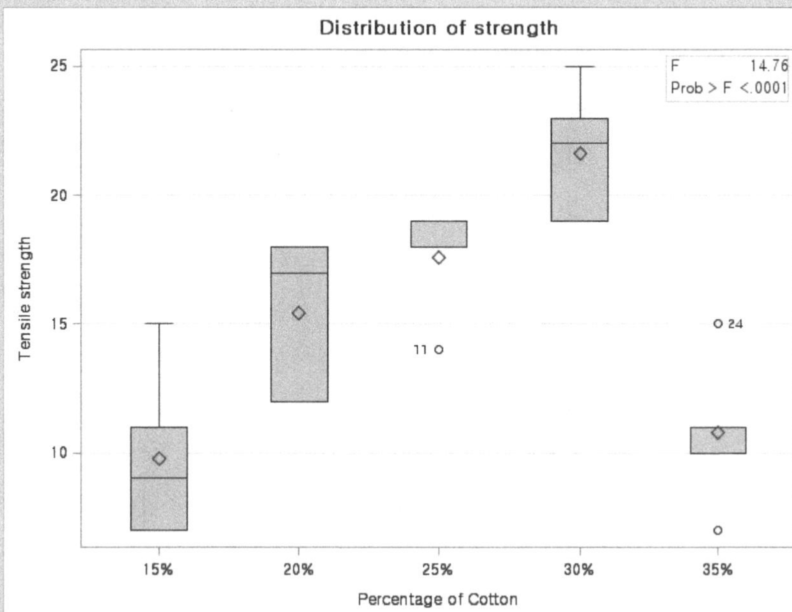

[10-1-4.lst] [10-1-4.lst]의 3쪽에는 먼저 GLM 절차로 인해 분산분석표가 출력된다. 이 결과를 토대로 일원배치법에 대한 분산분석표 [표.10-1-3]을 얻을 수 있다.

일원배치법의 경우는 모형(Model)의 자유도와 인자 a의 자유도가 같다. 따라서 인자 a의 수준수가 5이므로 인자의 자유도, 즉 모형의 자유도는 4가 됨을 알 수 있다. 또한 일원배치모형에 포함된 인자가 한 개뿐이므로 모형의 평균제곱은 인자의 평균제곱과 같다. 이 값으로부터 "a 인자의 각 수준에 대한 모평균들이 모두 같다."라는 귀무가설을 검정하기 위한 검정통계량 F를 구하면 14.76이 된다.

|표.10-1-3| [예제 10-1]의 분산분석표

요인(Source)	제곱합(변동)	자유도	평균제곱	F	유의확률
인자(Model)	475.76	4	118.94	14.76	<.0001
오차(Error)	161.20	20	8.06		
전체	636.96	24			

SAS는 F 값에 대응하는 유의확률 Pr〉F의 값을 출력한다. 이 예의 경우에는 정확한 값을 제시하는 것 대신 〈.0001과 같이 아주 작은 값임

을 표시하고 있다. 유의확률이 0.0001보다 작은 값이므로 유의수준 0.01에서 매우 유의하다는 결론을 내릴 수 있다. 즉, a 인자의 각 수준의 평균 중에서 적어도 하나는 다른 수준의 평균과 유의하게 다르다라고 말할 수 있다. 이 결론을 통해 우리는 합성섬유에 포함된 면화의 비율이 합성섬유의 장력에 영향을 주고 있다는 것을 추론할 수 있다.

[10-1-4.lst]의 3쪽 중간 부분에 출력된 R-Square 값은 S_{Model} / S_T를 계산한 것으로 여기서는 475.76/636.96 이 계산되어 0.746923 이다. 이 값은 총변동 중에서 설정된 모형(즉, 인자의 수준 간의 차이)이 설명되는 변동을 수치로 표현한 것으로 항상 0과 1 사이의 값을 갖는다.

Root MSE는 특성치의 표준편차를 뜻하는 값이다. MSE는 오차항의 평균제곱(Error Mean Square)을 의미한다. MSE는 실험계획 모형에 가정된 오차의 공통분산의 추정량이다. 여기서 Root MSE는 $\sqrt{8.06}$ = 2.839014 이다.

strength Mean의 값 15.04000은 특성치의 전체 평균을 뜻한다.

Coeff Var은 변동계수(coefficient of Variation, 변이계수)를 의미한다. 변동계수는 특성치의 표준편차(Root MSE)를 특성치의 평균(strength Mean)으로 나눈 값에 100을 곱하여 얻어진다.

[10-1-4.lst]의 3쪽 마지막 부분에 출력된 결과는 각 인자에 대한 제1종의 제곱합과 제3종의 제곱합을 이용한 평균제곱, F 검정통계량과 유의확률 등이다. [예제-1]의 자료는 인자의 모든 수준에 대하여 관측치의 개수가 모두 같은 균형자료이며, 또한 실험계획 모형에 관련된 인자가 하나뿐이므로 모형의 제곱합과 제1종, 제3종의 제곱합이 전부 일치한다.

(4) MODEL 문의 Options

GLM 절차의 MODEL 문의 끝에 '/' 문자를 표시한 이후 사용될 수 있는 옵션은 다음과 같다. 이 옵션의 자세한 의미는 생략한다.

- 유의수준, 신뢰구간, 추정에 관련된 옵션

ALPHA = [0.01 | 0.05 | 0.10] 신뢰구간에 대한 유의수준을 지정한다. 기본값은 0.05이다.

CLI각 관측의 개별 예측값에 대한 신뢰한계를 출력한다.

CLM각 관측의 평균에 대한 신뢰한계를 출력한다.

P 각 관측값에 대한 예측값과 잔차(residual), Durbin-Watson 통계량을 출력한다.

• 정규방정식에 관련된 옵션

XPX 행렬 X'X를 출력한다.

INVERSE 행렬 X'X의 역행렬 $(X'X)^{-}$을 출력한다.

SOLUTION 정규방정식의 해인 모수의 추정값 벡터 $(X'X)^{-}X'y$를 출력한다.

• 절편이 없는 회귀모형을 설정

NOINT 절편이 없는(즉, 원점을 지나는) 회귀모형을 설정할 때 지정한다.

• 추정가능 함수(estimable function)와 제곱합에 관련된 옵션

E 모든 추정가능 함수에 대한 일반 형태를 출력한다.

E1 모형의 각 효과에 대한 Type I 추정가능 함수를 출력한다.

E2 모형의 각 효과에 대한 Type II 추정가능 함수를 출력한다.

E3 모형의 각 효과에 대한 Type III 추정가능 함수를 출력한다.

E4 모형의 각 효과에 대한 Type IV 추정가능 함수를 출력한다.

SS1 모형의 각 효과에 대한 Type I 추정가능 함수의 대응 제곱합을 출력한다.

SS2 모형의 각 효과에 대한 Type II 추정가능 함수의 대응 제곱합을 출력한다.

SS3 모형의 각 효과에 대한 Type III 추정가능 함수의 대응 제곱합을 출력한다.

SS4 모형의 각 효과에 대한 Type IV 추정가능 함수의 대응 제곱합을 출력한다.

(5) ABSORB 문

정규방정식에 포함된 X'X의 계산 과정에 ABSORB 문에서 지정된 변수를 포함시키지 않는다. 따라서 X'X의 크기가 줄어들기 때문에 계산 시간 및 메모리 사용량을 감소시켜준다. 교호작용 효과들이 일체 포함되지 않는 주효과 요인에 대하여 선언할 수 있다. 그러나 GLM 절차를 사용하기 전에 ABSORB 변수로 데이터셋을 정렬하여야 하며, ABSORB 변수는 MODEL 문이나 CLASS 변수로 지정하지 못한다.

(6) BY 문

BY 문에 지정한 BY 변수들의 각 수준별로 GLM 절차를 실행하고자 할 때 사용한다. BY 변수들을 기준으로 데이터셋을 정렬하여야 한다.

(7) FREQ 문

각 관측값이 FREQ 문장에서 지정되어 있는 변수의 크기만큼 대표하는 것으로 계산한다. FREQ 변수의 값이 결측값이거나 1보다 작으면 계산에서 제외되고, 실수인 경우에는 정수 부분만을 고려한다.

(8) ID 변수

GLM 절차의 출력에 표시되는 관측값을 구별하고 싶을 때 지정한다.

(9) WEIGHT 문

GLM 절차에 포함되는 자료의 가중치 변수를 지정한다.

(10) MEANS 문

분산분석을 통하여 인자의 수준 간에 유의한 차이가 있다고 인정되면 각 수준마다 모평균을 추정하거나, 두 개씩의 수준 조합별 효과 차이의 유무를 검토하여야 한다. 예를 들어, 수준수가 l 인 일원배치법의 귀무가설 $H_0: \mu_1 = \mu_2 = \cdots = \mu_l$ 에 대한 검정은 분산분석표의 F-값을 이용한다. 이 귀무가설이 기각되면 각 수준의 모평균과 2개의 수준 간 모평균의 차를 추정(검정)하여야 한다.

인자의 2개의 수준 간 모평균 차이가 있는지에 대한 다중비교는 F-값에 의한 귀무가설의 기각 여부에 관계없이 수행가능하며, F 검정 결과 귀무가설이 기각되지 않는 자료에 대해서 다중비교를 하더라도 모평균 간에 차이가 있을 수 있다.

SAS에서는 GLM 절차에 MEANS 문을 사용하여 고정 효과 요인 effects의 각 수준 또는 수준 조합에 대한 주변 평균값을 계산할 수 있으며, 문자 '/'를 표시한 이후 옵션을 지정하여 다양한 다중비교를 수행할 수 있다. 그러나 다중비교는 반드시 모수인자(fixed factor, 고정인자)의 주효과에 대해서만 지정 가능하다. 즉 effects에 변량인자(random factor)나 교호작용(interaction) 요인을 지정하는 것은 의미가 없다.

다중비교 방법은 비교 방식의 차이에 따라 쌍별비교(pairwise comparison), 대조군(control)과의 비교, 그리고 다단계 검정(multiple stage tests) 방법으로 구분된다. 쌍별비교는 한 번에 두 개 수준 간의 모평균의 차를 검정하는 방법이다. 각 집단의 표본수가 같은 경우 Fisher의 최소유의차(LSD, Least significant difference) 방법이 대표적인 쌍별비교의 예로서 두 집단의 모평균의 비교를 수행하는 독립표본 t검정과 동일하다. 쌍별비교에는 [표.9-1-4]에 표시한 바와 같이 LSD를 비롯하여 Scheffe의 다중비교 방법, Tukey의 Studentized Range Test 방법 등이 있다.

대조군과의 비교 방법은 인자의 한 수준의 모평균과 나머지 수준의 모평균들 간의 비교를 수행하는 다중비교 방법이다. 이때 기준이 되는 인자의 특별한 수준을 대조군이라고 한다. 이 방법은 단지 대조군 수준과 다른 수준 간의 평균 비교 목적으로 사용되며, 예로 Dunnett의 비교법을 들 수 있다.

다단계 검정법은 쌍별비교의 각 단계마다 유의수준을 다르게 놓고 비교하는 방법이다. Duncan의 Multiple Range Test 방법과 SNK 방법 등이 있으나 표본 크기들이 서로 차이가 있을 때에는 해석이 용이하지 못하다는 단점을 갖고 있다.

GLM 절차의 MEANS 문을 이용하여 다중비교를 수행하고자 할 경우에 다중비교 방법과 관련되어 지정할 수 있는 옵션들은 다음과 같다.

- ALPHA=p

다중비교에 대한 유의수준 p(0〈p〈1) 값을 지정한다. 기본값은 0.05이다.

- CLDIFF

다중비교를 하는 두 수준 간의 모평균 차에 대한 신뢰구간을 출력한다.

- CLM

각 수준의 모평균에 대한 신뢰구간을 출력한다.

- LINES

모평균 간 차이가 없는 수준들을 선분으로 이어서 출력한다. 단 각 수준들의 평균값이 큰 수준에서 평균값이 작은 수준으로 정렬되어 출력된다.

다음 [표.10-1-4]는 MEANS 문에서 사용 가능한 다중비교의 방법과 기타 옵션을 표시한 것이다.

|표.10-1-4| MEANS 문에서 지정 가능한 선택사항

다중비교 종류	SAS 지정어	다중비교 방법	LINES	CLDIFF	CLM
쌍별 비교	BON	Bonferroni t 검정	○	○	○
	GABRIEL	Gabriel의 다중비교 검정	○	○	○
	SCHEFFE	Scheffe의 다중비교 검정	○	○	○
	SIDAK	Sidak t 검정	○	○	○
	SMM	Studentized maximum modulus	○	○	○
	GT2	Hochberg의 GT2 방법	○	○	
	T	쌍별 t 검정	○	○	○

다중비교 종류	SAS 지정어	다중비교 방법	LINES	CLDIFF	CLM
	LSD	Fisher의 최소유의차 검정	○	○	○
	TUKEY	Tukey의 Studentized 범위 검정	○	○	
대조군과의 비교	DUNNETT	DUNNETT의 two-tailed t 검정			
	DUNNETTL	DUNNETT의 one-tailed t 검정			
	DUNNETTU	DUNNETT의 one-tailed t 검정			
다단계 검정	DUNCAN	Duncan의 다중 범위 검정	○		
	SNK	Student-Newman-Keuls 다중 범위 검정	○		
	REGWF	Ryan-Einot-Gabriel-Welsch 다중 F 검정	○		
	REGWQ	Ryan-Einot-Gabriel-Welsch 다중 범위 검정	○		
	WALLER	Waller-Duncan k-비 t 검정	○		

예제 10-2 (일원배치법) Fisher의 최소유의차(LSD) 방법을 사용하여 [예제 10-1]의 분산분석 후의 추정을 실시하여라. GLM 절차의 MEANS 문에 CLM, CLDIFF, LINES 옵션을 실행하여 얻어진 결과를 분석하여라.

풀이 [예.10-1-5.sas]는 분산분석 후 최소유의차(LSD) 방법을 통한 다중비교 분석을 수행하기 위하여 MEANS 문에 CLM, CLDIFF, LINES 옵션을 지정한 SAS 프로그램이다. GLM 절차의 MEANS 문에 ALPHA 옵션을 따로 지정하지 않았기 때문에 유의수준의 값으로 0.05가 기본으로 설정되었다.

예 10-1-5.sas

```
PROC GLM DATA=example101;
CLASS  a;
MODEL  strength = a;
MEANS  a / LSD CLM CLDIFF LINES;
RUN;
```

[10-1-5.lst]

```
                         One-way ANOVA                              6
                          [10-1-5.lst]
                       The GLM Procedure

               t Confidence Intervals for strength

           Alpha                                   0.05
           Error Degrees of Freedom                  20
           Error Mean Square                       8.06
           Critical Value of t                  2.08596
           Half Width of Confidence Interval 2.648434
```

a	N	Mean	95% Confidence Limits	
30%	5	21.600	18.952	24.248
25%	5	17.600	14.952	20.248
20%	5	15.400	12.752	18.048
35%	5	10.800	8.152	13.448
15%	5	9.800	7.152	12.448

[예.10-1-5.sas]의 실행 결과로 얻어진 [10-1-5.lst]의 4쪽과 5쪽은 [10-1-4.lst]에 출력된 결과와 동일하므로 생략한다. [10-1-5.lst]의 6쪽에 오차항의 자유도와 오차 평균제곱이 각각 $\phi_E = 20$, MSE=8.06으로 출력되었다. 모평균의 신뢰구간을 구하기 위한 t분포의 기각치(Critcal Value of t)는 2.08596으로 출력되었는데 이 값은 자유도가 ϕ_E 인 t분포의 $(1-\alpha/2)$ 분위수로서 다음 식을 만족한다.

$$P(\, t(\phi_E) \;\le\; t_{\alpha/2}(\phi_E)\,) = \; 1-\alpha/2$$

인자 a의 각 수준의 모평균 μ_i 에 대한 95% 신뢰구간을 구했을 때, 신뢰구간의 1/2 폭(Half Width of Confidence Interval)은 다음과 같이 구해진다.

$$t_{\alpha/2}(\phi_E)\sqrt{\mathrm{MSE}/m_i} = \; (2.08596)\sqrt{8.06/5} = \; 2.648434$$

[10-1-5.lst]의 6쪽 마지막 부분에 a 인자의 각 수준에 대한 모평균 μ_i 의 추정값과 μ_i 에 대한 95% 신뢰구간이 표시되었다. 신뢰구간은 표본평균의 크기 순으로 큰 값부터 출력된다.

일원배치법에서 인자 a의 i 번째 수준의 모평균 μ_i 에 대한 $100(1-\alpha)\%$ 신뢰구간은 $[\,\bar{y}_{i.} \,\pm\, t_{\alpha/2}(\phi_E)\,\sqrt{\mathrm{MSE}/m_i}\,]$으로 계산된다. 여기서 $\bar{y}_{i.}$ 는 i 번째 수준의 표본평균을 의미하며, m_i 는 인자 a의 i 번째 수준에서 얻어진 관측값의 개수이다. 이 예에서는 모든 수준에서의 관측값의 개수가 5로 일정하다. 따라서 면화의 비율이 30%인 경우의 모평균에 대한 추정값은 21.6이며, 95% 신뢰구간은 [18.952, 24.248]임을 알 수 있다.

[예.10-1-5.sas]의 실행 결과인 [10-1-5.lst]의 7~8쪽에 LSD, CLDIFF 옵션의 결과가 각각 출력된다.

```
                              One-way ANOVA                              7

                            The GLM Procedure

                        t Tests (LSD) for strength

NOTE: This test controls the Type I comparisonwise error rate, not the experimentwise error rate.


                  Alpha                                0.05
                  Error Degrees of Freedom               20
                  Error Mean Square                    8.06
                  Critical Value of t               2.08596
                  Least Significant Difference       3.7455


         Comparisons significant at the 0.05 level are indicated by ***.


                           Difference
                 a           Between        95% Confidence
             Comparison        Means            Limits

             30% - 25%         4.000       0.255     7.745  ***
             30% - 20%         6.200       2.455     9.945  ***
             30% - 35%        10.800       7.055    14.545  ***
             30% - 15%        11.800       8.055    15.545  ***
             25% - 30%        -4.000      -7.745    -0.255  ***
             25% - 20%         2.200      -1.545     5.945
             25% - 35%         6.800       3.055    10.545  ***
             25% - 15%         7.800       4.055    11.545  ***
             20% - 30%        -6.200      -9.945    -2.455  ***
             20% - 25%        -2.200      -5.945     1.545
             20% - 35%         4.600       0.855     8.345  ***
             20% - 15%         5.600       1.855     9.345  ***
             35% - 30%       -10.800     -14.545    -7.055  ***
             35% - 25%        -6.800     -10.545    -3.055  ***
             35% - 20%        -4.600      -8.345    -0.855  ***
             35% - 15%         1.000      -2.745     4.745
             15% - 30%       -11.800     -15.545    -8.055  ***
             15% - 25%        -7.800     -11.545    -4.055  ***
             15% - 20%        -5.600      -9.345    -1.855  ***
             15% - 35%        -1.000      -4.745     2.745
```

[10-1-5.lst]의 7쪽에 표시된 최소유의차(Least Significant Difference) LSD 값은 $t_{\alpha/2}(\phi_E)\sqrt{\text{MSE}(1/m_i+1/m_j)}$ 으로 구한다. 두 수준의 표본평균으로부터 $|\bar{y}_{i.}-\bar{y}_{j.}|$을 구하고, 이 값이 LSD보다 크면 두 수준 간에 유의한 차이가 있지만, LSD보다 작으면 두 수준 간의 차이가 유의하지 않다고 결론을 내린다. 예를 들어, 면화의 비율이 각각 30%, 25%의 두 수준에 대해서 두 수준 간의 표본평균의 차는

4.0이고, LSD는 3.7455이므로 두 수준 간에 모평균의 차이가 유의하다고 할 수 있다.

a 인자의 두 수준의 모평균차 $(\mu_i - \mu_j)$에 대한 $100(1-\alpha)\%$ 신뢰구간은 다음 식으로 구할 수 있다.

$$\left[(\bar{y}_{i.} - \bar{y}_{j.}) \pm t_{\alpha/2}(\phi_E) \sqrt{\text{MSE}\left(\frac{1}{m_i} + \frac{1}{m_j}\right)} \right]$$

따라서 면화의 비율이 30%인 수준의 모평균과 25% 수준의 모평균의 차에 대한 95% 신뢰구간은 다음과 같다.

$$\begin{aligned} &[\,(21.6 - 17.6) \pm (2.08596)\sqrt{(8.06)(1/5 + 1/5)}\,] \\ &= [4.0 \pm 3.7455] = [0.255,\ 7.745] \end{aligned}$$

두 모평균차의 $100(1-\alpha)\%$ 신뢰구간에 0이 포함되면 μ_i와 μ_j간에 유의한 차가 있다고 볼 수 없다. 반대로 두 모평균차의 $100(1-\alpha)\%$ 신뢰구간에 0이 포함되지 않으면 μ_i와 μ_j 간에 유의한 차가 있다고 결론내린다. 이 사실을 LSD에 적용하면

$$|\,\bar{y}_{i.} - \bar{y}_{j.}| > t_{\alpha/2}(\phi_E)\sqrt{\text{MSE}\,(1/m_i + 1/m_j)}$$

일 때, 두 모평균차의 $100(1-\alpha)\%$ 신뢰구간에 0이 포함되지 않는다. 따라서 이 경우 두 수준의 모평균은 유의수준 α에서 유의한 차이가 있는 것으로 결론을 내릴 수 있다. 따라서 면화의 비율이 30%와 25%의 두 수준 간의 모평균차에 대한 95% 신뢰구간에 0이 포함되어 있지 않으므로, 두 수준의 모평균은 유의한 차가 있다고 볼 수 있다.

[10-1-5.lst]의 7쪽에 표시된 바와 같이 SAS의 다중비교 결과로서 두 수준 간에 모평균의 차이가 유의할 경우에는 두 수준 간의 모평균차의 신뢰구간 뒤에 ***를 붙인다. 따라서 [10-1-5.lst]의 7쪽에 표시된 신뢰구간으로부터 면화의 비율이 25%와 20%, 그리고 35%와 15%의 경우에만 두 모평균 간에 유의한 차이가 없으며, 이외의 다른 모든 두 수준에 대하여 유의수준 5%에서 모평균 간에 유의한 차이가 있음을 알 수 있다.

```
                              One-way ANOVA                               8

                            The GLM Procedure

                        t Tests (LSD) for strength

NOTE: This test controls the Type I comparisonwise error rate, not the experimentwise error rate.


                      Alpha                              0.05
                      Error Degrees of Freedom             20
                      Error Mean Square                  8.06
                      Critical Value of t             2.08596
                      Least Significant Difference     3.7455


            Means with the same letter are not significantly different.


                 t Grouping          Mean      N    a

                          A        21.600      5    30%

                          B        17.600      5    25%
                          B
                          B        15.400      5    20%

                          C        10.800      5    35%
                          C
                          C         9.800      5    15%
```

[10-1-5.lst] [예.10-1-5.sas]의 실행 결과 [10-1-5.lst]의 마지막 8쪽은 LINES 옵션의 결과가 출력된 것이다. LINES 옵션은 모평균 간 차이가 없는 수준들을 선분으로 이어서 출력하는 것이지만, 여기서는 선분 대신 유의한 차이가 없는 수준들을 같은 문자로 표시하고 있다. 이 결과로부터 유의한 차가 없는 수준의 쌍이 (15%, 35%), (20%, 25%)임을 알 수 있으며, 면화의 비율이 30%인 경우에는 다른 수준들보다 합성섬유의 장력이 유의적으로 큰 차이가 있음을 알 수 있다.

(11) CONTRAST 문

CONTRAST 문은 대비(contrast)에 대한 추정과 가설검정을 수행한다. 대비란 각 수준의 모평균이 일차식으로 결합된 선형식에서 각 수준의 모평균의 계수의 합이 0일 경우를 말한다. 예를 들어 다음 두 선형식 L_1, L_2는 대비가 되지만, L_3는 대비가 아니다.

$$L_1 = \mu_4 - \mu_5$$
$$L_2 = \mu_1 + \mu_3 - \mu_4 - \mu_5$$
$$L_3 = \mu_1 + \mu_4 - \mu_5$$

CONTRAST 문은 대비의 제곱합을 구한 후, 오차항의 평균제곱(MSE)으로 나눈 F 값을 이용하여 다음과 같은 귀무가설을 검정한다. 참고로 모든 대비의 제곱합에 대한 자유도는 1이다.

$$\mathrm{H}_0: \ L_1 = 0 \ (\text{또는 } \mathrm{H}_0: \mu_4 = \mu_5)$$
$$\mathrm{H}_0: L_2 = 0 \ (\text{또는 } \mathrm{H}_0: \mu_1 + \mu_3 = \mu_4 + \mu_5)$$

다음 [예.10-1-6.sas]은 두 대비 L_1, L_2의 검정을 위한 CONTRAST 문의 예를 표시한 것이다. 인자의 모든 수준에 대한 계수를 직접 표시하여 대비를 정의를 하고, 또 다른 대비를 정의하기 위해 새로운 CONTRAST 문을 사용한다. 대비가 정의된 차례대로 결과가 출력되지만 대비의 구별을 위하여 각 CONTRAST 문에 홑따옴표로 레이블을 붙이는 것도 좋은 방법이다.

예 10-1-6.sas

```
PROC GLM DATA=example101;
CLASS  a;
MODEL  strength = a;
CONTRAST 'a4-a5'  a  0 0 0 1 -1;
CONTRAST 'a1+a3-a4-a5'  a  1 0 1 -1 -1;
RUN;
```

[10-1-6.lst]

Contrast	DF	Contrast SS	Mean Square	F Value	Pr > F
a4-a5	1	291.6000000	291.6000000	36.18	<.0001
a1+a3-a4-a5	1	31.2500000	31.2500000	3.88	0.0630

[10-1-6.lst] 실행 결과 [10-1-6.lst]의 9쪽과 10쪽의 앞부분은 [10-1-4.lst]에 출력된 결과와 동일하므로 생략한다. 10쪽의 마지막 부분에 출력된 첫 번째 대비 L_1 의 제곱합(Contrast SS) 291.6과 F 값 36.18은 다음과 같이 구한 결과이다.

$$\text{대비 } L_1 \text{의 변동} = MSL_1 = \frac{\widehat{L_1^2}}{\widehat{L_1}\text{의 계수들의 제곱합}}$$

$$= \frac{10.8^2}{(\frac{1}{5})^2 \times 5 + (-\frac{1}{5})^2 \times 5} = 291.6$$

$$\text{대비 } L_1 \text{의 } F = \frac{MSL_1}{MSE} = \frac{291.60}{8.06} = 36.178$$

여기서 $\hat{L}_1 = \overline{y_{4.}} - \overline{y_{5.}} = 10.8$으로 계산된다. 대비 L_1의 F 값에 대응되는 유의확률이 0.0001보다 작으므로 이 대비가 0이라는 귀무가설을 기각하게 된다. 따라서 a 인자의 4번째 수준의 모평균과 5번째 수준의 모평균 간에 유의한 차가 있다고 볼 수 있다.

비슷한 계산을 통하면 대비 L_2의 제곱합은 31.25이며, 대응되는 F 값은 3.88이 된다. 대비 L_2의 검정에 대한 유의확률이 0.063으로 0.05보다 크기 때문에 유의하지 않아 L_2의 값이 0이라는 귀무가설을 채택한다. 따라서 $\mu_1 + \mu_3$와 $\mu_4 + \mu_5$의 값은 서로 다르다고 볼 수 없다.

(12) ESTIMATE 문

ESTIMATE 문은 효과(effect, 인자 또는 처리)의 선형식을 추정하고자 할 때 사용한다. 예를 들어, [예제 9-1]의 일원배치 실험에서 a 인자의 4번째 수준(30%)과 5번째 수준(35%)의 모평균의 차 $\mu_4 - \mu_5$를 추정하기 위하여 ESTIMATE 문을 사용한다.

총평균 μ에 대한 추정값을 얻기 위해서는 effect에 INTERCEPT를 지정한다. 각 수준의 계수가 같은 정수로 나누어지는 분수의 경우에 공통인 분모의 값을 / 다음의 옵션 DIVISOR에 지정하고 각각의 분자들만 values에 지정하면 된다.

[예.10-1-7.sas]는 a 인자의 각 수준에 대한 모평균의 선형식을 추정하기 위하여 수행하는 ESTIMATE 문을 표기한 것이다.

μ

$\mu_4 - \mu_5$ (또는 $a_4 - a_5$)

$\mu_1 + \mu_3 - \mu_4 - \mu_5$ (또는 $a_1 + a_3 - a_4 - a_5$)

| 예 | 10-1-7.sas

```
PROC GLM DATA=example101;
CLASS a;
MODEL strength = a;
ESTIMATE 'Total_Mean' INTERCEPT 1;
ESTIMATE 'a4-a5' a 0 0 0 1 -1;
ESTIMATE 'a1+a3-a4-a5' a 1 0 1 -1 -1;
RUN;
```

[10-1-7.lst]

```
                                         Standard
Parameter                  Estimate         Error    t Value    Pr > |t|
Total_Mean               15.0400000    0.56780278      26.49      <.0001
a4-a5                    10.8000000    1.79555005       6.01      <.0001
a1+a3-a4-a5              -5.0000000    2.53929124      -1.97      0.0630
```

[10-1-7.lst] 실행 결과 [10-1-7.lst]의 11쪽과 12쪽의 앞 부분은 [10-1-4.lst]에 출력된 결과와 동일하므로 생략한다. 12쪽의 마지막 부분의 출력 결과로부터 전체 모평균 μ 의 추정값 $\hat{\mu}$ 은 15.04이며, 나머지 두 선형식의 추정값은 다음과 같이 계산됨을 알 수 있다.

$$\widehat{\mu_4} - \widehat{\mu_5} = \overline{y}_{4.} - \overline{y}_{5.} = 21.6 - 10.8 = 10.8,$$

$$\overline{y}_{1.} + \overline{y}_{3.} - \overline{y}_{4.} - \overline{y}_{5.} = 9.8 + 17.6 - 21.6 - 10.8 = -5.0$$

'a4-a5'의 추정에 있어서 [10-1-7.lst]에 표시된 t Value는 다음의 귀무가설을 검정하는 데 사용되는 t 검정통계량이다. t 검정통계량 값이 6.01이며, 이에 대응되는 유의확률이 0.0001보다도 작기 때문에 두 수준의 모평균 간에 유의한 차이가 있다.

$$\mathrm{H}_0: \mu_4 - \mu_5 = 0 \ (\text{또는 } \mathrm{H}_0: \mu_4 = \mu_5)$$

반면에 'a1+a3-a4-a5'의 t 검정통계량 값은 -1.97이고, 이에 대응되는 유의확률은 0.063으로서 0.05보다 크기 때문에 다음 귀무가설을 기각할 수 없다.

$$\mathrm{H}_0: \mu_1 + \mu_3 - \mu_4 - \mu_5 = 0 \ (\text{또는 } \mathrm{H}_0: \mu_1 + \mu_3 = \mu_4 + \mu_5)$$

즉, a 인자의 첫 번째와 세 번째 수준을 합한 집단과 네 번째, 다섯 번째 수준을 합한 집단의 모평균 간에 유의한 차가 없음을 보여 주는 결과이다.

이상의 두 가설검정 결과는 CONTRAST 문의 검정 결과와 일치한다. 실제로 분자의 자유도가 1인 F 통계량 값은 t 통계량의 제곱과 같다. 즉, ESTIMATE 문에서 얻어진 t 통계량 6.01를 제곱하면 CONTRAST 문에서 얻어진 F 통계량 36.178과 일치한다.

10.2 이원배치법

10.1절에서 다루어졌던 일원배치 모형에 포함된 인자인 면화의 비율 수준은 기술적으로 정의가 가능한 것이다. 이와 같이 각 수준이 기술적인 의미를 가지고 있는 인자를 모수인자(fixed factor)라고 부른다. 공업실험에 사용되는 대부분의 인자들이 모수인자에 속하며 온도, 압력, 작업방법, 길이 등을 예로 들 수 있다.

반면에 인자의 수준의 선택이 기술적인 의미를 갖지 못할 경우가 있다. 예를 들어 약품이 들어있는 수백 통의 드럼통에서 무작위로 3개의 드럼통을 선택하여 실험을 한다고 할 때, 약품이란 인자의 3개 수준에 선택된 드럼통이 부여된다. 그러나 약품의 첫 번째 수준에 부여된 드럼통은 일정한 기술적인 의미를 가질 수 없다. 이와 같이 무작위로 선택하여 수준이 정해진 인자를 변량인자(random factor)라고 한다.

실험계획 모형에서 인자의 주효과 $a_i = \mu - \mu_i$ 는 모수인자의 경우 상수가 되지만, 변량인자의 경우에는 이 값들이 무작위로 선택되므로 하나의 확률변수이다. 따라서 변량인자의 a_i 에 대하여 다음과 같이 가정할 수 있다.

$$E(a_i) = 0,\quad \sigma_A^2 = Var(a_i) = E[a_i - E(a_i)]^2 = E\left[\frac{1}{l-1}\sum_{i=1}^{l}(a_i - \bar{a})^2\right]$$

모수인자일 때 분산분석은 인자의 각 수준에서의 모평균이 모두 같은지에 대한 귀무가설을 가설검정해준다. 분산분석법은 변량인자의 경우에 모수인자와 달리 인자의 산포에 대한 귀무가설 $H_0 : \sigma_A^2 = 0$을 검정한다. 분산분석에 의하여 이 귀무가설이 기각되면 분산분석 후의 각 수준에 대한 모평균의 추정 대신에 σ_A^2의 추정을 통해 변량인자의 산포의 정도를 추정하게 된다.

둘 이상의 인자의 효과를 검출하고자 할 때 사용되는 실험계획법으로 가장 많이 사용되는 모형이 이원배치법이다. 이원배치법에 사용되는 모형은 2개의 모수인자들만으로 구성된 모수모형과 2개의 변량인자들만으로 구성된 변량모형, 모수인자와 변량인자가 1개씩 섞여 있는 혼합모형으로 구분된다. 혼합모형의 대표적인 예로 다음 절의 난괴법(RBD, randomized block design)을 들 수 있다.

10.2.1 난괴법

난괴법(RBD)은 데이터의 구조식이 1개의 모수인자와 1개의 변량인자로 구성된 혼합모형인 반복이 없는 이원배치법의 실험을 말한다. 난괴법은 R.A.Fisher에 의하여 농사시험에 도입된 실험배치 방법으로 난괴법 모형에 포함된 변량인자의 종류에 따라 실험의 순서를 정하는 방법에 다소 차이가 있다. 변량인자로서 실험일, 실험장소, 또는 시간적 차이를 두고 실시되는 반복 등을 인자로 선택할 경우 이를 블록인자라고 하며, 각 수준이 결정된 이후 나머지 실험을 랜덤하게 수행하게 된다. 반면에 드럼통, 로트 등의 집단에서 무작위로 선택하여 인자의 수준을 정할 경우의 변량인자를 집단인자라고 한다. 변량인자가 집단인자이면 언제든지 수준의 변경이 용이하므로 일반적인 이원배치법의 실험과 똑같이 랜덤하게 실험하면 된다.

예를 들어, 금속의 경도(hardness, 단단한 정도)를 측정하는 기계가 있다. 이 기계의 첨단 끝에 부착된 팁(Tip)이 금속을 압박한 후 함몰의 깊이에 따라 금속의 경도를 측정한다. 이제 4개 유형의 팁을 이용하여 서로 다른 4종류의 금속 재료의 경도를 측정하여 팁의 유형에 따라 금속의 경도가 다르게 측정되는지의 여부를 분산분석한다고 하자. [예제 9-1]에서의 일원배치법을 적용하여 적절하게 분석할 수 있을까? 이 실험의 재료로 사용되는 금속의 경우 같은 종류라고 하더라도 이 금속이 만들어진 조건에 따라 경도가 조금씩 다를 것이다. 따라서 금속 자체의 여러 변인이 이 실험의 특성치로 측정되는 금속 경도의 산포에 영향을 줄 것이다. 즉, 일원배치법의 오차항의 변동에 순수오차와 더불어 금속 간의 변동이 포함될 것이다. 이러한 변동은 금속 경도를 측정하기 위해 인자로 선정된 팁의 유형에 따른 차이를 검출하고자 하는 데에 있어서 검정 오류로 작용한다. 이와 같은 문제는 금속 간의 변동을 실험오차로부터 분리하여 분석하면 검정력을 높일 수 있는데 이러한 목적에 맞게 설계된 실험계획법이 난괴법이다.

다시 말해 난괴법은 블록 사이의 변동을 제거함으로써 모수인자의 수준 간 모평균 차의 비교를 정확하게 검정하고자 하는 목적으로 설계되었다. 경도 측정의 예에서 실험의 재료로 사용된 금속들이 블록인자(B)로, 금속의 경도를 측정하기 위해 부착된 팁을 모수인자(A)로 하는 난괴법에 대한 구조식을 표현하면 다음과 같다.

$$y_{ij} = \mu + a_i + b_j + e_{ij}, (e_{ij} \sim iid\, N(0, \sigma_E^2), b_j \sim iid\, N(0, \sigma_B^2), Cov(e_{ij}, b_j) = 0)$$

10.2.2 RANDOM 문

SAS의 GLM 절차를 이용하여 실험계획법의 변량모형이나 혼합모형에 포함된 인자들의 효과를 분석하고자 할 경우에 모형에 포함된 변량인자를 모수인자와 구분하여야 한다. GLM 절차에서는 기본적으로 MODEL 문에 지정한 효과들을 모수인자로 분석한다. 변량인자를 모수인자와 구분하여 분석하기 위하여 GLM 절차에 RANDOM 문을 사용한다.

어떤 인자가 변량인자이면 이 변량인자와 결합되는 모든 교호작용은 변량인자가 된다. GLM 절차에서 이러한 교호작용 요인을 변량인자로 자동 취급하지 않기 때문에 RANDOM 문에 변량인자와 더불어 교호작용 요인도 같이 지정하여야 한다.

예제 10-3 (난괴법) 금속의 경도측정기계는 이 기계의 첨단 끝에 부착된 팁을 금속을 압박한 후 함몰의 깊이에 따라 금속의 경도를 측정한다. 기계의 첨단 끝에 4개 유형의 팁을 무작위로 부착한 후, 서로 다른 4종류의 금속 재료의 경도를 측정하였다. 이때 팁의 각 4 수준에 대하여 4개의 특성치(금속 경도) 자료를 [표.10-2-1]과 같이 얻었다. 이 기계의 첨단 끝에 부착된 팁의 유형에 따라 금속의 경도가 다르게 측정되는지의 여부를 가설검정하여라.

|표.10-2-1| 경도 측정 실험의 특성치 자료

팁의 종류 (모수인자)	금속(블록인자)			
	1	2	3	4
1	9.3	9.4	9.6	10.0
2	9.4	9.3	9.8	9.9
3	9.2	9.4	9.5	9.7
4	9.7	9.6	10.0	10.2

풀이 다음 [예.10-2-1.sas]는 [예제 10-3]의 난괴법 실험배치로 얻어진 자료들을 분석하기 위하여 데이터셋 example103으로 입력하는 예를 표시한 것이다. DATA 단계에서 DO- END 문을 중첩으로 사용하여 두 인자의 수준을 DO의 첨자로 활용하고 있다. 따라서 CARDS 문 이후의 자료 입력은 특성치 자료만 DO의 첨자의 순서대로 입력하면 된다.

예 10-2-1.sas

```
OPTION LINESIZE = 110 NODATE;
TITLE 'Randomized Block Design';

DATA example103;
DO a=1 TO 4;
DO b=1 TO 4;
INPUT  hardness @@; OUTPUT;
END;
END;
LABEL  a='Type of Tip';
LABEL  b='Specimen';
LABEL  hardness='Hardness of the specimen';
CARDS;
9.3 9.4 9.6 10.0
9.4 9.3 9.8 9.9
9.2 9.4 9.5 9.7
9.7 9.6 10.0 10.2
;

PROC PRINT DATA=example103;
RUN;
```

[10-2-1.lst]

```
                    Randomized Block Design                    13

                    OBS   a   b   hardness
                      1   1   1     9.3
                      2   1   2     9.4
                      3   1   3     9.6
                      4   1   4    10.0
                      5   2   1     9.4
                      6   2   2     9.3
                      7   2   3     9.8
                      8   2   4     9.9
                      9   3   1     9.2
                     10   3   2     9.4
                     11   3   3     9.5
                     12   3   4     9.7
                     13   4   1     9.7
                     14   4   2     9.6
                     15   4   3    10.0
                     16   4   4    10.2
```

다음 [예.10-2-2.sas]는 난괴법으로 얻어진 [예제 10-3]의 자료를 분석하기 위하여 분산분석을 실행하기 위한 GLM 절차를 표시한 것이다. 난괴법의 경우에는 교호작용이 검출되지 않기 때문에 RANDOM 문에 변량인자 b만 지정한다.

예 | 10-2-2.sas

```
PROC GLM DATA=example103;
CLASS  a b;
MODEL  hardness = a b;
RANDOM b;
RUN;
```

[10-2-2.lst]

```
                              Randomized Block Design                          14

                                The GLM Procedure

                             Class Level Information

                         Class          Levels    Values
                         a                   4    1 2 3 4

                         b                   4    1 2 3 4


                      Number of Observations Read          16
                      Number of Observations Used          16
```

[예.10-2-2.sas]의 실행 결과로 얻어진 [10-2-2.lst]의 14쪽에는 난괴법 모형에 포함된 인자 a, b의 수준수(4)에 대한 정보와 총자료수 16이 표시된다.

```
                            Randomized Block Design                            15

                               The GLM Procedure

Dependent Variable: hardness   Hardness of the specimen

                                          Sum of
    Source                      DF        Squares     Mean Square    F Value    Pr > F

    Model                        6     1.21000000      0.20166667      22.69    <.0001

    Error                        9     0.08000000      0.00888889

    Corrected Total             15     1.29000000


                   R-Square     Coeff Var      Root MSE    hardness Mean

                   0.937984      0.979542      0.094281         9.625000
```

```
Source                      DF        Type I SS     Mean Square    F Value    Pr > F

a                            3       0.38500000      0.12833333      14.44    0.0009
b                            3       0.82500000      0.27500000      30.94    <.0001


Source                      DF      Type III SS     Mean Square    F Value    Pr > F

a                            3       0.38500000      0.12833333      14.44    0.0009
b                            3       0.82500000      0.27500000      30.94    <.0001
```

실행 결과 [10-2-2.lst]의 15쪽에 출력된 결과로부터 인자 a(팁의 종류)의 각 수준간 모평균의 차이가 있는지를 가설검정하기 위한 분산분석표를 작성해보면 다음과 같다.

|표.10-2-2| [예제 10-3]의 분산분석표

요인(Source)	제곱합(변동)	자유도	평균제곱	F	유의확률
인자(팁의 유형)	0.385	3	0.1283	14.44	0.0009
블록(금속 재료)	0.825	3	0.2750	30.94	<.0001
오차(Error)	0.080	9	0.0089		
전체	1.290	15			

[표.10-2-2]의 분산분석표로부터 인자 a의 각 수준에서의 모평균이 '전부 같다'라는 귀무가설을 유의수준 1%에서 기각하게 된다. 왜냐하면 검정통계량 14.44에 대한 유의확률이 0.0009로서 유의수준인 0.01보다 훨씬 작기 때문이다. 다시 말해 금속 경도를 측정하는 기계에 부착된 첨단 팁의 유형에 따라 금속들의 경도 측정값에 차이가 있음을 알 수 있다. 결론적으로 팁의 유형은 경도 측정치에 많은 영향을 미치는 것으로 보이며, 팁의 유형에 따라 금속의 경도가 다르게 측정된다고 볼 수 있다.

블록으로 처리된 금속 재료들도 오차항에 비해 상대적으로 큰 변동을 갖고 있으므로 유의하게 차이를 보인다. 그러나 이 변량인자는 이 실험의 주 관심사가 아니다.

[10-2-2.lst]의 15쪽 중간에 출력된 R-Square, Coeff Var, Root MSE, Hardness Mean의 의미와 그 값의 계산은 [10-1-4.lst]에서 설명된 내용과 같으므로 생략한다.

```
                    Randomized Block Design                    16

                          The GLM Procedure

          Source              Type III Expected Mean Square

          a                   Var(Error) + Q(a)

          b                   Var(Error) + 4 Var(b)
```

[10-2-2.lst]의 16쪽에 출력된 내용은 각 효과에 대한 EMS(평균제곱의 기댓값, Expected Mean Squares)를 의미한다. Var은 랜덤 효과(오차항과 변량인자)의 분산을, Q는 모수인자의 이차식을 뜻한다.

10.3 반복이 있는 이원배치법

10.3.1 교호작용

두 인자의 효과를 동시에 검출하고자 할 때 사용되는 실험계획법 모형이 이원배치법이다. 두 인자의 각 수준 조합에서 2회 이상 반복 실험이 이루어지면 인자의 주효과와 별도로 두 인자의 교호작용이 검출된다. 인자의 주효과는 인자의 수준 변화에 따른 특성치의 변화량으로 정의될 수 있다. 예를 들어 다음 [표.10-3-1]의 자료로부터 두 인자 A, B의 주효과를 구해보자.

| 표.10-3-1 | 교호작용이 있는 이원배치법

인자 B / 인자 A	B_1	B_2
A_1	20	30
A_2	40	52

인자 A의 주효과(A)는 A 인자의 두 번째 수준의 특성치의 평균과 첫 번째 수준의 특성치의 평균의 차로 구할 수 있다.

$$\mathrm{A} = \frac{40+52}{2} - \frac{20+30}{2} = 21$$

즉, A 인자의 주효과란 A 인자가 수준 1에서 수준 2로 변경할 때, 특성치의 평균값이 21 만큼 변화하는 양을 의미한다. 마찬가지로 인자 B의 주효과 B는 11임을 알 수 있다.

이제 B 인자의 각 수준에서 A 인자의 수준 간 특성치의 변화량을 살펴보자. 먼저 B 인자의 각 수준에서 A 인자의 특성치 변화량은 다음과 같다.

B 인자의 수준이 1일 때: $A = 40 - 20 = 20$

B 인자의 수준이 2일 때: $A = 52 - 30 = 22$

여기서 얻어진 두 값은 서로 비슷한 값이다. 그러나 또 다른 실험을 통하여 [표.10-3-2]와 같은 자료가 얻어졌다고 할 때, B 인자의 각 수준에서 A 인자의 특성치에 대한 변화량은 많은 차이가 있음을 알 수 있다. 즉, A 인자의 각 수준에서의 효과가 B 인자의 수준에 따라서 달라짐을 알 수 있다.

|표.10-3-2| 교호작용이 있는 이원배치법

인자 A \ 인자 B	B_1	B_2
A_1	20	40
A_2	50	12

B 인자의 수준이 1일 때: $A = 50 - 20 = 30$

B 인자의 수준이 2일 때: $A = 12 - 40 = -28$

이와 같이 어떤 인자의 효과가 다른 인자의 수준에 따라서 달라지는 경우에 "A, B 인자 간에 교호작용 $A \times B$ 가 존재한다."라고 말하고, 반대로 어떤 인자의 효과가 다른 인자의 수준에 따라서 달라지지 않으면 교호작용이 없다고 한다.

[표.10-3-2]로부터 두 인자 A, B 간에 교호작용이 존재함을 알았다. 그런데 A 인자의 주효과를 구해보면 $A = 1$ 로 작은 값이다. 즉, A 인자의 효과는 특성치에 별 영향을 주지 않을 것으로 짐작된다. 따라서 [표.10-3-2] 자료의 경우에는 주효과보다도 두 인자의 교호작용이 훨씬 중요한 분석 요인이 될 것이다.

반복이 있는 이원배치법에서 교호작용이 존재하는 경우에는 각 인자의 주효과 검정은 의미가 없다. 이런 경우에는 두 인자의 수준 조합에서의 모평균에 대한 추정을 하며, 반대로 교호작용이 유의하지 않을 경우에는 특성치에 대한 각 인자의 수준 간 모평균의 차이를 분석하면 된다.

10.3.2 이원배치법의 분산분석

모수인자 A가 l 수준, 모수인자 B가 m 수준이고 두 인자의 모든 조합에서 동일하게 반복수가 r 인 반복이 있는 이원배치법에 대한 데이터의 모형은 다음과 같다.

$$y_{ijk} = \mu + a_i + b_j + (ab)_{ij} + e_{ijk}, \quad e_{ijk} \sim iid\, N(0, \sigma_E^2)$$

여기서 μ 는 전체 모평균, a_i 는 A의 i 번째 수준에서의 효과, b_j 는 B의 j 번째 수준에서의 효과, $(ab)_{ij}$ 는 교호작용 효과, e_{ijk} 는 오차항을 의미한다. 특성치 y_{ijk} 는 A의 i 번째 수준과 B의 j 번째 수준의 조합에서 k 번째 반복으로부터 얻어진 반응값을 나타낸다.

이원배치법의 분산분석은 일원배치법의 확장으로 볼 수 있다. 다만 실험 모형에 모수인자가 하나 더 추가되었기 때문에 두 인자의 교호작용에 대한 요인 분석이 먼저 이루어지게 된다. 두 인자 간 교호작용의 효과가 있는지를 검정하기 위한 귀무가설은 다음과 같다.

$$\mathrm{H}_0 : (ab)_{11} = (ab)_{12} = \cdots = (ab)_{lm} = 0$$

분산분석을 통하여 교호작용의 효과에 대한 이 귀무가설이 기각되면, 즉 교호작용의 효과가 유의하면, 두 인자 A와 B를 동시에 고려하여 최적의 조합 조건을 찾게 된다. 반면에 이 귀무가설이 기각되지 못하여 두 인자의 교호작용이 없다고 판정되면 두 인자 A와 B의 주효과에 대한 유의성을 각각 검정하게 된다. 참고로 두 인자 A, B의 주효과를 검정하기 위한 귀무가설은 다음과 같다.

$$\mathrm{H}_0 : a_1 = a_2 = \cdots = a_l = 0$$
$$\mathrm{H}_0 : b_1 = b_2 = \cdots = b_m = 0$$

일원배치법의 가설검정과 마찬가지로 이원배치법도 분산분석표를 작성한다. 다음 [표.10-3-3]은 반복이 있는 이원배치법의 분산분석표를 작성한 것이다.

|표.10-3-3| 반복이 있는 이원배치법의 분산분석표

요인(Source)	제곱합(변동)	자유도	평균제곱	F
인자 A	S_A	$\phi_A = l-1$	$\mathrm{V_A}$	$\frac{\mathrm{V_A}}{\mathrm{V_E}}$
인자 B	S_B	$\phi_B = m-1$	$\mathrm{V_B}$	$\frac{\mathrm{V_B}}{\mathrm{V_E}}$

요인(Source)	제곱합(변동)	자유도	평균제곱	F
교호작용 A×B	$S_{A\times B}$	$\phi_{A\times B}=(l-1)(m-1)$	$V_{A\times B}$	$\dfrac{V_{A\times B}}{V_E}$
오차(Error)	S_E	$\phi_E=lm(r-1)$	V_E	
전체	S_T	$\phi_T=lmr-1$		

SAS의 GLM 절차의 실행 결과로 얻어지는 분산분석표에는 각 검정통계량에 관련된 유의확률(Pr〉F)이 표시된다. 이 유의확률이 유의수준 α 보다 작으면 그 요인에 해당하는 귀무가설이 기각되어 요인의 효과가 유의하다고 결론내린다.

예제 10-4 (반복이 있는 이원배치법) 어떤 배터리의 최대 출력전압은 이 배터리를 구성하는 전기판에 사용되는 재료의 유형과 배터리가 설치된 장소의 온도에 영향을 받는 것으로 추측된다. 이를 알아보기 위하여 전기판에 사용되는 3개의 재료 유형과 3 수준의 온도의 각 조합에서 4번의 반복 실험을 통하여 [표.10-3-4]와 같은 특성치(배터리의 최대 출력전압)들의 데이터를 얻었다. 이 실험의 특성치인 최대 출력전압이 재료의 유형에 따른 차이가 있는지, 온도에 따른 차이가 있는지, 그리고 두 인자의 교호작용이 존재하는지 가설검정하여라.

|표.10-3-4| 배터리 실험의 특성치 자료

A (재료 유형)	B (온도 (°F))		
	50	65	80
1	130 155 74 180	34 40 80 75	20 70 82 58
2	150 188 159 126	136 122 106 115	25 70 58 45
3	138 110 168 160	174 120 150 139	96 104 82 60

풀이 다음 [예.10-3-1.sas]는 이원배치법의 실험배치로 얻어진 [표.10-3-4]의 자료들을 분석하기 위하여 데이터를 데이터셋 example94로 입력하는 예를 표시한 것이다. DATA 단계에서 DO-END 문을 3차원으로 중첩 사용하여 두 인자의 수준과 반복을 DO의 첨자로 활용하고 있다. 따라서 CARDS 문 이후의 자료 입력은 특성치 자료만 DO의 3차원 첨자의 순서대로 입력하면 된다.

예 10-3-1.sas

```
OPTION LINESIZE = 110 NODATE;
TITLE 'Two-Factor Factorial Design';

PROC FORMAT;
VALUE  bf   1='50F'   2='65F'   3='80F';

DATA example104;
DO a=1 TO 3;
      DO b=1 TO 3;
            DO r=1 TO 4;
            INPUT  voltage @@; OUTPUT;
            END;
       END;
END;
LABEL  a='Type of Material';
LABEL  b='Temperature';
LABEL  voltage='Maximum Output Voltage';
FORMAT  b bf.;
CARDS;
130 155 74 180     34 40 80 75      20 70 82 58
150 188 159 126    136 122 106      115 25 70 58 45
138 110 168 160    174 120 150      139 96 82 104 60
RUN;
```

다음 [예.10-3-2.sas]에 표시한 바와 같이 [표.10-3-4]의 원 데이터로부터 수준 조합별 합과 평균, 표준편차를 MEANS 절차를 이용하여 구하면 [10-3-2.lst]와 같다.

예 10-3-2.sas

```
PROC MEANS DATA=example104  MAXDEC=2 SUM MEAN STD;
VAR voltage;
CLASS a b;
OUTPUT OUT=twofd_stat MEAN=m_voltage;
RUN;
```

[10-3-2.lst]

```
                              Two-Factor Factorial Design                            17

                                     MEANS 프로시저

                          분석 변수 : voltage Maximum Output Voltage

  Type of                        관측치
  Material    Temperature          수          합계           평균         표준편차
  ---------------------------------------------------------------------------------
         1    50F                   4        539.00         134.75           45.35
```

	65F	4	229.00	57.25	23.60
	80F	4	230.00	57.50	26.85
2	50F	4	623.00	155.75	25.62
	65F	4	479.00	119.75	12.66
	80F	4	198.00	49.50	19.26
3	50F	4	576.00	144.00	25.97
	65F	4	583.00	145.75	22.54
	80F	4	342.00	85.50	19.28

다음 [예.10-3-3.sas]는 [예.10-3-2.sas]에서 실행한 MEANS 절차에서 얻어지는 두 인자의 각 수준에서의 평균값과 두 인자의 수준 조합별 평균값을 새로운 데이터셋 twofd_stat으로 따로 저장한 후, 이 평균값을 출력하는 프로그램이다.

예 10-3-3.sas

```
PROC PRINT DATA=twofd_stat;
RUN;
```

[10-3-3.lst]

Two-Factor Factorial Design 18

OBS	a	b	_TYPE_	_FREQ_	m_voltage
1	.	.	0	36	105.528
2	.	50F	1	12	144.833
3	.	65F	1	12	107.583
4	.	80F	1	12	64.167
5	1	.	2	12	83.167
6	2	.	2	12	108.333
7	3	.	2	12	125.083
8	1	50F	3	4	134.750
9	1	65F	3	4	57.250
10	1	80F	3	4	57.500
11	2	50F	3	4	155.750
12	2	65F	3	4	119.750
13	2	80F	3	4	49.500
14	3	50F	3	4	144.000
15	3	65F	3	4	145.750
16	3	80F	3	4	85.500

[예.10-3-2.sas]의 MEANS 절차에서 집계된 평균값을 바탕으로 GPLOT 절차를

이용하여 A*B 도표를 그려보면 교호작용에 관한 효과를 살펴볼 수 있을 것이다.

예 | 10-3-4.sas

```
DATA mtwofd;
DO b=1 TO 3;
INPUT  Mvolt1 Mvolt2 Mvolt3; OUTPUT;
END;
LABEL  b='Temperature';
LABEL  Mvolt1='Mean of Maximum Output Voltage';
FORMAT  b bf.;
CARDS;
134.75  155.75  144.00
 57.25  119.75  145.75
 57.50   49.50   85.50
RUN;

SYMBOL1 V='1' C=BLACK I=JOIN;
SYMBOL2 V='2' C=RED I=JOIN;
SYMBOL3 V='3' C=BLUE I=JOIN;
PROC GPLOT DATA=mtwofd;
PLOT  Mvolt1*b=1  Mvolt2*b=2  Mvolt3*b=3 / OVERLAY;
RUN;
```

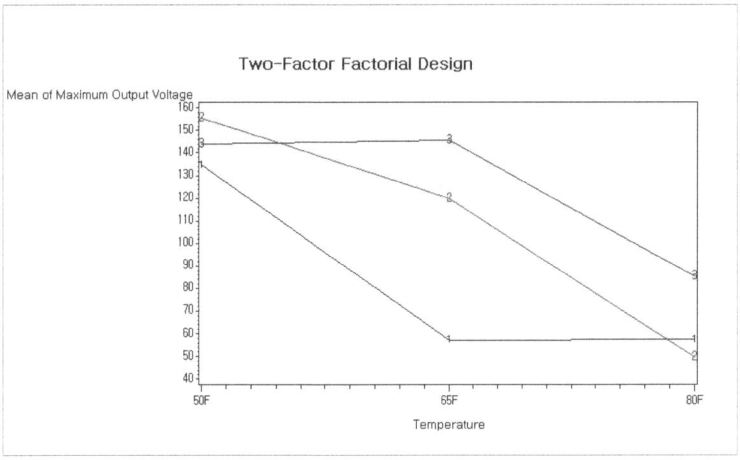

|그림.10-3-1| A*B 도표

[그림.10-3-1]에 출력된 도표로부터 인자 A(재료의 유형, 그림에서 숫자 심볼)와 인자 B(온도)의 효과가 모두 유의할 것이라고 예상된다. 또한 각 점들을 연결한 선들이 평행하지 않고 서로 엇갈려 있으므로 두 인자의 교호작용 역시 유의하리라고 예상된다. 실제로 이 실험의 특성치인 최대 출력전압은 낮은 온도에서 재료의 유형에 상관없이 높지만, 온도가 올라가면 재료의 유형에 따라 최대 출력전압이 서로 다른 변화를 보이고 있기 때문에 두 인자 간에 교호작용이 존재한다고 추정할

수 있다.

[예.10-3-5.sas]는 GLM 절차를 이용하여 [예제 10-4]를 해결하기 위한 분산분석을 실시한 프로그램이다.

예 | 10-3-5.sas

```
PROC GLM DATA=example104;
CLASS  a  b;
MODEL  voltage = a  b  a*b;
RUN;
```

10-3-5.lst

```
                    Two-Factor Factorial Design                    19

                          The GLM Procedure

                       Class Level Information

                    Class          Levels    Values

                    a                   3    1 2 3

                    b                   3    50F 65F 80F


                 Number of Observations Read          36
                 Number of Observations Used          36
```

[10-3-5.Viewer]

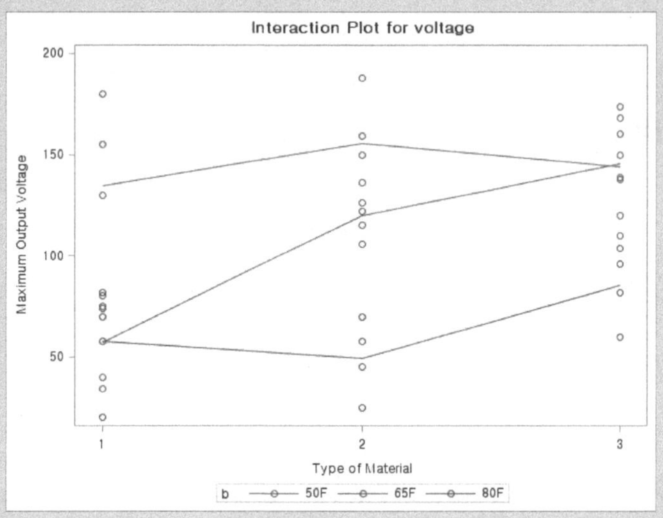

[예.10-3-5.sas]의 실행 결과로 얻어진 [10-3-5.lst]의 19쪽에 이원배치법 모형에 포함된 인자 a, b의 수준수(3)에 대한 정보와 총자료수 36이 출력되었다.

```
                              Two-Factor Factorial Design                          20

                             The GLM Procedure

Dependent Variable: voltage   Maximum Output Voltage

                                          Sum of
   Source                      DF        Squares     Mean Square    F Value    Pr > F

   Model                        8    59416.22222      7427.02778      11.00    <.0001

   Error                       27    18230.75000       675.21296

   Corrected Total             35    77646.97222


                   R-Square     Coeff Var      Root MSE    voltage Mean

                   0.765210      24.62372      25.98486        105.5278


   Source                      DF      Type I SS     Mean Square    F Value    Pr > F

   a                            2    10683.72222      5341.86111       7.91    0.0020
   b                            2    39118.72222     19559.36111      28.97    <.0001
   a*b                          4     9613.77778      2403.44444       3.56    0.0186


   Source                      DF    Type III SS     Mean Square    F Value    Pr > F

   a                            2    10683.72222      5341.86111       7.91    0.0020
   b                            2    39118.72222     19559.36111      28.97    <.0001
   a*b                          4     9613.77778      2403.44444       3.56    0.0186
```

[10-3-5.lst] 실행 결과 [10-3-5.lst]의 20쪽에 출력된 결과로부터 인자 a(재료의 유형), 인자 b(온도), 그리고 두 인자의 교호작용 a*b이 특성치에 미치는 효과가 있는지를 가설검정하기 위한 분산분석표를 작성해보면 다음과 같다.

|표.10-3-5| [예제 10-4]에 대한 분산분석표

요인(Source)	제곱합(변동)	자유도	평균제곱	F	유의확률
인자 A(재료)	10683.72	2	5341.86	7.91	0.0020
인자 B(온도)	39118.72	2	19558.36	28.97	<.0001
교호작용 $A \times B$	9613.78	4	2403.44	3.56	0.0186
오차(Error)	18230.75	27	675.21		
전체	77646.97	35			

분산분석표 [표.10-3-5]를 보면 두 인자 A와 B에 대한 검정통계량의 유의확률이 0.002와 〈.0001으로 유의수준 $\alpha = 0.01$ 에서 유의한 결론을 얻을 수 있다. 이 결과 배터리의 최대 출력전압은 재료의 유형과 온도 수준의 변화에 따라 유의한 차가 있음을 알 수 있다. 또한 교호작용 $A \times B$ 요인에 대한 유의확률도 0.0186으로 0.05보다 작은 값을 갖기 때문에 재료의 유형과 온도 간의 유의한 교호작용 효과가 있음을 알 수 있다.

[예제 10-4]의 실험의 분산분석 결과로부터 교호작용이 유의하므로 인자 A, B의 각 인자의 수준별 모평균을 추정하는 것은 의미가 없다. 그러나 두 인자 A, B의 수준의 조합 $A_i B_j$ 에서 모평균을 추정하고, 이를 바탕으로 특성치의 최적인 조합조건을 찾아야 한다. $A_i B_j$ 에서의 모평균 $\mu(A_i B_j)$ 의 점추정값은 $A_i B_j$ 조합에서 얻어진 데이터들의 평균값 $\overline{y}_{ij.}$ 이며, 신뢰수준 $100(1-\alpha)\%$ 의 신뢰구간은 다음 식으로 구할 수 있다.

$$\left[\overline{y}_{ij.} \pm t_{\alpha/2}(\phi_E) \sqrt{\frac{V_E}{r}} \right]$$

[10-3-3.lst]에 출력된 결과로부터 $\overline{y}_{ij.}$ 를 가장 크게 하는 두 수준의 조합은 $A_2 B_1$ 임을 알 수 있다. 따라서 이 수준조합에서의 모평균에 대한 점추정값은 155.75이다. 이 값을 이용하여 다음 [예.10-3-6.sas]에 수준조합 $A_2 B_1$ 의 모평균에 대한 95% 신뢰구간 [LCI, UCI]를 구하는 SAS 프로그램을 표시하였다.

예 | 10-3-6.sas

```
DATA example104_1;
m_ab = 155.75;
alpha = 0.05;
df = 27; r=4;
t_alpha = TINV(1-alpha/2, df);
MSE = 675.21;
LCI = m_ab - t_alpha*sqrt(MSE/r);
UCI = m_ab + t_alpha*sqrt(MSE/r);
RUN;

PROC PRINT DATA=example104_1;
RUN;
```

[10-3-6.lst]

```
                    Two-Factor Factorial Design                         21

OBS     m_ab    alpha   df   r   t_alpha     MSE       LCI       UCI
 1     155.75    0.05   27   4   2.05183   675.21   129.092   182.408
```

10.4 분산분석의 응용

10.4.1 지분실험법

샘플링 방식의 설계 또는 측정 방법을 검토하기 위하여 주로 사용되는 지분실험법(nested 또는 hierarchial design)은 먼저 A 인자의 수준이 정해진 후, B 인자의 수준이 A 인자의 각 수준으로부터 분기되는 실험계획법이다. A 인자의 서로 다른 두 수준에 속한 B 인자의 j 번째 수준을 동일하게 기술할 수 없기 때문에 교호작용 $A \times B$ 의 효과는 검출할 필요가 없다.

예를 들어 세 개의 공급사로부터 원자재를 수입하는 회사가 세 공급사의 원자재 순도가 모두 같은지의 여부를 검정한다고 하자. 실험 데이터를 얻기 위하여 먼저 세 공급사로부터 4개의 묶음 원자재를 선택하고, 각 묶음에서 3개의 샘플을 취하여 원자재의 순도를 측정하였다. 이와 같이 공급자(A)내에서 분기된 묶음(B)을 갖는 실험계획법을 2단계 지분실험법이라고 한다. 이 실험에서 각 공급사로부터의 묶음 단위는 서로 교차되지 않는다. 따라서 이 실험의 데이터에 대한 구조식 모형에는 교호작용 효과가 포함되지 않는다.

A 인자의 수준이 l, A 인자에서 분기된 B 인자의 수준이 m, 그리고 반복이 r인 2단계 지분실험법에 대한 실험 모형의 구조식은 다음과 같다.

$$y_{ijk} = \mu + a_i + b_{j(i)} + e_{k(ij)},\ b_{j(i)} \sim iid\, N(0, \sigma^2_{B(A)}),\ \ e_{k(ij)} \sim iid\, N(0, \sigma^2_E)$$

여기서 첨자 $j(i)$는 A 인자의 i 번째 수준하에서 분기된 B 인자의 j 번째 수준을 의미한다. 반복은 A 인자와 B 인자의 수준조합하에서 분기된 것으로 생각할 수 있으므로 오차항의 첨자는 $k(ij)$로 표기되었다.

다음 [표.10-4-1]은 2단계 지분실험법의 분산분석표를 작성한 것이다. 여기서 A 인자의 수준하에서 분기된 B 인자에 대한 변동을 $S_{B(A)}$ 으로 표기한다.

|표.10-4-1| 2단계 지분실험법의 분산분석표

요인(Source)	제곱합(변동)	자유도	평균제곱	F(A:모수)	F(A:변량)
인자 A	S_A	$\phi_A = l-1$	V_A	$\frac{V_A}{V_E}$	$\frac{V_A}{V_{B(A)}}$
인자 B(A)	$S_{B(A)}$	$\phi_B = l(m-1)$	$V_{B(A)}$	$\frac{V_{B(A)}}{V_E}$	$\frac{V_{B(A)}}{V_E}$
오차(Error)	S_E	$\phi_E = lm(r-1)$	V_E		
전체	S_T	$\phi_T = lmr-1$			

지분실험법 모형의 인자 A가 모수인자일 때, 각 수준의 모평균이 모두 같은지의 여부를 검정하기 위한 귀무가설과 대응하는 검정통계량은 다음과 같다.

$$\mathrm{H}_0 : a_1 = a_2 = \cdots = a_l = 0,\ \text{검정통계량}\ F = V_A / V_E$$

그러나 인자 A가 변량인자이면 a_i 의 분포를 $iid\, N(0, \sigma^2_A)$ 으로 가정할 수 있다. 이 경우에는 인자 A의 산포가 0인지 아닌지가 주 관심사가 될 것이다. 따라서 인자 A가 변량인자일 때 인자 A의 산포에 관련된 귀무가설과 이를 검정하기 위한 검정통계량은 다음과 같다.

$$\mathrm{H}_0 : \sigma^2_A = 0,\ \text{검정통계량}\ F = V_A / V_{B(A)}$$

지분실험법의 통계 모형에 삽입된 인자 A에서 분기된 B(A)는 일반적으로 변량인자이다. 따라서 인자 A에서 분기된 B(A)의 산포에 관련된 귀무가설과 이를 검정하기 위한 검정통계량은 다음과 같다.

$$\mathrm{H}_0 : \sigma^2_{B(A)} = 0,\ \text{검정통계량}\ F = V_{B(A)} / V_E$$

SAS의 GLM 절차를 이용하여 지분실험법의 자료를 분석하려면 MODEL 문에 인자 A를 의미하는 a와 B 인자가 A 인자로부터 지분되었음을 의미하는 b(a)를 표시하여야 한다. 일반적으로 b(a)는 변량요인이므로 GLM 절차에 RANDOM 문을 추가하여 b(a)를 명시하여야 한다. RANDOM 문의 TEST 옵션은 모형의 각 효과를 검정하고자 할 때 사용한다.

```
CLASS   a b ;
MODEL   y = a  b(a) ;
RANDOM  b(a) / TEST;
```

예제 **10-5** (지분실험법) 서로 다른 **세** 공급사로부터 묶음 단위로 원자재를 수입하는 회사가 있다. 원자재 순도의 변인에 차이가 나면 이를 사용하여 완제품 제조를 할 경우 불량품이 많이 생길 것이다. 이 회사는 각 공급사로부터 무작위로 원자재 **네** 묶음을 선택하고, 각 묶음당 **3**번씩 원자재 순도를 측정하여 다음과 같은 자료를 얻었다. 이 회사에서 수입하는 원자재의 순도가 공급사 간에 변인 차이가 있는지의 여부를 조사하기 위한 가설검정을 수행하여라.

|표.10-4-2| 2단계 지분실험법 데이터

공급사	1				2				3			
묶음	1	2	3	4	1	2	3	4	1	2	3	4
반복 측정	94	91	91	94	94	93	92	93	95	91	94	96
	92	90	93	97	91	97	93	96	97	93	92	95
	93	89	94	93	90	95	91	95	93	95	95	94

풀이 이 실험은 1번 공급사의 1번 묶음과 2번 공급사의 1번 묶음이 같은 원자재가 아니므로 일반적인 이원배치법을 적용할 수 없다. 묶음 인자(B(A))가 공급사 인자(A)로부터 분기가 되었으므로 반드시 2단계 지분실험법을 적용하여야 한다.

다음 [예.10-4-1.sas]는 2단계 지분실험법으로 얻어진 [표.10-4-2] 데이터를 분산분석하기 위한 SAS 프로그램이다.

예 10-4-1.sas

```
OPTION LINESIZE = 110 NODATE;
TITLE 'Two-Stage Nested Design';
```

```
DATA example105;
DO a=1 TO 3;
      DO b=1 TO 4;
            DO r=1 TO 3;
            INPUT  purity @@; OUTPUT;
            END;
        END;
END;
LABEL  a='Suppliers';
LABEL  b='Batches';
LABEL  purity='The Purity of Raw Material';
CARDS;
94 92 93 91 90 89 91 93 94 94 97 93
94 91 90 93 97 95 92 93 91 93 96 95
95 97 93 91 93 95 94 92 95 96 95 94
;
RUN;

PROC GLM DATA=example105;
CLASS  a  b;
MODEL  purity = a  b(a);
RANDOM  b(a) / TEST;
RUN;
```

[10-4-1.lst]

```
                     Two-Stage Nested Design                        22

                        The GLM Procedure

                     Class Level Information

                  Class          Levels    Values

                  a                   3    1 2 3

                  b                   4    1 2 3 4


               Number of Observations Read          36
               Number of Observations Used          36
```

[예.10-4-1.sas]의 실행 결과로 얻어진 [10-4-1.lst]의 22쪽에는 지분실험법 모형에 포함된 인자 a, b의 수준수에 대한 정보와 총자료수 36이 표시된다.

```
                    Two-Stage Nested Design                         23

                        The GLM Procedure
```

Dependent Variable: purity	The Purity of Raw Material				
Source	DF	Sum of Squares	Mean Square	F Value	Pr > F
Model	11	84.9722222	7.7247475	2.93	0.0135
Error	24	63.3333333	2.6388889		
Corrected Total	35	148.3055556			

R-Square	Coeff Var	Root MSE	purity Mean
0.572954	1.739981	1.624466	93.36111

Source	DF	Type I SS	Mean Square	F Value	Pr > F
a	2	15.05555556	7.52777778	2.85	0.0774
b(a)	9	69.91666667	7.76851852	2.94	0.0167

Source	DF	Type III SS	Mean Square	F Value	Pr > F
a	2	15.05555556	7.52777778	2.85	0.0774
b(a)	9	69.91666667	7.76851852	2.94	0.0167

실행 결과 [10-4-1.lst]의 23쪽에는 모형에 대한 분산분석표와 각 요인(A와 B(A))에 대한 제곱합, 자유도, 평균제곱, F 값, 유의확률이 출력된다. [예제 10-5]의 자료에 대한 분산분석을 위하여 [10-4-1.lst]의 23쪽의 출력 결과를 토대로 [표.10-4-1]의 분산분석표를 작성하면 안 된다. [10-4-1.lst]의 23쪽 A 인자의 결과는 실험 모형을 모수모형으로 가정한 경우이기 때문이다. 지분실험법에 대한 분산분석표를 작성하기 위해서는 25쪽의 혼합모형에 대한 분산분석 결과를 참조하여야 한다.

```
                    Two-Stage Nested Design                         24

                        The GLM Procedure

        Source          Type III Expected Mean Square

        a               Var(Error) + 3 Var(b(a)) + Q(a)

        b(a)            Var(Error) + 3 Var(b(a))
```

[10-4-1.lst]의 24쪽에 출력된 내용은 인자 A와 인자 B(A)에 대한 EMS(평균제곱의 기댓값)을 구하는 식이다. Var은 랜덤 효과(오차항과 변량인자)의 분산을, Q는 모수인자의 이차식을 뜻한다.

```
                    Two-Stage Nested Design                                25

                          The GLM Procedure
             Tests of Hypotheses for Mixed Model Analysis of Variance

Dependent Variable: purity   The Purity of Raw Material

    Source                    DF     Type III SS    Mean Square   F Value   Pr > F

    a                          2       15.055556       7.527778      0.97   0.4158

    Error: MS(b(a))            9       69.916667       7.768519


    Source                    DF     Type III SS    Mean Square   F Value   Pr > F

    b(a)                       9       69.916667       7.768519      2.94   0.0167

    Error: MS(Error)          24       63.333333       2.638889
```

[10-4-1.lst] 실행 결과 [10-4-1.lst]의 24쪽과 25쪽에 출력된 결과로부터 분산분석표를 작성하면 [표.10-4-3]으로 요약될 수 있다. 인자 A(공급사)는 모수인자이며, 인자 B(A)(묶음)는 변량인자이므로 분산분석에 설정된 통계적 모형은 혼합모형이며, 검정하고자 하는 귀무가설은 다음과 같이 기술될 수 있다.

$H_0 : a_1 = a_2 = a_3 = 0 \Leftrightarrow$ 공급사간 원자재 순도의 평균 차이가 없다.

$H_0 : \sigma^2_{B(A)} = 0 \Leftrightarrow$ 묶음 간에 원자재 순도가 균일하다.

|표.10-4-3| [예제 10-5]에 대한 지분실험법의 분산분석표

요인(Source)	제곱합(변동)	자유도	평균제곱	F	유의확률
인자 A(공급사)	15.056	2	7.528	0.969	0.4158
인자 B(A)(묶음)	69.917	9	7.769	2.944	0.0167
오차(Error)	63.333	24	2.639		
전체	148.306	35			

[표.10-4-3]의 인자 A에 대한 F 값과 유의확률(0.4158)로부터 공급

자 간에는 유의한 차이가 없음을 알 수 있다. 그러나 인자 B(A)에 대한 유의확률이 0.0167이므로 유의수준 5%에서 원자재 묶음 간에는 순도가 일정하지 못하다는 결론을 내릴 수 있다.
분산분석표의 결과로부터 변량인자의 분산성분을 추정할 수 있다. 이 예에서 변량인자 B(A)와 오차항에 대한 분산성분의 추정값은 다음과 같다. 분산이 음수가 나올 수 없으므로 만일 분산성분의 추정값이 음수이면 0으로 대체하여 추정한다.

$$\widehat{\sigma_E^2} = V_E = 2.639, \quad \widehat{\sigma_{B(A)}^2} = \frac{V_{B(A)} - V_E}{r} = \frac{7.769 - 2.639}{3} = 1.71$$

10.4.2 공분산분석

종속변수(특성치) y 가 변수 x 와 상관 관계가 있다고 하자. 특히 변수 x 는 인자 A가 종속변수 y 에 영향을 미치는지의 여부를 검정하기 위한 실험계획에 있어서 통제할 수 없는 연속형 변수이다. y 와 상관 관계에 있으면서 특성치에 영향을 주는 독립변수 x 를 공변수(covariate)라고 부른다.

이제 실험계획의 통계 모형에 공변수가 포함될 경우 특정한 인자가 특성치에 영향을 주는지의 여부를 조사하고자 한다. 이런 상황에서는 특성치에 대한 인자의 효과를 분석하기 전에 공변수에 대하여 종속변수의 조정이 먼저 이루어져야 한다. 조정이 이루어지지 않으면 공변수 효과 때문에 인자의 유의성검정이 잘못 분석될 수 있다.

공분산분석은 실험계획으로 통제가 안 되는 공변수의 효과를 조정하는 분석 방법으로서 분산분석과 회귀분석을 결합한 것이다.

예를 들어, 3대의 기계로부터 섬유를 생산하는 회사에서 기계별로 생산된 섬유의 강도가 차이가 있는지를 조사한다고 하자. 생산된 섬유의 강도는 일반적으로 섬유의 두께와 밀접한 관련이 있을 것으로 추정된다. 따라서 기계별로 섬유의 강도가 차이 있는지를 가설검정하기 이전에 섬유의 강도에 영향을 주는 섬유 두께의 효과를 먼저 제거하여야 한다. 이런 상황에서 사용하는 분석 방법이 공분산 분석이다.

특성치(y)에 영향을 주는 인자(A)와 공변수(x)가 포함된 실험계획 통계 모형의 공분산 분석법을 다루어 보자. 공변수가 특성치인 종속변수에 선형인 관계가 있다고 가정하고, 공분산 분석의 통계적 모형을 설정하면 다음과 같다.

$$y_{ij} = \mu + a_i + \beta(x_{ij} - \overline{x}_{..}) + e_{ij}, \ (i = 1, \cdots, l, \ j = 1, \cdots, n) \tag{10.1}$$

여기서 y_{ij}는 인자 A의 i 번째 수준에서 j 번째 반복으로 얻어진 종속변수의 특성치이며, x_{ij}는 y_{ij}에 대응하여 얻어진 공변수의 측정값이다. μ는 전체 모평균, a_i는 인자 A의 i 번째 주효과, $\overline{x}_{..}$는 x_{ij}들의 총평균, β는 x와 y 간의 선형회귀계수를 각각 의미한다.

공분산분석에서는 다음과 같이 몇 가지 가정을 포함한다.

- 오차항 e_{ij}는 서로 독립인 $N(0, \sigma_E^2)$ 분포를 따른다.
- 선형회귀계수 β는 0이 아니다.
- 반응변수 y와 공변수 x 사이는 선형인 관계이다.
- A 인자는 모수인자이다.
- A 인자의 각 수준에서 회귀계수는 일정하다.
- 인자 A는 공변수에 영향을 주지 않는다.

공분산분석 모형 (10.1)에 포함된 모수들을 최소제곱법으로 추정하면 다음과 같다.

$$\hat{\mu} = \overline{y}_{..}, \quad \hat{\beta} = \frac{E_{xy}}{E_{xx}}, \quad \hat{a}_i = \overline{y}_{i.} - \overline{y}_{..} - \hat{\beta}(\overline{x}_{i.} - \overline{x}_{..}),$$

$$E_{xy} = \sum_{i=1}^{l}\sum_{j=1}^{n}(x_{ij} - \overline{x_{i.}})(y_{ij} - \overline{y_{i.}}), \quad E_{xx} = \sum_{i=1}^{l}\sum_{j=1}^{n}(x_{ij} - \overline{x_{i.}})^2,$$

$$E_{yy} = \sum_{i=1}^{l}\sum_{j=1}^{n}(y_{ij} - \overline{y_{i.}})^2$$

모형의 오차제곱합을 $S_E = E_{yy} - (E_{xy})^2/E_{xx}$으로 구할 수 있으며, 오차제곱합에 대응하는 자유도 ϕ_E는 $l(n-1)-1$이다. 따라서 오차항의 분산성분 σ_E^2은 다음 식으로 추정할 수 있다.

$$\hat{\sigma}_E^2 = V_E = \frac{S_E}{\phi_E} = \frac{E_{yy} - (E_{xy})^2/E_{xx}}{l(m-1)-1}$$

만일 공분산 모형의 특성치에 인자 A의 효과가 유의하지 않다면 모형 (10.1)은 다음과 같이 선형모형 (10.2)로 간략화될 것이다.

$$y_{ij} = \mu + \beta(x_{ij} - \overline{x_{..}}) + e_{ij} \qquad (10.2)$$

회귀분석으로부터 모형 (10.2)의 회귀계수 β의 추정값과 모형의 오차제곱합 $(S_E{}')$을 다음 식으로 구할 수 있다.

$$\hat{\beta}=\frac{S_{xy}}{S_{xx}},\ S_E{}'=S_{yy}-(S_{xy})^2/S_{xx},\ (\phi_E{}'=ln-2),$$

$$S_{xy}=\sum_{i=1}^{l}\sum_{j=1}^{n}(x_{ij}-\overline{x_{..}})(y_{ij}-\overline{y_{..}}),\quad S_{xx}=\sum_{i=1}^{l}\sum_{j=1}^{n}(x_{ij}-\overline{x_{..}})^2,$$

$$S_{yy}=\sum_{i=1}^{l}\sum_{j=1}^{n}(y_{ij}-\overline{y_{..}})^2$$

여기서 두 오차제곱합의 차이 $S_E{}'-S_E$는 인자의 주효과 때문에 생기는 값이다. 따라서 이 차이(자유도는 $l-1$의 차이)를 귀무가설 $\mathrm{H}_0: a_1=\cdots=a_l=0$의 검정 통계량 F_0에 적용시킬 수 있다.

$$F_0=\frac{(S_E{}'-S_E)/(l-1)}{S_E/(l(n-1)-1)}$$

$S_E{}'-S_E$의 값이 작으면 F_0 값이 작을 것이고, 이 경우에는 인자의 효과가 유의하지 않을 것으로 유추할 수 있다. 즉, 검정통계량 F_0가 $F_\alpha(l-1,\,l(n-1)-1)$보다 크면 H_0을 기각하고, 인자 A의 각 수준 간에 유의한 차가 있다고 결론지을 수 있다.

공분산분석 모형에서 인자 A의 두 수준 간의 효과에 대한 차이 $a_i-a_{i'}$는 일원배치법의 경우와 달리 두 수준 간 모평균의 차 $\mu_i-\mu_{i'}$과 같지 않다. 왜냐하면 공분산모형 (10.1)에서 두 수준 간의 모평균의 차이 $\mu_i-\mu_{i'}$은 다음과 같이 계산되기 때문이다.

$$\begin{aligned}\mu_i-\mu_{i'}&=(\mu+a_i+\beta(\overline{x_{i.}}-\overline{x_{..}}))-(\mu+a_{i'}+\beta(\overline{x_{i'.}}-\overline{x_{..}}))\\&=(a_i-a_{i'})+\beta(\overline{x_{i.}}-\overline{x_{i'.}})\end{aligned}$$

따라서 공분산분석에서 두 수준 간의 효과 차이를 검정하고자 할 때 다음과 같은 조정된 평균(adjusted mean)을 사용하여야 한다. SAS를 이용하여 공분산 분석을 시행할 경우에는 GLM 절차의 LSMEANS 문장을 지정하면 조정된 평균 추정값들을 얻을 수 있다.

$$\overline{y}_{i.}\text{ 의 조정된 평균 }\overline{y}_{i.}(\text{adj.})=\widehat{\mu+a_i}=\overline{y}_{i.}-\hat{\beta}(\overline{x}_{i.}-\overline{x}_{..}),\quad \hat{\beta}=E_{xy}/E_{xx}$$

마지막으로 공분산분석 모형 (10.1)의 회귀계수 β에 대한 귀무가설 $H_0:\ \beta=0$은 다음 검정통계량 F_0를 이용하여 검정하는데, F_0 값이 $F_\alpha(1,\,l(n-1)-1)$보다 크면 귀무가설 H_0 : $\beta = 0$를 기각한다.

$$F_0 = \frac{(E_{xy})^2 / E_{xx}}{V_E}$$

예제 **10-6** (공분산분석법) 어떤 직물공장에 섬유를 제조하는 3대의 기계가 있다. 각 기계에서 제조된 섬유에서 5개의 섬유 조각을 무작위로 추출하였다. 이들 표본으로부터 특성치인 섬유의 강도(반응변수, y)와 섬유조각의 두께(공변수, x)를 측정하여 다음 [표.10-4-4]를 얻었다. 섬유의 강도가 이들을 제조한 기계에 따라 차이가 있는지의 여부를 가설검정하여라.

|표.10-4-4| 섬유의 강도 측정 데이터

기계1		기계2		기계3	
y	x	y	x	y	x
36	20	40	22	35	21
41	25	48	28	37	23
39	24	39	22	42	26
42	25	45	30	34	21
49	32	44	28	32	15

풀이 이 공장의 주 관심사는 제조되는 섬유의 강도가 이들 기계에 따라 차이가 있는지의 여부를 알아보고자 하는 데에 있다. 기존의 일원배치법을 적용하여 분산분석을 할 수 있지만, 일반적으로 섬유의 강도는 제조된 섬유의 두께와도 밀접한 관련이 있을 것이므로 섬유의 두께 요인을 공변수로 채택한 공분산 분석법이 적절한 분석 방법이 된다.

[예.10-4-2.sas]는 [표.10-4-4]에 주어진 데이터를 SAS 데이터셋 example106으로 입력하는 SAS 프로그램이다.

예 10-4-2.sas

```
OPTION LINESIZE = 110 NODATE;
TITLE 'Analysis of Covariance';

DATA example106;
DO a=1 TO 3;
      DO r=1 TO 5;
        INPUT  y x @@; OUTPUT;
      END;
```

```
END;
LABEL  a='Machine';
LABEL  x='Thickness';
LABEL  y='Breaking strength';
CARDS;
36 20 41 25 39 24 42 25 49 32
40 22 48 28 39 22 45 30 44 28
35 21 37 23 42 26 34 21 32 15
RUN;
```

공분산분석에 들어가기에 앞서 인자 A와 공변수 x 사이에 교호작용이 존재하는지를 알아보아야 한다. 이는 인자 A의 각 수준에서의 회귀직선 기울기에 대한 동일성을 검정하는 것과 같다. 즉 공분산분석의 가정 중의 하나인 "A 인자의 각 수준에서 회귀계수는 일정하다."를 만족할 수 있어야 한다. 이를 위하여 [예.10-4-3.sas]에 표시된 바와 같이 교호작용이 포함된 모형을 이용한 GLM 절차를 실행한다. 그 결과로부터 교호작용의 유의확률을 참조하여 회귀직선에 대한 인자의 각 수준에서 기울기의 동질성을 검정한다.

예 | 10-4-3.sas

```
PROC GLM DATA=example106;
CLASS  a;
MODEL  y = a  x  a*x;
RUN;
```

[10-4-3.lst]

```
                              Analysis of Covariance                              27

                                  The GLM Procedure

Dependent Variable: y   Breaking strength

                                          Sum of
    Source                      DF       Squares     Mean Square    F Value    Pr > F

    Model                        5    321.1512879     64.2302576      22.90    <.0001

    Error                        9     25.2487121      2.8054125

    Corrected Total             14    346.4000000


                   R-Square     Coeff Var      Root MSE        y Mean

                   0.927111      4.166509      1.674937      40.20000
```

Source	DF	Type I SS	Mean Square	F Value	Pr > F
a	2	140.4000000	70.2000000	25.02	0.0002
x	1	178.0141104	178.0141104	63.45	<.0001
x*a	2	2.7371774	1.3685887	0.49	0.6293

Source	DF	Type III SS	Mean Square	F Value	Pr > F
a	2	2.6641625	1.3320812	0.47	0.6367
x	1	171.1192314	171.1192314	61.00	<.0001
x*a	2	2.7371774	1.3685887	0.49	0.6293

[예.10-4-3.sas]의 실행 결과로 얻어진 [10-4-3.lst]의 26쪽(출력 결과 생략)에는 통계 모형에 포함된 인자 a의 수준수에 대한 정보와 총자료수 15가 표시된다.

[10-4-3.lst]의 27쪽에 표시된 교호작용에 대한 F 값은 0.49이다. 이 값에 대한 유의확률은 0.6293으로서 유의수준 5%에서 귀무가설을 채택하므로 인자 A와 공변수 x 간 교호작용이 존재하지 않는다. 즉 인자의 각 수준에서 $y-x$ 의 회귀직선을 그릴 경우 각 수준의 회귀직선의 기울기들이 모두 동일하다. 따라서 공분산 모형에 공통 기울기 β를 가정할 수 있다.

다음 [10-4-3.Viewer]에 있는 그림은 인자 a의 각 수준에 대하여 회귀직선을 추정하여 같은 화면에 나타낸 것이다. 인자 a의 1 수준에서의 직선의 기울기가 나머지 수준에서의 기울기와 다르게 보이지만 같은 것으로 분석된다.

[10-4-3.Viewer]

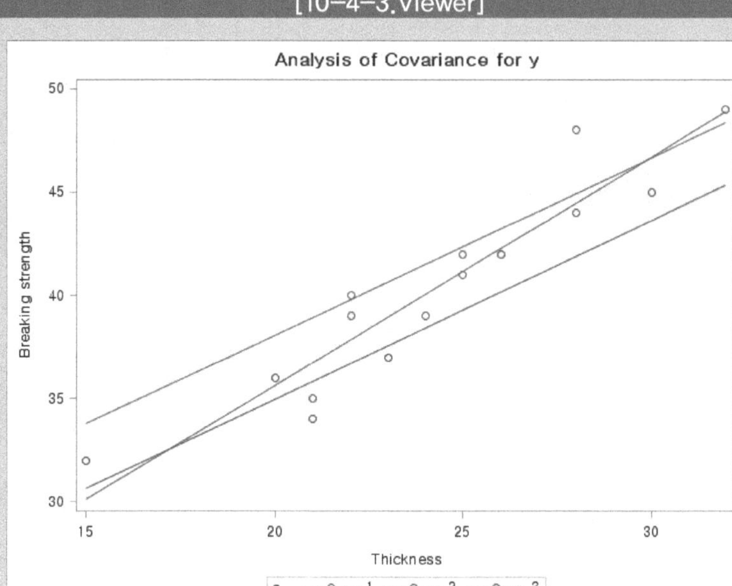

다음 [예.10-4-4.sas]는 공변수 x 가 포함된 공분산분석을 수행하기 위하여 작성된 SAS 프로그램이다.

예 | 10-4-4.sas

```
PROC GLM DATA=example106;
CLASS  a;
MODEL  y = a x / SS1 SS2;  /* SS2는 x에 의해 조정된 이후 a의 SS 계산 */
LSMEANS  a;
RUN;
```

[10-4-4.lst]

```
                          Analysis of Covariance                              29

                              The GLM Procedure

Dependent Variable: y   Breaking strength

                                        Sum of
   Source                      DF      Squares    Mean Square   F Value   Pr > F

   Model                        3  318.4141104    106.1380368     41.72   <.0001

   Error                       11   27.9858896      2.5441718

   Corrected Total             14  346.4000000

                  R-Square     Coeff Var     Root MSE      y Mean

                  0.919209      3.967776     1.595046    40.20000

   Source                      DF    Type I SS    Mean Square   F Value   Pr > F

   a                            2  140.4000000     70.2000000     27.59   <.0001
   x                            1  178.0141104    178.0141104     69.97   <.0001

   Source                      DF   Type II SS    Mean Square   F Value   Pr > F

   a                            2   13.2838506      6.6419253      2.61   0.1181
   x                            1  178.0141104    178.0141104     69.97   <.0001
```

[예.10-4-4.sas]의 실행 결과로 얻어진 [10-4-4.lst]의 28쪽(출력 결과 생략)에는 통계 모형에 포함된 인자 a의 수준수에 대한 정보와 총자료수 15가 표시된다.

공분산분석에서 중점을 두고 있는 인자 A(기계)와 공변수 x (섬유 두께)에 관련된 두 귀무가설에 대한 검정통계량이 [10-4-4.lst]의 29쪽에 제시되고 있다. 이를 바탕으로 공변수에 의해 조정된 이후 기계의 효과를 검정하는 분산분석표를 작성하면 다음과 같다.

|표.10-4-5| 공분산분석에 대한 분산분석표(Type II SS 참조)

요인(Source)	제곱합(변동)	자유도	평균제곱	F	유의확률
a(기계)	13.284	2	6.642	2.61	0.1181
x(두께)	178.014	1	178.014	69.97	<.0001
오차(Error)	27.986	11	2.544		

먼저 공변수에 의해 조정된 이후 (Type II SS 이용) 기계의 효과에 대한 귀무가설 $H_0: a_1 = a_2 = a_3 = 0$에 대한 검정통계량 F의 값은 2.61이다. 이 값에 대응되는 유의확률은 0.1181이기 때문에 유의수준 5%에서 귀무가설이 기각되지 않는다. 따라서 생산된 섬유의 강도가 세 기계 간에 차이가 없음을 알 수 있다.

그러나 공변수에 의해서 조정되기 이전의 (Type I SS 이용) F의 값인 27.59을 이용하여 분산분석을 하면 유의확률이 〈.0001이므로 세 기계에서 제조된 섬유의 강도가 서로 차이가 있는 것으로 분석되어 잘못된 결론을 도출할 수 있다.

두 번째로 공분산 모형에 포함된 공변수와 종속변수(y) 간 선형관계의 유무에 대한 귀무가설 $H_0: \beta = 0$을 검정하기 위한 검정통계량 F의 값은 69.97이다. 이에 대한 유의확률은 0.0001보다 작은 값이므로 귀무가설을 기각하게 된다. 따라서 공변수와 반응변수 간에 강한 선형관계가 존재하며, 공변수의 선택은 의미가 있다고 결론지을 수 있다.

```
                    Analysis of Covariance                    30

                      The GLM Procedure
                     Least Squares Means

                       a          y LSMEAN

                       1        40.3824131
                       2        41.4192229
                       3        38.7983640
```

[10-4-4.lst]의 30쪽에 표시된 결과는 공변수에 의해 교정된 평균 $\bar{y}_{i.}$(adj.)이다. 이를 이용하여 회귀계수 β의 추정값을 다음과 같이 구할 수 있다.

$$\hat{\beta} = \frac{\overline{y}_{i.} - \overline{y}_{i.}(adj.)}{\overline{x}_{i.} - \overline{x}_{..}}$$

[예.10-4-5.sas]는 $\hat{\beta}$를 구하기 위하여 종속변수와 공변수의 인자 A의 각 수준에서의 평균값들을 통계표로 나타내고자 작성된 SAS 프로그램이다.

예 10-4-5.sas

```
PROC TABULATE DATA=example106 FORMAT=9.3;
CLASS a;
VAR x y;
TABLE a ALL='합', x*(MEAN STD) y*(MEAN STD) / RTS=12;
RUN;
```

[10-4-5.lst]

Analysis of Covariance 31

	Thickness		Breaking strength	
	Mean	Std	Mean	Std
Machine				
1	25.200	4.324	41.400	4.827
2	26.000	3.742	43.200	3.701
3	21.200	4.025	36.000	3.808
합	24.133	4.324	40.200	4.974

[10-4-5.lst] [10-4-3.lst]의 결과와 공변수에 의해 보정된 평균 $\overline{y}_{1.}$(adj.) 값으로부터 β의 추정값 $\hat{\beta}$를 추정하면 다음과 같다.

$$\hat{\beta} = \frac{41.4 - 40.3824}{25.2 - 24.1333} = \frac{1.0176}{1.0667} = 0.954.$$

마지막으로 인자 A의 i 번째 수준의 j 번째 관측값 y_{ij}에 대한 점추정값은 다음 식을 이용하여 구한다.

$$\hat{y}_{ij} = \overline{y}_{i.} + \hat{\beta}(x_{ij} - \overline{x}_{i.})$$

예를 들어, 기계1의 3번째 관측값 y_{13}에 대한 점추정값은 $41.4 + 0.954(24 - 25.2)$을 계산하여 40.2552를 얻는다.

연습문제

10.1 [예.10-1-6.sas]에서 정의된 대비 L_2의 제곱합과 대응되는 F 값이 각각 31.25, 3.88이 됨을 계산하여라. 단, 대비 L_2는 다음과 같이 추정한다.

$$\hat{L}_2 = \overline{y}_{1.} + \overline{y}_{3.} - \overline{y}_{4.} - \overline{y}_{5.}$$

10.2 [예제 10-3]의 자료에 대하여 기계의 첨단 끝에 부착된 팁(Tip)의 유형을 특성치(금속 경도)에 영향을 주는 하나의 인자로 설정한 일원배치의 분산분석을 시행하는 SAS 프로그램을 작성하고 이를 분석하여라.

10.3 다음 표는 통계학 중간고사에 대하여 학년별로 4명씩 무작위로 선정하여 점수를 조사한 것이다. 학년에 따라 중간고사의 성적의 평균이 차이가 나는지 가설검정하는 SAS 프로그램을 작성하고 그 결과를 분석하여라.

학년	1학년	2학년	3학년
통계학 점수	75	74	62
	70	78	61
	66	72	65
	69	65	56

10.4 알루미늄 주물에 네 가지 표준 열처리를 가하여 장력을 측정하였다. 각 열처리 방법에 따라 다음 표와 같이 5개의 관측값들을 얻었다. 처리 간에 장력의 차가 있다고 할 수 있는지 가설검정하기 위한 SAS 프로그램을 작성하고 그 결과를 분석하여라.

처리	관측값				
A	35	31	40	36	32
B	42	49	45	48	47
C	32	31	30	32	34
D	45	43	39	40	41

10.5 다음 표는 통계학 중간고사에 대하여 각 학년에서 성별로 2명씩 무작위로 선정하여 점수를 조사한 것이다. 학년에 따라 또는 성별에 따라 중간고사의 성적의 평균이 차이가 나는지 그리고 성적에 대하여 학년과 성별에 대한 교호작용이 존재하는

지 가설검정하는 SAS 프로그램을 작성하고 그 결과를 분석하여라.

	1학년	2학년	3학년
남학생	75	74	62
	70	78	61
여학생	86	72	65
	79	85	86

10.6 서로 다른 회사의 가솔린 A, B, C에 대한 연비(mileage)를 비교하기 위하여 4대의 자동차를 블록 인자로 하여 난괴법의 실험을 하였다. 1갤런(gallon)당 주행거리를 마일(mile)로 측정하여 얻어진 자료는 다음과 같다. 세 회사의 가솔린에 따라서 평균 연비에 차가 있다고 할 수 있는지, 네 자동차에 따라서 연비의 산포가 있다고 할 수 있는지를 가설검정하기 위하여 SAS 프로그램을 작성하고 그 결과를 분석하여라.

자동차 \ 가솔린	A	B	C
1	15.7	17.2	16.1
2	17.0	18.1	17.5
3	17.3	17.9	16.8
4	16.1	17.7	17.8

10.7 [예.7-1-1.sas]에서 생성한 영구 데이터셋 'save.ds'에는 130개의 관측치가 저장되어 있다. 이 자료로부터 교사의 학습지도능력 q1m을 종속변수로 하고, 다음 각 물음에 해당하는 분산분석을 수행하는 SAS 프로그램을 작성하고 그 결과를 분석하여라. 참고로 변수 gender(성별), age(나이), residence(거주지)는 분류변수인 이산형 자료이다.

(1) 교사의 학습지도능력 q1m이 교사의 나이(age)에 따라 차이가 있는지를 가설검정하여라.

(2) LSD의 95% 신뢰구간을 구하여 교사의 residence(거주지)에 대한 다중비교를 실시하여라.

(3) 교사의 age(나이)와 gender(성별)에 따른 교호작용이 교사의 학습지도능력 q1m에 영향을 주는지를 가설검정하여라.

(4) 교사의 학습지도능력 q1m를 특성치로 하여 gender(성별), age(나이), residence(거주지) 인자와 세 인자의 2차 교호작용이 포함되어 있는 실험계획 모형을 세우고 삼원분산분석을 시행하여라.

11장 회귀분석

11.1 회귀분석과 상관분석

회귀분석은 응용통계학의 여러 분야 중 자료분석을 위해 가장 많이 쓰이는 기법 중의 하나이다. 이는 여러 변수들 사이의 관계를 조사하고 모형을 구축하는 통계적 기법이다. 또한 생명공학, 사회과학, 공학 분야 등 다양한 분야에서 사용하고 있다.

통계학의 주요 목적 중 하나는 변수들을 이용하여 어떤 변수의 값을 추정하거나 예측하는 것이다. 회귀분석은 두 개 이상의 변수들 사이의 관계를 연구하여 변수들 중의 하나의 값을 예측하는 방법이다. 많은 분야에서는 예측 목적에 사용할 수 있는 변수들 사이에 선형 관계가 존재한다. 상관분석은 변수들 사이에 존재하는 선형적인 관계의 정도를 결정하는 데 사용되는 방법이다. 선형적인 관계의 정도가 작으면, 예측을 목적으로 하는 선형적인 관계를 찾는 회귀분석을 할 필요는 없다.

회귀(regression)라는 용어는 1885년 영국의 생물학자 프란시스 갤톤 경(Sir Francis Galton)이 자녀의 키와 부모의 키 간의 관계를 분석한 논문에서 처음 사용되었다. 그는 "한 남자의 특성은 그의 혈족인 남성들과 그 특성을 공유하기는 하지만 평균적으로 보면 더 적은 정도로 그 특성을 공유한다."는 일반적 회귀법칙(law of universal regression)을 공식화하였다. 이후 1903년에 피어슨(K. Pearson)과 리(A. Lee)는 임의 추출한 1,078쌍의 아버지와 아들의 키를 분석한 논문에서 아들들의 키는 아버지들의 키를 닮아가는 가는 경향뿐만 아니라 사람들의 평균 키로 회귀하려는 현상이 있음을 밝혀냈다. 좀 더 구체적으로 말하자면, 평균키보다 큰 아버지 집단에서 태어난 아들들의 평균 키는 전체 아들들의 평균 키보다는 크지만 아버지들의 평균 키보다는 작으며, 반대로 평균 키보다 작은 아버지 집단에서 태어난 아들들의 평균 키는 전체 아들들의 평균 키보다는 작지만 아버지들의 평균 키보다는 크게 되어서 전체 사람들의 키는 항상 평균으로 균형을 유지하려고 한다고 하였다. 그들이 표본으로부터 결정된 회귀직선식은 "아들의 키 = 33.73 + 0.516×아버지의 키"이었다. 이 장에서는 이러한 회귀식의 추정방법과 추론 그리고 해석에 대해서 알아볼 것이다.

선형회귀분석은 하나 이상의 주어진 변수 x 들로부터 한 변수 Y 의 값을 예측하는 것을 말한다. 반응변수(response variable)는 종속변수(dependent variable)라고 불리며, 설명변수(explanatory variable)는 독립변수(independent variable)라고 불린다. 일반적으로 설명변수는 x 로 표시하며 범주형 또는 연속형의 속성을 가진 상수인 반면, 반응변수는 Y 로 표시하며 연속형 속성을 가진 변수이다. 단순선형회귀분석(simple linear regression analysis)은 설명변수가 하나인 경우를 말하며 중선형회귀분석(multiple linear regression analysis)은 설명변수가 두 개 이상인 경우를 말한다.

여기 11장 회귀분석에서는 x를 설명변수, Y를 반응변수라고 할 것이다. 또한 회귀분석에서 설명변수 x 는 주어진 상수이기 때문에 실현된 값을 의미하는 소문자로 표기하며, 반응변수 Y 는 확률변수이기 때문에 대문자로 표기할 것이다.

11.2 단순선형회귀분석

앞서 말한 바와 같이 설명변수 x가 하나일 경우에 단순선형회귀분석이라고 한다. 예를 들어, 어느 어린이집에서 5살 남자 어린이 10명을 임의추출하여 키(x , 단위:cm)와 몸무게(Y , 단위:kg)를 조사한 표가 다음과 같다고 하자.

|표.11-2-1| 5살 남자 어린이 10명의 키와 몸무게

	1	2	3	4	5	6	7	8	9	10
키(cm)	96	99	102	104	107	109	112	114	117	119
몸무게(kg)	14	16	16	17	18	19	20	21	21	22

먼저 10쌍의 관측값들은 [그림.11-2-1]과 같은 산점도(scatter plot)를 그려보면, 두 변수들 사이에는 어떤 관계가 있는 것임을 알 수 있으며, 이 점들을 모두 잘 지나는 직선을 그려보면 [그림.11-2-2]와 같다.

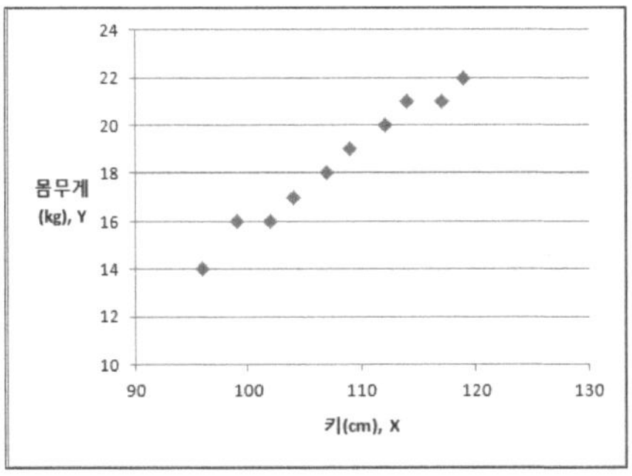

|그림.11-2-1| 키와 몸무게 산점도

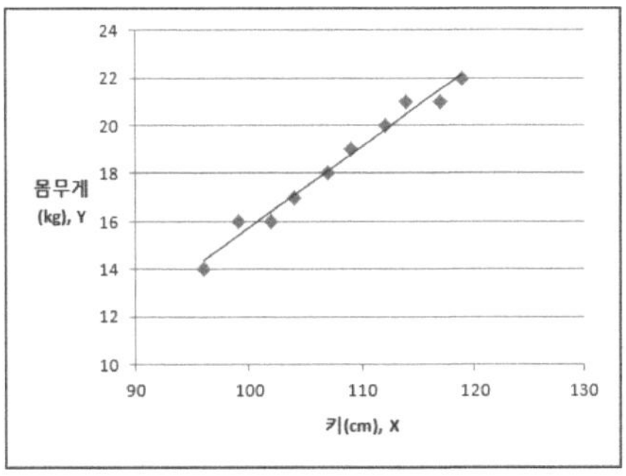

|그림.11-2-2| 키와 몸무게 사이의 회귀직선

만약 Y는 몸무게를 나타내고 x는 키를 나타낸다면, [그림.11-2-2]의 두 변수 간의 관계를 나타내는 직선식은 식 (11.1)과 같이 나타낼 수 있다.

$$Y = \beta_0 + \beta_1 x \tag{11.1}$$

여기에서 β_0는 절편이고 β_1은 기울기이다. 그런데 모든 관측값들이 직선 위에 있지 않으므로, 식 (11.1)은 이러한 관측값들을 잘 설명하기 위하여 약간의 수정이 필요하다. 측정오차 등으로 인하여 발생하는 관측값 Y와 직선 $(\beta_0 + \beta_1 x)$ 사이의 차이를 오차 ϵ 이라고 하면, 이 오차는 식 (11.1)과 실제 관측값과의 차이의 정도를 나타내는 확률변수이다. 따라서 식 (11.1)을 좀 더 정확하게 표현하면 다음과 같다.

$$Y = \beta_0 + \beta_1 x + \epsilon \tag{11.2}$$

식 (11.2)를 선형회귀모형(linear regression model)이라고 하고, 특히 식 (11.2)는 오직 한 개의 설명변수만을 가지고 있기 때문에 단순선형회귀모형이라고도 한다. 일반적으로 식 (11.2)의 선형회귀모형에서 오차 확률변수 ϵ에 관하여 다음과 같은 가정을 한다.

- 주어진 x의 값에 대하여, 확률변수 ϵ는 정규분포를 따른다.
- 주어진 x의 값에 대하여, 확률변수 ϵ의 평균은 0이다. 즉, $E(\epsilon) = 0$이다.
- 주어진 x의 값에 대하여, 확률변수 ϵ의 분산은 상수 σ^2 이다.
- 오차 확률변수 ϵ의 값들은 서로 독립이다.

이러한 가정하에서 선형회귀모형의 성질을 좀 더 자세히 알아보면 다음과 같다.

- x의 값들은 고정되어 있다고 가정한다. 앞의 예제에서 키를 나타내는 x의 값은 96, 99, 102, …, 114, 117, 119 등 10개의 고정된 값을 가진다.

- 모수인 β_0 와 β_1 의 값은 알려지지는 않았지만 상수이다. 앞의 가정들과 표본 통계량들을 이용하여 이 모수들의 값을 추정한다.
- 주어진 x 값에 대한 Y 의 값은 상수인 $\beta_0 + \beta_1 x$ 에 확률변수인 ϵ 을 더하여 결정되기 때문에 Y 의 값은 ϵ 의 값에 따라 달라진다. 따라서 Y 또한 확률변수이다.
- 앞의 가정에 의하면 ϵ 은 정규분포를 따르기 때문에, 주어진 x 값에 대하여 Y 의 표본분포는 정규분포이다. 이를 그림으로 표현하면 [그림.11-2-3]과 같다.
- 주어진 x 값에 대하여 Y의 표본분포의 평균과 분산은 각각 식 (11.3)과 식 (11.4)와 같으며, 이것을 그림으로 나타내면 [그림.11-2-4]와 같다.

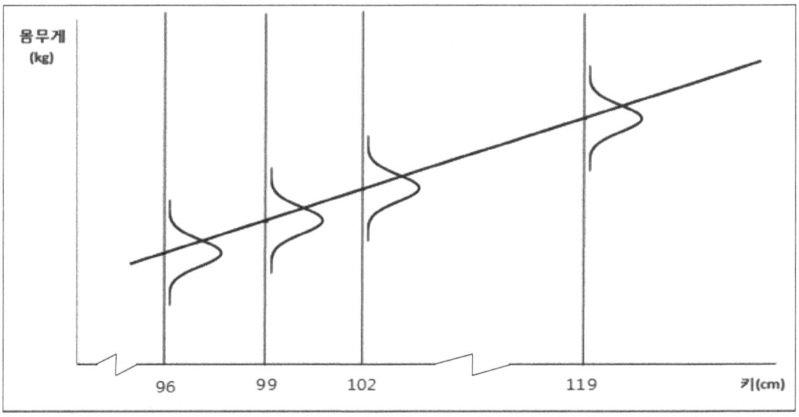

|그림.11-2-3| 각기 다른 x 값에 대한 Y의 표본분포

$$E(Y|x) = E(\beta_0 + \beta_1 x + \epsilon) = E(\beta_0 + \beta_1 x) + E(\epsilon) = \beta_0 + \beta_1 x \qquad (11.3)$$

$$Var(Y|x) = Var(\beta_0 + \beta_1 x + \epsilon) = Var(\beta_0 + \beta_1 x) + Var(\epsilon) = \sigma^2 \qquad (11.4)$$

여기에서 두 변수 사이의 직선관계를 나타내는 식 $E(Y|x) = \beta_0 + \beta_1 x$을 모회귀식(population regression equation)이라고 하며, 표본을 이용하여 미지의 모수 β_0 와 β_1 을 추정한 후에 이들을 이용하여 모회귀직선을 추정하게 된다.

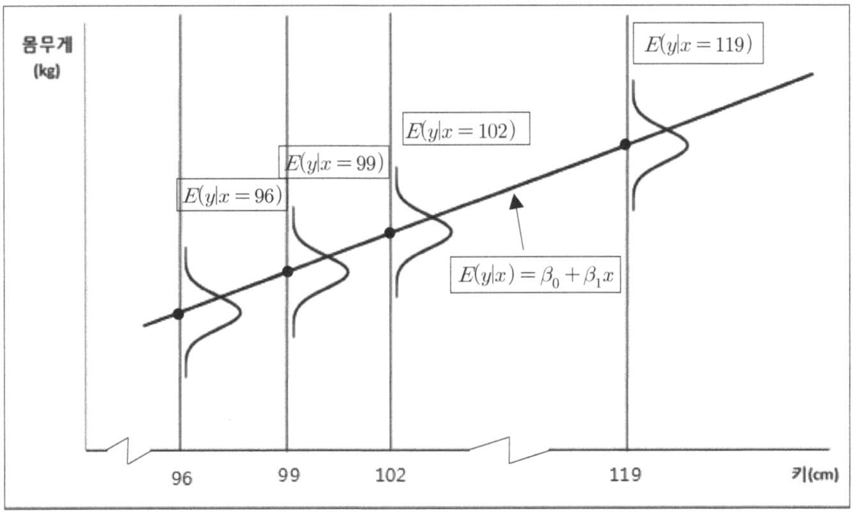

|그림.11-2-4| 모회귀식 그래프

- x 의 어떠한 값에서든 Y의 표본분포의 분산은 σ^2 로 일정하다. 이것은 각기 다른 x 에서 Y의 값들은 같은 분산을 가진다는 것을 의미한다. 따라서 [그림.11-2-3]에서와 같이 주어진 x에 대응하는 Y의 모든 정규분포는 같은 퍼짐의 형태를 가진다.
- 주어진 x 에 대하여 Y값과 Y의 평균값을 예측할 수 있다.
- 알려지지 않은 오차분산 σ^2 은 추정할 수 있다.

11.3 최소제곱추정법에 의한 모수추정

단순선형회귀분석에서 추정해야 할 모수는 회귀계수(regression coefficients)라고 불리는 β_0 와 β_1 이다. 기울기인 β_1 은 x 의 위치에 상관없이 x 가 한 단위 변화하면 변수 Y 분포의 평균값은 β_1 만큼 변화한다는 것을 의미한다. x 의 범위가 0을 포함한다면, 절편 β_0 은 $x = 0$ 일 때 Y 분포의 평균을 의미한다. x 의 범위가 0을 포함하지 않는다면 절편 β_0 은 해석상의 의미를 가지지 않는다.

다음으로 모수 β_0 와 β_1 을 표본으로부터 추정하는 방법에 대해서 알아보면, 먼저 n 개의 x 와 Y의 표본 쌍 $(x_1, Y_1), (x_2, Y_2), \dots, (x_n, Y_n)$ 이 식 (11.5)를 만족한다고 하자.

$$Y_i = \beta_0 + \beta_1 x_i + \epsilon_i,\ \ i = 1, 2, \dots, n \tag{11.5}$$

이를 n 개의 표본 쌍 $(x_i, Y_i)\,(i=1,2,\ldots,n)$에 대한 표본회귀모형(sample regression model)이라고 하는 반면, 식 (11.2)를 모회귀모형(population regression model)이라고 한다.

한편, x_i 에 대응하는 관측값 Y_i 와 회귀직선에 의해 예측된 값 $\beta_0 + \beta_1 x_i$ 사이의 차이의 제곱의 합을 최소로 하는 β_0 와 β_1 의 추정값인 b_0 와 b_1 을 찾는 방법을 최소제곱법(least squares method)이라 하고 이렇게 하여 추정된 b_0 와 b_1 을 최소제곱추정량(least squares estimator)이라고 한다.

최소제곱법에 의해 회귀식을 추정해보도록 하자. 추정회귀식을 $\widehat{Y} = b_0 + b_1 x$ 이라고 할 때, $\widehat{Y}$ 은 특정 x 에 대해 추정된 Y 값을 말하며, b_0 와 b_1 은 $\sum_{i=1}^{n}(Y_i - \widehat{Y}_i)^2$ 이 최소화 되도록 계산된 식 (11.2)의 모수 β_0 와 β_1 의 점추정값이다. b_0와 b_1을 다음의 공식에 의해 계산된다.

$$S_{XX} = \sum_{i=1}^{n}(x_i - \overline{x})^2 = \sum_{i=1}^{n} x_i^2 - n\overline{x}^2 = \sum_{i=1}^{n} x_i^2 - \frac{(\sum_{i=1}^{n} x_i)^2}{n}$$

$$S_{YY} = \sum_{i=1}^{n}(Y_i - \overline{Y})^2 = \sum_{i=1}^{n} Y_i^2 - n\overline{Y}^2 = \sum_{i=1}^{n} Y_i^2 - \frac{(\sum_{i=1}^{n} Y_i)^2}{n}$$

$$S_{XY} = \sum_{i=1}^{n}(x_i - \overline{x})(Y_i - \overline{Y}) = \sum_{i=1}^{n} x_i Y_i - n\overline{x}\,\overline{Y} = \sum_{i=1}^{n} x_i y_i - \frac{(\sum_{i=1}^{n} x_i)(\sum_{i=1}^{n} Y_i)}{n}$$

$$b_1 = \frac{S_{XY}}{S_{XX}}, \quad b_0 = \overline{Y} - b_1\overline{x}$$

예제 11-1 어느 어린이집에서 5살 남자 어린이 10명을 임의추출하여 조사한 키(x)와 몸무게(Y)의 자료인 [표.11-2-1]로부터 최소제곱법에 의하여 회귀식 (11.2)를 추정하여라.

풀이 먼저 [예.11-3-1.sas]는 [표.11-2-1]에 주어진 데이터를 이용하여 회귀분석을 하기 위한 SAS 데이터셋 example111으로 입력하는 SAS 프로그램이다. 또한 이 데이터셋을 MEANS 절차에 적용하여 그 결과를 바탕으로 S_{XX}, S_{YY}, S_{XY}를 구하고 추정회귀식의 절편과 기울기를 추정하였다.

예 | 11-3-1.sas

```
OPTION LINESIZE = 110 NODATE;
TITLE 'Simple Regression Analysis';

DATA example111;
INPUT x Y @@;
LABEL  x='height';
LABEL  Y='weight';
xY = x*Y;
CARDS;
 96  14   99  16  102  16  104  17  107  18
109  19  112  20  114  21  117  21  119  22
;
RUN;
PROC PRINT DATA=example111;
RUN;

PROC MEANS DATA=example111 MEAN CSS SUM MAXDEC=1;
RUN;
```

[11-3-1.lst]

```
                         Simple Regression Analysis                    1

                         OBS      x      Y      xY
                           1     96     14    1344
                           2     99     16    1584
                           3    102     16    1632
                           4    104     17    1768
                           5    107     18    1926
                           6    109     19    2071
                           7    112     20    2240
                           8    114     21    2394
                           9    117     21    2457
                          10    119     22    2618
```

```
                        Simple Regression Analysis                     2

                             MEANS 프로시저

          변수    레이블          평균     수정 제곱합          합계
          ---------------------------------------------------------
          x       height         107.9          532.9        1079.0
          Y       weight          18.4           62.4         184.0
          xY                    2003.4      1606650.4       20034.0
          ---------------------------------------------------------
```

[11-3-1.lst] [11-3-1.lst]의 2쪽에 표시된 통계량을 S_{XX}, S_{YY}, S_{XY}을 구하는 식에 적용하면 다음과 같은 결과를 얻을 수 있다.

$$\bar{x} = 107.9, \quad \bar{Y} = 18.4$$

$$S_{XX} = \sum_{i=1}^{n} (x_i - \bar{x})^2 = 532.9$$

$$S_{YY} = \sum_{i=1}^{n} (Y_i - \bar{Y})^2 = 62.4$$

$$S_{XY} = \sum_{i=1}^{n} x_i Y_i - \frac{(\sum_{i=1}^{n} x_i)(\sum_{i=1}^{n} Y_i)}{n} = 20034 - \frac{1079 \times 184}{10} = 180.4$$

이들을 이용하여 추정회귀식의 절편 b_0와 기울기 b_1을 추정하면,

$$b_1 = \frac{S_{XY}}{S_{XX}} = \frac{180.4}{532.9} = 0.3385,$$

$$b_0 = \bar{Y} - b_1 \bar{x} = 18.4 - \frac{180.4}{532.9} \times 107.9 = -18.1263$$

따라서 최소제곱법에 의한 추정회귀식은 다음 식 (11.6)과 같다.

$$\hat{Y} = b_0 + b_1 x = -18.1263 + 0.3385x \tag{11.6}$$

식 (11.6)을 산점도 위에 그리면 [그림.11-3-1]과 같다.

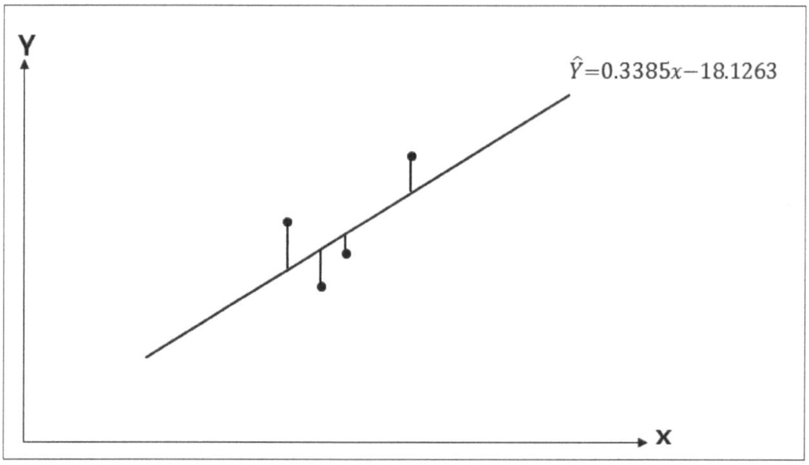

|그림.11-3-1| 키와 몸무게 예제에서 최소제곱법에 의한 추정회귀식

여기에서 실제 관측값과 회귀직선에 의해 추정된 값과의 차이를 잔차(residual)

라고 하며 e_i 로 표시한다. 즉, $e_i = Y_i - \widehat{Y}_i$ 이다. 최소제곱법에 의해 추정된 회귀식은 주어진 데이터에 대해서 잔차제곱합(residual sum of squares) 또는 오차제곱합(sum of squares for error, SSE)인 $\sum_{i=1}^{n} e_i^2 = \sum_{i=1}^{n} (Y_i - \widehat{Y}_i)^2$ 을 최소로 하는 회귀식을 찾는 것과 같다.

11.3.1 오차분산 σ^2의 불편추정량

오차의 분산 σ^2 의 불편추정량은 잔차제곱합 SSE를 자유도 $n-2$ 로 나눈 평균잔차제곱(mean squared for error, MSE)을 사용하고 이를 S_e^2 으로 표현한다.

$$\text{오차분산 } \sigma^2 \text{ 의 불편추정량: } S_e^2 = MSE = \frac{SSE}{n-2} = \frac{1}{n-2} \sum_{i=1}^{n} (Y_i - \widehat{Y}_i)^2$$

추정량 S_e^2 는 관측값들이 추정회귀직선으로부터 얼마나 흩어져 있는가를 나타내는 측도이다. S_e^2 의 제곱근인 $S_e = \sqrt{\frac{1}{n-2} \sum_{i=1}^{n} (Y_i - \widehat{Y}_i)^2}$ 을 추정의 표준오차(standard error of estimate)라고 하며 회귀직선의 적합도를 측정할 때 사용한다.

예제 11-2 어느 어린이의 키와 몸무게 자료 [표.11-2-1]로부터 오차분산의 불편추정량 MSE를 구하여라.

풀이 [11-3-1.lst]의 2쪽에 표시된 통계량을 오차제곱합 SSE의 식에 적용하면,

$$SSE = S_{YY} - b_1 S_{XY} = 62.4 - 0.3385 \times 180.4 = 62.4 - \frac{180.4}{532.9} \times 180.4 = 1.33$$

따라서 오차 분산 σ^2 의 불편추정량은 다음과 같다.

$$S_e^2 = \frac{SSE}{n-2} = \frac{1.33}{10-2} = 0.1663$$

주어진 데이터가 모회귀모형 $Y = \beta_0 + \beta_1 x + \epsilon$ 을 만족할 때, 이 모형과 관련된 모수들에 대한 점추정량을 정리하면 [표.11-3-1]과 같다.

|표.11-3-1| 모수들의 점추정량

모수	점추정량
β_0	b_0
β_1	b_1
σ^2	S_e^2
$E(Y\|x)$	$\hat{Y}$

[표.11-3-1]에서 특정한 $x=107$에 대한 모수 $E(Y|x=107)$의 추정량인 $\hat{Y}(107)$은 추정된 회귀식 $\hat{Y}=-18.1263+0.3385x$에 $x=107$을 대입하여 $\hat{Y}$을 구한 것이다. 따라서 $\hat{Y}$은 Y의 예측값일 뿐만 아니라 $E(Y|x)$의 추정값이기도 하다. 즉, 키가 107cm인 어떤 5세 어린이의 몸무게는 18kg이라고 예측할 수 있고, 키가 107cm인 모든 5세 어린이의 평균 몸무게는 18kg이라고 추정할 수 있다.

11.4 단순선형회귀모형의 추론

추정된 회귀모형 $\hat{Y}=b_0+b_1x$이 선형관계의 예측목적으로 올바르게 사용되기 위해서는 회귀식 $E(Y|x)=\beta_0+\beta_1x$의 기울기인 β_1이 0이 아니어야 한다. 만약 $\beta_1=0$이라면, 모든 x값에 대해서 $E(Y|x)=\beta_0$이 되어 같은 값인 β_0를 가지게 될 것이다. 따라서 x와 Y의 관계는 없으며 선형회귀모형이 의미가 없게 될 것이다. 기울기인 β_1이 0 인지의 여부를 검정하기 위해서는 먼저 편차를 두 가지 요소로 나누어 고려해 볼 수 있다.

11.4.1 총제곱합(total sum of squares, SST; S_{YY})의 분해

선형회귀모형에서 설명변수 x가 Y를 설명하는 데 의미가 있다는 것을 보이기 위해서 모형에 x가 포함되지 않았을 때보다 x가 포함되었을 때 잔차의 크기가 많이 줄어드는 것을 보여야 한다. 설명변수가 없는 경우의 편차(deviation), 즉 관측치 Y로부터 설명변수가 없는 경우의 추정값인 $\overline{Y}$까지의 편차 $Y-\overline{Y}$는 회귀모형에 설명변수 x를 포함한 회귀모형에 의해 설명되는 편차 $\hat{Y}-\overline{Y}$와 잔차에 의한 부분 $Y-\hat{Y}$으로 나누어지게 된다.

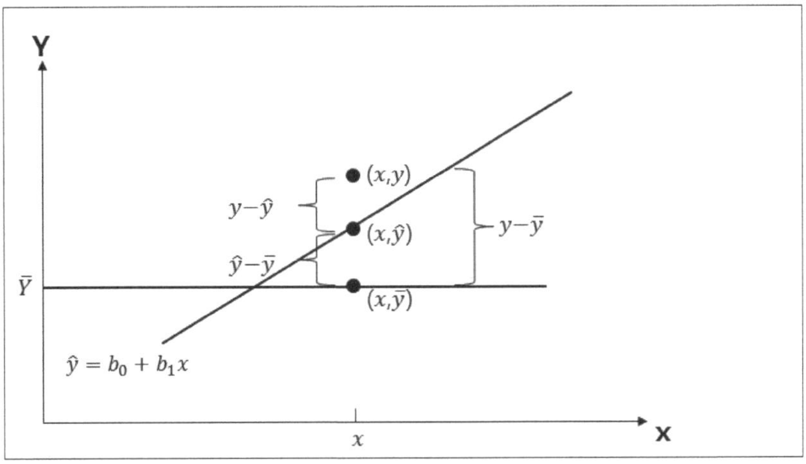

|그림.11-4-1| Y 에서 $\overline{Y}$ 까지의 편차 분해

$$Y-\overline{Y}=(Y-\hat{Y})+(\hat{Y}-\overline{Y}) \Leftrightarrow \text{편차}$$
$$= \text{잔차에 의한 것} + \text{선형회귀에 의한 것}$$

위의 양변을 제곱한 후, 합을 구하면 다음과 같이 나타 낼 수 있다.

$$\sum_{i=1}^{n}(Y-\overline{Y})^2=\sum_{i=1}^{n}(Y-\hat{Y})^2+\sum_{i=1}^{n}(\hat{Y}-\overline{Y})^2 \Leftrightarrow$$
$$S_{YY}\,(\text{또는 } SST)=SSE+SSR$$

관측치 Y_i 로부터 설명변수가 없는 경우의 추정값인 $\overline{Y}$ 까지의 거리의 제곱합을 Y 의 총제곱합(total sum of squares)이라고 하고 S_{YY} 또는 SST 로 표기한다. 일반적으로 회귀모형에 설명변수 x 를 포함하면 잔차의 제곱합이 줄어들게 되는데 그 차이를 회귀제곱합(sum of squares for regression, SSR)이라 한다. 이는 설명변수 x 를 포함하는 회귀모형에 의해 설명되는 Y 의 제곱합이다. 한편 설명변수가 있는 회귀모형에 의해서도 설명되지 않는 잔차의 제곱합을 잔차제곱합(sum of squares for residual) 또는 오차에 기인한 제곱합이므로 오차제곱합(sum of squares for error, SSE)이라 한다. 앞의 [예제 11-2]에서 $SSE=S_{YY}-b_1S_{XY}$ 이라고 하였는데, 이에 의하면 $SSR=b_1S_{XY}$ 로 계산할 수도 있다. 자유도(degrees of freedom, df)를 분석하면 다음과 같은 관계가 성립한다.

$$df_T=df_E+df_R$$

여기에서 df_T는 SST 에 대한 자유도이며, 편차의 합이 0이어야 한다는 제약조건으로 인해 자유도가 하나 줄어서 $n-1$ 이 된다. df_E는 SSE 에 대한 자유도이며, n 개의 자료로부터 두 개의 모수(β_0, β_1)을 추정하는 두 개의 제약조건 때문에 자유도는 $n-2$ 가 된다. 따라서 SSR 에 대한 자유도인 df_R은 $df_R = df_T - df_E = (n-1)-(n-2) = 1$ 이 된다. 일반적으로 SSR의 자유도는 회귀모형에 포함된 설명변수의 개수와 같다. 위의 제곱합과 자유도 간의 관계를 정리하면 다음과 같다.

$$\text{제곱합: } SST = SSR + SSE$$
$$\text{자유도: } n-1 = 1 + (n-2)$$

한편, 각 제곱합을 자유도로 나눈 값을 평균제곱(mean squares, MS)이라고 한다. 즉, $MS = \dfrac{SS}{df}$ 이다. 따라서 SSR 을 자유도 1로 나눈 것을 평균회귀제곱(mean square for regression, MSR)이라 하고, SSE 를 자유도 $n-2$ 로 나눈 것을 평균잔차제곱(mean squares for error, MSE)이라고 한다. 즉, $MSR = \dfrac{SSR}{1} = SSR$, $MSE = \dfrac{SSE}{n-2} = S_e^2$ 이다.

11.4.2 단순선형모형의 유의성검정

앞에서 오차의 분산 σ^2 의 추정량으로 MSE 인 S_e^2 을 사용하였다. 만약 $\beta_1 = 0$ 이라면, SSR 은 오차의 분산 σ^2 에 대한 또 다른 추정량이 될 수 있다. 따라서 모회귀직선의 기울기가 0이라면 오차의 분산 σ^2 에 대하여 두 개의 추정량(S_e^2 , SSR)이 존재하게 된다. 이 두 개의 추정량의 비율인 SSR / S_e^2 을 회귀모형의 유의성검정에 사용할 수 있다. 회귀모형의 유의성검정에 관련된 두 가설은 다음과 같이 정의된다.

$$H_0 : \beta_1 = 0 \quad vs \quad H_1 : \beta_1 \neq 0$$

만약 귀무가설 $H_0 : \beta_1 = 0$ 가 사실이라고 가정하면, 검정통계량 $F = SSR / S_e^2$ 의 표본분포는 자유도 $(1, n-2)$를 가지는 F 분포를 따른다. 이 F 통계량은 회귀모형의 유의성 즉, 기울기 β_1 이 0과 얼마나 다른가를 결정하는 데 사용할 수 있다. 만약 모회귀직선의 기울기 β_1 이 0과 다르다면, 즉 회귀모형이 의미가 있는 경우에는 SSR 이 상대적으로 큰 값을 가지게 될 것이며 기각역의 형태는 F 통계량 값이 큰 값을 갖는 쪽이 된다. 따라서 귀무가설인 $H_0 : \beta_1 = 0$ 를 기각할 가능성이 많아지고, 이 회귀식을 예측 목적으로 사용해도 좋다고 할 수 있다. 이러한 회귀모형의 유의성검정을 위한 검정통계량과 이를 얻는 과정을 분산분석(analysis of variance, ANOVA) 표를 사용하여 요약할 수 있다. 회귀모형의 유의성검정과 분산분석표를 정리하면 다음과 같다.

- 회귀모형의 유의성검정

가설: $H_0 : \beta_1 = 0 \quad vs \quad H_1 : \beta_1 \neq 0$

검정통계량: $F = \dfrac{SSR}{S_e^2} = \dfrac{SSR/1}{SSE/(n-2)} = \dfrac{MSR}{MSE}$

귀무가설이 참일 때: $F \sim F(1, n-2)$

유의수준 α에서의 기각역: $F \geq F_\alpha(1, n-2)$

|표.11-4-1| 분산분석표

요인 (Source)	자유도 (df)	제곱합 (Sum of Squares)	평균제곱합 (Mean Square)	F-비 (F Value)
회귀(Model)	1	$SSR = S_{XY}^2 / S_{XX}$	$MSR = SSR/1$	$\dfrac{MSR}{MSE}$
오차(Error)	$n-2$	$SSE = SST - SSR$	$MSE = SSE/(n-2)$	
합계 (Corrected Total)	$n-1$	$SST = S_{YY}$		

11.4.3 기울기 β_1에 대한 추론

회귀직선의 기울기인 모수 β_1은 반응변수와 설명변수 간의 선형적인 관계의 존재유무와 어느 정도의 선형적인 관계가 있는지를 나타낸다. 따라서 단순선형회귀모형에서는 기울기 β_1에 대한 추론인 $H_0 : \beta_1 = 0$ 검정과 β_1에 대한 신뢰구간추정은 매우 중요하다. β_1에 대한 점추정량으로 최소제곱법에 의한 최소제곱추정량인 $b_1 = S_{XY}/S_{XX}$를 사용하였다.

기울기 β_1에 대한 추론은 우선 점추정량인 b_1의 확률분포를 알아야 한다. b_1은 서로 독립인 $Y_1, Y_2, \ldots, Y_n$들의 선형함수이므로 정규분포의 선형성 성질에 의해서 b_1은 평균이 β_1이고 분산이 $Var(b_1) = \sigma^2 / S_{XX}$인 정규분포를 따른다고 알려져 있다. 따라서

$$Z = \frac{b_1 - \beta_1}{\sigma / \sqrt{S_{XX}}} \sim N(0, 1)$$

이다. σ를 모를 경우에는 오차분산 σ^2을 불편추정량 $S_e^2 = MSE$으로 대체한 b_1의 추정된 표준오차 $SE(b_1) = S_e / \sqrt{S_{XX}}$를 사용한다. 이렇게 σ^2을 S_e^2으로 대체한 통계량은 다음과 같은 분포를 갖는다.

$$t = \frac{b_1 - \beta_1}{S_e / \sqrt{S_{XX}}} \sim t(n-2)$$

- 유의수준 α에서 기울기 β_1에 대한 가설검정

귀무가설 $H_0 : \beta_1 = 0$이 사실이라면 검정통계량 $t = \dfrac{b_1 - 0}{SE(b_1)} = \dfrac{b_1}{S_e / \sqrt{S_{XX}}}$는 자유도가 $(n-2)$인 t분포를 따르고 대립가설에 따라 다음과 같은 기각역이 주어진다.

|표.11-4-2| 기울기 β_1에 대한 가설검정표

귀무가설	검정통계량	대립가설	H_0 기각역
$H_0 : \beta_1 = 0$	$t = \dfrac{b_1}{S_e / \sqrt{S_{XX}}}$	$H_1 : \beta_1 < 0$	$t < -t_\alpha(n-2)$
		$H_1 : \beta_1 > 0$	$t > t_\alpha(n-2)$
		$H_1 : \beta_1 \neq 0$	$\lvert t \rvert > t_{\alpha/2}(n-2)$

한편, 단순선형회귀모형 유의성검정은 가설: $H_0 : \beta_1 = 0 \;\; vs \;\; H_1 : \beta_1 \neq 0$의 검정과 같으며 앞 절에서는 ANOVA에 의한 F 통계량을 사용하였다. 일반적으로 분자의 자유도가 1인 F 통계량은 $F = t^2$인 관계가 있다. 따라서 임곗값 $t_{\alpha/2}^2(n-2) = F_\alpha(1, n-2)$이므로 단순선형회귀모형에서 β_1에 대한 양측검정의 결과와 회귀모형의 유의성검정의 결과는 같다.

- 기울기 β_1에 대한 신뢰구간

$t = \dfrac{b_1 - \beta_1}{S_e / \sqrt{S_{XX}}} \sim t(n-2)$라는 사실을 이용하면 기울기 β_1에 대한 $100(1-\alpha)\%$ 신뢰구간은

$$b_1 - t_{\alpha/2}(n-2) \times S_e / \sqrt{S_{XX}} < \beta_1 < b_1 + t_{\alpha/2}(n-2) \times S_e / \sqrt{S_{XX}}$$

이 된다.

11.4.4 $X=x_0$ 일 때 반응변수의 평균 $E(Y|x_0)=\beta_0+\beta_1 x_0$에 대한 신뢰구간

단순선형회귀모형의 유의성검정에서 모형 $E(Y|x)=\beta_0+\beta_1 x$ 가 의미가 있다고 판단되면 반응변수를 예측 또는 추정하기 위하여 회귀추정식 $\hat{Y}=b_0+b_1 x$ 을 사용할 수 있다. 따라서 주어진 특정 설명변수의 값 x_0 에 대한 Y의 값을 예측하는 것뿐만 아니라 Y의 평균값인 $E(Y|x_0)$ 에 대한 추정 또한 가능하다.

설명변수의 값이 x_0 일 때 반응변수의 평균 $E(Y|x_0)=\beta_0+\beta_1 x_0$ 에 대한 추정을 위해서는 추정량 $\hat{Y}(x_0)=b_0+b_1 x_0$ 의 표본분포를 알아야 하는데 이는 다음과 같다.

$\hat{Y}(x_0)$ 의 추정된 표준오차: $S_e\sqrt{\dfrac{1}{n}+\dfrac{(x_0-\overline{x})^2}{S_{XX}}}$

표본분포: $t=\dfrac{\hat{Y}(x_0)-E(Y|x_0)}{S_e\sqrt{\dfrac{1}{n}+\dfrac{(x_0-\overline{x})^2}{S_{XX}}}}=\dfrac{(b_0+b_1 x_0)-(\beta_0+\beta_1 x_0)}{S_e\sqrt{\dfrac{1}{n}+\dfrac{(x_0-\overline{x})^2}{S_{XX}}}}\sim t(n-2)$

- $E(Y|x_0)=\beta_0+\beta_1 x_0$에 대한 $100(1-\alpha)\%$ 신뢰구간

$$(b_0+b_1 x_0)-t_{\alpha/2}(n-2)\times S_e\sqrt{\frac{1}{n}+\frac{(x_0-\overline{x})^2}{S_{XX}}}<\beta_0+\beta_1 x_0$$
$$<(b_0+b_1 x_0)+t_{\alpha/2}(n-2)\times S_e\sqrt{\frac{1}{n}+\frac{(x_0-\overline{x})^2}{S_{XX}}}$$

표준오차의 공식에서 알 수 있듯이 신뢰구간의 폭은 $x_0=\overline{x}$ 일 때 가장 좁고 x_0 가 평균인 $\overline{x}$ 에서 멀어질수록 신뢰구간의 폭은 넓어진다. 따라서 x_0 값이 $\overline{x}$ 에 가까울수록 예측이 더 정확함을 알 수 있다.

11.4.5 $X=x_0$ 일 때 반응변수의 새로운 값 Y에 대한 예측구간

앞에서는 반응값의 평균에 대한 신뢰구간을 알아보았지만, 여기에서는 하나의 반응값에 대한 예측구간에 대해서 알아보는 것이다. 예를 들어 키와 몸무게의 예제에서 키가 x_0 인 5세 어린이의 몸무게를 예측하는 문제를 고려해보자. 앞의 평균에

대한 예측은 키가 x_0 인 모든 5세 어린이의 평균 몸무게 $E(Y|x_0)$ 를 예측하고 신뢰구간을 구하는 문제이다. 반면에 이 절에서는 키가 x_0 인 어떤 한 명의 5세 어린이의 몸무게 $Y(x_0)$ 를 예측하고 신뢰구간을 구하는 문제이다. 어느 특정한 한 어린이의 키 x_0에 해당하는 몸무게 Y는 평균 몸무게와 오차를 더한 값 $Y(x_0)=\beta_0+\beta_1 x_0+\epsilon$ 이 된다. 이때 오차 ϵ의 기댓값이 0이기 때문에 반응변수 $Y(x_0)$를 예측하는 추정량과 평균 $E(Y|x_0)=\beta_0+\beta_1 x_0$의 추정량은 모두 같다. 그러나 $Y(x_0)$의 분산은 $Var(b_0+b_1x_0)+Var(\epsilon)$이 되어서 오차 ϵ 의 분산이 더해진다. 따라서 특정한 값 x_0 를 가질 때 반응변수의 새로운 값 Y 에 대한 추론은 앞 절에서의 평균 $E(Y|x_0)=\beta_0+\beta_1 x_0$에 대한 추론과 비교했을 때 분산 부분만 차이가 난다. 이를 정리하면 다음과 같다.

$$Y(x_0)\text{의 추정된 표준오차: } S_e\sqrt{1+\frac{1}{n}+\frac{(x_0-\bar{x})^2}{S_{XX}}}$$

$$\text{표본분포: } t=\frac{Y(x_0)-\hat{Y}(x_0)}{S_e\sqrt{1+\frac{1}{n}+\frac{(x_0-\bar{x})^2}{S_{XX}}}}\sim t(n-2)$$

- **반응변수의 새로운 값 Y에 대한 $100(1-\alpha)\%$ 예측구간**

$$(b_0+b_1x_0)-t_{\alpha/2}(n-2)\times S_e\sqrt{1+\frac{1}{n}+\frac{(x_0-\bar{x})^2}{S_{XX}}} < Y(x_0)$$
$$< (b_0+b_1x_0)+t_{\alpha/2}(n-2)\times S_e\sqrt{1+\frac{1}{n}+\frac{(x_0-\bar{x})^2}{S_{XX}}}$$

11.5 PROC REG

REG 절차는 주어진 자료로부터 최소제곱법으로 선형회귀모형을 적합하는 절차이다. REG 절차는 GLM 절차만큼 문법이 복잡하므로 이 장에서는 자주 사용되는 부명령문과 옵션에 대하여 간단히 다루어보자.

REG 절차의 사용 형식을 간단히 표시하면 다음과 같다.

```
PROC REG  Options;
      MODEL  dependents = regressors /
      SELECTION=[NONE | FORWARD | BACKWARDS | STEPWISE |
                  MAXR | MINR | RSQUARE | CP | ADJRSQ]
      ALL | XPX
      TOL VIF COLLIN COLLINOINT
      P R CLM CLI DW;
      BY  변수목록 ;
      FREQ  변수 ;
      WEIGHT  변수 ;
      OUTPUT  OUT=SASDataSet  통계량=저장변수명 . . . ;
```

11.5.1 REG 절차의 Options

- DATA = SASDataSet

REG 절차를 실행하고자 하는 SAS 데이터셋의 이름을 지정한다. 이 옵션이 생략되면 가장 최근에 만들어진 데이터셋을 이용한다.

- SIMPLE

각 변수들에 대한 관측값들의 합, 평균, 비수정 제곱합, 분산, 표준편차 등의 기술통계량이 출력된다.

- CORR

변수들 간의 피어슨 곱적률 상관계수가 행렬 형태로 출력된다.

11.5.2 MODEL 문과 Options

MODEL 문은 REG 절차에 반드시 필요한 문장이며, = 기호의 좌측에는 반응변수를 배치하고, 우측에는 설명변수들을 배치한다. MODEL 문의 Options은 / 기호 이후에 작성한다.

```
PROC REG DATA=example111 SIMPLE CORR;
MODEL Y = x;
```

- SELECTION=

다중회귀분석을 위한 REG 절차에서 최적의 모형을 찾기 위한 모형 선택 방법을 지정한다. NONE으로 지정하거나 이 옵션이 생략되면 MODEL 문에서 명시한 완전 모형에 대한 회귀분석만을 실행한다.

• CLM

$E(Y_i)$에 대한 95% 신뢰하한(lower-confidence limit)과 신뢰상한(upper-confidence limit)을 출력한다.

• CLI

반응변수에 대한 개별 관측값(individual observation)에 대한 95% 신뢰한계를 출력한다.

예제 **11-3** 어느 어린이집에서 5살 남자 어린이 10명을 임의추출하여 조사한 키(x)와 몸무게(Y)의 자료인 [표.11-2-1]로부터 회귀모형의 유의성검정을 위한 검정통계량과 분산분석표(ANOVA Table)를 작성하여라.

풀이 다음 [예.11-5-1.sas]는 [표.11-2-1]에 주어진 데이터(데이터셋 example111)를 이용하여 회귀분석을 하기 위한 REG 절차를 수행하는 SAS 프로그램이다.

예 11-5-1.sas

```
PROC REG DATA=example111 SIMPLE CORR;
MODEL Y = x;
RUN;
```

[11-5-1.lst]

```
                         Simple Regression Analysis                          3

                            The REG Procedure

                   Number of Observations Read          10
                   Number of Observations Used          10

                          Descriptive Statistics

                                         Uncorrected                    Standard
Variable          Sum          Mean              SS      Variance     Deviation    Label

Intercept    10.00000       1.00000        10.00000             0             0    Intercept
x          1079.00000     107.90000          116957      59.21111       7.69488    height
Y           184.00000      18.40000      3448.00000       6.93333       2.63312    weight

                               Correlation

               Variable      Label              x              Y

               x             height        1.0000         0.9893
               Y             weight        0.9893         1.0000
```

```
                       Simple Regression Analysis                        4

                           The REG Procedure
                             Model: MODEL1
                      Dependent Variable: Y weight

               Number of Observations Read          10
               Number of Observations Used          10


                         Analysis of Variance

                                   Sum of           Mean
Source                  DF        Squares         Square    F Value    Pr > F

Model                    1       61.06992       61.06992     367.32    <.0001
Error                    8        1.33008        0.16626
Corrected Total          9       62.40000


          Root MSE              0.40775    R-Square     0.9787
          Dependent Mean       18.40000    Adj R-Sq     0.9760
          Coeff Var             2.21603


                         Parameter Estimates

                                 Parameter       Standard
Variable     Label        DF      Estimate          Error    t Value    Pr > |t|

Intercept    Intercept     1     -18.12685        1.91022      -9.49      <.0001
x            height        1       0.33853        0.01766      19.17      <.0001
```

[11-5-1.lst] [11-5-1.lst]의 3쪽은 REG 절차의 옵션으로 SIMPLE과 CORR을 지정한 결과로서 얻어진 것이다. 두 옵션으로 간단한 기술통계량과 변수들의 상관계수를 구할 수 있음을 알 수 있다.

키와 몸무게 예제에서 회귀모형의 유의성검정을 하고자 하는 가설은

$$H_0 : \beta_1 = 0 \quad vs \quad H_1 : \beta_1 \neq 0$$

이고, [11-5-1.lst]의 4쪽에 출력된 결과를 바탕으로 [표.11-4-1]에 대응되는 분산분석표를 작성하면 다음과 같다.

[표.11-5-1] 키와 몸무게의 회귀분석에 대한 분산분석표

요인 (Source)	자유도 (DF)	제곱합 (Sum of Squares)	평균제곱합 (Mean Square)	F-비 (F Value)	P 값 (Pr>F)
회귀(Model)	1	61.06992	61.06992	367.32	<.0001
오차(Error)	8	1.33008	0.16626		
합계 (Corrected Total)	9	62.40000			

검정통계량 값이 367.32로서 유의확률이 <.0001이므로 유의수준 0.1%보다 작으므로 매우 유의한 결과를 얻을 수 있다. 실제로 검정통계량 F의 값이 $F_{0.05}(1,8) = 5.32$ 보다 훨씬 크기 때문에 귀무가설 $H_0 : \beta_1 = 0$ 을 기각할 수 있다. 즉, 단순선형회귀모형이 의미가 있다고 결론내릴 수 있다.

다음 [11-5-1.Viewer]의 그래프는 REG 절차를 수행하였을 때 얻어지는 회귀진단에 관련된 그림이다. [11-5-2.Viewer]의 그래프는 오차의 가정을 탐색하기 위한 그림이며, [11-5-3.Viewer]의 그래프는 반응변수의 평균에 대한 신뢰구간과 반응변수의 개별값에 대한 예측구간을 그림으로 표시한 것이다.

[11-5-1.Viewer]

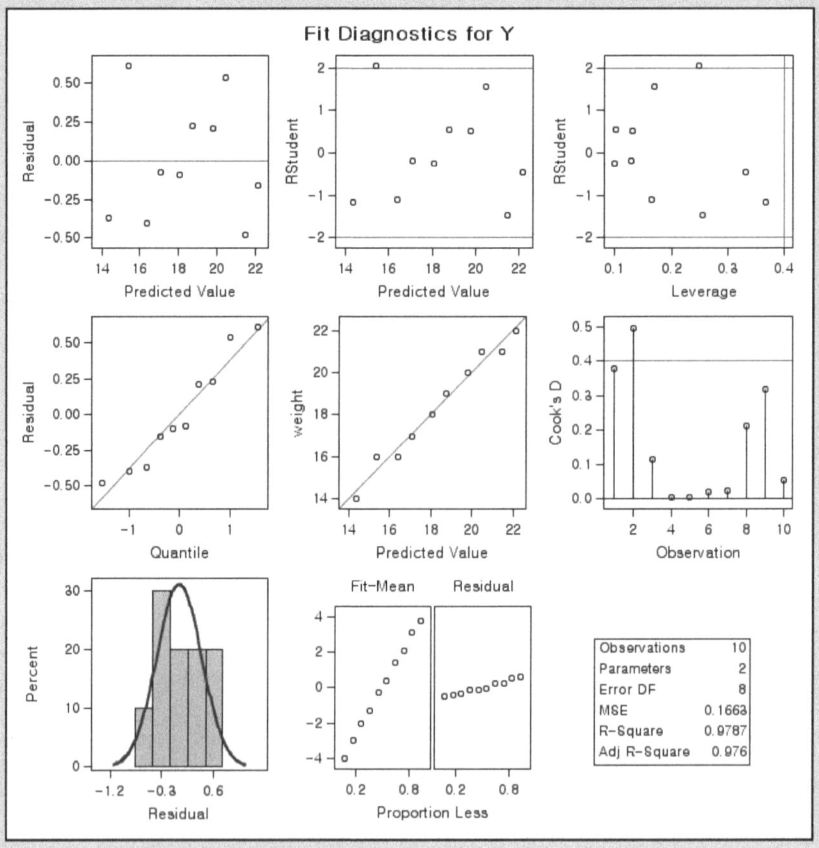

예제 **11-4** 어느 어린이집에서 5살 남자 어린이 10명을 임의추출하여 조사한 키

(x)와 몸무게(Y)의 자료인 [표.11-2-1]로부터 회귀모형의 기울기 β_1의 95% 신뢰구간을 구하여라.

풀이 SAS 함수 TINV(0.975, 8)를 실행하면 $t_{0.025}(8)=2.306$를 구할 수 있다. 또한, [11-3-1.lst]의 2쪽에 표시된 통계량 $S_{XX}=532.9$와 [11-5-1.lst]의 4쪽에 출력된 결과로부터 얻어진 $b_1=0.33853$, $S_e=\sqrt{MSE}=0.40775$을 이용하여 기울기 β_1의 95% 신뢰구간을 구하면 다음과 같다.

$$0.33853 \pm 2.306 \times \frac{0.40775}{\sqrt{532.9}} = 0.33853 \pm 0.04073 \text{ 혹은 } (0.2978,\ 0.3793)$$

[11-5-2.Viewer]

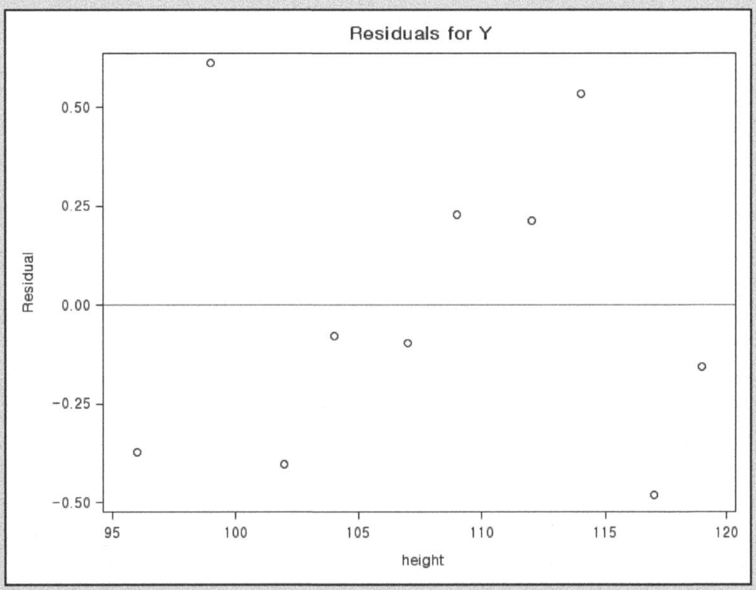

[11-5-3.Viewer]

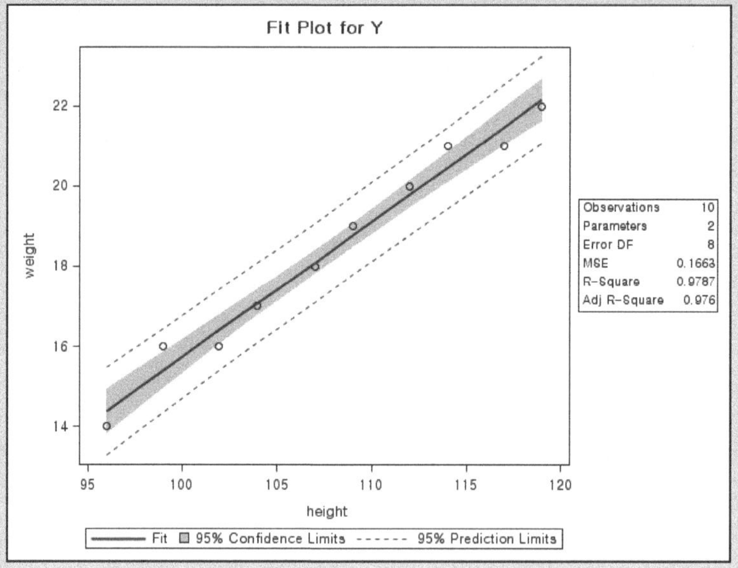

다음 [예.11-5-2.sas]는 [표.11-2-1]에 주어진 데이터(데이터셋 example111)를 이용하여 회귀분석을 수행한 이후 반응변수 Y 의 모평균에 대한 95% 신뢰하한과 신뢰상한을 출력하는 CLM 옵션과 반응변수 Y 의 개별 관측값에 대한 95% 신뢰한계를 출력하는 CLI 옵션을 REG 절차의 MODEL 부명령문에 적용하는 SAS 프로그램이다.

예 | 11-5-2.sas

```
PROC REG DATA=example111;
MODEL Y = x / CLM CLI;
RUN;
```

[11-5-2.lst]

```
                          Simple Regression Analysis                          6

                              The REG Procedure
                                Model: MODEL1
                         Dependent Variable: Y weight

                              Output Statistics

     Dependent  Predicted    Std Error
Obs  Variable   Value      Mean Predict     95% CL Mean        95% CL Predict      Residual
  1   14.0000   14.3716       0.2466     13.8029   14.9402   13.2727   15.4704    -0.3716
```

2	16.0000	15.3871	0.2033	14.9183	15.8560	14.3364	16.4378	0.6129
3	16.0000	**16.4027**	0.1658	**16.0204**	**16.7850**	15.3877	17.4177	-0.4027
4	17.0000	17.0798	0.1462	16.7426	17.4169	16.0809	18.0786	-0.0798
5	18.0000	18.0953	0.1299	17.7957	18.3949	17.1085	19.0822	-0.0953
6	19.0000	18.7724	0.1304	18.4717	19.0731	17.7852	19.7596	0.2276
7	20.0000	19.7880	0.1479	19.4469	20.1290	18.7877	20.7882	0.2120
8	21.0000	20.4650	0.1680	20.0775	20.8525	19.4480	21.4820	0.5350
9	21.0000	21.4806	0.2061	21.0054	21.9558	20.4271	22.5341	-0.4806
10	22.0000	22.1576	0.2347	21.6165	22.6988	21.0728	23.2425	-0.1576

```
Sum of Residuals                      0
Sum of Squared Residuals        1.33008
Predicted Residual SS (PRESS)   2.27222
```

[11-5-2.lst] 실행 결과의 5쪽은 REG 절차의 결과와 동일하므로 생략하였다. MODEL 문의 옵션으로 CLM과 CLI를 지정한 결과가 6쪽에 표시되고 있다. 3번째 자료의 경우를 예로 들면, $x = 102$일 때 반응변수 Y(몸무게)의 모평균에 대한 95% 신뢰구간은 다음과 같다.

$$\left[16.4027 \pm 2.306 \times 0.40775 \times \sqrt{\frac{1}{10} + \frac{(102 - 107.9)^2}{532.9}}\right]$$
$$= [16.0204,\ 16.7850]$$

11.6 상관계수와 결정계수

앞의 단순선형회귀분석에서는 설명변수의 값이 주어진 상수로 취급하고 반응변수만 확률변수로 하였다. 그러나 설명변수 역시 확률변수로 주어지는 경우에는 상관분석을 한다. 상관분석은 일반적으로 두 변수 간 선형관계의 정도를 측정하기 위해 사용된다. 예를 들면, 한 변수가 증가할 때 다른 변수는 선형적으로 얼마나 증가 또는 감소하는가를 측정하는 것이다. 상관분석은 두 변수의 관계의 존재여부와 어느 정도 선형적인 관계인가를 분석하는 반면, 회귀분석은 관련변수들이 구체적으로 어떠한 선형함수를 가지고 관계가 있는지를 알아내는 것이다.

11.6.1 상관계수의 추정

두 확률변수 (X, Y)에 대한 n개의 표본 쌍 $(X_1, Y_1), (X_2, Y_2), \ldots, (X_n, Y_n)$이 주어졌을 때 표본상관계수(sample correlation coefficient)는 r로 표시하며 다음

과 같이 계산한다.

$$r=\frac{S_{XY}}{\sqrt{S_{XX}S_{YY}}}=\frac{\sum_{i=1}^{n}(X_i-\overline{X})(Y_i-\overline{Y})}{\sqrt{\sum_{i=1}^{n}(X_i-\overline{X})^2}\sqrt{\sum_{i=1}^{n}(Y_i-\overline{Y})^2}}$$

표본상관계수 r은 모상관계수(population correlation coefficient) ρ의 점추정량으로 사용되며, 표본상관계수의 특징은 다음과 같다.

- 표본상관계수 r은 항상 −1과 1 사이에 있다.
- $r=-1$일 때, 두 변수의 관계는 완전히 음의 선형관계이며 산점도(scatter plot)는 음의 기울기를 가진 직선으로 나타난다.
- $r=1$일 때, 두 변수의 관계는 완전히 양의 선형관계이며 산점도는 양의 기울기를 가진 직선으로 나타난다.
- $r=0$일 때, 두 변수 간에는 선형관계가 존재하지 않는다.
- 표본상관계수 r의 절댓값이 클수록, 즉 r의 값이 1이나 −1에 가까울수록 두 변수 간 산점도상의 관측점들은 양(또는 음)의 기울기를 가진 직선에 가깝게 몰려 있음을 의미한다. 또한, r이 0에 가까울수록 두 변수 간에는 선형적인 관계가 더 약해짐을 나타낸다.
- 표본상관계수는 단위가 없다. 공분산은 변수의 단위에 민감한 반면, 상관계수는 표준화한 두 변수들의 공분산과 같으므로 변수의 단위에 민감하지 않다. 따라서 단위가 다른 여러 변수 쌍들의 선형관계의 정도를 비교할 때 유용하게 사용할 수 있다.
- $r=0$이라는 의미는 두 변수 간에 선형관계가 존재하지 않는다는 것이지, 이차관계 또는 비선형(곡선)관계가 존재할 수 있음을 유의하여야 한다. 표본상관계수는 곡선을 나타내는 측도로는 적합하지 않다. 따라서 $r=0$라고 해서 무조건 두 변수 간에 관계가 없다고 단정하지 말고 먼저 두 변수 간의 산점도를 그려 시각적으로 전체적인 관계를 보는 것이 바람직하다.

예제 11-5 [표 11-2-1]의 키와 몸무게 자료에서 키와 몸무게 모두 확률변수라고 가정할 때, 두 확률변수 사이의 표본상관계수를 구하여라.

풀이 [예제 11-1]에서 $S_{XY}=180.4$, $S_{XX}=532.9$, $S_{YY}=62.4$이므로, 표본상관계수의 값은 다음과 같이 주어진다.

$$r=\frac{S_{XY}}{\sqrt{S_{XX}S_{YY}}}=\frac{180.4}{\sqrt{532.9\times 62.4}}=0.98928$$

이는 [그림.11-2-1]의 키와 몸무게에 대한 산점도에서 알 수 있듯이 두 변수는 강한 양의 상관관계가 있음을 알 수 있다.

11.6.2 상관계수의 검정

단순선형회귀의 기울기 β_1과 표본상관계수 r은 다음과 같은 관계를 가진다.

$$b_1=r\sqrt{\frac{S_X^2}{S_Y^2}}=r\sqrt{\frac{S_{XX}}{S_{YY}}}$$

여기에서 S_X^2과 S_Y^2은 각각 확률변수 X와 Y의 표본분산이다. 이 관계식에 의하면 기울기의 추정량 b_1이 0이면 표본상관계수 r도 0이 됨을 알 수 있다.

위의 b_1과 r의 관계는 모집단에 대해서도 다음과 같이 성립한다.

$$\beta_1=\rho\sqrt{\frac{\sigma_X^2}{\sigma_Y^2}}$$

여기에서 ρ는 모상관계수이며, σ_X^2과 σ_Y^2은 각각 확률변수 X와 Y의 모분산이다.

두 확률변수 X와 Y의 선형적인 관계의 유의성에 대한 통계적인 검정은 다음의 가설에 대한 검정을 통하여 할 수 있다.

$$H_0:\rho=0 \quad vs \quad H_1:\rho\neq 0$$

위의 모집단에서의 β_1과 ρ의 관계식에 의하면 β_1과 ρ은 같은 부호를 가지며, 표본에서와 마찬가지로 β_1이 0이면 모상관계수 ρ 또한 0이 됨을 알 수 있다. 따라서 $H_0:\rho=0 \ vs \ H_1:\rho\neq 0$의 검정은 $H_0:\beta_1=0 \ vs \ H_1:\beta_1\neq 0$의 검정과 같다는 것을 알 수 있다.

어떤 경우에는 회귀분석을 수행하지 않고 두 확률변수 사이의 선형적인 관계의 유의성검정에 관심을 가지는 경우가 있다. 표본상관계수 r은 모상관계수 ρ의 검정에도 사용된다. 두 정규모집단 중에서 하나의 정규모집단으로부터는 한 개의 표본 X를, 다른 모집단으로부터는 한 개의 표본 Y를 임의추출하여 짝지워진 표본 쌍 n개를 각각 만들거나 또는 이변량 정규분포를 따르는 모집단으로부터 두 확률변수 (X,Y)에 대해서 임의추출한 n개의 표본 쌍 $(X_1,Y_1),(X_2,Y_2),\ldots,(X_n,Y_n)$으로부터 $\rho\neq 0$ 여부에 관한 가설검정을 수행할 수 있다.

귀무가설 $H_0:\rho=0$ 하에서 표본상관계수 r의 함수인 검정통계량 $t=r\frac{\sqrt{n-2}}{\sqrt{1-r^2}}$

은 자유도가 $(n-2)$ 인 t 분포를 따른다고 알려져 있다. 이 검정통계량은 단순선형 회귀에서의 가설 $H_0 : \beta_1 = 0$ 에 대한 t 검정통계량과 같음을 알 수 있다. 상관계수의 t 검정을 정리하면 다음 표와 같다.

|표.11-6-1| 상관계수의 t 검정표

귀무가설	검정통계량	대립가설	H_0 기각역
$H_0 : \rho = 0$	$t = r\dfrac{\sqrt{n-2}}{\sqrt{1-r^2}}$	$H_1 : \rho < 0$	$t < -t_\alpha(n-2)$
		$H_1 : \rho > 0$	$t > t_\alpha(n-2)$
		$H_1 : \rho \neq 0$	$\lvert t \rvert > t_{\alpha/2}(n-2)$

다음 [예.11-6-1.sas]에 표시된 SAS의 CORR 절차를 사용하면 두 변수의 선형 관계에 대한 하나의 측도인 상관계수를 구할 수 있다. 또한 CORR 절차로부터 구한 상관계수의 통계적 유의성을 검증하기 위한 가설 $H_0 : \rho = 0 \ vs \ H_1 : \rho \neq 0$에 대한 유의확률(p-값)을 얻을 수 있다. 유의확률이 유의수준보다 작으면 귀무가설을 기각하게 되며, 따라서 두 확률변수 사이의 선형적인 관계가 유의하다고 결론내릴 수 있다.

예 | 11-6-1.sas

```
PROC CORR DATA=example111;
VAR x Y;
RUN;
```

[11-6-1.lst]

```
                         Correlation Coefficient Analysis                      7

                                  CORR 프로시저

                              2 개의 변수:    x        Y


                                    단순통계량

변수     N        평균       표준편차         합        최솟값        최댓값    레이블

x       10   107.90000     7.69488        1079    96.00000    119.00000    height
Y       10    18.40000     2.63312   184.00000    14.00000     22.00000    weight


                              피어슨 상관계수, N = 10
                          H0: Rho=0 가정하에서 Prob > |r|
```

```
                     X            Y

X              1.00000      0.98928
height                       <.0001

Y              0.98928      1.00000
weight          <.0001
```

예제 **11-6** [표.11-2-1]의 키와 몸무게 자료에서 키와 몸무게 모두 확률변수라고 가정할 때, 두 확률변수 사이의 상관계수가 0이라는 가설을 검정하여라.

풀이 [11-6-1.lst]의 7쪽 결과로부터 표본상관계수 $r = 0.98928$이므로 검정통계량은

$$t = r\frac{\sqrt{n-2}}{\sqrt{1-r^2}} = 0.98928\frac{\sqrt{10-2}}{\sqrt{1-(0.98928)^2}} = 19.16103$$

이며, 이 t값은 TINV(0.975,8)으로 구한 $t_{0.025}(8) = 2.306$보다 훨씬 크게 되어 귀무가설 $H_0 : \rho = 0$을 기각할 수 있다. 실제로 [11-6-1.lst]의 7쪽 결과로부터 귀무가설 가정하에서의 유의확률이 〈.001이므로 매우 유의한 결론을 내릴 수 있다. 즉, $H_0 : \rho = 0$을 기각하게 된다.

11.6.3 결정계수

11.4.1절에서 총제곱합(SST)은 SSR과 SSE로 나누어진다고 하였다. 즉, $SST = SSR + SSE$이다. 양변을 SST로 나누면, $1 = \frac{SSR}{SST} + \frac{SSE}{SST}$이 된다. 여기에서 $\frac{SSR}{SST}$는 총제곱합 중 선형회귀모형에 의하여 설명되는 제곱합의 비율이다. 이를 R^2으로 표시하며 이 값을 결정계수(coefficient of determination)라고 한다. 만일 추정된 선형회귀직선이 표본의 모든 변동을 완전히 설명한다면(즉, 추정된 회귀직선 위에 모든 표본 관측점들이 놓여 있다면), 설명이 안 된 나머지 변동 SSE는 0이 될 것이다. 따라서 SST 중 SSE가 차지하는 부분이 작을수록, 다시 말해서 SSR의 비중이 클수록 추정된 회귀직선의 설명력이 높다고 할 수 있으며 결정계수 R^2의 값은 커질 것이다. 이 결정계수는 회귀직선의 적합도를 나타내는 측도로서 항상 0과 1 사이의 값을 가지며 1에 가까울수록 추정된 회귀식이 관측값들을 잘 설명하고 있다는 것을 의미한다.

단순선형회귀모형에서 결정계수 R^2는 두 확률변수 X와 Y의 표본상관계수 제

곱인 r^2 과 같다. 그러나 설명변수가 두 개 이상인 중회귀분석에서는 여러 개의 설명변수와 하나의 반응변수 사이에 하나의 상관계수를 구할 수 없으므로 $R^2 = r^2$ 인 관계가 성립할 수가 없다. 중회귀분석의 경우에는 결정계수 R^2 만이 회귀직선의 적합도 측도로 의미가 있다.

또한 $\dfrac{SSE}{SST} = 1 - R^2$ 이므로 $1 - R^2$ 는 Y 의 총제곱합 중 선형회귀모형에 의하여 설명되지 않고, 오차에 의해 설명되는 오차 제곱합의 비율이다.

예제 11-7 [표.11-2-1]의 키와 몸무게 자료에서 결정계수의 값을 구하여라.

풀이 [11-5-1.lst]의 4쪽 결과로부터 $SST = 62.4$, $SSR = 61.06992$ 를 얻을 수 있으며, 이를 바탕으로 결정계수를 구하면 $R^2 = \dfrac{61.06992}{62.4} = 0.9787$ 이다. 실제로 SAS의 REG 절차를 통해 얻어진 출력 결과 [11-5-1.lst]의 4쪽 중간 부분에 R-Square의 값으로 0.9787이 표시되고 있음을 알 수 있다. 이는 관측된 10개의 몸무게에 대한 총변동 중 97.87%를 키를 독립변수로 사용한 단순선형회귀모형으로 설명할 수 있다는 의미이다. 또한 이 R^2 는 [예제 11-5]에서 표본상관계수 $r = 0.98928$ 이므로 $r^2 = (0.98928)^2 = 0.978675$ 과 같다.

회귀분석에서는 오직 하나의 독립변수만을 포함하는 단순선형회귀모형뿐만 아니라 두 개 이상의 독립변수를 포함하는 중회귀모형의 경우가 많다. 이 경우에 독립변수들과 반응변수 간의 선형 관계의 정도를 나타내는 측도로 결정계수 R^2 (multiple coefficient of determination)을 많이 사용하고 있다. 여기에서 결정계수는 총변동 SST 중에서 설명변수를 포함하는 선형회귀모형에 의하여 설명되는 제곱합의 비율이 된다. 이와 같이 결정계수는 그 의미가 명확하고 해석이 쉽기 때문에 회귀분석에서 회귀직선의 적합도 측도로 가장 많이 사용된다.

11.7 중회귀모형

지금까지 하나의 설명변수 x 가 반응변수 Y 를 예측하기 위한 단순선형회귀모형에 대해서 알아보았다. 그러나 실제 응용에 있어서는 설명변수가 한 개인 단순회귀모형보다 설명변수가 두 개 이상 포함된 회귀모형이 필요한 경우가 더 흔하다. 이와 같이 하나의 반응변수와 두 개 이상의 설명변수들 사이의 관계를 알아보고자 할 때 사용되는 회귀모형을 중회귀모형(multiple linear regression model)이라고 한다. 중회귀모형에서는 반응변수 Y와 p개의 설명변수 $x_1, x_2, \ldots, x_p$가 다음과 같은 관계를 가진다고 가정한다.

$$E(Y|\underline{\boldsymbol{x}}) = \beta_0 + \beta_1 x_1 + \beta_2 x_2 + \ldots + \beta_p x_p$$

이 식에서 설명변수 $x_1, x_2, \ldots, x_p$의 선형결합과 오차를 나타내는 확률변수 ϵ의 합으로 이루어진 확률변수 Y를 반응변수라고 하면 다음의 중회귀모형을 얻는다.

$$Y_i = \beta_0 + \beta_1 x_{i1} + \beta_2 x_{i2} + \ldots + \beta_p x_{ip} + \epsilon_i \quad (i = 1,2,\ldots,n)$$

여기에서 x_{ij}는 j번째 설명변수 x_j의 i번째 관측값을 나타낸다. 또한 확률변수 ϵ에 대한 가정은 단순선형회귀에서와 같이 오차 ϵ_i들은 서로 독립이며 평균이 0, 분산이 σ^2인 정규분포를 따른다고 가정한다. $\beta_0, \beta_1, \ldots, \beta_p$은 추정해야 할 모수들이며, β_0는 Y축의 절편으로서 모든 설명변수들이 0일 때 Y의 기댓값이다. 회귀계수 β_j는 Y와 x_j 사이의 기울기로서 다른 모든 설명변수들의 값들이 고정되었을 때 x_j가 한 단위 증가할 때 Y의 기댓값이 β_j만큼 변한다는 의미이다.

중회귀모형에는 선형(linear)과 비선형(nonlinear) 모형이 있는데 여기서는 선형모형만 다룰 것이다. 추정된 중선형회귀모형은 다음의 형태를 가진다.

$$\hat{Y} = b_0 + b_1 x_1 + b_2 x_2 + \cdots + b_p x_p$$

여기에서 $\hat{Y}$은 예측값이며, $b_0, b_1, \ldots, b_p$은 $\sum_{i=1}^{n}(y_i - \hat{y_i})^2$이 최소화 되도록 계산된 즉, 최소제곱법에 의해 추정된 회귀계수들이다.

11.7.1 중회귀모형의 유의성검정

단순선형회귀모형의 경우와 마찬가지로 중회귀모형의 유의성검정이란 중회귀모형이 의미가 있는 모형인지를 검정하는, 즉 p개의 설명변수들 중에서 적어도 한 개의 변수는 반응변수 Y를 설명하는 데 의미가 있는지를 검정하는 것을 말한다. 이 가설검정에서 귀무가설은 모든 설명변수는 반응변수와 선형관계가 없다는 것으로 다음과 같이 표현할 수 있다.

$$H_0 : \beta_1 = \beta_2 = \cdots = \beta_p = 0$$

H_1 : p 개의 회귀계수 중 적어도 하나의 j 에 대해서는 $\beta_j \neq 0$ 이다.

이 가설검정을 위해서는 단순선형회귀모형의 유의성검정에서 정의된 세 가지 제곱합 SST, SSR, SSE 의 값들은 설명변수의 수와 관계없는 Y 의 관측값과 예측값들의 함수이므로 중회귀모형에서도 그대로 적용할 수 있다. 이를 다시 정리하면, Y 의 총제곱합(SST) 은 회귀모형에 의해 설명되는 회귀제곱합(SSR)과 회귀모형에 위해 설명되지 않는 오차제곱합(SSE)으로 분해된다.

회귀모형에서 설명변수를 추가할수록 SSR 의 값은 증가하고 SSE 값은 감소한다. 그러나 설명변수의 수를 계속 늘리면 예측력은 높아지더라도 회귀모형이 복잡해지고 변수들 간의 관계를 설명하기가 어려워지게 된다. 일반적으로 회귀분석의 목적은 간결함의 원칙(principle of parsimony)을 따르게 되는데 이는 가능하면 설명변수의 수는 적게 하면서 예측력은 높이도록 하는 것이다.

중회귀모형의 유의성검정을 위해서는 단순선형회귀모형과 마찬가지로 분산분석표(ANOVA table)을 이용하는데, 각 제곱합을 각각의 자유도로 나눈 평균제곱을 이용하여 F-검정을 시행한다. SST 는 $(n-1)$ 의 자유도를 가지며, SSE 는 $(p+1)$ 개의 회귀계수를 추정하고 남은 $(n-(p+1))=(n-p-1)$ 개의 자유도를 가진다. SSR 은 p 의 자유도를 가진다. 일반적으로 SSR 의 자유도는 회귀모형에 포함된 설명변수의 개수와 같다.

중회귀모형의 유의성검정과 분산분석표를 정리하면 다음과 같다.

- 중회귀모형의 유의성검정

$H_0 : \beta_1 = \beta_2 = \cdots = \beta_p = 0$

H_1 : p 개의 회귀계수 중 적어도 하나의 j 에 대해서는 $\beta_j \neq 0$ 이다.

검정통계량: $F = \dfrac{SSR/p}{SSE/(n-p-1)} = \dfrac{MSR}{MSE}$

귀무가설이 참일 때: $F \sim F(p, n-p-1)$

유의수준 α 에서의 기각역: $F \geq F_\alpha(p, n-p-1)$

|표.11-7-1| 분산분석표

요인 (Source)	자유도 (DF)	제곱합 (Sum of Squares)	평균제곱합 (Mean Square)	F-비 (F Value)
회귀(Model)	p	SSR	$MSR=\dfrac{SSR}{p}$	$\dfrac{MSR}{MSE}$
오차(Error)	$n-p-1$	$SSE=SST-SSR$	$MSE=\dfrac{SSE}{n-p-1}$	
합계 (Corrected Total)	$n-1$	SST		

추정된 회귀모형이 얼마나 타당한가 또는 설명변수가 종속변수를 얼마나 많이 설명하는가의 정도를 알아보고자 할 경우에는 주로 추정량의 표준오차(standard error of estimate)와 결정계수(coefficient of determination)가 사용된다.

중회귀분석에서 추정의 표준오차는 다음과 같이 정의하는데 추정량의 표준오차의 값이 작을수록 좋은 모형이라고 할 수 있다.

$$\text{추정량의 표준오차(Root MSE)}: \ S_e = \sqrt{S_e^2} = \sqrt{\frac{SSE}{n-p-1}} = \sqrt{MSE}$$

한편 결정계수는 총변동(SST) 중에서 모든 설명변수들을 포함하는 중선형회귀모형에 의하여 설명되는 제곱합의 비율이 되며, 다음과 같이 계산된다.

$$\text{결정계수(R-Square)}: \ R^2 = \frac{\text{설명된 변동}}{\text{총 변동}} = \frac{SSR}{SST}$$

결정계수는 그 의미가 명확하고 해석이 쉽기 때문에 회귀분석에서 회귀직선의 적합도 측도로 가장 많이 사용되고, 모형들끼리의 비교에서도 사용한다. 모형의 타당성 조사에서 추정의 표준오차와는 달리 결정계수는 회귀모형에 포함된 설명변수의 개수가 많아질수록 SSR이 커지기 때문에 결정계수 R^2의 값도 커진다. 만약 회귀직선의 적합도 측도로 결정계수 R^2을 사용한다면 항상 설명변수가 많은 모형을 선택하기 때문에 회귀직선의 적합도 측도로 적합하지 않다. 이러한 단점을 보완하기 위하여 설명변수의 개수가 추가되더라고 결정계수의 값이 항상 커지는 것이 아니고 모형에 포함된 설명변수의 개수가 반영되어 그 만큼의 벌칙(penalty)이 부과된 수정된 결정계수(adjusted R^2)를 모형 선택의 기준으로 사용하기도 한다.

$$\text{수정된 결정계수(Adj R-Sq)}: \ R_a^2 = 1 - \frac{SSE/(n-p)}{SST/(n-1)} = 1 - \frac{S_e^2}{SST/(n-1)}$$

11.7.2 회귀계수 β_j에 대한 추론

중회귀모형에 대한 유의성검정의 귀무가설 $H_0 : \beta_1 = \beta_2 = \cdots = \beta_p = 0$ 이 기각되면 회귀모형에서 적어도 하나의 $\beta_j \neq 0$ 이며, x_j 는 반응변수를 설명하는 데 의미가 있다고 할 수 있다. 이와 같이 의미 있는 설명변수를 알아내기 위해서는 개개의 설명변수에 대한 가설검정과 신뢰구간추정이 필요하다. 즉, 다른 설명변수들이 포함된 회귀모형에서 x_j 가 유의하게 추가적으로 더 필요한 변수인지를 알고자 할 때, 또는 다른 모든 설명변수들의 값들이 고정되었을 때 회귀계수 β_j 가 의미 있는 값인지를 알아보기 위해서는 x_j 의 회귀계수 β_j 에 대한 추론이 필요하다.

단순선형회귀모형의 기울기 β_1 에 대한 추론과 같이 중회귀모형의 회귀계수 β_j 에 대한 추론은 우선 점추정량인 b_j 의 확률분포를 알아야 한다. 중회귀분석의 가정에 의해서 b_j 를 추정량의 표준오차로 표준화한 확률변수는 자유도가 $(n-p-1)$ 인 t 분포를 따른다고 알려져 있다.

$$t_j = \frac{b_j - \beta_j}{\widehat{SE}(b_j)} \sim t(n-p-1) \quad (j = 0, 1, 2, \cdots, p)$$

여기에서 자유도 $(n-p-1)$ 은 SSE (또는 오차분산의 추정량 S_e^2)의 자유도와 같고, $\widehat{SE}(b_j)$ 은 추정된 회귀계수 b_j 의 추정된 표준오차를 말한다. 이러한 사실로부터 설명변수 x_j 의 회귀계수 β_j 에 대한 가설검정과 신뢰구간을 정리하면 다음과 같다.

• 유의수준 α 에서 회귀계수 β_j에 대한 가설검정

귀무가설 $H_0 : \beta_j = 0$ 이 사실이라면, 검정통계량 $t_j = \dfrac{b_j - \beta_j}{\widehat{SE}(b_j)} = \dfrac{b_j - 0}{\widehat{SE}(b_j)}$ 는 자유도가 $(n-p-1)$ 인 t 분포를 따르고 대립가설에 따라 다음과 같은 기각역이 주어진다. SAS의 REG 절차를 이용하면 각 회귀계수 β_j 에 대한 검정통계량 t_j 를 구할 수 있으며, 이에 대응하는 유의확률을 각각 구할 수 있다. 가설검정에 대한 유의수준 α 가 주어졌을 때, 검정통계량 t_j 에 대응하는 유의확률이 유의수준 α 보다 작을 경우 귀무가설 H_0를 기각함으로써 $\beta_j \neq 0$ 임을 검정할 수 있다.

|표.11-7-2| β_j에 대한 가설검정표

귀무가설	검정통계량	대립가설	H_0 기각역
$H_0: \beta_j = 0$	$t_j = \dfrac{b_j}{\widehat{SE}(b_j)}$	$H_1: \beta_j < 0$	$t < -t_\alpha(n-p-1)$
		$H_1: \beta_j > 0$	$t > t_\alpha(n-p-1)$
		$H_1: \beta_j \neq 0$	$\|t\| > t_{\alpha/2}(n-p-1)$

- 회귀계수 β_j에 대한 신뢰구간

$t_j = \dfrac{b_j - \beta_j}{\widehat{SE}(b_j)} \sim t(n-p-1)$라는 사실을 이용하면 회귀계수 β_j에 대한 $100(1-\alpha)\%$ 신뢰구간은 다음과 같음을 알 수 있다.

$$b_j - t_{\alpha/2}(n-p-1) \times \widehat{SE}(b_j) < \beta_j < b_j + t_{\alpha/2}(n-p-1) \times \widehat{SE}(b_j)$$

중회귀모형에서 회귀모수 β_j의 추정량 b_j와 추정된 회귀계수 b_j의 추정된 표준오차 $\widehat{SE}(b_j)$의 계산은 계산식이 복잡하기 때문에 SAS의 REG 절차를 이용하여 쉽게 구할 수 있다.

예제 11-8 [표.11-7-3]의 20개의 자료는 '오징어' 무게(반응변수, Y)에 대하여 오징어 세 부위의 길이를 측정한 3개의 설명변수(X_1, X_2, X_3)를 표시한 것이다. SAS의 REG 절차를 이용하여 설명변수가 X_1, X_2, X_3인 중회귀모형의 유의성검정을 위한 분산분석표를 작성하고, 이를 분석하여라.

|표.11-7-3| 오징어의 무게(Y)와 세 부위의 길이

Y	X_1	X_2	X_3
1.95	1.31	1.07	0.44
2.90	1.55	1.49	0.53
0.72	0.99	0.84	0.34
0.81	0.99	0.83	0.34
1.09	1.05	0.90	0.36
1.22	1.09	0.93	0.42
1.02	1.08	0.90	0.40
1.93	1.27	1.08	0.44
0.64	0.99	0.85	0.36
2.08	1.34	1.13	0.45
1.98	1.30	1.10	0.45
1.90	1.33	1.10	0.48

Y	X_1	X_2	X_3
8.56	1.86	1.47	0.60
4.49	1.58	1.34	0.52
8.49	1.97	1.59	0.67
6.17	1.80	1.56	0.66
7.54	1.75	1.58	0.63
6.36	1.72	1.43	0.64
7.63	1.68	1.57	0.72
7.78	1.75	1.59	0.68

풀이 [예.11-7-1.sas]는 SAS의 REG 절차를 수행하기 위하여 [표.11-7-3]에 주어진 '오징어' 데이터를 SAS 데이터셋 example118로 입력하는 SAS 프로그램이다.

예 11-7-1.sas

```
OPTION LINESIZE = 110 NODATE;
TITLE 'Multiple Regression Analysis';

DATA example118;
INPUT Y x1 x2 x3;
CARDS;
1.95  1.31     1.07     0.44
2.90  1.55     1.49     0.53
0.72  0.99     0.84     0.34
0.81  0.99     0.83     0.34
1.09  1.05     0.90     0.36
1.22  1.09     0.93     0.42
1.02  1.08     0.90     0.40
1.93  1.27     1.08     0.44
0.64  0.99     0.85     0.36
2.08  1.34     1.13     0.45
1.98  1.30     1.10     0.45
1.90  1.33     1.10     0.48
8.56  1.86     1.47     0.60
4.49  1.58     1.34     0.52
8.49  1.97     1.59     0.67
6.17  1.80     1.56     0.66
7.54  1.75     1.58     0.63
6.36  1.72     1.43     0.64
7.63  1.68     1.57     0.72
7.78  1.75     1.59     0.68
;
RUN;

PROC PRINT DATA=example118;
RUN;
```

[11-7-1.lst]

```
                    Multiple Regression Analysis                      8

            OBS      Y      x1      x2      x3
              1   1.95    1.31    1.07    0.44
              2   2.90    1.55    1.49    0.53
              3   0.72    0.99    0.84    0.34
              4   0.81    0.99    0.83    0.34
              5   1.09    1.05    0.90    0.36
              6   1.22    1.09    0.93    0.42
              7   1.02    1.08    0.90    0.40
              8   1.93    1.27    1.08    0.44
              9   0.64    0.99    0.85    0.36
             10   2.08    1.34    1.13    0.45
             11   1.98    1.30    1.10    0.45
             12   1.90    1.33    1.10    0.48
             13   8.56    1.86    1.47    0.60
             14   4.49    1.58    1.34    0.52
             15   8.49    1.97    1.59    0.67
             16   6.17    1.80    1.56    0.66
             17   7.54    1.75    1.58    0.63
             18   6.36    1.72    1.43    0.64
             19   7.63    1.68    1.57    0.72
             20   7.78    1.75    1.59    0.68
```

[예.11-7-2.sas]는 SAS 데이터셋 example118를 이용하여 중회귀분석을 수행하는 SAS의 REG 절차를 표기한 SAS 프로그램이다.

예 | 11-7-2.sas

```
PROC REG DATA=example118;
MODEL Y = x1 x2 x3;
RUN;
```

[11-7-2.lst]

```
                    Multiple Regression Analysis                      9

                         The REG Procedure
                           Model: MODEL1
                       Dependent Variable: Y

             Number of Observations Read            20
             Number of Observations Used            20


                        Analysis of Variance

                              Sum of           Mean
```

```
Source                  DF        Squares        Square    F Value    Pr > F

Model                    3      157.58641      52.52880      70.42    <.0001
Error                   16       11.93461       0.74591
Corrected Total         19      169.52102


         Root MSE              0.86366    R-Square     0.9296
         Dependent Mean        3.76300    Adj R-Sq     0.9164
         Coeff Var            22.95144


                        Parameter Estimates

                        Parameter       Standard
     Variable     DF     Estimate          Error    t Value    Pr > |t|

     Intercept     1     -8.44540        0.88293      -9.57      <.0001
     x1            1      7.12342        2.61160       2.73      0.0149
     x2            1     -4.58077        3.50802      -1.31      0.2101
     x3            1     15.14358        6.12086       2.47      0.0249
```

[11-7-2.lst] [11-7-2.lst]의 9쪽 결과로부터 중회귀모형 $Y=\beta_0+\beta_1 x_1+\beta_2 x_2+\beta_3 x_3+\epsilon$의 유의성검정을 위한 [표.11-7-1]의 분산분석표를 작성하면 다음 [표.11-7-4]와 같다.

|표.11-7-4| '오징어' 자료에 대한 중회귀분석의 분산분석표

요인 (Source)	자유도 (DF)	제곱합 (Sum of Squares)	평균제곱합 (Mean Square)	F-비 (F Value)	P 값 (Pr>F)
회귀(Model)	3	157.58641	52.52880	70.42	<.0001
오차(Error)	16	11.93461	0.74591		
합계 (Corrected Total)	19	169.52102			

분산분석표에서 알 수 있듯이 유의확률인 P 값이 <0.0001이므로 매우 유의한 결과를 얻을 수 있다. 따라서 중회귀모형의 모든 회귀계수가 0이라는 귀무가설을 기각하게 되며, 오징어의 무게에 영향을 주는 설명변수가 존재한다고 결론내릴 수 있다.

[11-7-2.lst]의 9쪽의 중간 부분으로부터 추정량의 표준오차인 Root MSE의 값이 0.86366이고, 결정계수의 값 R-square가 0.9296임을 확인할 수 있다. 또한 설명변수의 개수가 반영된 조정된 결정계수인 Adj R-sq의 값이 0.9164로 계산되고 있다. 이는 관측된 20개의 자

료에 대한 '오징어'의 몸무게에 대한 총변동 중 91.64%를 3개의 독립변수가 포함된 중선형회귀모형으로 설명할 수 있다는 의미이다.

[11-7-2.lst]의 9쪽의 Parameter Estimates 부분에 각 회귀계수 $\beta_j\,(j=1,2,3)$에 대하여 모수 b_j의 추정값과 추정된 표준오차 Standard Error의 값이 제시되고 있다. 또한 귀무가설 $H_0 : \beta_j = 0$의 검정을 위한 t 검정통계량(t Value)과 이에 대응하는 유의확률 (Pr>|t|)이 출력된다. 예를 들어 회귀계수 β_1에 대한 추정값은 7.12342이며, 이에 대응하는 표준오차는 2.61160이다. 또한 $H_0 : \beta_1 = 0$을 가설검정하기 위한 t 검정통계량의 값은 2.73으로서 유의확률이 0.0149이므로 유의수준 5%에서 유의한 결론을 내릴 수 있다. 마찬가지로 $H_0 : \beta_3 = 0$은 기각되나 $H_0 : \beta_2 = 0$은 기각되지 못함을 알 수 있다.

[11-7-1.Viewer]

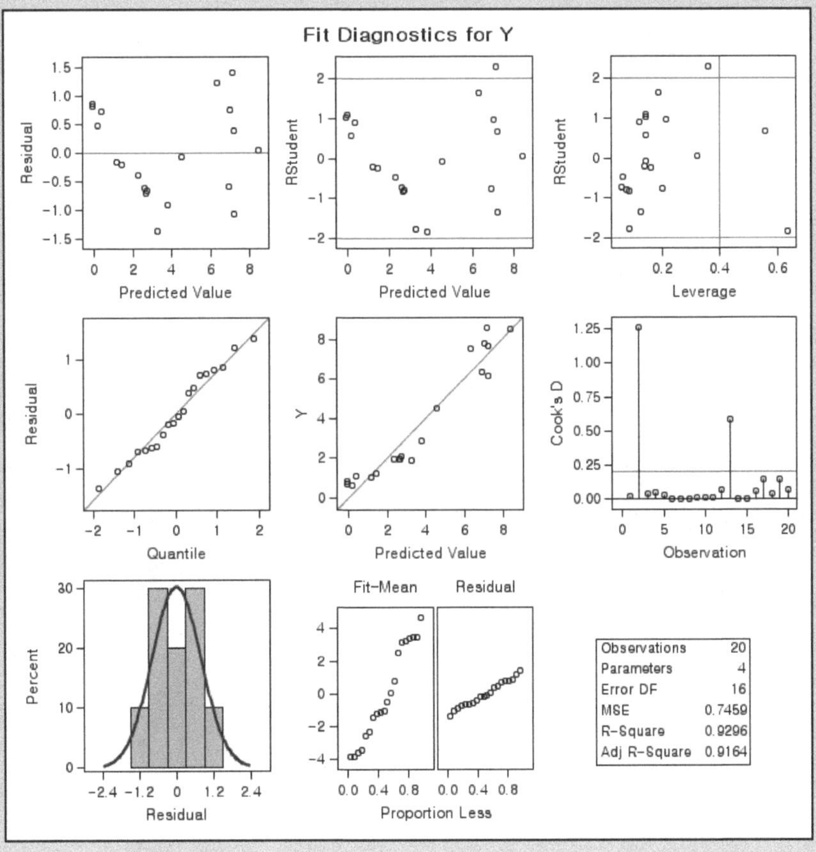

[11-7-2.Viewer]

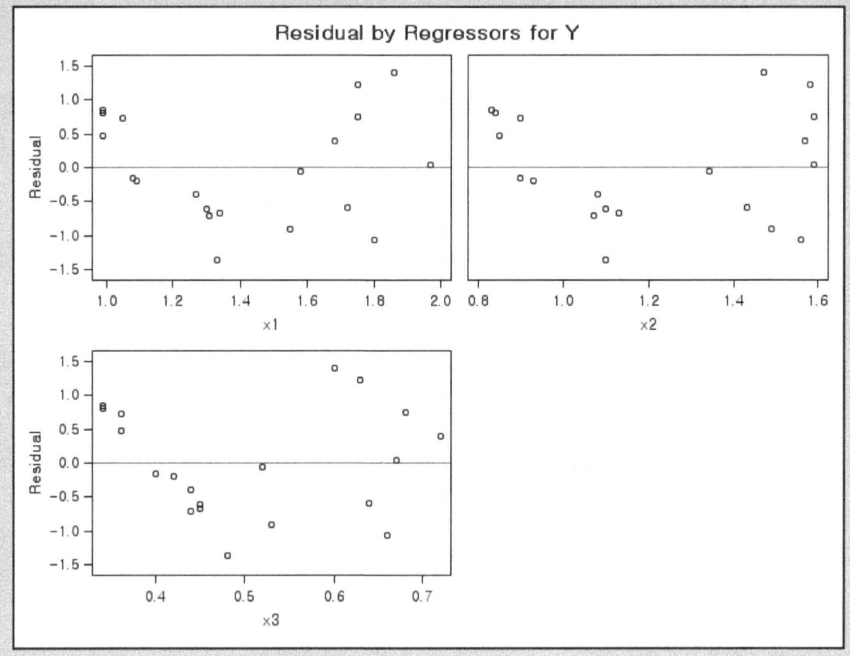

연습문제

11.1 몸무게와 확장기 혈압과의 관계를 알아보기 위하여 어떤 지역에서 나이가 25세~30세인 남자 중에서 15명을 무작위로 선정하여 조사한 표가 다음과 같다. 몸무게를 설명변수(x), 확장기 혈압을 반응변수(Y)로 하여 단순선형회귀분석을 시행하는 SAS 프로그램을 작성하고 다음의 물음에 답하여라.

사람	몸무게(kg)	확장기혈압($mmHg$)
1	79	93
2	86	95
3	75	88
4	60	76
5	65	80
6	73	85
7	77	97
8	69	70
9	80	98
10	67	75

사람	몸무게(kg)	확장기혈압($mmHg$)
11	65	82
12	68	80
13	94	100
14	72	83
15	70	81

(1) 몸무게와 확장기 혈압 간의 산점도(scatter plot)를 그려라.

(2) 주어진 자료를 이용하여 단순선형회귀식을 구하여라.

(3) $x = 77$ 일 때의 예측값 $\hat{Y}$ 은?

(4) $x = 80$ 일 때의 Y 의 평균인 $E(Y|x = 80)$ 에 대한 점추정량은?

(5) 추정된 회귀계수 $\hat{\beta_1}$ 은 몸무게와 확장기 혈압과의 관계에 대하여 무엇을 말하고 있는가?

11.2 어떤 부동산 회사에서 신규아파트의 크기와 매매가격과의 관계를 알기 위하여 무작위로 선정한 10개의 신규아파트를 조사한 표가 다음과 같다. 신규아파트의 크기를 설명변수(x), 매매가격을 반응변수(Y)로 하여 단순선형회귀분석을 시행하는 SAS 프로그램을 작성하고 다음의 물음에 답하여라.

신규아파트 크기(m^2)	매매가격(백만원)
102	460
82	400
112	470
79	390
201	760
84	320
137	510
148	950
59	270
69	210

(1) 오차분산 σ^2 의 추정값은?

(2) 회귀계수 β_0, β_1 에 대한 점추정량은?

(3) $x = 109$ 일 때의 Y 의 평균인 $E(Y|x = 109)$ 에 대한 점추정량은?

(4) $x = 95$ 일 때의 예측값 $\hat{Y}$ 은?

(5) 추정된 회귀계수는 신규아파트의 크기와 매매가격과의 관계에 대하여 무엇을 말하고 있는가?

11.3 어느 회사에서 광고와 매출액과의 관계를 알기 위하여 무작위로 선정한 12개월의 월 광고비와 월 매출액을 조사한 표가 다음과 같다. 월 광고비를 설명변수(x), 월 매출액을 반응변수(Y)로 하여 단순선형회귀분석을 시행하는 SAS 프로그램을 작성하고 다음의 물음에 답하여라.

월 광고비(백만원)	월매출액(일억원)
22	95
45	109
63	125
51	96
27	85
35	128
25	118
33	116
39	128
89	135
92	140
98	156

(1) 오차분산 σ^2의 추정값은?

(2) 회귀계수 β_0, β_1에 대한 점추정량은?

(3) 월 광고비가 9천만원일 때 월 매출액의 평균에 대한 점추정량은?

(4) 월 광고비가 5천만원일 때 예측되는 월 매출액은?

(5) 추정된 회귀계수는 월 광고비와 월 매출액의 관계에 대하여 무엇을 말하고 있는가?

11.4 어느 자동차 렌트회사에서 보유하고 있는 자동차의 운행거리와 누적수리비용 간의 관계를 알기 위하여 회사보유차 중 20대를 무작위로 선정한 결과가 다음과 같다. 자동차의 운행거리를 설명변수(x), 자동차 누적수리비용을 반응변수(Y)로 하여 단순선형회귀분석을 시행하는 SAS 프로그램을 작성하고 다음의 물음에 답하여라.

운행거리(1000 km)	누적수리비용(천원)
63	310
25	60
37	73
85	300
145	510
110	420
28	63
15	55
95	370

운행거리(1000km)	누적수리비용(천원)
100	395
48	185
35	210
50	275
59	290
105	410
30	63
46	190
28	70
42	228
57	300

(1) 두 변수의 산점도(scatter plot)를 그려라. 자동차의 운행거리와 누적수리비용은 선형관계를 가지고 있는가?

(2) 오차분산 σ^2 의 추정값은?

(3) 회귀계수 β_0, β_1 에 대한 점추정량은?

(4) 운행거리가 6만 km 일 때 자동차 누적수리비용의 평균에 대한 점추정량은?

(5) 운행거리가 10만 km 일 때 예측되는 자동차 누적수리비용은?

(6) 추정된 회귀계수는 운행거리와 누적수리비용 간의 관계에 대하여 무엇을 말하고 있는가?

11.5 연습문제 11.1의 자료를 이용하여 다음에 답하여라.

(1) F-검정과 유의수준 $\alpha = 0.05$를 이용하여 주어진 자료가 선형회귀모형을 만족하는지를 결정하여라.

(2) β_1에 대한 95% 신뢰구간을 구하여라.

(3) 주어진 자료에 선형모형이 적합한지를 유의수준 $\alpha = 0.05$에서 t-검정을 수행하고 그 결과를 해석하여라.

(4) 만약 $\beta_1 = 0$이라고 결정되었다면, Y와 $E(Y|X)$에 대한 최적의 추정량은?

11.6 연습문제 11.2의 자료를 이용하여 다음에 답하여라.

(1) F-검정과 유의수준 $\alpha = 0.05$를 이용하여 주어진 자료가 선형회귀모형을 만족하는지를 결정하여라.

(2) β_1에 대한 95% 신뢰구간을 구하여라.

(3) 주어진 자료에 선형모형이 적합한지를 유의수준 $\alpha = 0.05$에서 t-검정을 수행하고 그 결과를 해석하여라.

11.7 연습문제 11.3의 자료를 이용하여 다음에 답하여라.

(1) $\beta_1 \neq 0$ 인지를 결정하기 위해 유의수준 $\alpha = 0.05$ 에서 F-검정을 수행하고 그 결과를 해석하여라.

(2) β_1 에 대한 95% 신뢰구간을 구하여라.

(3) $E(Y|x=90)$ 에 대한 95% 신뢰구간을 구하여라.

(4) $x = 50$ 일 때 예측되는 월 매출액의 95% 예측구간을 구하여라.

(5) 월광고비가 1천만원 늘어나면 월 매출액은 얼마나 증가(또는 감소)할 것이라 예상되는가?

(6) 주어진 자료에 선형모형이 적합한지를 유의수준 $\alpha = 0.05$ 에서 t-검정을 수행하고 그 결과를 해석하여라.

(7) 만약 $\beta_1 = 0$ 이라고 결정되었다면, Y 와 $E(Y|X)$ 에 대한 최적의 추정량은?

11.8 연습문제 11.4의 자료를 이용하여 다음에 답하여라.

(1) $\beta_1 \neq 0$ 인지를 결정하기 위해 유의수준 $\alpha = 0.05$ 에서 F-검정을 수행하고 그 결과를 해석하여라.

(2) β_1 에 대한 95% 신뢰구간을 구하여라.

(3) 평균에 대한 대한 95% 신뢰구간을 구하여라.

(4) 운행거리가 10만 km 일 때 예측되는 누적 수리비용의 95% 예측구간을 구하여라.

(5) 월 운행거리가 1천 km 늘어나면 누적 수리비는 얼마나 증가(또는 감소)할 것이라 예상되는가?

(6) 주어진 자료에 선형모형이 적합한지를 유의수준 $\alpha = 0.05$ 에서 t-검정을 수행하고 그 결과를 해석하여라.

11.9 어느 서점에서 책 가격과 책의 두께와의 상관관계를 알아보기 위하여 10개의 책을 무작위로 선정하여 조사한 표가 다음과 같다. 다음의 물음에 대하여 SAS 프로그램을 작성하여 답하여라.

책	가격(천원)	두께(cm)
1	16	15
2	43	40
3	35	33
4	39	34
5	22	18
6	24	25
7	25	20
8	22	23
9	30	29
10	20	22

(1) 표본상관계수 r 을 구하여라.

(2) 책의 가격(X)과 두께(Y)는 각각 정규분포를 따른다고 가정하고, 유의수준 $\alpha = 0.05$ 에서 검정통계량을 이용하여 가설 $H_0 : \rho = 0 \ vs \ H_1 : \rho > 0$을 검정하고 그 결과를 분석하여라.

11.10 어느 회사에서 종업원의 임금과 휴가일수와의 관계를 알기 위하여 15명의 종업원을 무작위로 선정하여 그들의 연봉(X)과 휴가일수(Y)를 조사한 표가 다음과 같다. 다음의 물음에 대하여 SAS 프로그램을 작성하여 답하여라.

종업원	연봉(백만원, X)	휴가일수(일, Y)
1	25	5
2	27	3
3	24	5
4	33	4
5	25	10
6	23	6
7	24	1
8	29	13
9	21	11
10	25	2
11	27	5
12	28	12
13	30	5
14	34	3
15	37	9

(1) 표본상관계수 r을 구하여라.

(2) 휴가일수와 연봉과 관계가 있는지를 유의수준 $\alpha = 0.05$ 에서 검정하여라.

(3) 연봉과 휴가일수는 각각 정규분포를 따른다고 가정하고, 유의수준 $\alpha = 0.05$ 에서 검정통계량을 이용하여 가설 $H_0 : \rho = 0 \ vs \ H_1 : \rho > 0$을 검정하여라.

(4) 연봉이 주어진 상수이고, 휴가일수는 정규분포를 따르는 확률변수라고 할 때, 결정계수를 구하여라.

(5) (4)번의 결정계수를 해석하고 상관계수와의 관계를 설명하여라.

11.11 어떤 부동산 회사에서 아파트의 크기, 아파트의 나이와 아파트 매매가격과의 관계를 알기 위하여 임의로 추출한 20개의 아파트를 조사한 표가 다음과 같다. 아파트의 크기와 아파트의 나이를 각각 설명변수 x_1과 x_2로 하고, 아파트 매매가격을 반응변수(Y)로 하여 중회귀모형을 구축하는 SAS 프로그램을 작성하고 다음의 물음

에 답하여라.

아파트 크기(m^2)	아파트 나이(년)	매매가격(백만원)
105	8	370
135	7	720
82	6	280
109	8	700
75	5	350
168	10	710
148	4	600
56	6	180
69	8	300
49	5	160
138	7	510
112	8	400
167	6	750
105	7	500
110	4	420
79	6	320
66	3	550
99	2	410
148	4	510
85	1	370

(1) 중회귀모형식을 추정하여라.

(2) 오차분산 σ^2 의 추정값은?

(3) 결정계수 R^2와 수정된 결정계수 R_a^2를 각각 구하고 해석하여라.

(4) 유의수준 $\alpha = 0.05$에서 주어진 자료가 선형회귀모형이 적합한지를 검정하여라.

(5) 각 회귀계수를 해석하고 검정하여라.

(6) 각 회귀계수에 대한 95% 신뢰구간을 구하여라.

(7) 아파트의 크기가 $109m^2$이고, 7년이 경과한 어떤 아파트의 매매가격을 추정하여라.

참고문헌

- Allan G. Bluman(2010), Elementary Statistics: A Step by Step Approach, 5th edition, McGraw Hill
- D. C. Montgomery(1984), Design & Analysis of Experiments (2nd Edition), John Wiley & Sons
- D. C. Montgomery, Elizabeth A. Peck, G. Geoffrey Vining (2012), Introduction to Linear Regression Analysis 5th edition, Wiley
- Richard C. Weimer(2000), Statistics, 2nd edition, WCM Publishers
- SAS/STAT User's Guide, Volume1, 2, Version 6, Fourth Edition

- 권세혁(2008), 통계소프트웨어 SAS, SPSS 활용중심 회귀분석, 자유아카데미
- 김진경, 박진호, 박헌진, 이재준, 전홍석, 황진수(2008) 통계학-엑셀을 이용한 분석-(개정판), 자유아카데미
- 김충락, 강근석(2010), 회귀분석-제2판-, 교우사
- 박성현(2003), 현대실험계획법, 민영사
- 성내경(1996), PC/SAS 해설 씨리즈 제 1권, SAS 씨스템과 SAS 언어, 자유아카데미
- 성내경(1994), PC/SAS 해설 씨리즈 제 2권, 기본 SAS 쏘프트웨어, 자유아카데미
- 성내경(1994), PC/SAS 해설 씨리즈 제 3권, SAS/STAT-회귀분석, 자유아카데미
- 성내경(1996), PC/SAS 해설 씨리즈 제 4권, SAS/STAT-분산분석, 자유아카데미
- 오종철(2011), SAS를 이용한 통계자료분석, 자유아카데미
- 정영해, 이계오, 길철응, 김순홍(2000), 통계학 비전공자를 위한 통계강의 및 자료분석, 광주사회조사연구소
- 최병선, 이성백(2003), SAS를 이용한 현대통계학, 세경사

찾아보기

(기호)

$ 기호 · 38

@ · 45

@ 지정자 · 46

@@ 지정자 · 45

ERROR · 95

_N_ · 95

(A)

ARRAY 문 · 93

(B)

BLOCK · 160

(C)

CARDS 문 · 47

CDF() · 117

CENTER · 23

CLASS 문 · 222, 274

CONTENTS 절차 · 154

(D)

DATA 단계 · 17

DATA 문 · 35

DATE 옵션 · 22

DELETE 문 · 57

DO UNTIL 문 · 91

DO WHILE 문 · 91

DROP · 52

DROP 문 · 54

(F)

FIRSTOBS 옵션 · 26

FOOTNOTE 문 · 29

FORMAT 문 · 138, 139

FORMAT 절차 · 140

FREQ 절차 · 244

(G)

GCHART 절차 · 159

GLM 절차 · 272

(H)

HBAR · 160

(I)

IF 문 · 56

IF-THEN 문 · 85

IF-THEN-ELSE 문 · 86
Import 마법사 · 62
INFILE 문 · 48
INPUT 문 · 36

(K)
KEEP · 52
KEEP 문 · 54

(L)
LABEL 문 · 31
LIBNAME 문 · 150
LINESIZE · 24
LS 옵션 · 24

(M)
MEANS 절차 · 189
MERGE 문 · 79, 83
MISSING='*' · 23
MODEL 문 · 274, 341

(N)
NOCENTER · 23
NODATE 옵션 · 23
NORMAL 옵션 · 211

(O)
OBS 옵션 · 28
OF · 106
OPTION 문 · 22
OUTPUT 문 · 58, 200
OVERLAY 옵션 · 173

(P)
p-분위수 · 123
PAGESIZE · 24
PAIRED 문 · 226
PCTLDEF 옵션 · 208
PDF() 함수 · 114
PIE · 160
PROC PRINT · 134
PROC 단계 · 17
PS · 24

(Q)
QUANTILE() · 123

(R)
RAND() · 125
RANDOM 문 · 294
RANK 절차 · 146
RANKS 문 · 147
REG · 340
RUN 문 · 32

(S)
SAS 데이터셋 · 17, 21
SAS 데이터셋의 이름 · 36
SAS 문장 · 18
SAS 변수 · 19
SAS 변수 이름 · 19
SAS 수식 · 100
SAS 시스템 · 7
SAS 연산자 · 101
SAS 예약어 · 19
SAS 프로그램 · 17
SAS/INSIGHT · 181
SET 문 · 51, 73
SORT 절차 · 142
STAR · 160
SUMMARY 절차 · 202
SYMBOL 문 · 174

(T)
TABLE 문 · 232
TABLES 문 · 245
TABULATE 절차 · 231
TITLE 문 · 28
TTEST 절차 · 217, 221
T검정 · 226

(V)
VALUE 문 · 140
VBAR · 160

(ㄱ)
결정계수 · 351, 355
결측 자료 · 21
결측값 · 100
공변수 · 314
공분산분석 · 314
관측값 · 21
교호작용 · 275, 298
기술 통계학 · 159
기울기 · 327

(ㄴ)
난괴법(RBD) · 293
난수발생함수 · 125
논리 연산자 · 103
누적분포함수 · 117

(ㄷ)
다중비교 · 272
다중비교 방법 · 282
다항분포 · 253
단순 DO 문 · 87
대비 · 271
대응비교 · 226
대푯값 · 189
데이터 가져오기 · 62
데이터 내보내기 · 68
데이터셋 · 17
데이터셋의 연결 · 73
데이터셋의 통합 · 73, 79
독립성검정 · 257
동질성검정 · 262
등분산성 검정 · 225

(ㄹ)
라이브러리 · 154
레이블 · 31, 140

(ㅁ)
모회귀모형 · 330
모회귀식 · 328
문자 관련 함수 · 111
문자형 변수 · 20

(ㅂ)
반복 DO 문 · 89
반응변수 · 222, 326
백분위수 · 205
범주형 자료 · 243
범주형 자료분석 · 243
변이측도 · 210
별 모양의 구성도표 · 160
별도표 · 160
부분집합화 IF · 56
부호검정 · 216
부호순위 검정통계량 · 215
부호순위검정 · 216
분산분석표 · 271
분위수 · 123, 203
분할표 · 243

비교 연산자 · 103

(ㅅ)
사후분석 · 272
산술 연산자 · 101
산술함수 · 107
산포도 · 189
삼각함수 · 109
3차원 블록도표 · 160
상관계수의 검정 · 349
상관분석 · 325
샤피로-윌크 통계량 · 212
선형회귀분석 · 326
설명변수 · 326
수직막대도표 · 160
수평막대도표 · 160
수학적 연산함수 · 108
숫자형 변수 · 20
시스템 선택사항 · 22
신뢰구간 · 339
신뢰상한 · 342
신뢰하한 · 342
신뢰한계 · 342

(ㅇ)
양적 자료 · 231
연관성 측도 · 250
연산자 · 232
열 지정 입력 · 36
열 지정 입력 방식 · 38
열 포인터 · 44
오차변동 · 269
오차분산 · 269, 329
오차제곱합 · 335
우발성 계수 · 250
원형의 구성도표 · 160
위치측도 · 203, 210
유의확률 · 271
이원배치법 · 293, 300
이항분포 · 115
일대일 통합 · 79
일원분산분석 · 270
일표본 T검정 · 213

(ㅈ)
자동변수 · 95
자룟값 · 19
자유 입력 · 36
자유 입력 방식 · 36
잔차제곱합 · 333
적률 · 203, 210
절단함수 · 109
절편 · 327
제 100p 백분위수 · 123
제어문 · 85
주석문 · 22
주효과 · 270
줄 포인터 · 42, 43, 44
중첩 DO 문 · 90
지분실험법 · 308
질적 자료 · 231
짝짓기 통합 · 79, 83

(ㅊ)
참조선 · 166
총변동 · 269
총제곱합 · 335
최소제곱추정량 · 330
추정의 표준오차 · 333

(ㅋ)
카이제곱 적합도검정 · 253

카이제곱통계량 · 253
콜모로프-스미노프 · 212
크래머의 V · 249

(ㅌ)
통계량 키워드 · 190
특수 연산자 · 104

(ㅍ)
파이 계수 · 250
파이도표 · 160
평균잔차제곱 · 333, 336
평균제곱 · 269
포맷 입력 · 36
포맷 입력 방식 · 40
포아송분포 · 120
표본상관계수 · 347
표본회귀모형 · 330

(ㅎ)
합산 문장 · 94
형상 측도 · 189
확률함수 · 114
회귀계수 · 329
회귀모형 · 336
회귀분석 · 325
회귀제곱합 · 335
히스토그램 · 183

| 저자 소개 |

오종철

서울대학교 사범대학 수학교육과 졸업
KAIST 응용수학과 석사(통계학)
KAIST 수학과 박사(전산통계학)
현) 군산대학교 통계컴퓨터과학과 교수
주요저서)
「SPSS를 이용한 정보통계학」, 2000. 경문사
「C++ 객체지향 프로그래밍의 이해」, 2001. 인터비젼
「3D Studio MAX를 이용한 컴퓨터 애니메이션의 제작」, 2001. 인터비젼
「통계분석을 위한 SAS 통계패키지」, 2004. 민영사
「통계학의 이해」, 2010. 경문사
「C++ Programming」, 2010. GS인터비전
「SAS를 이용한 통계자료분석」, 2011. 자유아카데미

이영섭

연세대학교 응용통계학과 졸업
미국 아이오와주립대학 통계학과 석사(통계학)
미국 럿거스대학교 통계학과 박사(통계학)
현) 동국대학교 통계학과 교수

SAS 기초통계분석

저 자	오종철 · 이영섭
발 행 인	김지영
발 행 처	자유아카데미
주 소	경기도 파주시 회동길 37-42 파주출판도시
전 화	031-955-1321
팩 스	031-955-1322
홈페이지	www.freeaca.com
전자우편	main@freeaca.com(대표) editor@freeaca.com(편집) crm@freeaca.com(영업)
등 록	제406-2003-017호, 1980. 7. 12
제1판1쇄	2013년 12월 26일 발행
제1판4쇄	2020년 2월 20일 발행
정 가	26,000원

저자와의 협의하에 인지생략

ISBN 978-89-7338-241-5 93310